U0674767

21世纪高等院校金融学教材新系

信托与租赁

（第四版）

Trust and Lease

马丽娟　主编

（中央财经大学）

东北财经大学出版社　大　连

Dongbei University of Finance & Economics Press

图书在版编目（CIP）数据

信托与租赁/马丽娟主编. —4版. —大连：东北财经大学出版社，
2023.8（2025.1重印）
（21世纪高等院校金融学教材新系）
ISBN 978-7-5654-4925-3

Ⅰ.信… Ⅱ.马… Ⅲ.①信托–高等学校–教材 ②租赁–高等学校–教材 Ⅳ.F830.8

中国国家版本馆CIP数据核字（2023）第143387号

东北财经大学出版社出版
（大连市黑石礁尖山街217号　邮政编码　116025）
网　　　址：http://www.dufep.cn
读者信箱：dufep@dufe.edu.cn
大连天骄彩色印刷有限公司印刷　　东北财经大学出版社发行
幅面尺寸：170mm×240mm　字数：441千字　印张：20.75　插页：1
2023年8月第4版　　　　　　　　2025年1月第2次印刷
责任编辑：田玉海　　　　　　　　责任校对：何　群
封面设计：张智波　　　　　　　　版式设计：原　皓

定价：46.00元

第四版前言

党的二十大报告对金融工作确定的总方针是："深化金融体制改革，建设现代中央银行制度，加强和完善现代金融监管，强化金融稳定保障体系，依法将各类金融活动全部纳入监管，守住不发生系统性风险底线。"信托与租赁作为金融系统的组成部分，在服务实体经济、助力走好中国特色金融发展之路上，有自身的任务与使命。高等教育要紧跟理论与实践的发展，教材要把握、反映这些发展，因此，本教材进行了第四版修订。

本教材的第四版在体系结构上继续沿用上一版已较为成熟的框架，同时在以下三个方面进行了修订：

第一，课堂思政建设。教材是知识的载体，更是育人的载体。高等教育不仅要传授专业技能，还要立德树人。按照国家教材委《习近平新时代中国特色社会主义思想进课程教材指南》和教育部《高等学校课程思政建设指导纲要》的要求，把习近平新时代中国特色社会主义思想全面融入教材，增加了课程思政建设内容，引导学生塑造正确的世界观、人生观和价值观，帮助授课教师进行本课程的思政建设，加强教材的立德树人属性。

第二，数据与资料更新。根据我国金融市场的发展新情况，将教材中涉及的经济统计数据进行更新，同时对部分栏目进行了更新。

第三，对部分字词语句等行文上的问题进行了修正。

有一点需要说明，近些年金融监管部门多次重组改革，书中很多数据、规定、监管行为出于以前的银监会或银保监会，属于当时的事实，因此行文中使用当时的部门名称，没有改称现在的国家金融监管总局名称，请读者注意理解。

本次修订由我和我的女儿吴伊辰共同完成。为方便教学，本书配有电子课件，请选用本教材的老师登录东北财经大学出版社网站（www.dufep.cn）免费注册下载。

虽然我们尽了很大努力，但书中不足之处仍很多，期待着各位专家和使用这本教材的老师和同学们提出建设性意见。

中央财经大学　马丽娟

2023年夏

第三版前言

当前，在我国的经济与生活中，无论是信托与融资租赁业务还是相应的经营机构，都处于日新月异的变化之中。为更全面地跟踪其变化发展、把握其发展方向，我们需要努力地去完善课程建设和所使用的教材。本书出版以来，为众多高校用作教材，非常感谢使用这本教材的老师和同学们。

本教材的第三版在体系结构上继续沿用上一版已较为成熟的框架。在修订中重点做了三方面的工作：第一，在信托与租赁实践发展变化内容上和指标数据上进行了必要的更新，主要包括：（1）根据近年我国信托公司和金融租赁公司方面政策举措的变化，补充了金融领域的监管新变化和机构的新发展。（2）依据英国怀特克拉克集团（White Clarke Group）所做的2018年《全球租赁报告》，更新了主要国家的租赁市场渗透率、各大洲市场增长及对经济的贡献度等内容，以便于读者把握最新市场动态。第二，在个别概念的文字表述上进行了修改和完善。第三，对我国信托业与租赁业几个主要的一般性法律法规名录附录进行了增补，如资管新规、理财新规，关于银行设立理财子公司以及与其他私募的合作；再如，2018年12月财政部发布修订后的《企业会计准则第21号——租赁（修订）》，等等，以便于读者了解和把握最新的法规依据。

此次修订由我负责，其他原作者均没有参与。在此感谢本教材各位作者之前对教材编写的贡献。中央财经大学金融学院的研究生邹骋远、周圆圆参与了本书数据资料更新及部分内容的修改工作。为方便教学，本书配有电子课件，请选用本教材的老师登录东北财经大学出版社网站（www.dufep.cn）免费注册下载。

如第一版和第二版，虽然我们尽了很大努力，不足之处仍有很多，期待着各位专家和使用这本教材的老师和同学们提出建设性意见，并发至 mlj@cufe.edu.cn。

中央财经大学　马丽娟

2019年元月

第二版前言

当前，在我国的经济与生活中，无论是信托与融资租赁业务还是相对应的业务经营机构，都处于变化和发展之中。为更全面地跟踪其变化发展、把握其发展方向，我们需要努力地去完善课程建设和所使用的教材。此次东北财经大学出版社提议对本教材进行修订，增强了我们建设好这门课程和完善这本教材的信心，也非常感谢使用这本教材的老师和同学们。

本教材的第二版在体系结构上未做重大调整，继续沿用上一版成熟框架。在修订中重点做了三方面的工作：第一，在文字和内容上进行修改和完善。通过对部分内容的删改和修订补充，力图使教材所反映的内容更准确、文字表述更严谨。第二，在信托与租赁实践发展变化内容和指标数据上进行了必要的更新，主要工作是：（1）根据我国信托公司监管举措的变化，补充了金融领域的新变化和机构的新发展。（2）依据英国怀特克拉克集团（White Clarke Group）所做的2015年《全球租赁报告》，更新了主要国家的租赁市场渗透率、各大洲市场增长情况及对经济的贡献度等内容，以便于读者把握最新市场动态。（3）依据2014年3月银监会颁布的最新《金融租赁公司管理办法》，在明确"融资租赁"和"金融租赁"以及"融资租赁公司"和"金融租赁公司"区别和联系的基础上，对相关内容进行了更改和补充。第三，将目前我国信托业与租赁业的几个主要的一般性法律法规名录附录于正文后，以便于读者了解和把握有关法律依据。

此次修订由我负责，其他原作者除黄瑜琴外均没有参与。在此感谢本教材各位作者之前对教材编写的贡献。此次各章修订具体分工是：第1、2、3、4、8、9、10、11、12、13、14、15章由马丽娟负责，第5、6、7章由黄瑜琴负责，部分章节上我和黄瑜琴在修改上互有补充。中央财经大学金融学院的研究生于江燕、刘畅、赵起、宋振勇参与了了本书资料收集与整理工作及部分内容的修改工作。为方便教学，本书配有电子课件，请选用本教材的老师登录东北财经大学出版社网站（www.dufep.cn）免费注册下载。

如第一版，虽然我们尽了很大努力，不足之处仍有很多，期待着各位专家和使用这本教材的老师和同学们提出建设性意见，并发至 mlj@cufe.edu.cn。

中央财经大学　马丽娟

2016年元月

第一版前言

在当代社会，信托制度已经深入人心，经济中的各个部门、各个阶层都在不同程度地利用信托安排各项经济事务。就个人而言，每个人都会遭遇各种因个人能力、时间、精力等因素影响而难以实现的事务。个人信托业务不仅使财产所有者通过信托设计与规划实现自己的各种心愿，而且有助于改变传统的遗产转移与继承方式，避免很多财产上的纠纷，协调人与人之间的关系。就企业而言，每个企业都会遭遇到企业创设、重组、投融资、财产管理等事务，法人信托业务不仅使企业解决了经营发展与资本重组中的基本问题，而且便利了企业融资活动顺利完成。就社会而言，公益信托的发展则为公共事业发展提供了特殊的规划、管理等专业化服务，并提供了与政府预算完全不同的、重要的资金资助，从而推动了社会进步。

对我国金融制度而言，信托与租赁的发展尚处于走向成熟阶段，其演进与我国经济发展水平和状况同行，而且可以视为我国金融制度改革与创新在特定领域的缩影。需特别指出的是，租赁有经营租赁和融资租赁之分的提法，本书研究的是金融领域的融资租赁，除非特殊说明，本书中的租赁即为融资租赁。信托与租赁这两个独立的行业在我国的变化和发展，使其成为较特殊的事物，并使它们提供着与传统金融服务不同的服务。同时，这种变化和发展也要求从业人员必须具备相关领域的专业知识、人格品质以及满足客户需求的新思路、新方法。

本书作者主要来自中央财经大学金融学院的应用金融学系的教学与科研团队。在编写过程中，我们力求构建关于信托与租赁完整的框架，以便于各类读者学习和掌握有关信托与租赁的基本原理和基本发展脉络。当然，在现实发展中，对于信托与租赁知识的学习和理解远不止本教材所提供的这些。

本书共15章，各章作者分工如下：第1、8、9、10章，马丽娟；第2、3、4章，马丽娟、黄瑜琴；第5、6、7章，黄瑜琴；第11、12章，马丽娟、郭津津；第13章，马丽娟、黄瑜琴；第14、15章，马丽娟、雷桐。全书由马丽娟教授主编，并总纂定稿。

最后向东北财经大学出版社以及田玉海编辑致谢，感谢他们在本书出版过程中给予的专业性建议。

真诚希望读者提出建设性意见，并发至 mlj@cufe.edu.cn，以利于我们对本书做进一步的完善。

中央财经大学　马丽娟

2012年6月

目　录

第1章

信托制度概述

导读

本章的重点是把握信托制度的基本原理。本章首先在介绍信托与信托制度含义的基础上，追溯了信托制度建立的渊源，强调信托制度的实质是一种财产管理制度；然后分析了设立信托制度的基本框架以及信托机构的职能和作用，强调信托制度的建立有其特殊的社会与经济发展基础，有不同于债权债务关系的特殊的关系人框架；最后引出在现代信托制度下主要信托业务的分类，简要介绍了现代信托业务的各种分类依据和主要业务种类。

关键概念

信托 信托制度 信托行为 信托财产 信托关系 信托合同 信托机构

§1.1 信托制度的起源

1.1.1 信托的一般定义与应用

1.信托的一般定义

信托是以信任为基础的一种委托行为。信托作为一种因信任而托付他人代为行事的行为，包含三个特定内容：（1）信托前提。在信托中，"信"是基础，是前提，有"信"才会有"托"，这是信托发展的一个重要前提。当人们面对不熟悉或不了解的自然人或机构时，绝不会随意去托付其代为经办事务。（2）信托关系。信托建立的是一种相互之间的关系，缺少任何一方，信托都会失去稳固存在和顺利发展的基础。（3）信托事项。委托方所托之事一定是力所不能及而又需要通过借用他人能力实现的事务。

2.信托的应用

信托的实质是通过建立一种委托关系，帮助委托人处理一些力所不能及的事务，并实现一定的意图，因此信托在社会生活与生产中有广泛的应用。信托适用于人们日常生活中发生的各种事务上的联系，既包含社会活动中的人事关系，又包含各部门之间的经济活动和财务往来关系。比如，《三国演义》中大家熟知的刘备对诸葛亮的"托孤"，属于政治性托付；日常生活中托付可信的人照看房屋、捎带物品等，则属于一般的信任之托；而目前个人与家庭普遍接受和采用的基金理财则属于经济范畴的托付。

1.1.2 信托制度的内涵及起源

信托制度是普通法的特殊贡献，是指通过法律规定形成的以保护受益人利益为核心，明确委托人、受托人、受益人三者之间的责权利关系的财产管理制度。信托制度起源于中世纪的英国，其雏形是当时基于宗教捐赠而引发的关于土地用益关系的"USE"制，之后在普通法完善过程中逐渐制度化，并最终建立起完善的信托制度。

1.英国中世纪的社会背景与信托制度雏形"USE"制的形成

中世纪初的英国实行君主制，同时社会民众普遍信奉宗教。作为宗教徒，人们常把身后留下的财富（土地是主要形式）遗赠给教会或宗教团体，这样原本归民众私有的土地在其死后都赠与了宗教团体。在英国封建制度下，君主在臣民去世且无合格的继承人继承时，可以收回土地，但是教会作为一个宗教团体，没有"死亡期"，同时按当时英国的法律，教会的土地不能课税。随着时间的推移，这一状况必然影响到王室和诸侯统治者的利益，统治阶级无法容忍这种状况长期存在。于是当时的国王亨利三世（1216—1272年在位）颁布了《没收土地条例》，规定凡将土地让与教会者须得到君主或诸侯的许可，否则没收其土地。该法令颁布的目的在于阻止教徒向教会不断地捐赠土地。

但是，教徒们不甘于受到如此限制，于是创造出一种让第三方代替教会管理和使用土地的办法，用来规避《没收土地条例》的限制。这种办法被形象地称为"USE"，与这一单词的英文原意"使用、利用"相符。

"USE"的具体做法是：教徒生前立下遗嘱，作为捐赠者先将一部分财产（即土地）转让给教会以外可信赖的第三方（即受托人，受托人拥有了名义上的土地所有权），由第三方按教徒意愿替教会管理土地，收益交给教会（教会拥有土地的受益权），由于土地所有权在名义上并没有转移给教会，统治者就不得依据《没收土地条例》没收这部分托管出去的土地。这种做法不仅维护了宗教机构的利益，也实现了教徒要为宗教机构作贡献的心愿。之后，"USE"的使用不再局限于教徒对教会的捐赠方面，逐步扩展到逃避一般的土地没收和财产继承方面的限制。而从信托财产种类看，"USE"也从土地扩展到其他形式的财产。

2.在法律培育之下"TRUST"制形成

（1）"USE"在法律上受到两种不同待遇。

英国立法精神源于罗马法系，并据此在 12 世纪中期确立了以保护私有制为基础的普通法。当时的普通法和依其裁决的普通法法院，是不承认"USE"做法的。但是，14 世纪出现的衡平法却是给予支持的。

随着英国手工业和商业的不断发展，特别是商品经济的发展，社会经济关系和财产关系复杂化，出现了许多普通法所没有规定的新的社会关系和社会现象。由于当时的普通法是以土地为中心来解释农业经济的产物，无论其内容还是诉讼方式都过于保守、僵化，当事人的权益常常得不到保障。于是，按照英格兰臣民直接请求国王保护权利的习惯，败诉的当事人就向国王提出请求，请求国王命令对方根据道德和良心的要求行事。国王常常把这种请求委托他的大法官代为处理。大法官通晓普通法，负责签发令状，并且作为"国王良心的守护人"，最终确定特殊案件的请愿者是否应获得所期望的"上帝之爱"和仁慈的恩典。大法官一般都是僧侣，并在处理案件时享有很大的自由裁量权，他既不受普通法诉讼程序的约束，也不遵循普通法的先例，而只依据其个人良心所认为的"公平、正义"原则独立处理，这样在普通法体系之外，就产生了以大法官判例为法律规则的衡平法。

与成文的普通法不同，衡平法是一种不成文法，用判例裁决诉讼，不使用法律条文。这样，当涉及受益人权益受到损害，并且诉诸普通法院得不到保证时，诉诸衡平法院常常能得到保障。因为衡平法院的法官多由当时的主教担任，这样，"USE"做法下的围绕权益问题的裁决结果可想而知。"USE"作为一种财产处理的有效形式初步形成。

（2）《USE 条例》的颁布与双重"USE"的形成。

15—16 世纪是世界史上的重大转折期。史学家称此阶段为人类社会从古代到近代的过渡期。这一时期中，分散的封建制度向专制主权转化。1485 年，英国建立都铎王朝，新兴资产阶级出现，并伴随着科技、商业、工业的大发展，生产力得到提高。16世纪，英国亨利八世（1509—1557年在位）即位后，为保证统治者利益，试图取消"USE"的合法性。1535年，《USE条例》（Statutes of Use）颁布，规定土地的受益人同时也是普通法下法定的土地所有人，对普通法法定的土地所有人可以实施没收或照章纳税。这样在原来的"USE"制下受到保护（指官府不能依据《没收土地条例》予以没收或课税）的教会等宗教机构，或受到保护的受益人就必须缴税。这个《USE条例》的颁布使已经实行了200余年的"USE"制下的信托关系受到冲击，受益人的利益受到影响（英国当时约有1/3土地处于这种关系中）。

为应对《USE条例》的颁布，在实践中产生了一种双重"USE"，基于两点原因：第一，《USE条例》使用范围只适用于民间的"自由地"①所有权的转移，不涉及其他土地或其他不动产所有权的转移。因而民间以捐赠方式管理财产仍然流行。第二，在原有"USE"关系下，《USE条例》禁止的是当时的一种被动信托关系，这种信托是当时存在的两种管理捐赠财产的主要形式②，也因此成为《USE条例》所限制的对象。双重"USE"的利用则规避了这种限制。例如，土地持有者（教徒）本人先把土地转让给儿女，这是第一个"USE"，转让仍然是为宗教机构的利益，并非为了儿女。在此阶段按照《USE条例》，其儿女被认为拥有土地的所有权，其财产可以没收或课税。然而，作为儿女者，接着把土地再转让给第三方（一般是土地持有者的信赖者），由第三方成为名义所有权人并进行财产的打理，收益归儿女方，这是第二个"USE"。按照《USE条例》，在双重"USE"中，其儿女是第一个受托人，第三方是第二个受托人；宗教机构在第一个"USE"中是第一受益人，在第二个"USE"中，其儿女为第一受益人。通过第二个"USE"，教会的收益不适用《USE条例》的约束，因为在第二个"USE"中，不能认定宗教机构取得了普通法法定的土地所有权，因而官府不能对土地进行没收。由此，作为代人理财的"USE"制初步形成。由于"USE"的做法（尤其是第二种"USE"需要转移财产的名义所有权）是基于对第三方真正的信任，所以又被称为"TRUST"，符合英文原意"相信、信任"，这就是当今英语国家信托制度英文词义的渊源，而且至今信托制度仍使用"TRUST"一词。

3.信托制度的最终确立及在英国的发展

（1）信托关系在法律上得以确立。

1640年，英国资产阶级革命爆发。由于信托制度有利于资本主义经济发展，因此得到了资产阶级的大力支持，信托的形式和内容也被极大丰富。信托不仅应用于宗教，而且也应用到社会公益、个人理财等，标的物也从土地延伸到商品和货币等。当普通法的实施与衡平法的实施产生矛盾时，将执行"衡平法效力优先"的原

---

① 据魏曾勋等的研究：英国封建时代的土地制度下，英王被认为是全国土地的绝对所有人。臣属和民众拥有的是相对所有权，且分为三种：（1）可以永久占有、又可以无限转移的土地，被称为"自由地"（free hold estate）；（2）可以定期占有、在一定时期内拥有土地所有权的土地，被称为"租赁地"（lease hold estate）；（3）依据习惯拥有某块土地的所有权并有特别义务的土地，被称为copy hold estate。

② 当时存在着两种管理捐赠财产：一是受托人代为掌握财产所有权，成为名义上的所有权人，同时有管理和使用财产的责任和义务，这被认为是一种主动信托关系；二是受托人只代为掌握财产所有权，成为名义上的所有权人，没有管理和使用财产的责任和义务，这被认为是一种被动的信托关系。后者是当时的主要形式。

则。1852年和1858年，英国国会制定《衡平法法院诉讼条例》和《衡平法修正条例》，从而使衡平法与普通法的诉讼程序趋于融合。

1873年，《司法条例》（The Judicature Act 1873）颁布，普通法法院与衡平法院合并，一起纳入"最高法院"，普通法院和衡平法院二者的对立和冲突始告结束，对"USE"关系的认可最终得到统一。信托关系终于在英国法律保护和培育之下得以确立，成为正当的权利和义务，并逐步建立起稳定规范的信托制度。

（2）英国信托制度的演进主线。

英国是世界上最早建立信托制度的国家，其重要地位不可忽视。关于信托的起源有五点基本认识：一是私有制是早期信托思想形成的经济基础。二是英国封建制度下基于向宗教机构捐赠土地习俗所形成的"USE"制是现代信托制度的渊源。三是信托制度在法律培育下建立。四是资产阶级出现、资本主义制度建立推进了信托制度的深入发展。五是机构受托人的出现和发展是英国信托业发展的一条主线——在经历了无偿到有偿、非专业受托人到专业受托人、个人受托到法人受托的发展之后[1]，适法性信托终于从家庭的范畴发展扩大到了商业领域。随后，信托制度的规则不断现代化。信托业的发展进一步推动了信托制度在世界范围内的传播，信托的商业价值逐渐被挖掘出来。

1.1.3　信托制度的发展与信托法规的建立

1.信托制度的发展

从前述分析可知，信托制度是指在法律约束和保护下建立的信托框架，包括委托人、受托人和受益人之间明晰的法律关系、确定的专业受托人以及基于有偿经营的信托报酬。作为在英美普通法系[2]国家中存在的一种特有的法律安排，信托制度在民法系国家并不普遍，也未被广为推行，这主要是由于在民法系国家中信托制度缺乏可汲取的法律制度基础，民间往往不习惯建立和使用这种信托关系。但是，经济、金融发展的深化及所呈现的复杂性，使信托制度在民法系国家的发展空间增大。

在个人财富种类多样化、财富形式虚拟化以及通货膨胀等因素的影响下，越来越多的财产所有人会考虑在保值的基础上，尽量使财产实现增值。而实现这一意愿的前提是财产所有人需要具备管理财产的能力。然而，并非人人都具有管理财产的能力。这是因为，在现代社会分工、协作生产的社会关系之下，每个人都有一份特定领域的工作，或是有良好的事业发展基础，因而有的人会因缺乏财产管理能力而增加参与成本[3]，或因为工作繁忙无暇打理自己所拥有的财产，甚至有些巨额财富拥有者想把自己的财产用于某些自己所关注的公共事业的发展，但却不知自己该如

---

① 在英国的传统中，通常聘请自己的朋友（尤其是律师）承担繁重和费力不讨好的遗产管理工作。除非在信托协议中另有规定，受托人一般是无偿的。
② 英美法系亦称普通法系，与大陆法系并称为当今世界最主要的两大法系，范围包括英国、美国（除路易斯安那州）、加拿大（除魁北克省）、广大的英语国家和地区及很多历史上被英国殖民统治的地区。由于历史原因，中国香港特别行政区也属于普通法系。英美法系在当今世界其他地方也有着广泛的影响力，尤其是在国际贸易和海商运输等方面。
③ 这是指参与财产管理所投入的时间、精力等成本。

何使用财产来达到目的。在这种时候，如果把自己的财产交给可信任的人，委托其代为管理和处理，并按自己所希望的方式办理，则是非常有效的财产管理方法。这方面的信托事例非常多，如各种理财信托、养老金信托、公益信托，以及身后事宜的信托处理等。

2.信托法规

随着信托概念的不断发展和欧洲大陆法系国家对信托制度的引进，出现了多种对信托的定义。1985年，在荷兰召开的国际私法会议上通过的《关于信托的承认及法律适用的国际公约》中，提出了一种能够被不同法系国家理解和适用的概念，信托被定义为：委托人在生前创设的一种法律安排，并为受益人的利益或者为某个特定目的，将其财产置于受托人的控制之下。

自20世纪90年代以来，伴随我国金融资产数量和种类的增加，中国国内围绕财产管理、谋求财产增值的信托业务快速增长，专业受托机构不断涌现。《中华人民共和国信托法》（以下简称《信托法》）中对信托制度作出的定义是：信托是指委托人基于对受托人的信任，将其财产权委托给受托人，由受托人按委托人的意愿以自己的名义，为受益人的利益或者特定目的，进行管理和处分的行为。

§1.2 信托制度的建立

1.2.1 信托制度的基础

1.私有制及剩余财产

基于对信托制度的基本认识，信托一定是针对财产的某种具体的托付，因而信托制度发展首先必须具备的基础条件是要有归个人所有的、剩余的并受到保护的财产存在，继而才会有委托发生的可能。而剩余的、归个人所有的财产存在恰恰是生产力进步、经济发展水平提高的结果。

在人类社会发展初期，比如原始共同体阶段，生产力水平低下，如果说有"经济活动"，也只是为了生存、人类延续所进行的植物采集和狩猎活动。一方面，这时期经济活动目的简单，人们之间的关系亦简单，大家共同生产、共同消费。另一方面，由于生产力水平低，劳动所创造的物质财富尚不足以满足人类生存的物质需要，所以尚没有多余的归个人所有的财富，当然也就不可能产生出委托他人代为保存或管理财产的要求。

当人们的植物采集发展为种植活动、狩猎活动发展为养殖活动，即我们称为第一产业的农业出现以后，人类有了社会分工，专业化程度提高，人们的劳动技能迅速提高，极大促进了生产力发展，生产力水平得到提高。与此同时，在分工下的个人劳动成果在消费之后有了剩余。由于共同占有打击了有专长的个人劳动的积极性，限制了生产力有效增长，于是，新生产力向原有生产关系挑战，人们之间的关系发生了根本性变化，劳动成果及劳动工具的私有制便合乎逻辑地产生了。

在财产私人占有中，随着财产数量的增加，关于财产的保存和继承问题产生出来（早期还没有谋求增值的动机）。迄今发现的最早信托行为记录发生在古罗马时期，是以遗嘱方式来记载的，其目的在于实现财富在遗嘱人死后的传承。这是早期信托行为的萌芽。

2.法律基础

信托制度是英美法系下培育的一种特殊的经济制度，如今已经被各种法系特征的国家所采纳。从其渊源或是演进过程来看，离不开通过颁布法规来实现对信托所进行的法律上的培育和制度上的规范。而法律上的培育和制度上的规范之根本是要确保私人财产受到绝对保护，不能受到侵犯。因此，法律环境是信托事业发展中极为重要的条件。

（1）通过法规的制定明确对委托人和受益人利益的保护，是信托制度存在与发展的坚实基础。信托制度的本质是"受人之托，为人管业，代人理财"，而且"代人理财"已成为当代社会最为典型的信托业务。从内容来看，"代人理财"既可以是受托人为委托人打理实业，又可以是受托人代为行使遗嘱的监护；既可以是单纯为委托人保管货币财产安全且不遭受损失，又可以是受托人接受委托财产，代为参与金融市场融资活动并进行投资，确保委托人的货币财产获得增值；既可以为自然人个人进行财产管理，又可以为企业法人进行财务管理。委托人是否选择借助受托人的力量来实现上述一定内容的行事意愿，关键在于委托人和受益人的切身利益能否得到充分保护，否则基于信任前提所建立的信托制度就不会得到顺利发展。

（2）通过法规的完善加强对委托人和受益人利益的保护。对于商业化运作的专业受托人——信托机构的经营而言，需要有完善的法律规定，通过约束受托人的行为使内部人侵权技巧的效率降低，从而形成对外部投资者利益的法律保护。比如，在没有对投资者形成保护的极端情况下，内部人能够容易地窃取公司利润；若有保护，但不够完善时，内部人会通过虚假的或复杂的操作，转移利润；若受到好的保护，则内部人充其量是付给自己高薪，安排亲属好的职位，或开发一些不经济项目，但个人从公司的不当获利会大大降低。总之，只有当法规体系对委托人和受益人的利益提供有效保护时，委托人才能提高对受托人的信任度，信托需求才会扩张，进而促进信托制度的充分发展。公司法和与受托人相关的一系列法规就是从不同方面来发挥上述约束作用的。

（3）通过专门化信托法规的制定深入推进信托制度发展。英国是关于信托单项法律制定最多的国家。从英国推出各信托条例的历史考察，专门化的信托法规的颁布和实施推动了信托制度的完善。作为信托制度起源的国家，英国在1873年信托制度初步确立之后，用了数十年的时间来明确信托关系、规定办事准则，并从基于情谊或义务受托过渡到商业化经营，此外还在个人受托的同时建立法人受托机构从事信托业务。信托制度化过程中的法律规定为英国信托制度发展奠定了非常重要的基础。表1-1为英国信托制度化过程中所颁布的法律规定。一系列的法规对英国信托制度的确立和发展起到了至关重要的保护、规范和约束作用。日本的信托制度是从美国引入并逐步发展起来的，法律在信托制度化中也发挥了重要的规范和保护作用，并形成了日本信托制度的特色（详见第8章第3节）。

表1-1　　　　　　　　　英国信托制度化过程中的法律规定

年份	法规名称	颁布原因	作用
1873	《司法条例》（Judicature Act）	早期的USE制建立了让第三方代为管理财产及其他事务的关系。随着英国封建制度衰落，USE制从满足土地遗赠需求，逐渐转移到个人事务打理、公益事业等需要上来。但在法律上，信托关系没有得到明确	《司法条例》颁布后，普通法与衡平法双重裁判的法院不复存在，结束了对信托管理财产关系法律认知上的争议。信托制度在英国得以初步确立
1893	《受托人条例》（Trustee Act）	以前，在英国都是沿袭100多年的习惯行事，无一定办事标准，受托人与委托人之间常发生关于财产管理和服务费用的纠纷	对个人作为受托人的权利和义务作出了规定，确定了经办信托的原则，这标志着信托制度在英国的正式建立。英国的信托关系发展从此正式进入制度化轨道，并受到法律监督
1896	《官选受托人条例》（Judicial Trustee Act）	尽管之前有了办事准则，财产上的纠纷不再发生，但受托人难寻。因为信托事项的发生主要基于私人之间情谊义务行事，多为个人受托人，信托事项的发生具有无偿性。然而，受托人在接受委托行事过程中必然会有时间、精力付出，或者难以在亲朋好友中寻到可信任的受托人。如此会使托付不能顺利实现，最终影响对社会财富和个人财富的有效管理及运用	规定法院可以根据委托人或受益人的请求，选取受托人，并准许官选受托人收取一定报酬。这一法律规定被视为英国信托制度发展历史上的一个重大变革，因为该条例解决了受托人不能确定的问题
1897	《官选受托人条例实施细则》（Rule for Implementation of Judicial Trust Act）		
1906	《公共信托局条例》（Public Trustee Office Act）和《公共信托局收费章程》（Fees Order of Public Trustee Office）	准许官选受托人就信托财产的管理收取一定报酬，突破了长期以来的义务行事。但是其属于实费开支，收费较低，而且多是自然人作为受托人，信托事务管理和处理受到自然人身体健康状况、年老体弱等生命状况的限制，影响信托期限	根据法令成立"公共信托局"，开始以法人身份受理信托业务，标志着英国由个人受托向法人受托、由无偿受托向有偿受托转变。但英国信托业真正进入营利性商业运作阶段，是始于公共信托局之后大量专业性信托公司的建立

此后，1925年英国颁布新的《受托人条例》，用以代替1893年的《受托人条例》，1957年颁布《受托人报酬法》，1961年出台了《受托投资法》等，总之，英国颁布了大量的信托特别法案

3.经济发展水平

信托制度的发展随商品经济、货币信用发展而深入。以英国为例，早期信托财产内容单一，多以土地或其他实物财产为主。19世纪70年代，经济发展水平得以迅速提高，股份制的现代企业组织广为发展，社会财富种类增多。在当时，英国居于国际上非常重要的特殊地位，拥有众多的海外殖民地。伴随其相当发达的世界贸易，商品输出的同时形成大量资本输出。大额资本可以直接去海外投资，而众多中小资本却比较困难。于是，为中小投资者提供投资服务的机构应运而生。信托投资机构也从此进入金融领域。

4.社会习惯

信托制度发展的社会习惯主要是指自然人个人和法人在处理民间事务、经济事务或商事时，对利用信托的认可、接受及自觉应用的状况。这一社会习惯成为信托事业持久发展的重要基础环境。由于各国国情不同，不同国家在以信托方式处理相关事务时，侧重的事务内容不同。例如，美国现代信托制度存在于自然人或法人事务中的各个方面，社会各阶层、各行业普遍利用信托方式处理各种事务；而英国作为现代信托制度的起源国家，其信托制度的发展在信托投资和个人非货币形式的慈善信托方面更为突出。

1.2.2　创设信托的四要素

1.信托行为

（1）信托行为的定义。

信托行为是指因设定信托关系而发生的委托行为。 信托行为、信托关系、信托财产等共同构成设立信托的要素。信托行为的发展与社会经济水平相适应，因而客观上形成了两种基本形式，即习惯性信托行为和适法性信托行为。

（2）习惯性信托行为与适法性信托行为。

习惯性信托行为是指因习惯与信任自然形成的委托行为。早期的信托行为属于这一类型。早期阶段的信托行为多是围绕处理身后事宜进行，即确保在委托人离世后有关事务的发展和一定关系的维护，仍然能够继续按照自己生前意志行事，因而多发生在家属、宗亲、朋友之间，并自然形成了如下特点：受托人多是亲朋好友；以情义为基础，不计报酬；是一种自然形成的托付关系。这种信托行为在自然经济、简单商品经济条件下，延续了较长时间。只要有小商品经济存在，习惯性的信托行为就仍然有存在的土壤。

伴随社会活动的复杂化，以自然托付为主的信托行为难以为继。人们之间逐渐形成不再简单化的经济关系，并产生了利益冲突，迫切需要以契约形式表现出来。通过契约明示信托关系中各方当事人的权利和义务、信托的目的、信托的期限、信托报酬等，以便保证人们之间的信托关系的适法性。适法性信托行为随之形成。适法性信托行为是指信托当事人在相互信任基础上，以设定信托为目的，用签订合同的书面形式确认的法律行为。其特点是：受托人是取得注册经营权的自然人个人和法人组织；是有偿的营利性行为；受法律约束同时也受到法律给予的保护。

（3）形成适法性信托行为需要具备的条件。

① 委托人的意思表示。其可以是书面形式，如信托合同、个人遗嘱、经法院裁决的法律文书，也可以是录像等非书面形式。

② 要有特定的目的性。无目的信托失去依据，信托行为将不能成立。例如，谋求增值的资金信托，为晚年养老的养老金信托（现职时期就定期拿一笔钱信托，到晚年退休后使用），为管理财产（不动产、有价证券）的信托，委托经营特定事业的信托，执行遗嘱的信托等。

③ 信托目的的合法性。如果信托目的属于违法行为，如代为洗钱等行为，则信托行为不具备适法性，既不合法也得不到法律保护。

2.信托财产

（1）信托财产的定义。

信托财产是指受托人按照信托合同约定的信托目的受托代为管理、处分的财产。

（2）信托财产的分类。

① 以存在形式划分，信托财产分为有形信托财产和无形信托财产。这是一种基本的种类划分。例如，动产（货币资金、有价证券、机器设备）、不动产（土地、房屋）、债权（债权凭证、存款凭证、保险单、抵押证券）属于有形的信托财产。发明专利、商标使用权、牌照使用权、著作权属于无形信托财产。在管理、处分过程中的信托财产以及管理后所获得的利息、租金、利润等都属于信托财产范围。

② 以对信托财产的占有时间进行划分，信托财产分为"现在权"信托财产和"将来权"信托财产。前者是指现在就掌握着产权的信托财产，后者是指将来可以掌握产权的财产，如经过遗嘱公证的对某套房产的继承权对受益人而言是"将来权"信托财产。

③ 以委托人对信托财产占有的形式进行划分，信托财产分为单一占有形式的信托财产和共同占有形式的信托财产。

（3）信托财产特点。

① 独立性。独立性是指信托财产区别于其他财产，不能混淆。比如，受托人受托的信托财产要与受托人固有财产相区别，分别管理、分别记账，不得归入受托人自己固有财产享受其利益。再比如，受托人受托的信托财产要与其他委托人的信托财产相区别，也应该分别记账、分别管理，不能混淆。

② 有限性。有限性是指受托人虽然成为名义上的所有权人，但也只能在委托人授权范围内管理和处分财产。受托人不能超越权限，否则要承担所带来的风险和损失。

③ 物上代位性。物上代位性是指在信托期间，不论信托财产的形式、形态、价值发生了什么样的变化，其信托财产属性不变。例如，在设定信托时，委托人转移给受托人的财产是货币资金，受托人经过运用和管理，在某一个阶段转换成有价

证券，则此时一定数量的有价证券就是委托人的信托财产；如果有价证券卖出后，货币资金形态的价值获得增值，则此时的增值部分和原有本金部分都属于信托财产性质。

3.信托关系的当事人

（1）信托关系定义。

信托关系是指设定信托的当事人（委托人与受托人）之间形成的特定关系。信托关系建立的目的在于通过受托人对财产的管理，使委托人、受益人有益可受，否则信托关系建立毫无意义。信托关系当事人的关系不是一般的债权债务关系。信托关系至少要有三方当事人，即委托人、受托人、受益人。

（2）委托人。

委托人（creator of trust）是指主动提出信托要求的当事人。可以是法人、自然人个人。对于法人委托人在资格上没有其他特殊要求，范围相对广泛；而对自然人委托人，则有资格要求，即需要具备法律上的行为能力，所以在现代信托制度成熟环境中，未成年人不能成为信托事项的委托人。在现代社会中，多是以法人受托人承办信托业务，鲜有个人受托人。以非公司形式注册的个人受托人、合伙人形式的受托人在英国较长时期里存在，也是英国发展信托事业的一大特色，公司形式的受托人出现较晚。以《公共信托局受托条例》颁布后、1908年建立的公共信托局为标志，英国法人受托的开始比美国晚将近50年。目前，英国尚存在注册的个人受托人，并主要承办遗嘱执行类的民事信托。英国的法人受托人受理的业务集中在以谋求增值为目的的个人财产管理运用以及各种法人为委托人的信托业务上。

（3）受托人。

受托人（trustee）是指接受信托要求的当事人，一般为法人受托人，如，各种信托公司或代理信托的法人机构，承办各种符合相关法规要求，为社会所需要并能够获得经济利益的业务。但在英美法系的案例中，会涉及个人受托人。对于个人受托人存在基本资格要求，即未成年人、禁治产人①、准禁治产人（赌徒、酒鬼）不得受托。

我国《信托法》第二十四条规定："受托人应当是具有完全民事行为能力的自然人、法人，法律法规对受托人的条件另有规定的从其规定。"在《信托法》总则中规定受托人采取信托机构形式从事信托活动，其组织和管理由国务院制定具体办法。我国的信托机构是指依照《中华人民共和国公司法》（以下简称《公司法》）和《信托公司管理办法》设立的专门经营信托业务的信托公司。目前，在我国资金或其他财产信托活动中，受托人主要是信托公司和各种兼营信托业务的金融机构。

（4）受益人。

受益人（beneficiary）是指在设定的信托业务中享受信托利益的当事人。受益

---

① 禁治产人是指因心神丧失或精神耗损，不能治理自己的财产，经有关人员的申请，由法院依法宣告为无民事行为能力的人，中国的民法没有采用禁治产人的概念，但《中华人民共和国民法典》第二十条规定，不满八周岁的未成年人为无民事行为能力人，由其法定代理人代理实施民事法律行为。无民事行为能力的人和禁治产人的法律地位相当。

人的三个特点：

① 受益人可以是自然人个人，也可以是法人组织（如营利性工商企业或非营利性机构）。

② 受益人可同时是委托人，但不能是受托人，以防止受托人利用信托财产谋取私利。而且从信托法理考察，如果信托利益与受托人属于同一主体，则不存在信托关系。

③ 自然人受益人具有"既定未定"的特点：既定的是受益人的范围，未定的是具体的受益人；受益人不一定是合同当事人，无须具备行为能力，只要具备权利能力即可；受益人可以是未成年人、婴儿，甚至是尚未出生的孩子。

4.信托合同

（1）信托合同的特点。

信托合同是确认是否建立信托关系的唯一依据。**信托合同是指委托人与受托人签订的以一定财产为中心，为实现一定信托目的而设定信托关系的契约。**围绕信托的一切主要事项，均明确表示于合同之中。

（2）信托合同须列明的内容。

①明确信托目的。明确信托目的是信托合同的一项重要内容。信托目的应不违反国家的有关法律规定，也不能违反民族习惯、公共道德。信托合同中还应明确受益人接受此目的，而受托人可以依据此目的执行信托合同中的信托要求。

②列举信托财产的内容。信托财产是设立信托的标的物，是信托关系建立的重要因素。在信托合同中，对信托财产的品种、数量，或实物财产的完好程度等，应有详尽明确的说明，不得含糊。同时，信托合同一经签订，信托财产要立即转入受托人名义控制之下，便于受托人管理、使用和处分信托财产，达到信托目的。

③明确信托当事人的权限：

第一，委托人的权限。信托合同以委托人为主体，其地位是对信托财产拥有民法上的所有权。因此，委托人提交的信托财产，必须是拥有民法上绝对的控制权和处分权的自有财产，否则，不能依法建立信托关系。只要订立信托合同，委托人就要将信托财产转交给受托人。此时，受托人对信托财产取得信托法上的财产所有权，对信托财产具有进行管理、使用和处分的权利。至于受益人，一般没有特殊的限定，由委托人的意思指定，取得享受信托财产利益之权利。

第二，受托人的权限。受托人权限是指受托人对信托财产的权限。依据信托原则，受托人在一定意义上取得财产所有权，并获得相应的管理和处分财产的权利。但是，受托人在设定的信托关系中所取得的财产管理和处分权利是有限制的，即受托人的权利不能毫无约束地、如同拥有民法上绝对权能一般地随意使用，应仍受信托合同的规定所约束。信托合同对受托人权限的规定，必须严格执行，但在签订信托合同或执行合同规定时，应注意委托人提出的不同信托目的，给予一定的弹性空间，便于受托人实事求是地处理问题，更好地达到委托人提出的信托目的。

在设定信托与经营中，信托合同（尤其是营利性信托合同）应明确受托人的报酬，计取报酬的标准、方法、金额，报酬的支付时间、方式都要明确规定。

第三，受益人权限。受益人在信托关系中的地位是享受信托收益的一方，并拥有相应的权利，比如对受托人的监督权，因而在信托合同中需要说明受益人的权限，即要明确受益人享受的信托收益，如受益人可以享受哪一部分、何种比例的收益；是享受信托财产的收益还是可以最终获得信托财产的本金，或是二者兼得；当受益人原有条件改变后，是否可以继续享受信托收益，等等。

④订定信托存立的期限。

信托存立的期限是指信托的法律时效，是建立信托关系所要求的重要因素之一。在信托合同中，必须明确规定信托关系存立、持续的具体时间。即使在一些特定目的的信托合同中，如个人特定目的的信托可以永久持续下去，也不能违反上述原则，在契约中同样应说明具体年限。决定信托存立期限的长短，主要以完成信托目的的标准为度。

⑤信托撤销和信托财产移交的方法。

在信托成立时，委托人有无随时撤销或变更信托关系的权限，以及信托结束，信托财产的移交所采用的方法都应在契约中写明。比如，在信托结束时，信托财产可以交还委托人本人，可交与第三者或受益人，因此必须在契约中明确说明，以防出错。

1.2.3　法人受托——信托机构的定义、特征、属性与职能

1.信托机构的定义

（1）通用的定义。

信托机构是指依照法律的授权并以受托人资格从事信托业务的法人组织，泛称为信托业。由于法人在处理信托业务的经验和能力上要比自然人有更多的可靠性和安全性，因此各国一般都把受托人明确为法人机构。

由于当代信托机构涉及的业务范围较广，既包括一般的民事信托业务，又包括多种金融业务，并提供有特色的投资管理、财产规划等投资服务，所以又被称为信托投资公司。在大多数国家，信托机构都以追求一段时期内高额回报的投资理财或追求财产持久获利、平稳增长的财产管理服务为主要业务。

（2）我国的定义。

在中国银行业监督管理委员会于 2007 年 1 月 23 日颁布的《信托公司管理办法》中，信托公司是指依照《公司法》和该办法设立的主要经营信托业务的金融机构。信托业务是指信托公司以营业和收取报酬为目的，以受托人身份承诺信托和处理信托事务的经营行为。我国不存在自然人个人作为注册的受托人从事适法性信托业务。

（3）关于名称使用的规范。

在《信托公司管理办法》中，去掉了信托投资公司中的"投资"两字，这是参考国际上信托机构名称使用上的一般做法。《信托公司管理办法》规定，设立信托

公司，应当采取有限责任公司或者股份有限公司的形式。设立信托公司，应当经中国银行业监督管理委员会批准，并领取金融许可证。未经中国银行业监督管理委员会批准，任何单位和个人不得经营信托业务，任何经营单位不得在其名称中使用"信托公司"字样。通过管理办法的规范，我国在信托机构发展上新增一些不履行投资管理人职责的信托公司类型；对信托公司的管理突出信托主业的引导，但同时不限制这些信托公司的投资功能；此外，该管理办法限制用固有资产进行实业投资，不针对信托资产和信托业务①。

2.信托机构的特征

（1）与资本市场关系密切。

信托机构除经营一般信托业务外，还从事与资本市场相联系的各种特定目的的投融资业务。信托机构开展信托业务实际上包含各个不同性质的过程，第一个过程是信托机构向自然人、法人或其他组织提供信托产品，筹集信托金，是典型的信托活动；第二个过程是信托机构在获取受托管理的资金或其他财产后，通过专业化管理把这些资金或其他财产运用于货币市场、资本市场或其他商品市场、不动产市场，并获取财产增值，这个过程进行的是财产管理活动或投资活动。可以看出，信托机构的经营与资本市场关系密切，促进了资本的形成。

（2）经营方式灵活多样。

这一特征主要体现为信托机构能够把融资和融物结合、把间接融资和直接融资结合、把一般的理财活动和资本市场投资结合；此外，信托机构业务经营面较广，可结合不同方式方法、不同地区的经济差别、不同经济关系的特点，灵活地开展业务。与商业银行、保险公司等金融机构相对单一的资金运作方式形成明显对比。

（3）服务性突出。

信托机构作为专业理财机构，是标准的受托人，受托为委托人或受益人的利益经营业务，或为管理财产谋求事业的平稳发展，或为投资理财谋求增值，或为慈善目的或其他特定目的。信托机构经营业务的准则是为受托人利益着想，为他人谋利，因而收取的是手续费性质的信托报酬。这一点是与商业银行、保险公司等机构运作最大的不同之处，后者是作为社会资金运行中的中间借款人和中间贷款人出现，而不是受托人。此外，信托机构聚集了一批专业人才，加上先进的技术手段、多样化的信息渠道和分类明确的专业管理优势，具备为委托人带来高于社会平均利润率的收益之能力。例如，有的信托机构以资金信托为主，在证券投资或实业投资方面具有丰富的资金运用经验；有的信托机构以财产信托为主，在资本营运、企业兼并重组等方面具有突出优势；有的信托公司以管理各种基金为主，具有较强的管理经验。信托机构的这种比较优势，是信托机构立于不败之地的根本所在。

---

① 《信托公司管理办法》第二十条规定："信托公司固有业务项下可以开展存放同业、拆放同业、贷款、租赁、投资等业务。投资业务限定为金融类公司股权投资、金融产品投资和自用固定资产投资。信托公司不得以固有财产进行实业投资，但中国银行业监督管理委员会另有规定的除外。"

3.信托机构的金融中介属性

（1）信托机构是金融机构。

如上所述，信托机构的经营活动是将资金通过信托形式集中起来，并作为机构投资者参与金融市场活动，是金融市场的重要参与者。可见，信托机构在发挥财产事务管理职能过程中，实现了对资金资源的重新配置。信托机构成为促进社会闲置资金从储蓄部门向借款企业转移的金融中介之一。

（2）信托机构与其他金融机构不同。

信托机构经营上的特点，使其与其他金融中介有明显不同。信托机构与其他金融机构的比较可见表1-2。

表1-2　　　　　　　　　　　信托机构与其他金融机构的比较

金融中介类型	传统吸收资金方式	运用资金方式	与委托人关系的性质
信托机构	筹集信托金	债券与股票投资	信托关系
银行	吸收存款	发放贷款、债券与股票投资	债权债务关系
保险公司	吸收保费	债券与股票投资	类债权债务关系。当被保险者出险时，保险公司必须给予赔付
融资租赁公司	银行贷款、发行金融债券等	融资租赁业务	债权债务关系

我国把信托公司定性为非银行金融机构，具体监管机关是"其他非银行金融机构监管司"。

4.信托机构的职能

（1）为人管业、代人理财的本业职能。

信托机构的本业职能是指信托机构接受客户委托，代客户管理、经营、处置财产，概括来说就是"受人之托、为人管业、代人理财"。这是最基本、最能反映行业特征的职能。社会经济越发达，社会分工的专业化程度就越高，个体参与者的活动越来越被局限于社会的某一个领域或行业，人们从事某一个领域或行业活动的专业化技能获得提高，但同时由于经济深度和广度的发展，使个体参与者难以应对复杂的局面。如，从理财的角度看，当财富积累到一定水平，财富的拥有者很难完全通过个人的力量来实现对个人财产的最优管理和运用，必然产生借助于他人的能力、知识以及经验来管理和运用财产的要求。在代客理财业务中，资金信托业务是信托机构的主要业务。

在金融业混业经营背景下，信托机构本业职能已不具备特异性。商业银行和其他金融机构都在承办各种代客理财业务。商业银行经营信托业务正是适应了现代社会经济发展的这一客观要求，能够在为客户提供信贷、支付等业务的同时，提供理财的金融服务。信托机构独立地专门化发展的空间正在变小。

信托机构履行"诚实、信用、谨慎、有效"管理的义务，要为受益人谋取最大的利益。委托人基于信任把自己的财产委托给信托机构代为管理，信托机构在掌握了委托人财产后，"以已名义、为他人服务"，并履行"诚实、信用、谨慎、有效"的义务，按照信托契约的规定，忠实履行职责，为受益人谋取最大的利益，而不允许受托人利用信托财产为自己或他人谋取利益。为了保证受益人利益不受侵害，各国都制定了许多保障受益人利益的条款。

委托人如发现信托机构违反国家法律、行政法规和为信托契约受益人之外的其他人谋求不正当利益，或给信托财产造成损失，委托人有权向信托监管机关举报，信托监管机关将依据《信托公司管理办法》（2007年3月1日起实施）等法律法规对信托机构给予处罚，对信托机构主要负责人、分管负责人和直接负责人（信托经理）给予行政和经济处罚，直至撤销其金融机构任职资格。

信托机构在发挥这一职能时，需要注意：①进行财产处置权的转移。以此使受托人充分灵活运用财产。②受托人要将自己所有的财产和受托财产分别经营、分别管理。受托人受托为受益人的利益而对财产进行管理和处理，受托人不能借此为自己谋利益，因此，为防患于未然就必须将受托人固有财产和受托财产分别经营、分别管理。③充分灵活运用财产是有限度的。受托人虽然得到委托人的授信，进行了财产所有权的转移，但受托人如何管理和处理信托财产，只能按照信托的目的来进行，即只能做受托范围内的业务，受托人不能按自己的判断，随意运用、处置信托财产。要求保管就只是保管，不能擅自去做增值的财产运用。如果信托机构因违背信托契约规定造成信托财产损失，信托机构要承担赔偿责任。④亏损的处理。如发生亏损，只要符合信托合同的规定，受托人可以不承担此种亏损，除非是由于自身重大过失而造成的亏损。

（2）融通长期资金职能。

长期资金的融通职能是在本业职能之外，派生出来的与其他金融机构共有的职能。这一职能是指信托机构能够对长期资金进行融通。信托财产可以是货币，也可以是其他财产。在动产理财中会有对长期资金的融通，有时以融物的形式进行融资（如信托机构为企业办理动产信托业务，）有时以货币资金的形式进行融资（如信托机构为客户办理资金信托业务）。整体而言，19世纪中期以来信托机构的融资职能以长期资金的融通最为突出。

这一职能发挥得如何，取决于各国对信托业务融资职能的认识和利用程度高低。例如，日本把信托机构视为专门融通长期资金的机构（视为长期信用机构），在整个日本信托业务中资金信托占90%以上，且主攻中长期设备资金的供给；而商业银行则是以短期金融为主要业务。我国在1979年改革开放以后的初期发展中，信托机构的定位及经营宗旨都过于强调融资职能，使信托机构发展严重脱离了本业发展轨道，几乎成为银行性机构。

（3）协调经济关系职能。

协调经济关系的职能是在本业职能以外，派生出来的与其他金融机构共有的另一个职能。信托机构协调经济关系的职能是指信托机构在处理信托业务过程中，实现对各种经济关系调整的职能。受托人在复杂的信托关系中作为各种委托人与受益人的中介，充当代理人（代理发行证券、收付款项）、见证人–担保人（遗嘱执行、房地产开发和租赁中介）、介绍人（闲置物资的调剂）、咨询人（提供经济和金融信息、资信调查）、监督人（财务分析、审计和评估）。信托机构通过信托业务的办理充当上述角色，使各方建立起相互信任的关系，并实现一定程度上的调整。例如，遗嘱执行信托协调了委托人身后继承者之间的关系；代理发行证券信托建立了投资者与发行人之间相互信任的关系并实现一定程度上利益关系的调整；经济咨询则使受托人借用掌握各种信息的优势，或者资信调查，为作为委托人的经营双方提供利于其发展的、可靠的经济信息，有利于合理采购、合理加工和生产；通过委托租赁对委托人闲置物资融通调剂，协调所有者与使用者之间的关系，使物或某种设备得到更有效的利用。

总之，在现代的社会分工、部门协作生产条件下，通过上述从事的类似于经纪人的活动，使各方面建立相互信任关系，加强了各方沟通与合作。信托机构在使各方关系更加协调、有序的同时，促进了地区之间的物资和资金融通，在经济中发挥着独特作用。

5.信托机构的作用

信托机构经营的特殊性使其在职能发挥的过程中，对经济运行产生了不同于其他金融中介机构的特殊作用，主要表现在：

（1）促进了商品经济向更高层次的发展。

① 一国商品经济发展进入高层次发展水平的特征。一国商品经济发展是否进入高层次发展的基本特征反映在：第一，主体多元化，即在经济、金融活动中，政府及其机构、企事业单位、个人与家庭都可作为市场参与者，不同程度地参与各项活动；第二，管理体制多元化，即经济、金融发展实行多元化管理，市场经济、计划管理等手段并用；第三，经济、金融过程有序，即在当代复杂的信用货币经济中，以及开放的金融市场中，建立起各种不同层面的、相对平衡的生产和生活关系；第四，结果有效性，即经济活动既要追求绝对数量上收入或产出的增加，又要讲求相对意义上的投入产出效率；第五，经营模式多元化，即经济、金融活动中国有、民营、集体等多种实体所有制成分并存，股份、独资或合伙等多种经营模式并存。因而在经济活动中，理顺各种关系成为经济中以及社会生活中的必然需求，在当今世界经济发展趋势融合的大背景之下，这种对各种经济关系的调整更具有开放性、广泛性和深刻性。

② 信托机构在商品经济发展层次上的推动作用。在促进经济发展向高层次转化中，信托以其特有的方式发挥着推动作用。这主要表现在通过灵活、多样的信托业务和各种复杂的信托关系的建立，满足各种不同的经济关系和不同的利益集团的特殊要求，从而在主体、形式、过程及效果等方面推动经济发展。

（2）有利于增加个人财富、更新财富传统继承观念。

① 信托机构提供的各种理财服务是个人重要的理财方式，便于进一步增加个人财富。信托机构提供的服务有利于保证财产安全、进行有效管理并提供融资和理财便利。就理财而言，自然人自己亲自运作的经济活动，因条件限制，如时间、费用及相关的成本方面的付出都会很大，在收益和效率上很难总是保持最佳状态。而由信托公司来做则大不相同，信托为委托人提供了运用资金和财产的多种形式及广阔市场，并通过受托人对信托财产进行有效的管理和利用，使委托人届时可获得犹如银行长期储蓄那样相对安全（与投资相比）、但却相对高于银行长期储蓄的收益，类似于投资收益回报。信托机构不但有能力、实力，还可以获得大规模运作的经济效益，使社会资源被有效利用，从而使社会整体效益得到提高。比较而言，银行提供的服务则安全性相对更高，但对于客户来说却未必是效率更高的理财方式。

② 信托制度的建立更新了财富继承观念，避免了可能的纠纷。传统的财富继承是以遗嘱或法院裁定方式，如父母传给子女，似乎已成为天经地义之事。然而实际上，在信托制度成熟稳定建立的环境下，许多财富拥有者并没有以此方式进行财富的传承，如洛克菲勒家族、肯尼迪家族、卡耐基家族的势力，并没有因为重要人物的离世而影响力减弱，就是因为上述家族没有按传统方式进行财富转移，而是运用信托把一部分财产委托给有能力的专业机构进行管理，使家族财产得到永续传承。另外，信托方式理财能够有助于在委托人死后，继续体现委托人的意思表示，避免纠纷。从社会和经济进步的深度上看，便利了经济活动的顺利进行。

（3）促进了公益事业的发展，推动社会进步。

通常情况下，各国政府对公益事业的发展都通过财政预算给予一定的资金支持，但面对庞大的、复杂的支出需求和范围，以及有限的财政预算资金，公益事业的发展常常因资金的匮乏，或资助力度不够而受到限制。在信托制度下，公益信托为公共事业发展提供了特殊的规划、管理等专业化服务，并提供了重要的资金资助，从不同角度发挥了极为重要的推动作用。比如美国的 Smithson 学会（Smithson Institute）是专门化的资助博物馆事业的公益信托组织，1847 年成立，也是美国第一个由公司组织的基金会。该基金会管理着英国人 Smithson 先生约 50 万美元的捐赠用来发展美国博物馆事业。至今华盛顿特区许多大博物馆都是由其资助设立的（更多关于慈善信托内容详见第 3 章第 2 节）。

（4）促进了企业融资、重组等各种商事活动的顺利实现。

信托机构提供的专业信托服务，如关于企业创设、改组合并、解散清算的各种专业信托服务，解决了企业发展与资本重组中的基本问题；关于企业筹资信托，则通过为筹资企业提供代理股票、债券发行和买卖业务，促进企业融资活动顺利完成。此外，信托机构还为企业各种交易活动的顺利开展，提供资产评估、审核等各种经营上的便利服务。在受托人进一步专业化发展的背景下，这一作用在投资银行业的活动中发挥得更为突出。

§1.3　信托业务的分类

1.3.1　信托业务分类概况

1.信托业务分类的定义与原则

信托业务分类是以一定分类标准，从目的、特点、地域等方面对信托业务进行的种类划分，使信托活动有别于其他经济活动，并具有自身鲜明的特征。科学地划分信托种类是研究其业务特点、分析信托业务与其他经济业务之间联系与区别的重要基础。划分信托业务种类，不但有助于确定信托学研究的范围，了解信托的发展变化及规律，同时也便于改进信托经营方式、加强信托经营管理、建立健全与信托形态相适应的信托法律和制度。信托业务分类原则是根据各国经济发展的需要和信托业务结构来进行。

2.信托一般分类

按照不同的分类依据，信托可以分为不同的类别，以方便从不同角度来理解信托在经济中的作用。本节对信托业务的划分有三个基本依据：信托关系创设方式及特点、信托目的、信托内容。每个依据下的分类有进一步的细分。

1.3.2　依据信托关系创设方式及特点进行的分类

依据信托关系创设方式及特点进行的分类包括：按信托关系创设方式分类、按信托关系能否随时撤销分类、按信托事项的立法依据分类。

1.按信托关系创设方式分类

（1）任意信托。

任意信托是指信托关系主要出于委托人的自由意思，经受托人同意而成立，不受外力干预，而且信托当事人（委托人、受托人、受益人）的意思表示明白且记录在有关信托文件（契约或遗嘱）之中，故又称"自由信托"。又因其意思表示修订在文件中，所以亦称为"明示信托"。任意信托的意思表示以委托人意思表示为最重要的依据。但是，任意信托也必须是受托人同意受托、受益人乐于受益。这类信托是信托中最为普遍的一种。

（2）法定信托。

法定信托是指由司法机关依法律的规定，推测当事人可能的意思表示，并以此确定信托关系。这种信托的成立缺少信托关系形成的明白表示，须经司法机关根据该项关系的内容，考查有关文件资料来确定当事人的信托意思表示，然后断定各当事人之间是一种真正的信托关系，所以又称为确定信托，或指定信托，这种法定信托是英美法律上的一种特有现象。比如，某人去世后留下一笔财产，但未留有遗嘱。其所留财产被亲属A所掌握，其他亲属B、C不服，起诉到法院要求分割。法院立案后初步认定事实成立，将继续受理其他亲属分割财产的要求。在分割财产的一系列工作开始前，要妥善安排财产，保护当事人权益，于是法院出面依法确立亲属A与其所掌握的财产之间为法律上的信托关系，而非所有关系。

知识链接

诉讼阶段的法庭指定信托

诉讼阶段的法庭指定信托是指，在处理遗产争议的诉讼过程中，由法院指定一位名望高、信誉好的律师作为信托人管理争议财产，将有关收益存入指定账户，并根据法院的指示将收益交付受益人的一种做法。此种做法有效地避免了财产因争议而处于无序管理的状态。著名的"龚如心、王延歆世纪争产案"诉讼持续将近十年之久，就是采用了此种方式让数百亿港元资产继续有效运作。

（3）强制信托。

强制信托是一种强制的法定信托。司法机关以公正、公平的法律观念，用法律上强制的解释权，不管当事人的意思表示如何，强制断定有关当事人之间的关系是一种信托行为关系。强制断定这种信托是为了制止某人用欺诈、错误或不法行为攫取他人财产，即只承认该人是法律上的受托人，不承认其是产权的绝对所有人。现举例说明：如某乙凭借某种手段，计诱某甲以极低价格使某甲将产业售与某乙。事后某甲发觉上当诉诸司法机关，而某乙辩称是双方自愿。司法机关洞察某乙的动机后，强制某乙成为法律上的受托人，为某甲的利益代握其产权，不确认此产业绝对归某乙所有，某乙对此产业不得进行买卖。所以强制信托实际上是当事人之间根本没有信托的意思表示，而由法院司法确认其信托关系。这是对某甲在经济上免受更多损失的一种法律援助，是对某乙的欺诈行为一种无形的惩罚。

2.按信托关系能否随时撤销分类

（1）信托关系能随时撤销的信托。

能随时撤销信托关系的信托是指以法院为委托人的信托，当时信托的成立是法院的命令所致。因此法院就可以随时以命令变更信托条件或撤销信托关系。例如，有某项财产因发生争执而诉诸法院。一时无法确认其所有权，则法院可用委托人的名义，委托某信托机构暂时代管，等到确认无疑，根据裁决再行处理。此时法院要与信托机构订立信托契约，其中写明此信托关系可随时撤销，并规定可随时改变委托人。此种信托，对委托人比较便利，但受益人的利益较不确定。

（2）信托关系不能随时撤销的信托。

不能随时撤销信托关系的信托是一种比较普通的信托。成立信托的文件中即订明信托关系不能随时解除。比如遗嘱执行信托和遗产管理信托，其信托关系成立和信托效力的确认，始于委托人去世之时，在上述信托关系文件中，虽没有写明不得变更信托条件或随时解除信托关系的文字，但形成事实上不能随时撤销信托关系的一种信托。总之，这种信托是不能由一方当事人的意见而单独变更信托条件或撤销信托关系的。如遇急迫事情不得不变更，则必须得到三方当事人的一致同意，或申请法院裁决方可。

3.按信托事项的立法依据分类

（1）民事信托。

民事信托是指依据各种民事法律，如民法、婚姻法、经济法、劳动法、继承法，而建立的信托关系和发生的信托事项。民事信托旨在调整财产关系和人身关系，例如财产的管理、遗嘱的执行、遗产的继承和管理、财物的买卖、财物的抵押和寄托等，由此发生的信托事项均为民事信托。

（2）商事信托。

商事信托是指依据各种"商事法"（商法），如公司法、票据法、保险法和海商法，而建立的信托关系和发生的信托事项。商事信托旨在调整企业商业活动和经济活动关系。例如，股份公司的设立、改组、合并、解散与清算的信托，公司债（企业债）的发行，还本付息的信托，商务管理的信托，商业人寿保险的信托等。这些信托事项均为商事信托。

（3）民事商事通用信托。

商事信托与民事信托的界限有时没有明显的区别，因为两者有很多的密切联系。所以有些信托事项两者可以通用，既可划为商事信托类，也可划为民事信托类，例如"附担保公司债信托"即是如此。发行公司债券属于商事法规范畴，而提供担保品给受托人的做法涉及抵押品问题，则适用于民法范畴。若要真正划分这种信托属于哪一类，可以按其设定信托的动机来加以区分。设定信托的动机偏重于债券发行的目的，即为商事信托；设定信托的动机偏重于抵押品的确实与安全，则属于民事信托这一类。

1.3.3　依据信托目的进行的分类

依据信托目的进行的分类，包括：按设定信托受益人性质分类，按受托人是否营利分类，按信托目的分类。

1.按设定信托受益人性质分类

（1）公益信托。

公益信托是指为增进社会公共利益，使社会公众或者一定范围的社会公众受益而设定的一种信托。具体来说，就是为了救济贫困、救助灾民、扶助残疾人，发展教育、科技、文化、艺术、体育、医疗卫生事业，发展环境保护事业、维护生态平衡，以及发展其他社会公益事业而依法设立的信托。公益信托通常由委托人提供一定的财产设立，由受托人管理信托财产，并将信托财产用于信托文件指定的公益目的。其受益人不是特指某一个人，而是社会中有资格享受这种利益的人，受益人范围宽。例如，诺贝尔奖是诺贝尔本人在1901年以170万英镑本金设定的信托，由特定受托人管理运用，每年将收益的一定数额奖励有突出贡献的学者。

（2）私益信托。

私益信托是指委托人为了特定受益人的利益而设立的信托，受益人范围窄，一般又可分为自益信托、他益信托。自益信托指信托的目的在于委托人自身的利益，从理论上讲，委托人和受益人都是信托关系人，虽同为一个人，但信托关系仍存在。信托早期主要是为他人受益，随着社会发展，委托人开始利用信托为自己谋利益，也就出现了委托人将自己定为受益人的情形。通过这种形式，委托人可以把自己不能做、不便做的事项委托给信托机构去做，利用信托机构的专门人才和专业设施，使财产获取更大的收益。他益信托则是指信托的目的是为委托人指定的第三者谋利。例如，身后信托就属于他益信托。

也有自益、他益目的兼而有之的信托。例如，委托人与受托人约定，在一定年限内每年的收益归委托人本人；过了一定年限后收益转归第三方。

2.按受托人是否营利分类

（1）营利性信托。

营利性信托是指受托人以收取报酬为目的而承办的信托业务。从信托制度在英国的起源与确立过程可以看出，营利性信托是在信托发展到一定阶段以后出现的。信托事项经历了从无偿到有偿收费，再到追求利润的发展过程。有偿收费是在1896年《公共受托人条例》和1897年《公共受托人条例实施细则》颁布后开始实行的。但当时尚属于低收费，主要为满足实费开支需要。真正追求利润的营利性信托是在1908年英国从个人受托向法人受托时代过渡的公共信托局建立之后，特别是大量的私营信托机构设立以后才普遍发展起来。目前，世界各国绝大部分的信托业务都属于这类信托。

（2）非营利性信托。

非营利性信托是指受托人不以收取报酬为目的而承办的信托业务。信托产生的早期，主要是个人信托，委托人寻找的受托人也大多是自己的亲朋好友，受托人承办信托业务大多是为了私人情谊，而不是利润。委托人有时也向受托人支付一定的报酬，但这只能看作一种谢意。从受托人角度看，他并不以收取这种报酬为目的。在现代信托制度下，这类信托的目的是提供一种社会服务，如为慈善事业、文教事业、科技事业等举办的公益信托。

3.按信托目的分类

（1）担保信托。

担保信托是指受托人掌握信托财产的产权之目的在于保护受益人的合法权益。例如附担保公司债（企业债）信托，某公司将某种财产移转于受托人（信托机构）、发行公司（企业）债券于销售市场。各债券持有人（受益人）当然不能分管某公司（企业）受押的财产，如把财产移转于受托人（信托机构）保管，就可以保护各持券人（受益人）的抵押权利。把财产移转给受托人以保护受益人的权益，即为担保信托。因为这种信托目的在于保证信托财产的确实与安全，不在于对此种信托财产的管理和使用。注意担保信托不同于保证信托，并非是受托人接受委托为单位或个人提供某种信托担保。

（2）管理信托（或称财产管理信托）。

管理信托的受托人掌握信托财产的目的在于保护财产的完整、维护财产的现状，不变更财产的方式或形态，并收取该项财产的固有收益和应支付的必要费用。为使所处理的财产不致有任何损失，就是管理信托，或称财产管理信托。例如受托管理某委托人的房产，受托人只能负责管理，使之不受损坏，收取规定的租金，支付必要的维修费用。受托人不能随意变卖此房产或拆掉重建此房产。也就是说，受托人有管理信托财产之权，而没有支配信托财产之权。在信托关系中，信托受益人可以是委托人本人，也可以是第三者。但在代理关系中，代理行为只涉及被代理人和代理人双方当事人，代理行为的受益者通常都是被代理人本人，很少涉及以第三者为代理人的受益人。

知识链接

遗产信托

2006年前后，在我国文艺界有两个极为典型的事例。中国香港一位著名歌星在世时，以委托理财方式与汇丰银行信托部签订理财协议，并委托汇丰银行在其因病去世后继续按照协议打理其名下财产。故在该歌星病故后，当其亲属对于委托人遗嘱中财产的安排不满并付诸诉讼时，不能获得法院支持。而另一个相反的例子是，内地一位著名画家因在世时没有对身后财产处置与分配作出明确的法律安排，其离世后，遗属之间出现了关于财产处置上的纠纷。

（3）处分信托。

处分信托又称使用和处分信托、财产处理信托。处分信托受托人掌握信托财产的目的在于使用和支配信托财产，以达到使信托财产的本身价值增加或使信托财产收益增加的目的。为了上述目的，受托人掌握信托财产物的代位权，允许受托人变更信托财产的方式和形态。例如，为了使信托财产增值，受托人按信托文件的要求，可以将信托资金换成不动产，或换成有价证券，再把不动产或有价证券换成资金等。现今社会上实行的信托投资业务，即属于这类信托投资方式。

1.3.4 依据信托内容进行的分类

依据信托的内容分类包括：按信托财产的形态分类、按委托人性质分类、按设定信托涉及地域范围分类。

1.按信托财产的形态分类

（1）资金信托。

资金信托是指受托人受领的信托财产是货币形态的资金。在信托终了或依信托契约规定，归还原本金（信托财产）时，仍以货币形态还给受益人的信托。例如，信托贷款、证券投资信托或年金信托等都属这种信托的形式。

（2）动产信托。

以工业企业的设备和交通业的车辆、船只、飞机及附属设施、其他运输工具作为信托标的物，受托人有偿提供给有关使用单位或运输部门，即是动产信托。另外，将信托标的物由受托人代为管理或处分，如信托标的物是某种商品、被委托受托人出售，则此也是动产信托。但用商品动产经营要受商品的质量、价格、市场等多种因素的影响，容易造成损失，故一些国家的法律规定，一般信托机构不得接受这种信托。但由遗嘱信托和清算信托等加发生的动产信托如系商品，则另当别论。

（3）不动产信托（或称房地产信托）。

凡以不能移动的财产，即移动后会引起性质、形态等变化的财产作为信托财产而成立的信托称为不动产信托。例如把土地、地上建筑物的产权转移给受托人，受托人根据一定的信托目的，对此加以管理或处分。其中属代收地租或房租、代付房产税和地产税、代为维修房屋等信托事项者则为不动产管理信托；属委托出售土地或建筑等不动产者则为不动产处分信托；属代为发行不动产债券者则为广义的不动产信托。

（4）债权信托。

债权信托是指委托人将债权移转给受托人，在此项债权受偿给付清算后再交还委托人或受益人管理、使用或支配。例如人身保险信托，委托人保有人身险，对保险公司享有要求赔付的债权。在信托关系成立时，委托人转移给受托人的产权，不是实物形态的信托财产，而是将来收取保险公司赔偿的保险金的债权。又如催还信托，受托人受托的是催还欠款的债权证书，不是实物，目的是要经过代为催要或诉讼，收回所欠款项交付受益人。

2.按委托人性质进行分类

（1）个人信托业务，指个人委托人设定的信托业务。

（2）法人信托业务，指法人委托人设定的信托业务。

（3）个人和法人通用信托业务，指个人和法人均可以作为委托人设定的信托业务。这种以委托人性质所划分的种类便于了解信托的主要业务内容，也有利于进行经营管理或监管。

3.按设定信托涉及地域范围分类

（1）国内信托，指信托业务所涉及的范围限于一个国家境内，或者说信托财产的运用只限于一国范围之内的信托。

（2）国际信托，指信托业务所涉及的事项超出了一国的范围，引起了信托财产在国与国之间的运用。

思政课堂

以信托服务为中国式现代化添砖加瓦

党的二十大胜利闭幕后，金融系统通过多种形式认真学习宣传贯彻党的二十大精神。信托业作为金融子行业之一，在全面深入学习宣传贯彻党的二十大精神方面有哪些安排？根据党的二十大精神，信托业未来发展有哪些更为明晰的方向？《金融时报》记者采访了中国信托业协会（以下简称"协会"）党委书记、专职副会长（常务）漆艰明。

《金融时报》记者：协会在学习宣传贯彻党的二十大精神方面开展了哪些工作？

漆艰明：中国共产党第二十次全国代表大会是在全党全国各族人民迈上全面建

设社会主义现代化国家新征程、向第二个百年奋斗目标进军的关键时刻召开的一次十分重要的大会。协会集体收听收看了习近平总书记在党的二十大开幕会上的重要讲话。党的二十大胜利闭幕后，协会党委第一时间召开专题学习研讨和部署动员会议，专题研究制定学习宣传贯彻党的二十大精神的工作方案。与中国慈善联合会慈善信托专业委员会第一时间联合召开了"响应二十大号召发展慈善信托促进乡村振兴"座谈会。截至目前，协会党委在自学基础上，围绕"共同富裕"等开展了集体研讨，各支部也进行了原原本本、逐字逐句地深入学习和心得分享。为了达到更好的学习效果，协会还邀请了中央党校教授开展了专题辅导。此外，为了更好地宣传信托业对党的二十大的热烈反响和积极评价，协会通过官方网站、微信公众号等积极转发银保监会系统和信托行业学习宣传贯彻党的二十大精神的相关文章，目前已刊载近百篇。

《金融时报》记者：党的二十大提出一系列新思路、新战略、新举措，信托业如何依托行业优势服务经济社会高质量发展？

漆艰明：围绕党的二十大报告所指引的方向，未来信托业将充分发挥自身跨市场运作资金的灵活性优势以及信托制度在受托服务方面的制度优势，在为实体经济高质量发展、乡村振兴、绿色发展以及促进共同富裕、提高人民群众生活品质等方面发挥积极作用。党的二十大报告指出，"坚持农业农村优先发展""巩固拓展脱贫攻坚成果"。协会积极响应党中央的决策部署，引导信托行业着力提升对乡村振兴的支持力度。截至 2021 年年末，信托业共设立乡村振兴慈善信托 57 单、财产规模 7.29 亿元。

资料来源：胡萍. 以信托服务为中国式现代化添砖加瓦［EB/OL］.［2023-01-11］. https：//finance.eastmoney.com/a/202301112610663643.html.

本章小结

信托是以信任为基础的一种委托行为，是针对财产的某种具体的托付，包含三个特定内容：信托前提、信托关系、信托事项。信托制度是在私有制及剩余财产、法律基础、经济发展水平、社会习惯的基础上发展起来，建立在信托关系上的安排。信托合同是委托人与受托人签订的以一定财产为中心，为实现一定信托目的而设定信托关系的契约。信托财产即信托标的，是指受托人按照信托合同约定的信托目的受托代为管理、处分的财产。信托机构是指依照法律的授权并以受托人资格从事信托业务的法人组织，基本职能是"受人之托、为人管业、代人理财"。信托行为就是在信托制度下借助信托合同的签订，明确委托人、受托人、受益人三方关系和信托财产等内容，通过信托机构发生的。

综合训练

1.1　单项选择题

1.信托制度起源于（　　　）。

A.美国　　　　　　B.英国　　　　　　C.法国　　　　　　D.意大利

2.信托制度发展首先必须具备的基础条件是（　　　）。

A.私有制及剩余财产　　　　　　　　B.法律基础

C.经济发展水平　　　　　　　　　　D.社会习惯

3.信托制度的本质是"受人之托，为人管业，代人理财"，而且（　　　）已成为当代社会最为典型的信托业务。

A.受人之托　　　　B.为人管业　　　　C.代人理财　　　　D.以上皆对

4.（　　　）是最基本、最能反映信托行业特征的职能。

A.为人管业、代人理财　　　　　　　B.融通长期资金

C.协调经济关系　　　　　　　　　　D.促进商品经济发展

5.1908年，（　　　）的建立，标志着英国由个人受托向法人受托、由无偿受托向有偿受托转变。

A.中央信托局　　　B.公共信托局　　　C.私人信托局　　　D.机构信托局

1.2　多项选择题

1.信托是以信任为基础的一种委托行为。信托作为一种因信任而托付他人代为行事的行为，包含三个特定内容：（　　　）。

A.信托前提　　　B.信托关系　　　C.信托事项　　　D.信托制度

2.信托关系是指设定信托的当事人（委托人与受托人）之间形成的特定关系。信托关系至少要有三方当事人，即（　　　）。

A.委托人　　　　B.受托人　　　　C.受益人　　　　D.所有人

3.创设信托的要素包括：（　　　）。

A.信托行为　　　B.信托财产　　　C.信托关系当事人　D.信托合同

4.信托机构的特征包括：（　　　）。

A.金融中介属性　　　　　　　　　　B.经营方式灵活多样

C.与资本市场关系密切　　　　　　　D.服务性突出

5.按信托关系创设方式，可将信托关系分为（　　　）。

A.任意信托　　　　B.法定信托　　　　C.强制信托　　　　D.担保信托

1.3　简答题

1.简述信托与信托制度的定义和本质。

2.简述信托制度的发展基础。

3.简述信托关系中三方当事人的各自特点。

4.简述信托机构的职能。

第 2 章

个 人 信 托

导读

　　本章的重点是把握个人信托业务的基本概念和主要业务种类。本章首先在介绍个人信托业务的定义基础上，介绍了个人信托业务的主体、意义和成立的基本程序；然后分别介绍了两种不同的个人信托业务——生前信托业务和身后信托业务。重点在于把握生前信托业务的特点、内容、当事人以及身后信托业务的主要种类。

关键概念

　　个人信托　生前信托　身后信托　执行遗嘱信托　管理遗产信托　监护信托　人寿保险信托

§2.1 个人信托概述

2.1.1 个人信托的含义

个人信托是指委托人（指自然人）基于财产规划、财产管理和对财产的投资运作目的，将其名下财产，包含金钱、有价证券、不动产等资产，交由受托人（信托机构）依照信托契约执行各项管理，以期达到预定的信托目的。

2.1.2 个人信托的主体

个人信托业务中，所涉及的当事人的身份各不相同，委托人是个人，受益人也是个人，但不一定是委托人本人。如果两者是同一人则是自益信托，否则称为他益信托。因此，个人信托是以个人为服务对象的业务，个人信托业务又分为生前信托与身后信托两大类。

可以运用个人信托的委托人包括：（1）在投资管理方面缺乏经验的人或想享受财务方面专业服务的人；（2）有钱却没有时间理财的人；（3）希望享受专业理财服务的人；（4）想把财产转移给子女而需要进行信托规划的人，如子女依赖性强或子孙众多欲避免遗产继承的纷争；（5）希望贯彻继承意旨，约定继承方式的人；（6）家中有身心障碍者；（7）家财巨大并想隐匿财产的人；（8）因遗产、彩券中奖、退休等情况而收到大笔金钱的人；（9）子女浪费挥霍者、年老膝下无子者。

2.1.3 个人信托的意义

对委托人而言，个人信托本身除受到法律的明确保障外，还有以下特点：

1.专业的信托财产管理

委托人通过签订信托契约，将财产权移转给受托人。由于受托人是专业的信托公司，可借助其专业人才的管理、经营能力，促使信托财产创造最大的效益。

2.信托财产的独立性

信托财产在法律上具有独立性。其外观上所有权虽属于受托人，但法律上信托财产权却独立于受托人自有财产之外，不归属于受托人的遗产、破产的财产范围，且受托人的债权人亦不得对该信托财产行使强制执行、抵消等行为。

3.合法节税管理规划

经由信托财产规划，可实现合法节省赠与税及遗产税。目前，各国对于亲属之间的财产赠与代际财产继承都有较全面的税收制度，有的税率甚至达到了50%。虽然现在我国的个人财产赠与税及遗产税尚未出台，但是对照国外相关的法律，将来税赋可能会成为移转财产所面临的主要问题，如何降低移转成本，将成为个人信托财产规划的重心。

4.财产妥善存续管理

身后信托重在解决后顾之忧。人的生命始终是有限的，财产的原所有人生命终止时，让财产保有完整性，并使财产权于原所有人生命终止后，仍可依照其意旨去处置，让财产权的效益得以持续。而在《信托法》中明确规定信托关系并不因委托人或受托人死亡、破产或丧失行为能力而消灭。因此，信托法律关系的建立就提供了一个得以让信托财产实现持续经营目的的办法。

5.个人信托的内容具有高度的弹性

在符合法规的要求下，信托目的、范围或存续期间等均可依委托人的个别需要而制定，进而达到保存财产、避免浪费、执行遗嘱、监护子女、照顾遗族等多样化目的。个人信托实际具有隐秘性，委托人对信托的财产亦能保有控制权。

2.1.4 成立个人信托的基本程序

成立个人信托的基本程序为：

（1）审查有关成立人、保护人、受益人的资料。根据一连串内部的程序，确保有关人士的身份及财产来源的合法性。

（2）委托人须与信托公司、法律顾问或财务顾问商讨其意愿并确定相关事项。如确定信托目的、受益人的类别、信托公司的权力及责任、何种资产需要注入信托及何时以何种形式将资产分配给受益人。

（3）根据以上分析，委托律师起草及处理信托法律文件。法律顾问所建议的信托架构及文件须经委托人及信托公司详细阅读并认可签字。信托合同及有关文件经委托人和信托公司签署后信托关系正式建立。

（4）委托人将有关资产正式交与信托公司。信托财产法律上的所有权只有转移给受托人，信托才发生效力，信托公司开始正式处理受托资产直至信托合同终止。

（5）信托法规定受托人要履行诚实、谨慎、有效管理信托财产的义务，要恪尽职守、妥善管理，认真执行信托合同，如有违约，应承担相应的赔偿责任。

（6）当信托期满或实现了信托目的之后，受托人要按照规定尽快收回信托财产并转交给合同约定的财产持有者。

§2.2 生前信托

2.2.1 生前信托的特点

1.生前信托的含义

生前信托是指信托机构与委托人个人在其生前订立信托契约而成立的一种以财产管理为主的信托关系，其信托目的包含财产的规划、财产增值及税负的考虑。在这种信托关系中，既然称"生前"，委托人必然是自然人个人，法人团体是不区分"生前"和"身后"的。受益人可以是委托人本人，也可以是第三者。生前信托订立的契约，在委托人在世时即具有信托法律效力。因此此类信托的突出特点是生前签约、生前生效。

2.生前信托的标的物

生前信托的标的物既可以是货币形态，也可以是其他动产或不动产等。

2.2.2 生前信托的内容

从信托机构的角度看，生前信托的目的在于满足社会各界委托人提出的各种关于生前信托的要求，内容十分丰富、种类多样。概括起来，有以下几种业务：

1.以财产增值为目的

一些委托人由于缺乏金融知识或者时间、精力有限，无法亲自管理财产，料理相关事务。在这种情况下，委托人把财产信托给有丰富理财经验的受托人，由受托人经营，达到财产增值的目的。受托人利用自身的能力和经验及其他优势为委托人管理经营信托财产，既减轻了委托人的负担、解决了委托人的困难，又能提高财产的收益，于国于民都是非常有益的。

2.以保全财产为目的

保全财产指委托人通过财产的信托，利用信托财产的独立性，保护其财产不受损、不丢失。财产信托出去以后，在信托期间由受托人持有，并由受益人享受信托收益，委托人便不再对信托财产拥有处置权，委托人在信托期间所形成的债务便不会影响到信托财产，从而保全了这部分财产。同时受益人对信托财产的权利是由委托人确定的，受益人只能享受已定的权利，这样也能达到保全信托财产的目的。

此外，信托还可以通过隐匿财产来保全财产。当委托人将财产交付信托时，就必须将财产过户到信托机构的名下。大多数的法律都没有关于信托信息公开披露的规定，而信托契约无须做任何政府机构登记，也无须公开供公众查询，因此受益人的个人财产数据及收益均绝对保密，直至信托终止为止。然而这只是一种名义上的所有权移转，实际掌握权仍在委托人身上，这也可以起到保全财产的作用。

3.以处分财产为目的

此种信托的目的包括：委托人想把自己拥有的财产转换成另外的形式，由信托机构代委托人分割、交付财产，出售财产，办理财产抵押事宜获得资金，以及负责税收、法律事务等。在这些活动中，往往会涉及许多专业问题，如财产价格评估、出售方式的选择、出售时机的确定及购买方的搜寻等，同时，往往还要涉及相关税收或其他法律问题。在这种情况下，如果采用信托方式，就可以将这些问题统统交给信托机构处理，大大节省了委托人自己的精力。

4.以资金理财为目的

这类生前信托的目的是谋求资产的增值，一方面要谋求收益有保障，另一方面还要效果显著。因为信托机构具备经验丰富、设备完整、技术较高等条件，所以托其代为经营财产，效果显著、收益有保障，又可免去自己管理财产的辛劳。以此种目的建立生前信托关系的最多。

5.以某种特定目的成立的生前信托

此种信托的目的十分广泛，如个人捐赠款项的公益信托，子女医疗、教育费的信托，委托代管父母子女赡养费或其他生活费的监督付款信托，等等。

2.2.3 生前信托的受益人

生前信托的受益人由委托人指定，也可以由委托人自己作为受益人。有时在信托之初委托人即是受益人，以后则指定第三者作为受益人。

1.委托人自为受益人

委托人自己受益的情况有：（1）财产所有人因健康原因，不能自理财务，将财产移交信托机构经营，自己享用其收益。（2）财产所有人年老引退，不愿自理财务，省却操劳之烦，将财产移交信托机构经营，自己享用其收益。（3）财产所有人长期在外，无暇经营自己的产业，将产业移交信托机构代为经营，将收益归自己所有。（4）财产所有者年轻无经营经验，继承财产后难以妥善管理，将财产移交信托机构代为管理，自己享用其收益。

2.委托人指定第三者为受益人

委托人指定第三者为受益人的情况，主要是对家属、亲属或社会公众而言，其常见的有：（1）家长将部分产业移交信托机构，委托其代为支付子女的教育费、生活费、医疗保健费、婚嫁费。（2）子女将资金交与信托机构，委托其定期送交老年父母或其赡养的其他亲属，作生活补助费、医疗保健费。（3）财产所有人将其部分财产委托给信托机构，为其家属的其他特别需要而经营生利，比如家属中的某人购建住房之用。

3.先为自身受益，后为第三者受益

生前信托在执行过程中，由于时间差别，会引起受益人的变动。委托人在生前是自身受益，委托人自为受益人。信托期间原委托人去世，则由其指定的第三者受益，此时第三者为受益人。

2.2.4 生前信托的受托人选择

建立信托关系的前提是委托人对受托人的信赖关系。当信托成立时，除订立合同外还需要转移委托人财产至受托人的名下，受托人的信用风险关系着信托财产的安全与否。委托人需要考察信托公司的信用评级、资产、管理团队及管理能力。

由于法人具有永续经营的特点，不会受到生命期限的限制，所以生前信托让法人受托有更大的优势。

§2.3 身后信托

个人身后信托业务的开展与遗产有关，是围绕遗产的继承和分配而设立的。**身后信托是指信托机构与委托人在生前订立信托契约，受托办理委托人去世以后的各**

种事务；或者由死者的亲属和司法机关为委托人，与信托机构订立信托契约，受托办理死者身后的各种事务。这种信托，多数信托契约订立于委托人生前，但其信托效力却在委托人去世之后，这是身后信托的第一要素；身后信托的受益人必为第三者。

身后信托的种类很多，主要包括执行遗嘱信托、管理遗产信托、监护信托、人寿保险信托和特定赠与信托。

2.3.1 执行遗嘱信托

1.执行遗嘱信托是遗嘱信托的一种形式

执行遗嘱信托是指由受托人作为遗嘱执行人，按照遗嘱人的遗嘱，处理有关事项并负责分配遗产的业务。遗嘱的执行，出发点在于谋求遗嘱上各种事务的便利，以表现遗嘱意志，按遗嘱处分遗产。遗嘱执行上的事务分为债权的收取、债务的清偿、遗赠物的交付、遗产的分割四大类。遗嘱执行人根据遗嘱，参照法律办理清理遗产等事务。执行遗嘱信托的主要程序分为以下几个环节：确定执行遗嘱信托；清理遗产进行估价；编制财产目录；安排预算支出；支付税款清偿债务；交付遗赠，分割遗产。

2.遗嘱的形式和内容

《中华人民共和国民法典》（以下简称《民法典》）"第六编继承"规定了自书、代书、打印、录音录像、口头、公证这几种形式的遗嘱。一般情况遗嘱要以书面的形式作出。

自书遗嘱由遗嘱人亲笔书写，签名，注明年、月、日。代书遗嘱应当有两个以上见证人在场见证，由其中一人代书，并由遗嘱人、代书人和其他见证人签名，注明年、月、日。打印遗嘱应当有两个以上见证人在场见证。遗嘱人和见证人应当在遗嘱每一页签名，注明年、月、日。以录音录像形式立的遗嘱，应当有两个以上见证人在场见证。遗嘱人和见证人应当在录音录像中记录其姓名或者肖像，以及年、月、日。遗嘱人在危急情况下，可以立口头遗嘱。口头遗嘱应当有两个以上见证人在场见证。危急情况消除后，遗嘱人能够以书面或者录音录像形式立遗嘱的，所立的口头遗嘱无效。公证遗嘱由遗嘱人经公证机构办理。

遗嘱必须是遗嘱人的真实意思表达。无行为能力的人或者限制行为能力的人所立的遗嘱无效；受胁迫、欺骗所立的遗嘱无效；伪造的遗嘱无效；遗嘱被篡改的，篡改的内容无效。

遗嘱应当对缺乏劳动能力又没有生活来源的继承人保留必要的遗产份额。为了保障各个继承人的合法利益，特别是一些弱势群体的利益，法律规定遗嘱不能取消缺乏劳动能力又没有生活来源的继承人的继承权。

3.信托机构作为受托人的优势

其在执行遗嘱上具有下列优势和便利：（1）信托机构是独立法人，在遗嘱执行中可以排除各种干扰，做到公平客观。（2）信托机构社会联系面广，对债权债务的清理较为方便。（3）信托机构拥有专职技术人员，对遗产的分割处理有丰富的经验。（4）信托机构较个人受托执行遗嘱更具安全性。（5）信托机构永久存立，不像个人受托人会因事务繁忙而中断或拖延遗嘱的执行，而且信托机构都有固定的办公时间，便于各方联系。信托机构经营执行遗嘱信托业务必须依法办事，一切工作以遗嘱为依据，以法律为准绳。执行遗嘱信托的成立与终止，都有明确的规定，便于社会监督和法律监督。我国关于以信托方式处理遗产的事项尚未普遍采用，这与我国的社会习惯和传统有关，也与社会大众个人和家庭财富积累的数量有关。对于广大社会大众而言，如果采用以信托方式处理身后事务，则信托标的资金数额略显偏低，成本相对偏高。

管理遗产信托业务是执行遗嘱信托业务的延续。在执行遗嘱信托中，遗产分割落实，遗嘱人的意志基本实现。但析产完毕，还会涉及许多财产事项和其他事项需要继续处理，或者还有分割遗产未决的问题。比如，当析产问题长期不能解决时，不能坐待遗产中的有些事务发生停顿，蒙受损失。

4.执行遗嘱信托的优势

（1）避免纷争。因为争夺遗产而让家庭成员反目成仇的案例不胜枚举，而遗嘱信托可以让委托人依照心愿，预先安排资产分配给各家庭成员、亲友、慈善团体及其他机构。由于遗嘱信托具有法律约束力，特别是中立的遗产监管人的介入，使遗产的清算和分配更公平，从而避免了自己死后可能出现的财产继承矛盾。

（2）税务规划。在许多西方国家，遗产税高达50%甚至70%，国外的富人阶层之所以青睐遗嘱信托的一个关键原因就在于它可以运用专业知识，选择最有利的方式来处理规避遗产税之事务。

（3）落实照顾家人的心愿。遗嘱执行信托让需要照顾的家人，特别是弱势成员的权益得到有效维护，使他们生活无忧。

知识链接

戴安娜王妃的有关遗嘱

当年，戴安娜王妃在与查尔斯王子离婚后，立即更改了其遗嘱的某些内容，其中有关于她身后遗产处置的安排。戴安娜王妃遗嘱中的条款规定，除支付遗产税，剩下的财产由威廉王子和哈里王子平分。但不管是威廉王子还是哈里王子，不到25岁谁也没有权利取得其遗产的收益。当威廉王子和哈里王子年满30岁以后他们可以全权平分并支配这笔财产。2008年，这些遗产所有项目相加约达2 000万英镑。

2.3.2　管理遗产信托

管理遗产信托是受托人接受遗嘱人或法院的委托，在某一时期内代为管理遗产的信托业务，管理遗产信托是身后信托的一种形式，是执行遗嘱信托的延续和补充。管理遗产信托主要是以管理遗产、实现遗产的保值与增值为目的，而遗嘱执行信托则偏重于对遗产的分配。

管理遗产信托的法人——受托人作为遗产管理人负有尽职管理遗产的义务，管理遗产信托具有开展信托业务和管理财产、掌握业务资源的双重功效。

1.管理遗产信托设立的情况

通常根据委托主体的不同，信托业务的形成途径也不同。管理遗产信托基于两种基本需求：

（1）"继承已定"的遗产的受托管理。继承已定的情况是指有遗嘱和明确的继承人，但是因继承人自身的原因不愿或无法对财产进行有效管理，可委托受托人代管遗产。①继承人继承遗产后，不能立即接管分得的财产。如继承人不在本地，不能接受当地分得的遗产。又如继承人长期患病，不能接管而自理，只得办理管理遗产信托。②继承人继承遗产后，本人事务繁忙或经验不足，不能立即接受遗产，而由委托信托机构代为管理。③继承人继承遗产后，因心情抑郁悲痛，不愿立即接管遗产，亦可由信托机构办理管理遗产信托。

（2）"继承未定"的遗产的受托管理。①有的遗产没有立遗嘱，无法体现遗嘱人对继承的具体意思表示，虽然根据法律顺序可以分产，但各方意见分歧，经久不好解决，此即继承未定。但遗产不能无人管理，只能委托信托机构办理管理遗产信托。②有的遗产分割继承有遗嘱可据，但继承人一时找不到，继承不能落实。遗产又不能无人照管，只得委托信托机构办理管理遗产信托。③有的遗产既无遗嘱可据，按法定程序，又一时找不到继承人。这时，同样可以委托信托机构，办理管理遗产信托。

2.管理遗产信托的程序

（1）"继承已定"的遗产管理信托。

① 编制遗产清册，对保存的遗产作必要的处置。遗嘱执行人可按照遗嘱的规定，确认信托财产的所有权，通知有关债权人并编制财产目录，登记财产和负债的种类、数量与价值，对遗产进行清理并支付债务、税款及相关费用。

② 交付信托财产。遗嘱执行人将清理后的遗产转交给受托人。

③ 管理与运用信托财产。受托人根据信托合同的相关条款对接受的信托财产进行管理与运用。

④ 分配信托收益。

（2）"继承未定"的遗产管理信托。

继承人未确定，受托人需对处于信托期间的遗产进行管理与处分，并且尽快确定继承人。

① 编制遗产清册。遗嘱执行人先确认信托财产的所有权，对遗产进行清理，按市场价值估值并造册登记。

② 公告继承人。通过有效的形式公告并尽快找到继承人，或依法律程序确定合法的继承人。

③ 公告债权人和受遗赠人。受托人要对遗嘱人所负的债务进行清理，登记应该偿还的债务。

④ 偿还债务并交付遗赠物。根据已经确认的债权人及债权情况，受托人向各债权人支付债务。

⑤ 管理遗产。在继承人正式确定以前，受托人有责任对遗产进行有效管理，实现遗产的保值与增值。

⑥ 移交遗产。如果继承人存在，或继承人在公示催告所定时期内承认继承，经证明各种情况属实，则在清偿债务和交付遗赠后即开始移交遗产。如果继承人不存在，或在公示催告后，仍无继承人来联系承认继承，则对清偿债务和交付遗赠后的遗产有两种处理办法：一是遗嘱中有明确指定的，如发现无人合法继承时，把剩余遗产交由社会公益事业，则信托机构可以在不违背特留份制度的情况下，按遗嘱的指定处置。二是遗嘱没有指定，在清偿债务和交付遗赠后，剩余的遗产没有合法继承人，而且与被继承人的亲属和有关的利害关系人咨询商讨也没有结果，此时可依法将剩余遗产上交国库。

⑦ 信托结束。管理遗产的费用都得从遗产中支付。遗产移交事宜办理完毕，信托机构仍须出具财务报告清册分别送交各继承人和有关亲属。由法院指定管理遗产的，则应报送法院。在报送的财务清册得到各方认可后，管理遗产信托关系即告终止。

知识链接

特留份

特留份是指法律规定的遗嘱人，不得以遗嘱取消的，由特定的法定继承人继承的遗产份额。其实质是通过对特定的法定继承人规定一定的应继承份额来限制遗嘱人的遗嘱自由。遗嘱人在设立遗嘱时，如果没有给特留份权利人保留法定的份额，则其相应部分的处分无效。

"特留份"制度之渊源可溯至古代罗马法的"义务份"制度，在《十二铜表法》时代，古罗马的遗嘱继承制度已逐渐普及，遗嘱自由原则亦得以确立，当然，此时的遗嘱自由并非由于个人主义的观点，而是家长通过遗嘱自由指定继承人，以防止家产的分散，维护家庭的完整。在当时，家长虽然可依遗嘱自由，除子女的继承权，但当时民风淳厚，家长还是按照习惯，给未立为继承人的子女一定的财产，以尽养育之责。由于遗嘱的作用不过是用以表示家父权转移的工具，即遗嘱的内容，主旨明确了解，无可保密，因此罗马法中的遗嘱最初是以公开方式作出。公开的情况下，如果遗嘱人滥用遗嘱自由的权利，就会受到非议和宗教教规的制裁。但是到了共和国末期，随着私式遗嘱的出现和普遍采用，立遗嘱的行为也逐渐由公开变为秘密，家长滥用遗嘱自由权的现象日趋严重，有的奴隶主甚至立遗嘱将遗产留给情妇或不相干的人，而不给自己的子女。于是法律基于对近亲的慈爱义务，创设了义务份制度。侵害义务份的遗嘱，法律认为不符合人伦道德，遗嘱人的近亲可提起"遗嘱逆伦之诉"，以请求撤销遗嘱，恢复其法定应继份，通常认为，这是特留份制度的最早源流。

特留份制度主要有以下三点作用：第一，特留份制度的建立，符合基本的道德规范的要求。将遗产不留给父母、妻儿，反而全部赠与保姆、情人，难免乖情悖义，情理不容。因此，如果这种情形，法官能够以违背公序良俗原则为依据，而判决被继承人所立遗嘱无效的。因此，这样的规定一方面符合我国所倡导的自食其力的传统道德观，另一方面也维护了遗嘱人对财产的自由处分权。第二，特留份制度的建立，有利于对家庭成员的扶助和社会利益的保护。对于生活困难的亲属，可依靠"特留份"得以独立生存，而无须社会扶助，减轻社会压力，符合全体社会成员的利益。第三，特留份制度的建立，顺应世界民法的发展潮流，也利于保护我国公民在涉外继承中的继承权。而我国法律如一直欠缺特留份制度，将导致我国国民与外国国民受到不同的法律保护，损害我国公民利益。

2.3.3　监护信托

监护是指依法对某人的人身、财产以及其他一切合法权益加以监督和保护的一种法律行为。**监护信托是利用信托方式由信托机构对未成年人或禁治产人的人身和财产以及其他一切合法权益给予监督和保护、照顾和管理**。这种信托的创设在于保护委托人遗嘱的利益。在此种信托关系中，受托人称为监护人或保护人，受益人则称为受监护人。监护信托与财产管理信托有明显的区别。前者重在对人的责任，后者则重在对物的责任，即接受信托财产，对其进行管理与运用。

监护信托业务主要可以分为未成年人监护信托和禁治产人监护信托两部分。

1.未成年人监护信托

未成年人是指按法律规定不足"法定年龄"而无民事行为能力的人。《中华人民共和国未成年人保护法》规定"本法所称未成年人是指未满十八周岁的公民"，未满十八周岁的公民都属于未成年人的范围。未成年人不具有民事行为能力，需要进行监护。

信托机构受托办理未成年人的监护事宜，即为未成年人监护信托。此种信托关系的成立，信托机构既是受托人，又是监护人；未成年人既是受益人，又是受监护人。

信托机构作为未成年人的监护人应尽的职责是：承担未成年人的养育责任，并对未成年人的财产进行管理。承担未成年人的养育责任应该首先行使其父母对未成年人应尽的义务和权利，同时负责从信托财产中向未成年人提供生活费用和教育费用，保护未成年人健康成长。对未成年人的财产进行管理，首先要保证其财产的安全，以保障未成年人应有的经济利益，同时应尽可能妥善管理信托财产，使其不断增值。在对财产进行管理经营时，应将安全性放在首位，不能将未成年人的财产用于风险性投资，信托机构更不能利用未成年人的财产为自己谋取利益。在监护期间，信托机构要定期向委托人或法院提交关于信托财产运用的会计资料和报告。监护结束时，信托机构将财产转交给有关人士。信托机构可以获得正常的信托报酬，但不得从被监护人的财产中获取非法利益。

2.禁治产人监护信托

禁治产人是指法律上规定的丧失了独立掌握和处理自己财产能力的人。

（1）须心智丧失或精神疲弱，不能处理自己事务；

（2）须由本人或利害关系人（配偶、近亲属等）提出禁治产申请；

（3）须由法院作出禁止治理其财产的宣告，法院作出禁治产宣告后，即剥夺了被宣告人的民事行为能力。

当被宣告人心神或精神恢复后，经本人或有关人员申请，法院可经一定程序撤销禁治产宣告，恢复其行为能力。中国民法未采用禁治产概念，但在《民法典》第二十一条中规定："不能辨认自己行为的成年人为无民事行为能力人，由其法定代理人代理实施民事法律行为。"无民事行为能力人和禁治产人的法律地位相当。

禁治产人监护信托是指为不能亲自独立掌握和处理自己财产的无民事行为能力的人，如精神病患者，所设定的信托。对禁治产人的确定不能随意指定，以防止他人随意剥夺某人的财产所有权或管理、使用和收益权。禁治产人一般由亲属向法院请求鉴定，由法院宣告才能确认。这种信托关系的成立，信托机构既是受托人又是监护人，禁治产人既是受益人又是受监护人。

在财产管理上，上述两者的区别在于：前者重在对受监护人的培养教育；后者重在依据监护人的财产状况，看护并治疗受监护人的病症。

专栏

中国香港艺人肥肥（沈殿霞）也采用了遗嘱信托的方法。肥肥去世时留下大量资产，除了在中国香港、加拿大等地的不动产，还有银行存款、投资资产和首饰等，资产净值达1亿港元。鉴于当时其女郑欣宜才满20岁，没有经验处理多种不同类型的资产项目，她在去世前已订立信托，将名下资产以信托基金方式运作。

一旦她去世，郑欣宜面对任何资产的运用和工作等大事，最后决定都要由信托人负责审批、协助，这样就可以避免涉世未深的女儿被骗。这位首选信托人就是沈殿霞的前夫、郑欣宜的生父郑少秋。其他人选包括陈淑芬、沈殿霞大姐和好友张彻太太。

另外，沈殿霞的遗产信托指定了资金用途的大方向。例如，等到郑欣宜结婚时可以领走一定比例的资金，或是一笔固定金额，如1 000万港元等。这样就可以避免郑欣宜一下子把遗产花光。而且，将钱与不动产信托在受托者名下，动用时必须经过所有监察人同意，这样可以避免别有用心的人士觊觎郑欣宜继承的巨额财产。

2.3.4　人寿保险信托

人寿保险信托是人寿保险业务的继续，业务的内容有所区别，但目的统一，都是为受益人提供服务。

所谓人寿保险信托，是以人寿保险金为信托财产而设立的信托，即被保险人作为委托人指定信托公司为保险金的代领人，于保险事故发生时，由信托公司代领保险金，将之交付给委托人指定的受益人；或由信托公司代领保险金后，暂不将保险

金交付受益人，而由其为受益人利益予以管理和运用。 人寿保险信托的委托人是人寿保险的投保人，受托人一般是信托机构，信托受益人是保险的受益人。

设立人寿保险信托的目的在于使受益人免受财务管理之累，并能获得更多利益。保险金一旦成立信托，原则上无论是投保人、受益人的债权人或是任何人，都不能再对信托财产强制执行或进行某种形式的处置。也就是说，不论受益人是不是未成年人，或者其法定监护人现在或以后是否可能和受益人的利益相冲突，将保险金成立信托后，即可确保受益人依照投保人的意愿享受到保险金的利益。

人寿保险契约与人寿保险信托契约的不同之处在于：前者（即保单）是一种债权证书，或从保险公司角度而言是一种付款契约，是保险金给付的重要单证。后者是管理财产的契约，契约中只明确委托人、受托人、受益人之间的权利义务关系。

信托机构开办这项业务，一是信托机构可为委托人保管保险单，避免保险单遗失和失效；二是可以代投保人按时交纳保险费，防止保险中断，为投保人提供了便利；三是在发生理赔事项或保险到期时，信托机构可依约领取与分配赔款；四是信托机构代为经营管理保险金，实现财产的保值与增值；五是由信托机构管理保险赔款，可以避免受益人将赔款挥霍浪费，更好地保障受益人的利益。

人寿保险信托的种类：根据受托人承担的保险业务种类不同，人寿保险信托分为以下四种：

（1）被动人寿保险信托。

这种信托，又称消极人寿保险信托，是由信托机构代为领取保险金与代交保险金给受益人的一种信托。委托人生前将保险单的受理权利转给信托机构，由其保管。如委托人去世，信托机构即向保险公司领取保险金，依据信托契约，分配保险金给受益人，款项分配完后，信托关系终止。

（2）不代付保费人寿保险信托。

这种信托与上述被动信托相同，只是信托公司在收得赔款后，并不将此直接分配给受益人，而是妥善管理并运用，使其增值，将增值收入交与受益人。只有等到信托到期，信托公司才将本金交还给受益人，信托关系即告终止。

（3）代付保费人寿保险信托。

委托人生前除将保险单的受理权利转给信托公司，让其代为保管保险单外，还将一定金额的证券或资金交存信托公司，以证券或资金的收入，让信托公司按时交付保险费。如果委托人死亡，则信托公司按信托契约领取保险金并连同原有财产一同管理，将收益支付给受益人。信托期满时，信托机构再将保险金本金连同原来资金一同交付给受益人。

（4）累积人寿保险信托。

在上述代付保费人寿保险信托中，委托人所存放在信托公司的证券或资金的收益只够信托公司按时交付保险费。在累积人寿保险信托中，委托人除将保险单的受理权利转给信托公司、由信托公司代为保管外，也将一定金额的证券或资金交存于信托公司，以证券或资金的收益，托信托公司代付保费。与代付保费人寿保险信所不同的是，每期证券或资金的收益累积起来，会比应付的保费多许多。信托公司将付保费后所剩的资金用于较稳妥的投资，所留存的资金或证券会逐渐积累，所以叫累积人寿保险信托。

如果委托人死亡，信托公司按信托契约领取保险金并连同原有财产一同管理，将收益支付给受益人。信托期满时，信托机构再将保险金本金连同原来资金一同交付给受益人。

2.3.5　特定赠与信托

特定赠与信托是日本根据1975年设立的"对特定残疾者免征赠与税制度"而开办的一种福利信托，是一种特殊的信托业务。特定赠与信托是以资助重度身心残疾者的生活稳定为目的而开办的信托业务，信托财产委托给受托人作长期与安全的管理和运用，并根据特别残疾者（受益人）的生活和医疗所需，定期支付现金给受益人。

特定赠与信托的委托人主要是受益人的亲属，扶养义务人及乐于助人者，但法人不能成为信托的委托人。该信托的受托人在日本仅限于信托公司或兼营信托业务的银行。受托人必须妥善地运用信托财产，以确保取得稳定收益并能定期地根据实际需要进行支付。对受益人是谁有一定的规定。特别的重度残疾者按规定是指下列人员：重度的精神衰弱者，一级或二级身体残疾者，原子弹炸伤者，常年卧床不起并需要复杂护理者中的重度者，年龄在65以上的重度残疾者以及符合有关规定的重度战伤病者。

该信托的财产必须是能够产生收益并易变卖的，故限定如下财产作为其客体：金钱、有价证券、金钱债权、树木及其生长的土地，可获得租金的房屋，供特别残疾者（受益者）居住用的不动产。

案例

单身父（母）为年幼子女设定的家庭信托规划基本种类

陈小姐是一位单身母亲，独立抚养五岁的女儿。她除了要承担沉重的生活和经济压力之外，还承受着沉重的心理压力：一旦自己出现什么意外事故，母女将来的生活问题该如何处理？小女儿无法管理财产，自己又找不到有时间、有意愿、有能力且值得信赖的亲友协助。其实还有许多单亲父母都有这样的心理负担，解决这样的问题，可以通过哪几种信托规划方案？

1.人寿保险信托

人寿保险信托是在保险业务基础上所进行的一种信托业务，是保险和信托的结合，人寿保险的投保人可以以保险信托契约委托信托机构保管保险金并交给受益人或对保险金进行管理、运用，再定期支付给受益人。陈小姐可将已投保的以女儿为受益人的人寿保险通过信托机构办理人寿保险信托。如果陈小姐在约定契约期间（例如女儿满25岁）内身故，则保险金将直接拨入信托专户，由信托公司依约定方式管理并定期向其女儿给付生活、教育费用等，直到其女儿长大、契约终止时，再将剩余财产一次性全部返还给其女儿。

同时这个方案还有个好处，即成本最低，如果被保险人在约定期间内均未发生保险事故，那么她仅支付了一定的信托报酬，就为保险多加了一层保障。

2.执行遗嘱信托

陈小姐可以事先规划遗嘱，写明如果自己身故时女儿未满25岁，则须将某部分遗产交付指定的信托机构成立信托以保护女儿的权益，并列明重要的信托事项，依据法律规定的遗嘱修订方式成立遗嘱。

3.财产处理信托、子女教育及创业信托

陈小姐可以以自己为委托人、以女儿为受益人，成立子女教育及创业信托。陈小姐可依据自己的意愿及财产状况与信托公司协商信托财产的管理运用及未来信托期间的给付方式。在信托财产管理方面，原则上还是以保守稳健为宜，但可以适当地运用保险工具兼顾保障效果。在信托期间给付方面，则可约定给付生活费、教育费、医疗费、奖学金、工作奖励金、结婚金、购屋金等，利用条件式给付引导子女努力念书及工作，甚至还可通过保留变更受益人的方式，兼顾自己的退休赡养等目的。

思政课堂

"代买"的彩票中奖了！

彩票店老板李东告诉记者，2022年2月28日晚9时30分，他像往常一样核对一整天销售出去的"代买"彩票，直到一张"快乐8"的彩票提示"请到江苏省福利彩票中心兑奖"的字样出现在眼前。这意味着彩票中了高额大奖！也就是彩民口中所说的"去省会领奖"的幸运！

啥是"代买"呢？"代买"并不是完全地由店主老李代替购买，他告诉记者："很多时候，彩民没有时间每天来到店里选号打票，因此他们都会通过发微信的方式告诉我让帮打一张规定数字的彩票。"这些彩民有的是在长期守住一组号码，有的是突发奇想看中了一组号码。还有的，就像此次幸运中奖的彩民一样，守号、打票、每周甚至每月再统一结账。

"这老板真能处"！"实话实说，彩票中奖的概率并不高，因此很多彩民其实不会过来取一张没有中奖的废票。"老李说，他每天晚上都要一张张地仔细核对彩票，"核对好每一张，验证好每一笔，都是对来我店里买彩票的彩民的负责。"老李说。发现这张彩票竟中了500万元后，老李便立即联系购票彩民，让他快来店里拿票。老李告诉记者："我怕他（中奖彩民）不信，没有在电话里提具体的中奖数额，只让他快来店里，中奖了！"

"他得知自己中了大奖后特别激动，直到我拿机器演示给他看，他才接受了这个事实。"老李笑着回忆，当时，中奖彩民来拿票的时候已经很晚了，为了彩民的安全，他特地驾车将中奖彩民送回家。彩民王先生（化名）告诉记者，老李特爱交朋友，"用最近很火的网络语来说就是'这老板能处，有事儿他真上，有奖他真给'。"正在店内购彩准备沾喜气的彩民张先生（化名）问："老李你有没有想过独吞这笔钱？"老李笑着回答："我还是保持着一颗'善良的心'，羡慕归羡慕，一点儿也不嫉妒！"

彩民委托彩票店代买彩票的情况比较普遍，近些年，代买的彩票中奖后发生纠纷和诚意兑现的新闻都有，总体来说，还是讲诚信的占大多数。另外，根据《民法典》第九百一十九条"委托合同是委托人和受托人约定，由受托人处理委托人事务的合同"之规定，委托合同乃诺成合同，当事人意思表示一致时合同即告成立，并无须以委托人先支付受托人完成受托事务所需之费用为成立条件，故委托人在彩票开奖前抑或开奖后才向被委托人支付彩票款项并不会影响双方之间委托关系建立的认定。

中奖的彩票完璧归赵，既是诚信这一优良传统的体现，也是符合法律规范的民事行为。

资料来源：张胜杰，周杰. 500 万！"代买"彩票中奖，徐州诚信老板主动"送上门"［EB/OL］.［2022-03-01］. https：//www.sohu.com/a/526376028_594272.此处有删减、改编.

本章小结

个人信托是指委托人（指自然人）基于财产规划、财产管理和对财产的投资运作目的，将其名下财产，包含金钱、有价证券、不动产等资产，交由受托人（信托机构）依照信托契约执行各项管理，以期达到预定的信托目的。个人信托业务分为生前信托与身后信托两大类。生前信托是指信托机构与委托人个人在其生前订立信托契约而成立的一种以财产管理为主的信托关系，其信托目的包含财产的规划、财产增值及税负的考虑。身后信托是指信托机构与委托人在生前订立信托契约，受托办理委托人去世以后的各种事务；或者由死者的亲属和司法机关为委托人，与信托机构订立信托契约，受托办理死者身后的各种事务。身后信托业务主要包括：执行遗嘱信托、遗产管理信托、监护信托、人寿保险信托和特定赠与信托。

综合训练

2.1　单项选择题

1.个人信托是以（　　）为服务对象。

A.自然人　　　　　B.法人　　　　　C.个人　　　　　D.机构

2.以（　　）为目的而建立的生前信托关系最多。

A.增值资产　　　B.保全资产　　　C.处分资产　　　D.资金理财

3.身后委托的第一要素是（　　）。

A.效力在委托人之后　　　　　B.受益人必为第三者

C.生前签约　　　　　　　　　D.生前有效

4.未成年人监护信托首先要保证其财产的（　　）。

A.增值性　　　　B.流动性　　　　C.安全性　　　　D.盈利性

2.2　多项选择题

1.个人信托业务可分为（　　　）。

A.人寿保险信托　　　B.监护信托　　　　C.生前信托　　　　D.身后信托

2.对委托人而言，本身除有法规的明确保障外，信托还有（　　　）特点。

A.专业的信托资产管理　　　　　　　B.信托资产的独立性

C.合法节税管理规划　　　　　　　　D.财产妥善存续管理

3.生前信托的突出特点包括（　　　）。

A.效力在委托人之后　　　　　　　　B.受益人必为第三者

C.生前签约　　　　　　　　　　　　D.生前有效

4.执行遗嘱信托的优势包括（　　　）。

A.避免纷争　　　　　　　　　　　　B.税务规划

C.落实照顾家人的心愿　　　　　　　D.安全性

5.身后信托包括（　　　）。

A.执行遗嘱信托　　　B.管理遗产信托　　　C.人寿保险信托　　　D.监护信托

2.3　简答题

1.简述个人信托的概念、主体及分类。

2.简述生前信托的特点和内容。

3.简述身后信托的种类。

第3章

法人信托

导读

　　本章的重点是把握法人信托业务的概念和分类。在当今公司形式、企业组建方式普及的背景下，企业法人如何在开展经营业务的同时，行使好法人的权利、保护好自己的利益，显得十分突出与重要。而法人信托业务就可以通过专业受托人实现这一目的。本章首先在介绍法人信托业务的含义和特点的基础上，介绍了法人信托业务的种类；然后分别介绍了企业创设、改组合并、解散清算信托、企业筹资信托、表决权信托、动产信托和雇员受益信托。

关键概念

　　法人信托　公司创设信托　公司改组合并信托　公司解散清算信托　抵押公司债信托　表决权信托　动产信托　雇员受益信托

§3.1　法人信托概述

3.1.1　法人信托的含义与特点

法人信托又称"公司信托"和"团体信托"，是以法人作为委托人的信托业务，与"个人信托"对应。通过此类业务，企业在关于创设与重组、筹融资、动产管理、养老金等方面的工作都可以得到专业信托机构的协助。

法人是具有民事权利能力和民事行为能力，依法独立享有民事权利和承担民事义务的组织。根据《民法典》第一编总则第三章法人，法人应当具备下列条件：法人应当依法成立；法人应当有自己的名称、组织机构、住所、财产或者经费；法人成立的具体条件和程序，依照法律、行政法规的规定；设立法人，法律、行政法规规定须经有关机关批准的，依照其规定。一般的经营企业、机关团体、慈善机构都可被称为"法人"。

法人信托是信托机构重要的业务形式。与个人信托相比，法人信托具有以下特点：（1）二者最大的不同表现为委托人的不同。法人信托的委托人是公司社团等法人组织，而个人信托的委托人只能是自然人。（2）只能由法人信托机构担任受托人。因为法人信托所涉及的信托财产一般数额巨大，并关系到法人组织的整体利益，个人由于实力和经营管理能力的限制，无力承办。（3）受托人对信托财产的运用更为谨慎。因为法人信托与企业生产或者企业职工利益直接相关，且数额较大，决策失误带来的影响较大。（4）法人信托与经济发展密切相关。在经济繁荣时期，企业经营效益较好，法人信托的业务会大量增加；而在经济萧条时期，企业普遍经营不佳，法人信托业务会相应缩减。

3.1.2　法人信托业务的种类

法人信托最早出现在19世纪的美国，后随着企业生产的进一步扩大及其他业务需求的增加，各种形式的法人信托得到了不同程度的发展，目前法人信托的业务种类繁多，主要可以分为以下几类：

1.关于公司创设、改组、合并、撤销和清算的信托

当企业面临经营管理的巨大变动，如面临被收购兼并的危险时，信托机构协助其筹集资本，管理与此相关的具体事务，使企业在特殊情况下维持经营稳定。

2.关于筹融资的信托

公司债信托是信托机构为协助公司或企业发行债券提供发行便利和担保事务而开办的信托业务。信托机构承办以有价证券为对象的信托业务，实际上充当了债权人和债务人双方的代理人，信托机构既是发行公司的代理人，受托代办有关发行债券的具体事务，为发行单位提供种种服务和便利。同时，信托机构也是投资者的代理人，参与对发行公司筹资建设项目的审查和监督，为投资者保管抵押物品，保证

投资者的合法权益。

3.关于企业营运的信托

这是一种在海外很普遍的信托业务，是指拥有大型企业的富豪设立信托基金，在其去世后仍能够使企业长期按照委托人的意愿经营。它不仅可以避免家族财产纷争，还能防止继承人将财产转移或散尽。这种业务当今已扩展到没有后裔的富豪，即使有子女后裔，但为父母者对子女的管理和运营产业的能力持怀疑态度的富豪，也使用这种信托方式管理身后产业。

4.处理债务的信托

当一个债务人对许多债权人负有债务，在其出现支付困难而又想避免破产时，可采用这种信托方式以达到清偿债务的目的。

5.动产信托

动产信托，又称设备信托。这种信托是由设备的拥有者作为委托人，委托信托机构代为处理有关动产设备的信托业务，如企业单位的机器设备、交通运输工具以及其他类似的财产，都可以借助信托的方式进行有效的管理和运用。

6.关于权利的信托

在这种信托方式中，受托人管理的是委托人的无形财产，诸如发明专利权、著作权、商标权等权利。设定权利信托的目的是保护投资人的权利不受侵犯，并使这种权利商品化。在信托结束时，受托人交给受益人的是由这种权利带来的经济利益，如商务管理信托，发明专利权、著作权、商标权的信托等。

7.关于公司员工受益的信托

雇员受益信托是指以法人作为委托人，委托信托机构代为处理有关为雇员提供福利各项事务的信托业务。这种信托方式是公司为员工提供的信托，即公司定期从员工的工资或公司利润中扣除一定比例的资金，交给信托机构，委托后者加以管理和运用，并约定信托的目的是为本公司员工提供价值。该信托的委托人为员工所在的公司，受益人是公司的员工，受托人通常为各类信托机构。

§3.2　企业创设、改组合并、解散清算信托

3.2.1　公司创设信托

公司创设信托，是信托公司受委托人委托代为办理有关公司创设事项的信托。委托人一般为公司的发起人。信托公司根据公司的创设方式（发起创设或募股创设）办理有关公司创设的法律手续，报送有关文件。采取发起创设方式的，信托公司只负责监督发起人的认购情况；采取募股创设方式的，信托公司一般负责向社会募集股票的工作。待公司依法宣告成立时，信托关系即告结束。公司创设信托实为代理业务，信托公司为代理人，只为公司创设代为办理有关筹建事务。

1.公司创设代理内容

公司创设过程中信托机构代理的内容可根据被代理人的实际需要而由代理人与被代理人（委托人）共同商定，大体上的内容包括：

（1）代理建立内部财务制度和核算体系。这包括为被代理人设计、制定有关财务会计规章制度，拟订编制有关财务、会计等专业文件和核算办法，审核、检查、清理财务会计科目、报表和业务记录，并提出审核和清理的专题分析报告，建立会计账簿，编制预决算报告，培训会计人员等。

（2）代理建立内部管理制度。例如，劳动用工制度、人事制度、组织机构等。

（3）代理办理有关外部事务。例如，向市场监督管理部门办理申请营业执照事宜，代向税务机关申请税务登记事宜，代向银行开立账户等。

（4）代募股款。

（5）代理其他双方商定的事务。

2.公司创设事项代办程序

有关创设的信托过程如下：

（1）委托人向信托公司提出代理申请，填写代理申请书，说明公司的性质、经营范围、种类、方式、资金来源，并且要有主管部门的批文等。

（2）信托公司接到申请后，对申请人的资格及创设新公司的条件进行审查。

（3）审查合格后，双方在公证部门的监督下，签订"代理协议书"，以明确代理事务的范围、程度及双方相应的权利和义务。

（4）信托公司依照"代理协议书"的规定代理新公司创设各项事务。

（5）新建公司经有关部门验收合格后，信托公司按照"代理协议书"的有关规定，收取代理手续费，双方委托与代理的关系即告结束。

3.2.2 公司改组合并信托

公司改组合并信托，是信托公司受委托人委托，代为办理有关公司改组和合并事项的信托。委托人即参与改组或合并的各公司。信托公司负责有关文书的起草工作，负责对参与改组或合并的各公司进行协调、调节，推进有关事项的完成，负责有关法律手续的办理，有时还负责对原公司的债务人和全社会进行公告。由信托公司办理改组合并，可以使各公司避免许多不利因素的影响，使各项业务照常进行，公司可省去不少琐碎的麻烦事，并可节省改组合并费用。信托公司办理的该项业务，实为代理类信托业务。

1.信托机构的职责

（1）代办公司改组事项。公司的改组分为三种情形：一是因营业需要而改组；二是因法定的程序而改组；三是因经济困难而改组。

（2）改组时集中管理证券。公司改组时须先集中股权、债权。信托公司于公司改组完毕时代为办理凭原收据换发新股票或新债券的手续。信托公司办理的此种代保管证券业务能推进公司改组的进程。

（3）代办公司合并事项。公司的合并是指两个以上的公司合并为一个公司。公司合并的方式有两种：一是将现存的两个以上的公司同时解散，共同成立一家新的公司；二是将一个或一个以上的公司予以解散，而将其财产转归一家现存的公司。

2.信托公司代办公司合并的程序

信托公司接受代办公司合并事项，首先，应分辨与其他公司合并的公司的组织形式，公司合并是否取得了股东、董事会或股东大会决议的同意。无限公司与其他公司的合并应取得全体股东的同意；股份有限公司与其他公司合并，应有股东大会通过的决议。信托公司必须查阅股东大会的议案，一是为了证实公司合并的合法性；二是为了证明其在该公司（委托公司）的合并上是否拥有办理合并事务的法律权限。同时信托公司还需查明合并公司的资产负债表及财产目录、通知和公告债权人，充当监事人。其次，公司合并之后，信托公司应依法向有关主管部门进行登记。在代为申办登记时信托公司应按不同情形申办登记：为因合并而存续的公司申办变更登记；为因合并而消失的公司申办解散登记；为因合并而另立的公司申办创设登记。除此之外，信托公司还需办理公司合并过程中的财产估价、条件磋商及权利分配、营业划分、对债权人提供清偿或担保等有关的繁杂事项。

3.2.3　公司解散清算信托

公司解散清算信托，是信托公司受委托人委托，代为办理有关公司解散清算事项的信托。这里的委托人既可以是待解散清算的公司，也可以是法院。信托公司接受委托人委托后，即代委托人向主管部门申办解散手续。信托公司对公司进行清算，即对公司的资产、债权和债务等关系进行清理，为公司偿还债务，收取公司的对外债权，缴清公司应纳税款并对公司的剩余财产按公司章程或公司的有关规定进行处置等。清算结束后，信托公司须提出清算报告和有关财务报表送交委托人和法院。

1.代办公司的解散

（1）公司解散的原因。无限公司、两合公司、股份有限公司和股份两合公司解散的通有性原因包括：章程所规定的解散事由发生，如公司章程所规定的期限已满；公司所经营的事业已经成就或不能成就；与其他公司合并；公司破产；政府主管部门或法院下令其解散。

各种公司组织解散的特殊原因包括：无限公司组织的全体股东同意解散或要求解散公司；两合公司的全体无限责任股东或全体有限责任股东退股，或全体股东同意或要求解散公司；股份有限公司股东大会作出解散的决议，或该种公司组织的股东人数或资本总额低于法定的最低数额；股份两合公司的无限责任股东或有限责任股东全体退股，或全体股东同意或要求解散公司。

（2）信托公司的义务职责。公司的解散须办理解散登记及各种必备的手续。至于破产则另有破产程序，不在普通办理解散手续之中。如果酝酿解散的公司生机尚未绝望，或只是因一时周转困难但股东尚希望继续经营下去，此时公司咨询于信托公司，如信托公司认为其还有转机，则信托公司当以谋划维持为先而对该公司设法相助。若公司毫无转机希望，只得解散，则信托公司只好接受委托办理解散事务。

2.代办公司的清算

清算与解散紧密相连，清算手续因解散而发生，解散手续必经清算才可了结，所以公司解散事务与清算事务每每都是委托同一信托公司代为办理的。

（1）清算人的选任与解任。信托公司办理公司清算，首先应取得清算人资格。信托公司因选任者选任而成为清算人，选任者具有解任信托公司的清算人职务的权利。信托公司被选任或被解任清算人职务时，都需在一定的时日（一般为15天）内将其住所、名称及就任、解任日期向法院呈报。若信托公司成为清算人是由法院选派的，还应公告其受任和解任。

（2）信托公司的职权与职责。信托公司一旦被选任或选派为清算人，则具有代表公司一切行为的权力，此种职权与清算公司的董事相同。清算人的主要职责为：检查公司的财产状况；了结公司现有的业务；收回公司的债权、偿还公司的债务；分派清算公司的剩余财产；请求承认清算结果。

§3.3　企业筹资信托

3.3.1　企业筹资证券化趋势

企业向外部筹资有两个途径：一是发行股票；二是借债。根据资金用途及使用期限的不同，企业在筹措资金时必须考虑以何种方式借款、向谁借款等具体问题。一般来说，如果企业所需资金数额不大、借用期限较短，就多向银行申请贷款；如果所需资金数额巨大、借用时间较长，就多以社会举债的方式来筹措资金。其中公司债券是企业法人向社会公众筹集资金所使用的一种信用工具。发行公司债券是指一个依法独立享有民事权利和承担民事义务的企业用本身名义通过直接筹资的方式向社会举债，筹集长期资金的一种做法。

凡发行公司债的企业或公司，一般都不单独自办发行。一是因为发行事务及手续极其繁杂；二是因为发行公司债必须得到社会的信任才能将债券广销于社会，而发债公司不能自认为发行合法、资信良好，就可让债券畅销无阻。最好由信用卓著的金融机构作为第三者予以证实其资信及发行的合理合法，方有可能使其发行的债券取信于民，取信于社会，而达到发行公司债的预期目的和效果。该类金融机构一方面为发行公司债的企业提供举债的各种方便，辅助其发行推销，便于债券的买卖转让；另一方面谋求投资者的信任，保证债权稳固，负责债务清偿。这种金融机构在公司债的发行中即处于中介人的地位，处于公司债债权人与发债公司中间，这种中介金融机构一般都是信托投资公司。

同时，由于目前债券投资人对担保债权的追偿主要是通过集体诉讼的方式进行，成本较高，如发行人及担保人经营状况在债券存续期发生较大变化，债券投资人的权益很难得到保护。通过附担保公司债信托则可有效解决这一问题。以公司债发行人作为委托人，以所有公司债投资人为受益人，信托公司作为受托人，为所有债券投资人取得债券受益权与担保权，并替债券投资人管理与处分担保物，及时监测发行人及担保人、担保物的情况，代投资人追偿债权。

3.3.2　抵押公司债信托

1.抵押公司债信托的含义

抵押公司债信托，简称公司债信托，又可称为发行公司债信托或附担保公司债信托，它是信托机构为协助公司（或企业）发行债券提供发行便利和担保事务而设立的一种信托业务。 企业委托信托机构担任其发行债券（包括一般公司债或可转换公司债）的受托人，用以保障承购人或债权人的权益，进而能顺利完成资金的募集，取得稳定而长期的营运资金。担任债券发行受托人，可以为投资大众提供更有保障的理财工具，也可由信托机构提供债券发行所衍生的外围业务，如保证、签证、代理还本付息事宜等全套服务。

2.抵押公司债信托的种类

抵押公司债是以一定的财产作为抵押而发行的债券。

（1）根据抵押品的不同，分为实物财产抵押公司债信托和有价证券抵押公司债信托。

（2）根据抵押物上担保权顺序的不同，分为第一到第三顺序担保权公司债信托。当用于抵押的不动产价值较大时，可以用作多次抵押，从而产生抵押顺序。

（3）根据抵押方式的不同，分为开放抵押债信托和封闭抵押债信托。

（4）根据还本付息方式的不同，分为可随时收回的抵押债信托、可转债信托、设立偿债基金的债券信托、定息债信托与分红债信托。

3.抵押公司债信托的意义

设立抵押公司债信托具有以下两方面的意义：

（1）为债券发行公司提供了举债便利。发行企业由于受自身资信限制，单独发行债券难以得到公众信任。同时，也无力应付发行过程中的各项烦琐事务，所以需要信誉卓著的信托机构给予担保，并协助其办理推销、发行、还本付息等事宜。因此设立公司债信托能够使企业较为方便地筹集到资金，同时也为企业节省了大量的人力物力。

（2）有利于保护债权人的利益。在公司债信托业务中，债权人即投资者对所抵押的信托财产有相应的抵押权，即在发行企业不能按时还本付息时，可以要求将抵押物拍卖。由于公司债发行的总金额原则上不能超过抵押物的价值，因此在信托机构拍卖抵押物后，可以基本保障债权的偿还，这样投资的风险就大大降低了。

4.抵押公司债信托的主体

发行债券的公司是该信托的委托人，为了更好地促进债券的销售，公司与信托机构签订契约，通过信托方式来发行债券。

抵押公司债的受益人是债权人，由于债券的持有者一般是社会中的众多个人，而且可能随着债券的交易而不断改变，他们不可能共同保管抵押物，也无法对债券发行公司实行有效的监督。因此，受益人通过信托方式来维护其利益，享受收益。

信托机构作为受托人，最重要的职责是取得抵押权、质权或其他担保品，并负责保管，以维护债权人的相关权利。受托人还需要考察监督发行公司的公司债发行事宜，代办有关的手续，辅助发行公司发行债券。另外，受托人还要负责召集债权人会议，并执行其决议。当发行公司不能偿还公司债的本息时，信托公司需要将抵押品进行拍卖，用拍卖所得偿付债券本息。

受托人同时对债券发行人、债券持有人负有信托职责，对债券发行人负有发行债券职责，对债券持有人负有保管抵押物品职责。在一般信托中，受托人只代表受益人的利益。

5.抵押公司债信托的客体

抵押公司债信托的信托财产不是财产本身，而是这些财产上的一种权利即抵押权。受托人并不具有抵押财产的所有权，只有当发行公司无力偿还债务时，受托人才可以行使财产的所有权，对抵押财产进行拍卖处理，用所得金额来偿付债券本息。

6.抵押公司债信托的基本程序

首先，由发行公司提出申请发行公司债，发行公司应该根据自身的经营情况，选择一家可靠的信托机构作为发行人，委托后者代为办理发行债券事务。

信托机构在接受信托业务前，需要首先考察发行公司的资质及相关担保抵押物情况，这主要包括以下几个方面：（1）发行公司情况，职责执行情况、资信和其他声誉、经营管理、经济效益、经营作风及发行合法性。（2）信托机构要审核发行公司的债券发行是否符合有关法律及国家规定，是否经过相关部门的审批。公司债券情况，债券总额、面值、利率、偿还方法与期限、发行价格、担保物情况（种类与价值）、已募公司债的偿还情况。（3）要核实抵押财产的真实情况，包括抵押品的种类、形态、现状和价值。

信托机构与发行公司经过相互选择后，如确定采用这一信托方式，双方就可进行信托契约的磋商，契约的内容包括：（1）介绍性条款：如契约当事人的名称、签约日期、发行证明、发债总额、债券利率、发行时间、还本付息的时间等。（2）抵押物品条款：这一条款是契约中十分关键的条款，它规定了抵押物品应该转让给受托人代为保管。此处需要详细列明抵押品的种类、数量、价值和存放地点等。（3）受托人的权利、义务、责任以及报酬的取得等。（4）关于抵押品的交还、信托关系的终止和解除等。双方在契约上签字后，信托关系正式成立。

由于信托财产是发行公司债券所抵押物品的抵押权，因此，债券发行人需要将抵押财产按照信托契约的规定转到受托人名下，使其能在发行公司违约时马上对抵押财产进行处理。

其次，信托机构在办完抵押品的相关手续后，可以协助发债企业发行债券。

最后，债券发行完毕后，受托人即信托机构要执行债券的利息支付和本金交付工作。受托人应严格按照信托合同与债务人的指示在规定的时间向债券持有者支付本息。当本息结清后，信托宣告结束。但如果债务人出现违约，信托机构就要行使抵押财产的抵押权，召开债权人大会，商讨债务处理对策，并负责对财产进行拍卖，运用所得款项来偿还债权人的本息。

§3.4 表决权信托

3.4.1 表决权信托的含义

表决权信托，又称商务管理信托，是指股东根据表决权信托协议将其股份（含表决权）的法定所有权转让给一个或几个受托人，由后者在信托期间行使表决权所成立的信托。

持有股票有两个方面的权益：一方面可以得到分红，股价上涨时还可以增加收益，即享有收益权；另一方面可以在股东大会上行使表决权，受托人持有的表决权与受益人所享有的股份所有权相分离。受托人通过股份所有权的转让，获得了独立行使从股份所有权中分离出来的表决权，这使受托人在受托期间行使表决权不受原股份所有权人的干预，受托人因此获取对公司的控制权。表决权信托产生于美国公司法，并为大陆法系的一些国家和地区所借鉴。表决权信托中股权所包含的权利——受益权和控制权分离，分别由股东和受托人行使，这种制度安排有利于享有受益权的股东与获得公司经营管理控制权的受托人的利益最大化。

3.4.2 设立表决权信托的目的

1.协助企业重组

当企业遇到财务困境时，表决权信托可以协助企业重组，赢得宝贵的时间，从而改善经营，缓解危机。当企业遇到资金困难时，债权人（如银行等）为了保证自己的利益，往往急于要求公司偿还欠款，即使公司只是遇到了暂时的困难，债权人也不会冒险继续注入资金。如果债权人能够取得公司的支配权、进入公司董事会，就可以知道这种困境只是暂时的，只要继续贷款或者不催促还贷，不仅可以收回以前的贷款，而且可以获取后继贷款的利息。

案例

豪沃尔德·休斯（Howard Hughes）信托案

休斯曾是TWA公司的大股东，他于1960年间试图通过贷款融资来为公司购买喷气式飞机。银行和保险公司为了确保贷款能够得以偿还，要求休斯将其所持股份转让于表决权信托机构，否则拒绝贷款。该信托机构由3名受托人组成，其中两名由金融机构指定。这样，金融机构的两名受托人根据表决权信托在TWA公司进行改组，成立了新的董事会。这样，通过表决权信托，金融机构获得了

TWA公司的控制权，确保了贷款的偿还，同时休斯也据此获得融资并仍保有收益获得权。

2.防止丧失对本企业的控制权

现代企业在发展过程中，需要发展扩大，往往需要借助股本融资，但是股本融资会带来股权的稀释。为了保护自身利益，原股东可以不对公众投资者发行有表决权的股份，而将向公众发行的股份设立表决权信托，只向公众发行表决权信托的受益权证书，并将向公众发行股份的表决权全部交由受托人集中统一行使。这样，投资者依据受益权证书只能取得股息和红利等财产性权益，无权行使表决权。通过此种设计，原股东可以通过受托人谋求统一的表决权，从而保有对公司的控制权。

案例

青岛啤酒灵活运用表决权信托解决经济利益问题

青岛啤酒这个国家特大型企业一直以做大做强民族品牌为己任，急需引进国外的资金和生产与管理技术，同时利用跨国公司的销售网络，但又不希望外资成为其第一大股东，要保持国有控股地位。经过十多年的艰难谈判，2002年青岛啤酒与美国A-B公司签订如下协议：青岛啤酒向A-B公司分三次发行总额为1.82亿美元（约合14.16亿港元）的定向可转债。该债券在协议规定的七年内将全部转换为青岛啤酒H股，总股数为30 822万股；A-B公司在青岛啤酒的股权比例将从此前的4.5%，逐次增加到9.9%和20%，并最终达到27%。协议执行完毕后，青岛市国资委仍为青岛啤酒最大股东（持股30.56%），A-B公司将成为青岛啤酒最大的非政府股东；A-B公司将其拥有的股份中超出20%的部分，即7%的股份，转移给Law Debenture Trust有限公司，该公司作为双方的共同受托人，同时把超出20%股份的表决权，即7%的表决权，授予青岛市国资委，国资委再把7%的表决权信托给该共同受托人；共同受托人须按青岛市国资委的书面指示行使该股份的表决权，而归属于该股份的经济利益，包括股息、利益分派及款额支付均按A-B公司指示处理并且归属于A-B公司。2009年，该协议正式生效。

3.提高决策效率

在股份公司中，股权高度分散，股东人数众多；而且一些小股东不愿意花费过多的时间和费用参加股东大会，他们只有在每个人都获得了充分的信息时，才可能明智地对公司的重要决策进行投票表决，这都大大增加了公司的决策成本。如果由股东通过股权转让而将表决权授予有经验、素质高的受托人，采取集中行使表决权的方式，让他们对具体问题进行决策，就可能提高决策效率和质量。

4.保护中小股东利益

表决权是不同股东之间争夺控制权的工具，是股权或者所有权的直接体现。表决权联结着所有权与控制权，但对于中小股东来说表决权的这一作用却无从体现。较小的投资额使他们对控制权没有兴趣，即使他们愿意参与控制权争夺，其成本和收益也明显不对称：争夺失败，他们将承担全部成本而没有任何补偿；争夺成功，他们将获得一定补偿，但外部性的存在使其他股东可以免费分享。

在大公司中，小股东追求其投资资本的利润最大化，希望对其投资资本拥有更多控制权，而公司经营决策权、控制权往往操纵在大股东的手中。为了维护自身利益，小股东可以利用表决权信托，把其表决权集中起来，委托给值得信任的受托人，由受托人根据小股东的意愿统一行使表决权，从而联合起来共同对抗大股东。

表决权信托在保护中小股东利益上具有制度优势。表决权信托利用信托的方式对表决权进行重新安排，通过股东权利的集中行使增强了中小股东在公司控制权争夺中的话语权。

3.4.3　表决权信托的当事人

股东表决权信托的当事人包括作为委托人和受益人的原股东与受托人。一般来说，在股东表决权信托中，持有公司股份的原股东既是信托的委托人又是各自信托股份的受益人，因而股东表决权信托通常是一种自益信托。

股东将自己原来合法拥有的表决权设立信托，将表决权交给受托人代表股东行使，自己则享有除表决权以外的一切权利。同时，股东通常作为商务管理信托证书持有人，处于受益人的地位。

商务管理信托证书具有有价证券的全部属性，股票股东表决权信托证书的持有人——委托股东，根据该信托证书，与受托人约定，在一定年限内每年的收益归委托人本人；过了一定年限后收益转归第三方。在股东表决权信托证书转让后，新的表决权信托证书持有人，也就代替原委托股东成为表决权信托的委托人和受益人。

3.4.4　表决权信托的特点

1.表决权信托具有期限性

考虑到股东表决权存在着被滥用、误用的风险，从美国承认表决权信托的各州具体制度来看，几乎都对表决权信托的期限作出了较为严格的规定，其中多数州规定为5~10年，少数州的规定在15年以上。

2.表决权信托具有不可撤销性

为了维护信托关系稳定，同意该表决权信托契约的股东在信托存续期间不能解除该信托契约，只有在一些特殊情形下才允许解除表决权信托契约。除非全体当事人同意，否则不允许一方当事人任意撤销。当信托目的实现后，委托人才可依信托协议要求返还股票，并收回对公司的表决权。

3.信托机构能独立行使表决权

在信托期间内，对于股份公司而言，拥有股份所有权的受托人即信托机构，作为公司的股东，可以直接行使包括股东表决权在内的完整股东权。信托机构在不违背委托人的意愿、信托目的及法律规定的基础上，可享有《公司法》中关于股东的各种权利，包括股利分红支付请求权、董事选任权、公司各种账簿及文件的查阅权、接受公司的通知或报告的权利，以及有关公司基本章程或附属章程变更、公司的合并、经营让与等公司根本性事项变更的发言权等。

§3.5 动产信托

3.5.1 动产信托的含义

动产信托也称设备信托，是由设备的所有者（多为设备的生产商）作为委托人，将设备委托给信托机构，同时将设备的所有权转移给受托人，后者再将设备出租或以分期付款的方式出售给购买企业的一种信托方式。设备信托是一种以管理和处理动产为目的的信托，在本质上起到了融资的作用。在美国，设备信托曾是铁路部门为筹集购买设备资金而采用的一种特殊的信托形式。

3.5.2 动产信托的种类

按照对动产的不同处理方法，动产信托可以分为管理动产信托、处理动产信托、管理和处理动产信托三种。

1.管理动产信托

管理动产信托，是指信托公司接受委托人的信托，将动产出租给用户的业务，将所获得的收入作为信托收益交给受益人。在信托期间，用户只获得设备的使用权，到期时信托财产交还给委托人。

2.处理动产信托

处理动产信托，是指信托机构接受委托人的委托，以分期付款的方式完成动产的出售。

3.管理和处理动产信托

管理和处理动产信托是一种先出租再出售的做法。信托机构接受委托后，不仅要在信托期间管理设备的出租，还要在信托到期时将动产的所有权转给客户。

3.5.3 动产信托的意义

动产信托的主要目的是对动产设备以信托方式进行积极的管理和处理，为设备的生产和购买提供长期的资金融通。

从设备生产商的角度来看，可以通过动产信托出售信托受益权证书，尽早收回动产的贷款，另外，在买家资金不足的情况下，可以采用分期付款，扩大动产设备的销路。在动产信托业务中，信托公司可代委托人办理延期收款等事务，降低厂家自己销售的负担。

而从设备用户的角度来看，运用动产信托的好处是缓解资金不足的困难，通过分期付款的形式取得设备的使用权直至所有权。另外，动产信托的还款方式灵活、还款期限较长，可以节省分期付款所需支付的利息和费用。

§3.6　雇员受益信托

3.6.1　雇员受益信托的含义

雇员受益信托是雇主为了雇员的利益而设立的信托。此类信托有利于推动社会保障制度的完善。雇主设立这种信托旨在通过这些真正实现有益于职工的行为来调动员工的积极性，使员工更好地为雇主服务。

1.当事人

信托的委托人一般是雇员所在的公司，公司为其雇员提供利益而设立信托，或者设置基金并以基金设立信托。但在形成的财产信托中，公司只起委托代理人的作用，而真正的委托人是雇员自己。雇员受益信托的受托人一般是信托机构，受托人的一切活动必须服务于为雇员提供利益，正确管理投资事务。雇员受益信托的受益人是雇员本人，且受益人并不是委托人所指定的少数几个人，而是根据公司的规定，获得受益人资格的多数员工。雇员受益信托的信托财产，主要是金钱和有价证券，信托财产与公司的资产完全分开，这才能有利于公司的经营和维护雇员的利益。

2.国外雇员受益信托的种类

根据设立目的的不同，雇员受益信托分为以下几种：养老金信托、财产积累信托、自我雇佣者退休信托、员工持股信托（职工持股计划）、储蓄计划信托、利润分享信托。

3.6.2　养老金信托

养老金信托又称退休金制度、年金信托，是指信托机构接受委托人定期交纳的养老基金，负责基金财产的管理运用，并在雇员退休后定期向其支付退休金的一种信托业务。养老金信托以养老金制度的建立为基础。养老金制度是关于如何积累并分享退休金的一种制度，即由职工个人、企业、政府或者三方共同定期积累一定数目的资金，等养老金制度参加者年老退休后，向其支付养老金。养老基金可以为每个雇员单独设立，也可以把所有雇员当作一个整体设立养老基金。

在养老金信托中，员工享有的利益取决于职业养老金计划的类型。通常，职业养老金计划分为两种：一种是收入关联计划；另一种是货币购买计划。收入关联计划也称为最终薪金计划、利益确定计划，它按照受益人退休或离开企业时在企业工作时间的长短计算应得的利益。这种计划一般有最低年数限制。货币购买计划则根据员工和企业交纳的分摊款，以及养老基金的投资报酬，来决定企业员工能够获得的利益。

3.6.3　财产积累信托

财产积累信托是法人信托的一种，它是指把职工的财产积累储蓄委托给信托机构管理运用，以便将来能形成一项财产（如住房）的一种指定金钱信托业务。一些国家在经济取得高速发展的同时，国民的收入没有同步增加，个人的财产积累有一定难度，这又反过来制约了社会总需求，使国内经济需求疲软。因此许多国家开始以立法形式鼓励国民积累财产，如日本政府于1971年制定了《促进职工财产积累法》，确定财产积累制度是以国家和雇主援助职工增加储蓄和房产为目的，具体包括：（1）职工财产积累制度；（2）职工财产积累养老金制度；（3）职工财产积累奖金制度；（4）职工财产积累补助金制度；（5）职工财产积累基金制度。

3.6.4　自我雇佣者退休信托

自我雇佣者也就是公司的资产所有者，虽然公司的税后利润都归其所有，但当公司经营不善时，其生产所有者在晚年也可能得不到必要的生活保障，因此他们也存在着积累养老金的问题。20世纪60年代初期，美、日等国都通过了"自我雇佣者税收养老金法案"，允许资产所有者为自己设立利润分享计划。当然设立这一计划是有条件的，必须受三方面的约束：（1）公司内所有全日制雇员都享有雇员受益信托，其中对"全日制"的定义是年工作量超过1 000小时。（2）自我雇佣者退休金信托交金融信托机构管理，与公司的雇员受益信托分账管理。（3）该信托年出资额不得超出其所得总额的15%。

3.6.5　员工持股信托

员工持股信托是指将员工买入的本公司股票委托给信托机构管理和运用，待员工退休后再享受信托收益的一种信托安排。交给信托机构的信托资金一部分来自于员工的工资，另一部分由企业以奖金形式资助员工购买本公司的股票。企业员工持股信托的观念与定期小额信托较为类似，其不同之处是企业员工持股信托的投资标的为所服务的公司的股票，且员工可额外享受公司所提供的奖励金。但是员工一旦加入持股会，除退休、离职或经持股会同意的事项外，不得将所购入的股票领回。员工持股信托是以员工持股制度为基础的，员工持股制度是鼓励员工用工资和奖金定期买进本公司的股票，并且设立"员工持股会"具体管理所有员工购入的股票，待员工退休或者离开本企业时才能获取投资收益的一种制度。

职工持股信托按当初的信托财产的形态可分为两种：一是金钱信托以外的职工持股信托，即信托机构接受职工的资金和公司对职工的奖金，买进本公司的股票并代其进行管理，待信托终了时，信托机构将股票交还给职工。二是管理有价证券信托方式的职工持股信托，即职工用工资和奖金购入本公司的股票后将股票委托给信托机构进行管理，在信托终了时信托机构将股票归还于职工。

案例

员工持股计划中的信托

　　员工持股计划是一种新型股权形式，因能有效激励员工、保证其长远利益而在很多积极发展的企业中得到越来越多的应用。员工持股计划的实施过程是，企业内部员工出资认购本公司部分或全部股权，委托员工持股会（或委托第三方，一般为金融机构）作为社团法人托管运作，集中管理，员工持股管理委员会（或理事会）作为社团法人进入董事会参与表决和分红。这包括两种类型：（1）企业员工通过购买企业部分股票而拥有企业部分产权，并获得相应的管理权；（2）员工购买企业全部股权而拥有企业全部产权，使其职工对本企业具有完全的管理权和表决权。实行员工持股计划最著名的公司就是华为，中国 A 股的上市公司中也有数十家公司实行员工持股计划。

3.6.6　储蓄计划信托

　　这项业务是公司把养老金计划和储蓄计划结合在一起而设立的一种信托。委托者是公司，信托财产来自职工的储蓄和公司的捐款两部分（一般来说，后者的数额要远远大于前者），作为受托人的金融机构负责信托财产的管理和运用，以及职工退休时支付收益的事项。该信托的目的是向公司职工提供更多的退休收入。与养老金信托相比，其最大的好处是这种信托具有灵活性，它允许提前向职工支付收益。

3.6.7　利润分享信托

　　利润分享信托是为职工将来分享公司利润而设立的。公司作为该信托的委托人，每年将净利润的一定比例委托给金融信托机构管理和运用，并在一定时期后将信托本金及收益支付给公司职工。这一信托的主要特点有：（1）信托本金和收益是不确定的。公司根据比例提取的盈利是变化的，因而信托本金不确定，信托收益也随之变动。（2）信托本金和收益与职工的年龄和工龄无关，职工不负担信托本金的分摊。（3）职工可以较灵活地支取款项，即职工退休、死亡、致残辞职、被解雇等，在任何时候都可要求支用信托本金和收益。（4）法律对该信托当事人的资格要求较为灵活。

思政课堂

"知产"变"资产"

　　2023 年 4 月 7 日，江苏省首单支持民营的知识产权科创票据成功发行，以金融创新赋能知识产权，切实解决中小微科创企业融资难题，助推中小微科创企业高质量发展，中国外贸信托再次迈出踏实的一步。

　　据了解，这是由中国外贸信托受托的"南京鑫欣商业保理有限公司 2023 年度第一期建邺滨江担保知识产权资产支持票据（科创票据）"，本项目是江苏省首单知识产权资产支持票据，也是全国第二单支持民营的知识产权科创票据。本期产品采用知识产权质押贷款模式，3家建邺区科创企业作为底层债务人以其拥有的15项专利等知识产权作为反担保物，由中国外贸信托向上述企业发放知识产权质押贷款，生成拟入池的基础资产（即资金信托受益权），再将资金信托受益权作为底层资产在银行间市场发行科创票据。

该业务项下中国外贸信托全程协调沟通，联合项目组围绕客户需求，充分挖掘盘活中小微科创企业存量资产，实现了非标端到标准化端金融服务的贯穿，是中国外贸信托以客户为中心的产品力和组织力的又一实践。自2007年该公司发行第一支资产证券化产品以来，截至2023年3月，共计发行了122款资产证券化产品，规模超过4 200亿元。

资料来源：胡萍."知产"变"资产" 中国外贸信托发行首单知识产权科创票据［EB/OL］.［2023-04-25］. https://www.financialnews.com.cn/trust/hyzx/202304/t20230424_269622.html.

本章小结

法人信托又称"公司信托"和"团体信托"，它是以法人作为委托人的信托业务，与"个人信托"对应。与个人信托相比，法人信托具有自身特点。目前法人信托的业务种类繁多，主要有：公司创设、改组合并、撤销和清算的信托、企业筹资信托、表决权信托、动产信托和雇员受益信托。公司创设、改组合并、撤销和清算的信托，是信托公司受委托人委托，代为办理有关公司创设、改组合并、撤销和清算等事项。抵押公司债信托，简称公司债信托，又可称为发行公司债信托或附担保公司债信托，它是信托机构为协助公司（或企业）发行债券提供发行便利和担保事务而设立的一种信托业务。表决权信托，又称商务管理信托，是指股东根据表决权信托协议将其股份（含表决权）的法定所有权转让给一个或几个受托人，由后者在信托期间行使表决权所成立的信托。动产信托也称设备信托，是由设备的所有者（多为设备的生产商）作为委托人，将设备委托给信托机构，并同时将设备的所有权转移给受托人，后者再将设备出租或以分期付款的方式出售给购买企业的一种信托方式。雇员受益信托是雇主为了雇员的利益而设立的信托。

综合训练

3.1 单项选择题

1.法人信托最早出现在（ ）。

A.美国　　　　　　　　B.英国　　　　　　　　C.德国　　　　　　　　D.法国

2.抵押公司债信托的客体是（ ）。

A.发行债券的公司　　　　　　　　B.抵押物

C.抵押权　　　　　　　　D.债权人

3.在表决权信托中，受托人获得公司的（ ）。

A.受益权　　　　B.占有权　　　　C.表决权　　　　D.求偿权

4.表决权信托是一种（ ）。

A.公益信托　　　　B.他益信托　　　　C.可撤销信托　　　　D.自益信托

5.雇员收益信托的真正委托人是（　　）。

A.雇主　　　　　　B.雇员　　　　　　C.信托机构　　　　D.公司

3.2 多项选择题

1.与个人信托相比，法人信托具有（　　）特点。

A.委托人不同

B.只能由法人信托机构担任受托人

C.受托人对信托财产的运用更为谨慎

D.法人信托与经济发展的关系更为密切

2.公司创设信托代理的内容包括（　　）。

A.代理建立内部财务制度和核算体系

B.代理建立内部管理制度

C.代理办理有关外部事务

D.代募股款

3.根据还本付息方式不同，发行公司债信托可划分为（　　）。

A.可随时收回的抵押债券信托　　　　B.可转债券信托

C.设立偿债基金的债券信托　　　　　D.定息债券与分红债券信托

4.表决权信托的特点包括（　　）。

A.期限性　　　　　　　　　　　　　B.不可撤销性

C.独立行使表决权　　　　　　　　　D.保护中小股东的利益

5.动产信托按照对动产的不同处理方法，可以分为（　　）。

A.管理方式的动产信托　　　　　　　B.处理方式的动产信托

C.管理处理方式的动产信托　　　　　D.处置方式的动产信托

3.3 简答题

1.简述同个人信托相比，法人信托的特点。

2.简述法人信托的种类。

3.简述抵押公司债的种类及发行的意义。

4.简述表决权信托的特点及发行的意义。

5.简述雇员受益信托的种类。

第 4 章

通用信托

导读

　　本章的重点是把握通用信托的基本概念和分类。在信托业务中，有一个重要的种类是可以由自然人个人和法人同时作为委托人来设立的，这就是通用信托业务。本章首先介绍了通用信托的含义和种类；然后分别介绍了通用信托业务中的公益信托和信托投资。

关键概念

　　通用信托　　公益信托　　信托投资　　单位信托　　代理业务　　信托咨询

§4.1 通用信托概述

4.1.1 通用信托的含义

通用信托是指那些可以由个人委托人或法人委托人设定信托的业务。信托机构为了扩大业务范围，要根据不同的社会需求创造各种信托方式。从委托人委托的事项内容看，有些信托业务局限于个人委托人，有些信托业务局限于法人委托人，而有一些信托事项则既涉及个人委托人的信托要求，又涉及法人委托人的信托要求，这类信托业务就属于通用信托业务范围。

4.1.2 通用信托的目的

由于委托人的需求千差万别，设定信托目也各有不同。从通用信托设定的目的看，无非是三种：促进公共事业发展、谋求投资增值、代理各种事务。因此，通用信托业务也就包括了公益信托、信托投资、不动产信托、管理破产企业信托，处理债务信托等。公益信托是指受托人将委托人提供的资金合理而有效地运用于支持某项公共事业发展的信托业务。不动产信托是指受托人接受委托人委托对房屋、土地等不动产进行管理和运用，使委托人获取管理服务和运用收益的业务。信托投资是指集合众多不特定的投资者的资金，由专业投资信托机构代为经营操作，委托人共同分享投资收益的信托业务。

§4.2 公益信托

4.2.1 公益信托概述

1.公益信托的含义

公益信托（community trust）是指热心于某项社会公共事业的委托人为社会公共利益而设定的信托，最终目的是推动社会福利事业的发展，如办学、助学、医疗保健、博物馆、宗教、图书馆、扶贫救灾、科研等。这种信托事项的内容可以包括办学、扶贫、推动医疗保健、推动人文社会科学发展等带有慈善目的的社会福利项目，因而又被称为慈善信托（charitable trust）。

公益信托的目的是提供公共利益，但究竟什么是公益，没有一个一成不变的标准，因此，部分国家的有关法律对此做了规定，如日本《信托法》规定，公益信托的目的是提供祭祀、宗教、慈善、学术、技艺和其他公益。

我国《信托法》第六章对公益信托进行的界定是："为了下列公共利益目的之一而设立的信托，属于公益信托：（1）救济贫困；（2）救助灾民；（3）扶助残疾人；（4）发展教育、科技、文化、艺术、体育事业；（5）发展医疗卫生事业；

（6）发展环境保护事业，维护生态环境；（7）发展其他社会公益事业。"公益目的是识别公益信托的一个最为重要的标志。对未列举的信托，如确属以公益信托为目的，仍承认其为公益信托。仅以特定团体的成员或特定职业者作为公益对象的信托不属于公益信托，因此，养老金信托和财产积累信托等业务均不属于公益信托。

2.公益信托的发展

公益信托发展的主要原因有：财富积累集中、有社会公德的富人的推动、公益事业发展缺乏资金支持，比例较高、数额较大的个人所得税和遗产继承税也是推动公益信托发展的潜在动力。此外，其发展程度也与国家干预有关。相比较而言，美国的慈善信托比英国发达，其差别就在于国家在慈善信托发展上的态度。早期，英国国王担心过多的私人财产转为公益之用，会影响国家的税赋收入，因此，英国不主张扩张公益信托，限制其发展；业务上较侧重支持以兴办学校为主的公益信托以及对个人实物形态财产的捐赠管理。而美国独立战争后，财富、资本的集中，使在政府发展公共事业之外借民间力量推动美国公共事业的发展，有了重要的经济基础；同时美国强调自由与个人自主活动的充分结合，对任何信托，只要其目的不明显有害，捐助人合理，对公共利益有利，就允许办理。更为重要的一点是，美国从国家的角度不存在因财富集中而转移引起的恐惧。所以美国的慈善事业在形式和内容上都得到了更深入的发展。

我国的公益信托发展相对滞后，尽管在《信托法》中明确表明了"国家鼓励发展公益信托"，但是并没有具体地说明信托公司应该如何操作，而且在税收及其配套措施方面也没有有关的法律法规与政策，这在很大程度上制约了公益信托的发展。国内第一只公益型集合资金信托产品，2004年5月云南国投发行的"爱心成就未来——稳健收益型"集合资金信托计划，可以看作具有公益性质的集合资金信托产品。

案例

"爱心成就未来——稳健收益型"集合资金信托计划

这是国内第一只公益型集合资金信托产品。投资者可将净收益中收益率超出2.178%的部分捐赠给云南省"爱心成就未来"特别助学行动办公室，并得到共青团云南省委、云南省实施希望工程领导小组、云南省青少年发展基金会共同颁发的捐赠证书。

信托期限为24个月；信托规模为536万元；合同单笔金额不低于5万元；预计年收益率第一年为2.178%，第二年为2.475%；投资范围为具有良好流动性的货币市场投资品种和银行间固定收益型投资品种；产品特色具有专业投资稳健、爱心助学情系希望和三方管理风险极低等三大特征；投资领域为货币市场，锁定固定收益型的投资品种（包括短期国债、政策性金融债、企业债券、有银行担保的可转换债券、回购协议、同业拆借、央行票据和银行存款以及其他金融工具）。

云南信托在该信托计划中不收取信托报酬。该信托计划在资金的管理运用上引入了三方共同管理模式：信托计划资金具体的管理和运用由云南信托负责，信托计划资金账户由中国建设银行云南省分行进行监管，信托计划的捐赠资金由云南省青少年发展基金会进行具体管理和运用。

3.公益信托的特点

公益信托是一种个人和法人通用性质的信托业务。通常由委托人提供一定的财力并将其作为信托财产委托给受托人管理，信托机构将信托财产用于信托文件规定的公益目的。

公益信托与私益信托的不同：

（1）信托目的不同。私益信托的设立是为了委托人自己或其指定的受益人的利益，而设立公益信托的目的是服务社会公益事业。例如，养老金信托和职工受益信托，虽然在开始时不确定受益人，但其目的都是为了本企业的职工，因此不属于公益信托。

（2）设立依据不同。私益信托的设立以信托行为作为依据，只要签订信托契约即可设立私益信托；公益信托的设立除信托行为外还应取得公益事业管理机构的许可。

（3）监督不同。私益信托主要接受法律监督；公益信托除了接受法律监督外，更重要的是还要接受社会公众和主管机构的监督。

（4）受益人不同。公益信托的受益人不完全确定。设立私益信托时必须有明确的受益人，否则信托不能成立。而公益信托成立时的受益人必须是不特定的社会公众，即使委托人限定某一特定团体的受益人也必须有增进公共利益的效果。所以公益信托没有具体的受益人，受益人是社会公众或社会公众中的一部分人，要根据信托契约规定的受益条件来确定每一时期的受益人。公益信托的委托人可以对受益人的范围或者人数作出规定。

（5）信托终止不同。私益信托的目的如果已经实现或不可能实现，信托即行终止，信托财产由有关权利归属人所有。如果公益信托的目的因各种原因不能实现或实现后还有多余财产，那么公益信托并不结束，而由法院或主管机关，按照原来的信托宗旨，运用到类似目的的其他公益事业上，但是信托财产不能归属于委托人或其继承人。

公益信托与公益法人都是为社会公益事业服务，但两者在以下几个方面仍有较大区别：

① 设立方式不同。公益法人必须进行注册登记取得法人资格；公益信托的设立无须注册登记；

② 运作方式不同。公益法人要有固定的营业场所及职员；公益信托不需要专业人员和营业场所，按信托原理，委托信托机构办理即可。

③ 法律基础不同。公益法人受民法制约；公益信托受信托法制约。

④ 存续限制不同。公益法人以永久存续为前提设立，一旦成立，除非破产，不能解散；公益信托没有永续存在的规定。

⑤ 财产运用不同。公益法人一般有最低财产额的限制，而且原则上不允许处

分其基本财产，以运用财产的收益来维持营运；而公益信托的受托人对财产的运用弹性较大，可对所有的信托财产进行处分。

4.2.2 公益信托的当事人

1.委托人

委托人即是公益信托的出资人，此出资人可能本身就是富有者，因此可以以个人名义独自捐出或者以家庭名义捐出（如美琳达盖茨基金）一笔款项，也可能本身并非富有者，为了某项公共事业的发展，采取募集方式从社会筹集资金。不论独自捐出还是募集的公益信托资金，均视同公款并受到监督。一般都是由委托人将一部分财产交给特定受托人（专业受托人）代为管理。公益信托的委托人可以是个人，也可以是企业单位，凡是有志于社会公益事业的个人、家庭、社会组织都有权作为公益信托的委托人，设立公益信托。

2.受托人

个人和法人都可以成为公益信托的受托人，但实际上受托人多由信托机构担任。其目的是便于举办的事业永久存续下去，不至于因为管理人员更迭受到影响。在资金的使用和管理上，公益信托的本金多数是不动本金，便于长期举办下去。其主要途径就是通过信托机构的专业化管理，保证公益信托资金的安全，并获得稳定的收益。此外，信托机构的介入将更有利于公益信托接受公众的监督。

根据我国《信托法》的有关规定：公益信托的设立和确定，其受托人应当经有关公益事业的管理机构（以下简称公益事业管理机构）批准；公益信托的受托人未经公益事业管理机构批准，不得辞任；公益信托的受托人违反信托义务或者无能力履行其职责的，由公益事业管理机构变更受托人。

受托人除完成信托财产的管理、日常经营等一般私益信托共有的事务外，还有其特有的一些事务：编制事业计划、收支预算和决算，募集赞助人，提供资助金，与信托管理人、经营委员会、管理机关联络，编制信托事务和财产状况的公告等事务。

我国《信托法》第六十七条规定："公益事业管理机构应当检查受托人处理公益信托事务情况及财产状况。受托人应当至少每年一次作出信托事务处理情况及财产状况报告，经信托监察人认可后，报公益事业管理机构核准，并由受托人予以公告。"

在美国，设立公益信托机构须由各州政府批准，其慈善地位须得到法律确认，这样基金会将可以享受免税待遇；同时也要加强监督，防止利用公益基金谋私利。一般就定名为××基金会。在名称上可用出资人的名字，如美国的卡耐基基金会、洛克菲勒基金会、福特基金会等，也可以用成立基金会的目的定名，如美国的生命科学基金会、艺术与人文科学基金会。

基金会一般都拥有固定资产，并自设董事进行管理，有些财力雄厚、规模巨大的基金会如福特基金会、洛克菲勒基金会等，还设有专门的信托部负责信托资金的运用。基金会是一个独立法人，由于它的存在不以特定自然人的存在为前提，因此即使公益基金的管理人因为疾病、工作变更而发生变动，也不会影响信托资金今后继续用于同一目的的公益事业，因此也可以保证公益事业的延续。

3.受益人

在设定信托时，受益人的范围是特定的，但具体受益人是不确定的。用于受益人部分的资金源于对独自捐出或募集的本金的有效管理和投资运作。

公益信托的受益人是不特定的、多数的社会公众，这是笼统的说法。例外的情况也有，即存在指定的受益人，但必须有充分的理由证明其为公益信托——这类情况大多数是以国家、地方公共团体、公共法人作为受益人。

4.信托监察人

因为公益信托的受益人是不特定的、多数的社会公众，为了保护受益人的利益，往往设置一个信托管理人，负责管理和运用信托财产。信托监察人可由委托人指定，也可以由公益事业的管理机构根据利害关系人的请求选任。《信托法》规定公益信托应当设置信托监察人。信托监察人由信托文件规定。信托文件未规定的，由公益事业管理机构指定。信托监察人有权以自己的名义，为维护受益人的利益，提起诉讼或者实施其他法律行为。

5.经营委员会

经营委员会相当于公益法人的理事会或评议委员会，是由与公益信托目的有关的各领域的有学识有经验的人士组成的，经营委员会负责公益信托目的把关工作，即主要为受益人利益向委托人提出最有利于受益人的意见。对经营委员会的名称、职务、委员人数等，根据公益信托的具体情况在信托契约中加以规定。

4.2.3　公益信托的监管

1.公益信托的设立必须取得专设机构的批准

未经许可不许私自设立公益信托，而私益信托只要签订信托契约即可设立。这样做的主要原因是：（1）受益人范围比较广泛，为社会大众。广大受益人直接对受托人的信托活动进行监督难以操作。（2）资金数额比较大，且可享受减免税。为使慈善资金不被滥用，国家就以分散的基金受益人代表的身份，组成专门委员会，对其本金、运用、收益分配情况进行检查和监督，保证公益信托目的的实现。

公益信托的目的必须完全是社会公共利益。公益信托不仅以公益为目的，而且公益目的的实现确实能促进公共利益。公益信托的目的必须具备下列条件：一是须有利益存在；二是利益须合法；三是利益须有公共性；四是受益人是不确定的。因此，公益信托的目的必须具有绝对的、排他的公益性，不得包含非公益目的或从中获取私利。

1918年，美国成立了公益信托总会（Community Chests and Councils）对公益信托进行必要的指导与监督。在英国，公益信托是由独立的慈善团体管理委员会（Board of Charity Commissioners）负责指导和监管的。对信托条款的审阅、信托基金的管理使用和分配、信托存续期内的随时检查巡视等，都有统一的要求，用以防止其所享有的税收减免权被滥用，或以信托的名义从事某种投机事业，或利用公益信托基金谋取私人利益，从而侵害信托受益人的利益。

《信托法》第六十二条规定，公益信托的设立和确定，其受托人应当经有关公益事业的管理机构（以下简称公益事业管理机构）批准。未经公益事业管理机构的批准，不得以公益信托的名义进行活动。

2.对公益信托运用的监督

公益信托成立后，信托财产要转移给受托人。受托人需要按信托契约的有关规定，按照信托目的管理运用信托财产，对财产进行投资并把收益分配到公益项目上。《信托法》规定，公益信托的信托财产及其收益不得用于非公益目的。受托人要及时公布有关财产的处理情况，并接受监督。《信托法》第六十七条规定，公益事业管理机构应当检查受托人处理公益信托事务的情况及财产状况。受托人应当至少每年作出一次关于信托事务处理情况及财产状况的报告，经信托监察人认可后，报公益事业管理机构核准，并由受托人予以公告。

公益信托必须设立信托监察人，信托监察人有权以自己的名义，为维护受益人的利益，提起诉讼或者实施其他法律行为。

3.对公益信托停止的监督

为保证公益目的的进行，公益信托不得中途解除合同。即使受托人更替也不影响信托契约的继续执行。《信托法》第六十六条规定，公益信托的受托人未经公益事业管理机构批准，不得辞任；第六十八条规定公益信托的受托人违反信托义务或者无能力履行其职责的，由公益事业管理机构变更受托人。

如果公益信托终止，受托人应当于终止事由发生之日起十五日内，将终止事由和终止日期报告公益事业管理机构。受托人须作出处理信托事务的清算报告，经信托监察人认可后，上报公益事业管理机构核准，并由受托人予以公告。

公益信托终止，没有信托财产权利归属人或者信托财产权利归属人不是特定的社会公众的，经公益事业管理机构批准，受托人应当将信托财产用于与原公益目的相近似的目的，或者将信托财产转移给具有近似目的的公益组织或者其他公益信托。

4.2.4　公益信托种类

美国是公益信托比较发达的国家，按照其具体的受益对象的不同又可为公共基金信托和公共机构信托，另外，还有慈善剩余信托和公共机构代理。下面将分别对此四种业务作以概括性介绍。

1.公共基金信托

基金是指为建设某个项目而专设、积累的资金，按其设立的方式可分为私人基金和公共基金。私人基金是由某个人出资设立的，而公共基金是由一定范围内所有公众或某一社团的所有成员捐款设立的。公共信托基金就是为了实现公共基金的宗旨而设立的信托，它可以分为两种：社会公众信托和专项基金信托。

（1）社会公众信托。

社会公众信托是指对由某一特定范围内的公众为了该范围内的人的利益而捐赠的款项（公共基金）进行管理和运用所设立的信托。

社会公众信托的委托人是捐款者或捐款组成的基金（如最早的社会公众信托的克利夫兰基金），受益人是该特定范围内的所有社会公众。这里所说的特定范围可大可小，小到州、市、镇、县，大到一个国家乃至整个世界。这种信托的实质是为委托人指定的一定范围内的公众服务。

由于受益人是一定范围内的不特定的人，为了保证捐款意图的实现，维护尚未存在的受益人的利益，有必要设立一个专门的委员会来负责对信托财产（本金和收益）进行有利于受益人的合理分配。在美国，该委员会的大部分委员由公共官员如市长、州长、州法院最高法官等来任命，成员一般为5~11人。

社会公共信托的受托人是由信托机构担任的，有时是一家（单一受托），有时是数家（共同受托）。但现在越来越倾向于由数家信托机构共同受托，共同负责对信托财产进行各种方式的管理和运用，即保管、投资、管理以及编制财务报表。

值得一提的是，在社会公众信托中，对捐款的运用具有较高的灵活性。虽然建立信托时，委托人对捐款的使用可能会有许多具体要求，但随着时间的推移、环境的改变，如果委托人当初的要求不可能达到或者变得不切实际，那么受托人应该根据该信托的宗旨，依据具体情况来对信托财产进行合理的管理和运用。

接受公众信托的信托机构对捐款来源不承担调查的责任，它只负责信托财产的管理和运用。

采用公众信托的形式无论对公众还是对捐款人来说都有许多好处：

第一，不管慈善性捐款的数额多少、来源如何，都可以由公众信托机构统一管理，从而可以使这些资金合理地用于公益性事业，更好地为社会服务。

第二，公众信托能保证捐款的收益性、安全性，并使信托财产不断增加。

第三，相比于捐款人自行运用资金，借助公众信托在合理分配和有效利用资金方面会更加有力，这样也便于政府进行管理。

（2）专项基金信托。

专项基金是由宗教团体、专业协会、互助会、市民俱乐部或其他类型的社会团体设立的一种共同基金。其宗旨是专门为了促进本团体自身发展或为某些被指定人提供的利益。为实现其宗旨，将基金委托给金融信托机构管理和运用，就是专项基金信托。由专门的委员会对基金的使用和分配负责和把关。

2.公共机构信托

公共机构信托是为了公共机构（如学校、医院和慈善组织等）的利益而设立的信托。公共机构信托的委托人一般来说就是公共机构，但是个人为了某一公共机构的利益，也可以捐款设立公共机构信托，从而成为该信托的委托人。

公共机构信托的信托财产是这些公共机构所得到的捐款，随着社会经济的发展和人们对慈善公益事业的普遍关心，这种捐款的范围和数量越来越大。几乎所有的公共机构都能接受到来源不同、数额不等的捐款，包括捐款人的生前捐赠或死后遗赠。

在大多数情况下，这类捐款在使用上没有太大限制。公共机构将这些捐款除用于正常开支外，一般都付诸信托。信托机构作为公共机构信托的受托人，在符合公共机构的宗旨的前提下，可以灵活地运用信托财产。同时，受托人必须经常与负责公共机构不同事务的各部门代表保持良好的联系，这是该信托管理上的一大特点。

公共机构信托作为一种重要的公益信托方式，在处理实际事务中具有许多优势：

第一，大多数公共机构都有其自身的事业（慈善性事业），缺乏管理和运用财产的精力和能力，因而乐意将与财产管理有关的事务委托给专门机构办理，以便更好、更专一地致力于公共机构事业。

第二，信托机构对信托财产的良好运用和管理，又能使作为委托人的公共机构的信誉更佳，从而更多地获得社会各界的认可和赞助。该信托的受益人一定是从事慈善性事业的公共机构，公共机构信托因此而得名。

第三，公共机构将资金交给信托机构，并且在信托协定中对受托人的管理和主体职责加以限定，有利于资金的有效运行。

第四，对于决策层来说，还可以自由地挑选聘用熟悉该公共机构业务的专家，而不必考虑其在管理和投资上的能力，从而扩大了对于人才的选拔范围，以便找到更利于公共机构发展的人选。

3.慈善剩余信托

这是一种形式比较特别的慈善性信托。慈善剩余信托的捐款者（委托人）在设立信托时，要求获得一定比例的信托收益以维持自身和其家庭的生活，而将其剩余部分全部转给某个特定的慈善机构。

如此一来，慈善机构和信托部门订立信托协议，协议一般规定将信托财产的经营收益的一定比例交给捐款人，将本金和剩余收益的全部交给该慈善机构。慈善性剩余信托可以享受免税优惠，例如免征资本利得税和赠与税等。

可以享受免税待遇的慈善剩余信托有以下几种：

（1）慈善剩余年金信托。

这种信托的受益人称为年金受益人。受益人是捐款者自己或其遗嘱中被指定的人。年金受益人生前可获得以年金形式的不低于信托财产5％的信托收益，死后则信托财产（本金）和剩余收益全部交给某一特定的慈善性机构。例如，有一个人捐款100万美元，设立慈善性剩余年金信托，为了其自身的生活开支，受托人每年支付给年金受益人6万美元，当这位年金受益人死后，受托人将信托剩余包括本金100万美元的剩余信托收益全部交给信托协议中指定的慈善性机构。

（2）慈善剩余单一信托。

这种信托是慈善剩余年金信托的一种，即捐款人单独建立信托关系，一般数额较大，捐款人生前每年可以从其信托财产中得到一定比例的按当年市价计算的净值，死后则信托剩余的部分全部转给某一指定的慈善机构。

例如，某人捐赠价值100万美元的房产，设立慈善性剩余单一信托。按照信托协议规定，他每年可以享受信托财产市值6%的收益，那么他第一年可以拿到6万美元；如果第二年房产升值到110万美元，受益人第二年就可以得到6.6万美元。慈善性剩余单一信托使受益人获得的信托收益不因通货膨胀而减少，从而保障了受益人的生活。

（3）共同收入基金信托。

这种信托是指慈善机构将其所获得的小额捐款集中成"共同收入基金"并将它进行信托，每个小额捐款者生前得到一定比例的收益以维持生活，死后的所有信托剩余的部分转给该慈善性机构。

共同收入基金信托的意义在于，通过信托管理，避免了对小额捐款单独管理的不便和高额费用。

4.公共机构代理

公共机构代理是指信托机构为一些公共机构提供代理业务。有些慈善性公共机构不能或不愿办理全部信托业务，信托机构可以帮它们开展一些代理性的业务，具体包括：

（1）捐款代理。捐款代理是指信托机构为慈善性公共机构代办有关捐款的接收、登记、所有权的转移、有价证券的过户等事务。

（2）现金管理代理。现金管理代理是指信托机构为慈善性公共机构提供的对现金及其共同物进行短期的有效投资以获取最大收益的代理业务。

（3）保管代理。保管代理是指信托机构为慈善性公共机构代为保管贵重物品、有价证券以及负责剪息票和报告股票信息的代理业务。

（4）账目代理。账目代理是指信托机构为慈善性公共机构代办由信托财产管理而产生的记账和会计等方面事务的业务。

4.2.5 美国的慈善基金会

公益信托在美国最为发达。公益款项的来源除富有者捐赠的巨款外，还广泛地向社会募捐。慈善基金会（Charitable Foundation，一般简称为基金会）是美国最具特色的一种公益信托制度，对美国社会有深远的影响，而且这种公益信托事业的发展超过了西欧发达国家。公益信托基金的使用多数是用利息而不动本金，便于长期持续举办下去。通过认识美国的基金会，不但能够了解美国慈善信托业务状况，对其社会结构也可以有所认识。

1.基金会的含义

由民间出资（捐赠或募集）为举办公益事业（public welfare）而建立的信托机构，具有非营利性、规模较大、组织严密的特点。基金会属于非营利性社会组织。美国基金会的设立根据资助内容有不同的基金会名称。比如，Smithson Institute是专门资助博物馆的基金会；The Carnigie Corporation of New York 在不断研究新形势中不断提出新的工作重点。20世纪60年代之前，其贯穿始终的是教育，60年代至80年代倾向于平等和改良。80年代以后它的几大目标是：避免核战争，改善美苏关系；教育全体美国人，特别是青年，以适应一个以科技为基础的社会；防止各种对儿童和青少年的伤害，包括吸毒、酗酒和少女怀孕等社会问题；在第三世界培训和开发人力资源。

美国的基金会较为有特色的方面是其组织形式，最具代表性的是以公司形态组建的公益信托机构。在这种信托事项中，成立出资人即是董事会成员，由董事会来决策、管理慈善资金，并设置高级职员和普通职员。资金经营上完全托付给公司职员处理。

基金会是一个独立法人，由于它的存在不以特定自然人的存在为前提，因此即使公益基金的管理人因为疾病、工作变更而发生变动，也不会影响信托资金今后继续用于同一目的的公益事业，这样可以保证公益事业的延续。

2.基金会的作用

由于其资金投向自由，活动灵活、有弹性，因而基金会在发挥一般的公益信托的基本作用的同时，还甘冒风险承担政府机构或一般的慈善机构不愿开展的风险项目，比如有争议、复杂或短期内不能解决的课题，而且富于创造性地开拓新事业，关注新出现的不被重视的问题，一旦所关注的事业有所改善，资金就可以灵活地转移到其他开创性项目上。

3.资助对象

美国的基金会资助对象很多，但兴趣一般集中在教育、卫生、福利部门。早期资金用途以卫生事业、儿童福利事业居多。目前比较集中的资助对象包括：

（1）教育部门。这个部门是各基金会资助的最大对象，相当一部分资助教育的资金都投向了大学。

（2）社会福利部门。社会福利方面接受各基金会的捐助占资助对象的第二位。各基金会的目标和兴趣，主要集中于儿童、少年与老年人的福利方面，其他如妇女、残疾人等福利也有相当数额。

（3）国际活动部门。该部门接受各基金会的捐助约占第三位。它是基金会发展过程中出现比较晚的一个部门。对该部门进行资助的，主要是少数几个规模较大的基金会。

（4）保健部门。各基金会对该部门的资助，过去居于第一位，这是一个传统的资助部门，但近年来资助额有所减少，主要是因为政府对该部门的拨款有大幅增加。

（5）科学部门。该部门的资助对象包括物理、生命科学、社会科学等各个领域。原来资助额以生命科学领域为最多，后来由于航天科学的发展，物理学领域的资助变得较多。

（6）宗教部门。宗教在美国慈善事业中居于重要的地位，但基金会把其作为一个资助对象，并不是最重要的。因为美国有一个观念，认为对宗教的捐赠，适宜于个人捐赠，不宜通过信托法人。

（7）人文科学部门。基金会对于人文科学的资助包括音乐、戏剧、博物馆、艺术和哲学等领域。

案例

诺贝尔奖

诺贝尔奖金（基金）是一项成功的、具有示范效应和广告效应的公益基金信托业务。诺贝尔基金会成立于1896年，其基金来源于诺贝尔本人捐赠的980万美元。基金会每年须颁发5个（以后又创设经济学奖，现共为6个）奖项，支付高达500万美金的奖金。迄今为止，该基金在奖金发放与管理费用方面的支出总计已超过了5亿美元。

诺贝尔基金会成立之初，为了保证能够按期发放奖金，其章程曾明确将投资范围限制在安全且收益稳定的项目上，如银行存款等。但随着每年奖金的发放与基金会运作的开销，到1953年，该基金会的资产只剩下了300多万美元。面对这种困境，诺贝尔基金会及时作出决定，更改基金会章程，增强管理和运作，投资方向以股票和不动产为主。随着投资报酬的滚动增长，通过信托的手段，1993年诺贝尔基金会的总资产已升到2亿多美元。

诺贝尔奖获奖人的评定主要由奖金颁发机构负责：物理奖和化学奖由瑞典皇家科学院评定，生理学或医学奖由瑞典皇家卡罗林医学院评定，文学奖由瑞典文学院评定，和平奖由挪威议会选出。

诺贝尔经济学奖并非诺贝尔遗嘱中提到的五大奖励领域之一，该奖是1968年瑞典为庆祝瑞典银行成立300周年而专门设立的，全名叫瑞典中央银行纪念阿尔弗雷德·诺贝尔经济学奖，该奖项奖金由瑞典中央银行提供，委托瑞典皇家科学院评定，原则与诺贝尔奖原有奖项的评定相同。1969年第一次颁奖，由挪威人弗里希和荷兰人丁伯根共同获得，美国经济学家萨缪尔森、弗里德曼等人均获得过此奖。

§4.3　信托投资

4.3.1　信托投资的含义

1.信托投资

信托投资是集合不特定的投资者，将资金集中起来，建立某种专门进行投资管理的形式或机构，共同分享投资收益的一种信托方式。由于在设定信托关系中，不特定的众多委托人是受益人，所以信托投资属于自益信托。

信托投资是最适合于社会上中小投资者的应用。因为分散的中小投资者缺乏雄厚的资金实力去单独满足被投资者的巨额资金需求，无力对投资对象作充分的调查和选择，又不能有足够的资金分散投资于不同投资领域而降低风险，于是将多数中小投资者的资金集合起来，委托具有专门投资知识和经验的人，为大家管理运用，以达到既可保全原投入的资金，又可获得投资收益的目的。委托人与受托人的信托关系，实际上就是委托人请专家理财。这就是许多国家普遍采用的信托投资制度。

信托投资方式创始和发展至今，已有一百余年的历史。信托投资最早由英国创设，产生于19世纪中期迅速扩张的海外投资活动。

2.标的物

信托投资的标的物是以货币资金为主，属于资金信托的范畴，具有投资性。其投资对象主要限定于有价证券，美国、英国、加拿大、日本、德国和法国等都是如此，故在日本把这种信托称为"证券投资信托"。我国称为证券投资基金。但也有少数国家的信托投资除证券外，多数投资于不动产，如瑞士。此外，其投资为了分散风险，需要按产业、地域、证券种类分散运用。

3.信托投资的特性

社会上分散的中小投资者不愿将其富余的资金参加国民储蓄，希望将资金投向利润较高的证券投资方面。但个人单独进行势单力薄，风险较大。于是各投资人才将分散的闲置资金集中起来，采取签订信托契约的形式，或类似股份公司的股份形式，成立某种信托，委托对证券市场或不动产市场具有专门知识和经营经验又可以信赖的人从事这方面的投资。因而，信托投资方式具有四个主要性质：

（1）储蓄性。各投资资金持有人希望通过资金的运用，做到既保本又获利。这与银行储蓄存款类似，保本生息，使资金增值。信托投资方式的推行在于谋求以最小风险获得最大利益。所以说，信托投资类似银行储蓄而收益优于银行储蓄。

（2）合作性。各投资人一般都是有限的社会闲散资金持有者，资金运用实力差，如要个人单独投资于某几种有价证券或某项不动产投资，缺乏条件且不易操作。信托投资方式以一般社会大众为对象，将他们的资金集合起来加以运用，资金实力大为增加，投资条件就好很多，满足了各投资人的愿望。所以说，信托投资方式的投资人目标一致，具有一种合作投资性质。

（3）专业性。投资人把钱交给专家来管理，可以解决个人投资者在时间和专业知识方面不足的问题。信托投资通过专业的经理人操作管理，这些经理人都是学有所长，并在证券投资领域里具有多年的经验，投资绩效自然比一般人优越。

（4）流动性。信托投资具有变现性高、流动性强的优点，投资人可以因个人需要随时将基金份额脱手变现，其变现性和流动性优于银行定期存款、房地产等。

4.3.2　信托投资的基本形式

按资金汇集的方式不同，信托投资（我国称之为投资基金）分为公司型和契约型两种基本形式。

1.公司型投资基金

公司型投资基金是指按照公司法来设立和运作信托投资的形式。信托投资公司，发行股票，委托者本身就是股东，所得"股份"不属于为经营该股份公司而投人的资本金,只是为了购买可转让的发行的有价证券(股票或债券),以达到获得利息和股利的目的。因而,持有者持有的份额越多,可获得分配的收益就越多。另外,投入的资金也不称为信托财产,而称为公司的"资产"。公司型投资信托运用的依据,并无信托契约。

2.契约型投资基金

契约型投资基金下,受托人(一般是基金管理公司)通过发行信托券(一种单位面值均等的受益凭证)、委托人去认购(认购多少单位,就委托多少)的方式来筹集资金,这在英国被称为单位信托(unit trust)。所以,委托人作为认购人与受托人之间是真正的信托关系,而不是股东与股份公司的关系。在这种单位信托中受托人会聘请专业的经理人来经营。作为转移储蓄和理财的手段,单位信托则是我国及日本等国广泛使用的信托投资形式,但我国习惯使用契约型投资基金的叫法。

按照信托投资资金汇集方式的不同,受托人所发行的受益证券,既包含前述的"股份",又包含上面所述的信托券。由于单位信托(契约型基金)目前是各国普遍都在采用的方式,受益证券一般指单位信托中的信托券。因此,对受益证券的表述应该是投资者与经理人建立信托投资关系的凭证,单位面值均等,一方面表明投资者申购的份额大小,另一方面表明投资者日后分享共同投资所创造的收益的权利和分享比例。谁买了受益证券,谁就拥有了投资基金,谁就以信托方式请专家代为进行证券投资。公司型基金与契约型基金的比较请见表4-1。

表4-1　　　　　　　　　　　　**公司型基金与契约型基金的异同**

项目	公司型基金	契约型基金
立法基础	公司法	信托法
法人资格	有	无
投资者地位	公司股东	信托受益人
资本结构	普通股、债券、优先股	信托受益凭证
融资渠道	可向银行贷款	不向银行贷款
投资顾问设置	多数自任顾问	有投资顾问
资产	公司资产	信托财产

4.3.3 契约型投资基金的运作核心

1.契约型投资基金的基本类型

受益证券是可以在市场上流通转让的,也可以由受托人在信托期间随时买回,或由受托人追加发行。一旦信托投资具备了后者的特征,这种契约型信托投资关系的信托财产就会发生不断的增减变化,被称为"开放型"投资基金;反之,契约规定不得将受益证券在信托期间买回，也不能追加发行的投资基金，被称为"封闭型"投资基金。这是契约型投资基金的最基本划分类型。

在"开放型"投资基金买回或追加发行时，每份受益证券的价格依基金单位净值（net asset value，NAV）确定。第一步，每个营业日收市后先计算总资产价值：该基金所拥有的资产（现金、股票、债券、其他）×收盘价；第二步，计算净资产总值：总资产价值-基金负债总额及各项费用；第三步，计算基金单位净值：净资产总值÷基金发行在外的单位总数。

可以看出：①基金单位净值会随投资对象的市场情况而发生变化，所以开放型基金交易的价格更需要靠业绩支撑。②由于需要每日计算净值，对从业人员（会计、律师、审计）、硬件和软件等条件要求都较高，契约型投资基金适合在成熟稳定的金融市场中发展。

2.契约型投资基金运作的核心原则

（1）运作的核心原则。规范基金运作的一条最高原则就是"经理与保管分开"，基金经理公司只负责基金的管理与操作，下达投资买卖的决策，本身并不经手基金的资产。保管机构则负责保管并依经理公司之指示处分基金的资产，基金的资产在保管机构内的账户是独立的，若经理公司或保管机构因经营不善而倒闭，债权人没有权利动用这笔资产。

（2）契约型基金中的三方关系人。契约型基金以信托契约为依据成立并管理，由投资管理人、信托管理人及信托单位持有人（或称受益人）三方面构成。基金管理公司创立基金，是契约中的投资管理人；在基金募集完成后，将基金的资产交由契约中的信托管理人保管，而基金管理公司只是负责基金的操作。信托管理人通常是银行、信托公司等金融机构，信托管理人接受投资管理人的委托，依据信托契约保管并处分（如处理股票买卖的交割、核对账目）基金的资产，是基金资产的保管机构。受益人则是出资人，受益人将接受基金操作的成败。

（3）基金运作的其他原则。证券投资基金除"经理与保管分开"外，资金的操作情况必须在季报及年报中披露，持股情况（各类股占总资产的比例）也要定期提供给媒体，做到资讯公开，且所有的交易不仅需要内部稽核和证券主管机关的监督，账册明细也须由被认可的会计师事务所签验，故一切都在公开、透明的环境下操作。

3.其他基金类型的划分

（1）依据投资对象的不同，可以将基金分为股票基金、债券基金、货币市场基金、混合基金等类别。依据投资对象对基金进行分类，简单明确，对投资者具有直接的参考价值。

股票基金是指以股票为主要投资对象的基金。股票基金在各类基金中历史最为悠久，也是各国广泛采用的一种基金类型。根据中国证监会对基金类别的分类标准，60%以上的基金资产投资于股票的为股票基金。

债券基金主要以债券为投资对象。根据中国证监会对基金类别的分类标准，

80%以上的基金资产投资于债券的为债券基金。

货币市场基金以货币市场工具为投资对象。根据中国证监会对基金类别的分类标准，仅投资于货币市场工具的基金资产为货币市场基金。

混合基金同时以股票、债券等为投资对象，以期通过在不同资产类别上的投资，实现收益与风险之间的平衡。根据中国证监会对基金类别的分类标准，投资于股票、债券和货币市场工具，但股票投资和债券投资的比例不符合股票基金、债券基金规定的基金资产为混合基金。

（2）根据投资目标的不同，可以将基金分为成长型基金、收入型基金和平衡型基金。

成长型基金是指以追求资本增值为基本目标，较少考虑当期收入的基金，主要以具有良好增长潜力的股票为投资对象。收入型基金是指以追求稳定的经常性收入为基本目标的基金，主要以大盘蓝筹股、公司债、政府债券等稳定收益证券为投资对象。平衡型基金则是既注重资本增值又注重当期收入的一类基金。

一般而言，成长型基金的风险大、收益高；收入型基金的风险小、收益较低；平衡型基金的风险、收益则介于成长型基金与收入型基金之间。根据投资目标的不同，既有以追求资本增值为基本目标的成长型基金，也有以获取稳定的经常性收入为基本目标的收入型基金以及兼具成长与收入双重目标的平衡型基金。不同的投资目标决定了基金的基本投向与基本的投资策略，以适应不同投资者的投资需要。

（3）依据投资理念的不同，可以将基金分为主动型基金与被动（指数）型基金。

主动型基金是一类力图取得超越基准组合表现的基金。与主动型基金不同，被动型基金并不主动寻求取得超越市场的表现，而是试图复制指数的表现。被动型基金一般选取特定的指数作为跟踪的对象，因此通常又被称为"指数型基金"。

（4）根据募集方式的不同，可以将基金分为公募基金和私募基金。

公募基金是指可以面向社会公众公开发售的一类基金；私募基金则是只能采取非公开方式，面向特定投资者募集发售的基金。

公募基金主要具有如下特征：可以面向社会公众公开发售基金份额和宣传推广，基金募集对象不固定；投资金额要求低，适宜中小投资者参与；必须遵守基金法律和法规的约束，并接受监管部门的严格监管。

与公募基金相比，私募基金不能进行公开的发售和宣传推广，投资金额要求高，投资者的资格和人数常常受到严格的限制。例如，美国相关法律要求，私募基金的投资者人数不得超过100人，每个投资者的净资产必须在100万美元以上。与公募基金必须遵守基金法律和法规的约束并要接受监管部门的严格监管相比，私募基金在运作上具有较大的灵活性，所受到的限制和约束也较少。它既可以投资于衍生金融产品，进行买空卖空交易，也可以进行汇率、商品期货投机交易等。私募基金的投资风险较高，主要以具有较强风险承受能力的富裕阶层为目标客户。

（5）根据基金的资金来源和用途不同，可以将基金分为在岸基金和离岸基金。

在岸基金是指在本国募集资金并投资于本国证券市场的证券投资基金。由于在岸基金的投资者、基金组织、基金管理人、基金托管人及其他当事人和基金的投资市场均在本国境内，所以基金的监管部门比较容易运用本国法律法规及相关技术手段对证券投资基金的投资运作行为进行监管。

离岸基金是指一国的证券投资基金组织在他国发售证券投资基金份额，并将募集的资金投资于本国或第三国证券市场的证券投资基金。

4.3.4 开放型基金与封闭型基金的比较

1.基金单位数（规模）的变化

封闭型基金发行在外的单位数（规模）是固定的。一旦完成发行计划，基金就封闭起来不再追加发行，若需要扩大规模，要等封闭期满，重新申请创设新的基金（这将依靠主管部门的批准）。

开放型基金发行在外的单位数（规模）是可以变动的。投资人可以依基金的净值情况随时向基金经理人申购或要求赎回基金份额。当投资者增加买入时，基金可增加单位；当投资者要求赎回其持有的基金份额时，基金将减少持仓。这样，基金业绩好的话，人们踊跃购买，基金总规模扩大，会带来规模效益。基金业绩不好的话，基金面临赎回，规模萎缩，会影响规模效益。这是目前国外较普遍的基金形式。

2.交易渠道不同

封闭型基金在证交所挂牌交易，与一般股票交易相同。开放型基金则是直接向基金管理公司申购或要求赎回。

3.交易双方不同

封闭型基金的交易双方为证券市场投资者；开放型基金的交易双方为基金投资者与基金。

4.价格确定依据不同

封闭型基金的交易是在证交所上市竞价进行，受市场供求影响大，折价或溢价买卖，容易受人为因素影响。开放型基金的申购、赎回价格以每日公布的基金份额资产净值加、减一定的手续费计算，能一目了然地反映其投资价值。

5.经理人经营时的压力不同

封闭型基金的经理人经营时的压力小。经理人可以放心进行投资，不必担心流动性。因为投资者在二级市场的交易不会直接影响基金规模，所以基金单位数量不会变。开放型基金的经理人经营时的压力大。随着有价证券市值的变动，基准价格也会每日发生变动。因此，证券市场景况好时，信托财产容易增加；反之，如果证券市场不景气，受益人的赎回请求会增多，信托财产会减少，经理人要减少持仓换取现金，经理人要注意保持基金的流动性。

表4-2归纳了开放型基金与封闭型基金的区别。

表4-2

开放型基金与封闭型基金的区别

项目	开放型基金	封闭型基金
基金规模	基金单位可以赎回、申购，资金总额不断变化	有明确的存续期（我国不少于5年），已发行基金单位不能赎回
基金单位买卖方式	可以随时向基金管理公司或销售机构申购或赎回，一般不在二级市场进行交易	基金设立时，投资者可以向基金管理公司或销售机构认购，上市交易后，仅可以在二级市场交易
买卖价格形成方式	以基金单位的资产净值来计算，可直接反映基金单位的资产净值。所有费用均包含在净值之内	受市场供求关系影响较大，难以直接反映基金的资产净值。其他证券交易税和手续费用另交

案例

美联储前主席伯南克的投资策略：安全至上、存钱防老

美联储前主席本·伯南克在任期间掌控着美国的金融运作。很难想象，其个人投资策略却颇为保守，他把大部分资产投放在退休投资账户中，很少参与股票投资。

伯南克的申报文件称，截至2004年底，其TIAA-CREF账户的总价值介于100万美元和500万美元之间。他所青睐的低风险投资TIAA-CREF为美国教师保险及年金协会（世界上最大的养老金公司）的简称，在其所服务的美国教育界享有很高的声誉。在TIAA-CREF的200万参与者中，大约有160名诺贝尔奖金获得者，其中有些人还效力于该公司董事会。伯南克的其他投资都是浅尝辄止。在股票方面，伯南克只购买了美国烟草大鳄菲利普·莫里斯（Philip Morris）母公司Altria集团公司（MO）的股票，后者为道琼斯工业平均指数的成分股。伯南克参加了一个高收益型的共同基金和一个大盘股基金，投资分别为1.5万美元~5万美元和1000美元~1.5万美元。此外，他还购买了两份养老金性质的基金，一个属于国际增长型，另一个属于货币型，两者价值都为1000美元~1.5万美元。国债方面，伯南克购买了5万美元~10万美元的加拿大政府债券，他的现金和支票账户上还留有1.5万美元~5万美元的闲置资金。

§4.4　代理与咨询

代理与咨询业务虽然不是信托投资公司主要的利润来源，但它们对信托投资公司构建多元化的盈利模式、培养客户资源、分散经营风险等方面具有重要的意义，也是信托投资公司不应该忽视的业务。拓展这些业务一方面可以充分利用信托投资公司在这些领域服务的特有优势，为社会提供多元化的服务，另一方面也可以稳定信托投资公司的经营。

4.4.1 代理业务

1.代理业务的含义

代理是指信托机构接受客户的委托，以代理人的身份，在被代理人授权范围内，代为办理其指定事务的业务。代理业务是信托机构的一项传统业务。**代理业务是代理人和被代理人之间产生的一种契约关系和法律行为，具有代客户服务的性质。**代理业务一般不要求委托人转移其财产所有权，信托公司在办理代理业务中，不垫资，不承担风险。

代理的当事人主要包括两个：代理人和被代理人。被代理人即委托人，是指由别人代其办理事务的人，被代理人按照代理合同规定拥有种种权利和义务。委托人最主要的权利是向代理人授权，最主要的义务是向代理人支付各种费用。代理业务的受托者就是代理人。代理人在代理关系中处于极为重要的地位，负有重要的职责，并享有权利。

2.代理的种类

根据代理权产生原因的不同来划分，代理可分为委托代理、法定代理和指定代理。

（1）委托代理是指代理人根据被代理人的委托，在被代理人的授权范围内，以被代理人的名义所进行的代理。委托代理也称授权代理，因为这种代理最主要的特征在于：它是以当事人的意思表示为前提的，即委托人的授权委托。在委托代理中，被代理人往往称为委托人或本人，代理人则称为受托人。委托代理是代理制度中最重要的一种。委托授权在委托代理中具有决定性的意义，使其与法定代理、指定代理区别开来。后两种代理都不是基于当事人的授权而产生的，而是由于法律的直接规定或指定机关依职权进行指定而形成的。

（2）法定代理是指根据特定当事人之间存在的社会关系而依法设立的代理。法定代理的产生依据是法律的直接规定。法定代理人的代理权限范围也是由法律规定的，而且一般都属于全权代理，没有权限范围的特殊限制。法定代理人与被代理人之间往往存在某种特定的血缘或亲缘关系，这种特定的血缘或亲缘关系正是法定代理产生的前提。法定代理的宗旨在于保护无行为能力和限制行为能力的公民能够通过代理行为顺利地参加民事活动，取得权利，履行义务。法定代理都是无偿的。

（3）指定代理是指司法部门依照法律规定进行指定而产生的代理，大都是无偿的。指定代理与法定代理都适用于无民事行为能力的人或限制民事行为能力的人，但二者在许多方面又有区别：①法定代理是由于法律的直接规定而产生的，也就是说，法律对这种代理权和代理关系是有明文规定的。而指定代理是由于指定机关的指定而产生的，没有指定行为便不会有指定代理。②法定代理和指定代理是前后衔接，互为补充的。法定代理人如果是已明确的，则不发生指定代理，只有在没有法定代理人、法定代理人选有争议或法定代理人有正当理由不能履行代理职责的情况下，才产生指定代理。③法定代理权的证明文件是能够证明代理人与被代理人之间身份关系的法律文件，如户口簿、结婚证等；指定代理权的证明文件是司法机关或其他指定机构出具的指定书。

3.信托的主要代理业务

（1）代理收付款业务。这是指信托投资公司接受单位或个人的委托，代为办理其指定款项的收付事宜，又称收付信托。它是信托投资公司利用其自身和联行的业务机构、清算手段、专业人才优势，为客户提供服务，以获取一定的手续费收入。

（2）代理清理债权、债务业务。这是指信托投资公司受委托人之托，代为办理财产清算的业务，如代为催收欠款、协助单位解决贷款结算过程中形成的相互拖欠，代收债权，代偿债务，分派剩余财产以及其他各种财务清算事务等。

（3）代理有价证券业务。这是指信托投资公司受企业的委托代为办理有价证券的发行、买卖、过户、代付收益和保管事宜的业务。在代理有价证券业务中，信托投资公司作为债权人、债务人双方的代理人，既为发行单位提供服务和便利，又通过有价证券的审查和监督，维护认购单位和个人的合法权益，从而促进了有价证券业务的发展。

（4）代理保管业务。这是指信托投资公司设置保管箱库，接受单位或个人委托代为保管各种贵重物品及重要凭证的业务。

4.4.2 咨询业务

1.咨询的含义

咨询从词义上讲，就是向他人征求意见和商量自己不了解或不太了解的事情，简要说可称为"求教于人"。信托咨询是信托机构办理咨询业务的通称，是指信托机构受托对指定的企业单位、建设项目、工程技术或经济效益及信用情况进行专门的调查、分析、论证，向委托人提供有关的经济信息、数据资料、方案或可行性研究报告，是委托人凭以作为决策的依据。信托咨询是一种信托行为，是信托当事人在相互信任的基础上，将有特定目的的信息进行传递和反馈。

2.咨询的种类

中国信托投资机构办理的咨询业务主要有以下几种：

（1）资信调查。资信调查又称信用调查，信托机构受托此类咨询，主要任务是替委托人了解被调查方的支付能力、资产状况、信用情况、经营能力以及经营作风等，其次是为委托人了解被调查方企业负责人的情况、企业成立时间的长短、业务经营状况、生产规模、技术水平、产品质量、产供销状况以及在社会上的信誉。

（2）金融咨询。金融咨询是信托机构受托为委托人查询和商量关于金融动态和金融事宜的一种业务。这种咨询涉及的内容有：查询有关国家的金融法规、金融制度、金融管理的政策；查询金融活动的习惯做法；了解某行业或企业单位的资金信用情况；分析和预测国外某种货币、利率的变动趋势、国际金融市场的动态；了解国内金融政策和金融市场发展状况；帮助了解金融活动的新办法新业务，以及解答有关的金融理论问题等。

（3）投资咨询。信托机构经营的投资咨询业务，分为两个部分：证券投资咨询与基本建设投资咨询。证券投资咨询的内容有：证券投资时机的选择，证券投资环境的选择，介绍证券投资的对象、证券投资收益与市场利率的比较数据，以及证券投资的有关手续费等。基本建设投资咨询的内容比较复杂，主要内容有：为客户提供投资信息、受托对投资项目进行市场调查和预测、对投资项目进行机会性分析和风险性分析、对投资项目进行初步可行性研究和评价可行性研究、为投资人提供可供选择的投资方案等。

（4）商情咨询。商情咨询是指信托投资公司受理的，对与信托项目有关的国内动态以及各国、各地贸易商品价格、贸易政策及做法等方面的咨询业务，如提供商品市场的有关信息、调查分析商品的销售情况和趋势等。

（5）介绍客户。介绍客户是指信托投资公司利用自身业务联系广泛、信息灵通等优势，作为介绍人为国内外客户牵线搭桥，通过联络介绍，沟通双方合作意向，协助进行业务商谈，促进合作双方达成协议。

（6）财务咨询。财务咨询是指信托机构对企业单位提供财务管理上的咨询服务与培训财会人员，如会计制度的设计与修订、财产保管使用制度的建立、成本的核算等。

3.信托咨询的特点

信托咨询具有以下几个特点：

（1）信托咨询以信用咨询为主体。

在经济交往中，交易双方若互相不了解对方的情况，商品交换的实现必定会遇到一定的困难。信托咨询可以通过为交易双方牵线，促成交易实现；客户也可以委托信托机构对交易对手单独进行信用与资历调查。

（2）信托咨询的标的物是经济信息，经济信息是信托咨询的"产品"。

当今世界上许多发达国家把经济信息视为社会发展的重要支柱之一，许多企业也把经济信息视作"无形的财富"。金融机构经办征信的咨询业务，通过财务分析、信用调查、信用档案的存储与使用，形成各种报告或文件依据，为客户提供咨询服务，所提供的报告或文件依据，即是"咨询产品"。

（3）信托咨询业务，属于经济活动中的"头脑产业"部分，其特色是为客户提供智力型服务。

信托咨询拥有一批专业水平高，有相当政策技术水平的咨询服务人才。信托机构有条件用其咨询专家雄厚的经济理论基础，来分析委托人提出的各种问题与要求，解决和满足委托人的信托要求，达到其信托目的。信托咨询业务以及信托咨询公司目前已经独立发展，如穆迪、标准普尔等国际著名的评级公司，其咨询报告与各类债券评级结果的公布早已成为影响世界经济变动的重要影响因素。

思政课堂

共同富裕的"崭新方案"："用信托做慈善"

党的二十大报告将"实现全体人民共同富裕"纳入中国式现代化的本质要求，这为理解共同富裕在推进中国式现代化进程全局中的地位作用以及新时代下更加扎实推动全体人民共同富裕提供了原则遵循。

在如今共同富裕的大背景下，公益慈善被寄予了更大的期许。原银监会非银司司长、行业专家高传捷洞察历史、观照当下、放眼未来，深刻阐述了他眼中助力共同富裕的"崭新方案"。

高传捷认为，公益慈善选择信托的"三个必然"。"公益慈善选择信托，是生活的选择，是历史的选择，也是风险、挫折和社会进步的选择。"作为国内知名信托制度研究专家，高传捷对于慈善信托的发展洞察有着更为宏大的历史视野。"信托的三方结构往往优于普通直接捐赠、直接慈善的双方结构，因而信托原理不断被后人学习、模仿、完善，成为在一个很大范围内，前人从事慈善活动的一项基本选择。"

除了这三大"必然选择"，高传捷认为，中国公益慈善选择信托还有顶层设计的理念必然。

"我国公益慈善信托制度经历了一个制度完善的过程。1996 年 12 月，全国人大常委会审议《信托法》时确定了向我国公益事业引入信托制度、促进公益事业发展的决策。2000 年 12 月国务院第一次正式批准信托公司承担公益信托服务；2001 年 4 月全国人大颁布公益信托法律制度，2016 年 4 月，全国人大全体会议批准慈善信托；2017 年党中央亲自部署，银监会和民政部制定《慈善信托的管理办法》，慈善信托制度和管理体制不断完善，使得信托制度可以应用于公益慈善活动。在这一过程的背后，体现国家最高领导层对借鉴历史成功实践、通过制度创新、积极促进社会问题解决、推动社会不断进步的基础性指导思想。"

高传捷说，我国慈善信托制度建立时间虽不长，但从六年实施效果看，慈善信托可以表达信托设立人、财产捐赠人、信托受托人、财产管理服务人、公益项目执行人的公益慈善情怀，取得了管理优化、公益效率高、弘扬精神文明的效果，显示出"信托有温度，慈善有力度"的特点。

资料来源：汉正家族. 共同富裕的"崭新方案"："用信托做慈善"的这六年［EB/OL］.
［2022-12-06］. https://www.163.com/dy/article/HNMR1GVN05381INN.html.

本章小结

通用信托是指那些可以由个人委托人或法人委托人设定信托的业务。通用信托业务包括公益信托、信托投资、不动产信托、管理破产企业信托、处理债务信托等。公益信托是指热心于某项社会公共事业的委托人为社会公共利益而设定的信托，最终目的是推动社会福利事业的发展。公益信托包括：公共基金信托、公共机构信托、慈善剩余信托和公共机构代理。不动产信托是指受托人接受委托人委托对房屋、土地等不动产进行管理和运用，使委托人获取管理和运用收益的业务。信托投资是指集合众多不特定的投资者的资金，由专业信托投资机构代为经营操作，委托人共同分享投资收益的信托业务。信托投资包括公司型投资基金和契约型投资基金。

综合训练

4.1 单项选择题

1.（　　）是识别公益信托的最为重要的标志。

A.公益目的　　　　　　　　　　　B.以特定团体的成员作为对象

C.以特定职业者作为对象　　　　　D.经营与保管分开

2.公益信托的受益人是（　　）。

A.不特定的公众　　　　　　　　　B.法人

C.指定的对象　　　　　　　　　　D.自然人

3.慈善性单一信托的目的是（　　）。

A.避免对小额捐款单独管理的不便和高额费用

B.保证受益人获得的信托收益不因通货膨胀而减少

C.敢于冒风险承担政府机构或一般的慈善机构不愿开展的风险项目

D.对信托财产进行良好运用和管理

4.信托投资属于（　　）。

A.不动产信托　　　B.公益信托　　　C.他益信托　　　D.自益信托

5.契约型投资基金运作的核心原则是（　　）。

A.经营与保管分开　　　　　　　　B.信息公开

C.交易需要内部稽核　　　　　　　D.受到证券主管机关的监督

4.2 多项选择题

1.通用信托设立的目的有（　　）。

A.促进公共事业发展　　　　　　　B.谋求投资增值

C.代理各种事务　　　　　　　　　D.代理与咨询

2.公益信托与公益法人的区别在于（　　）。

A.设立方式不同　　　　　　　　　B.运作方式不同

C.法律基础不同　　　　　　　　　D.存续限制不同

3.公益信托的种类包括（　　）。

A.公共基金信托　　　　　　　　　B.公共机构信托

C.慈善剩余信托　　　　　　　　　D.公共机构代理

4.慈善剩余信托包括（　　）。

A.慈善剩余年金信托　　　　　　　B.慈善剩余单一信托

C.共同收入基金信托　　　　　　　D.公共机构代理

5.信托投资方式的性质包括（   ）。

A.储蓄性   B.合作性   C.专业性   D.流动性

4.3 简答题

1.简述公益信托与私益信托以及公益信托与公益法人的区别。

2.公益信托有哪些当事人？

3.简述公益信托的种类。

4.比较公司型基金与契约型基金的区别。

5.比较开放型基金与封闭型基金的区别。

第5章

房地产资金信托

导读

　　本章的重点是把握房地产资金信托的含义、类型以及创新模式。首先，本章从房地产信托的含义出发，区分了不动产信托和房地产资金信托，指出房地产资金信托是在信托关系的基础上将资金以投资或融资的方式投向房地产及其相关资产，并对其进行管理和处分的行为，还介绍了房地产资金信托的模式和风险；其次，介绍了房地产资金信托的类型，从优劣势和风险控制角度对其进行了比较分析，并结合案例分析了房地产资金信托的具体运作；最后，介绍了房地产资金信托的两种创新模式。

关键概念

　　房地产资金信托　债权型房地产资金信托　股权型房地产资金信托　财产收益型房地产资金信托　混合型房地产资金信托　房地产信托投资基金（REITs）房地产并购基金

§5.1 房地产资金信托概述

5.1.1 房地产资金信托的含义

房地产资金信托是指信托机构受委托人的委托,为了受益人的利益,代为管理、营运或处理房地产及相关资产的一种信托行为。房地产信托实际上包含不动产信托和房地产资金信托两个方面的含义。在不动产信托中,委托人通常是不动产的所有权人,其为受益人的利益或特定目的,而将不动产的财产权转移给信托投资机构(即受托人),受托人根据委托人的要求,按照所签订的契约,对不动产进行买卖、租赁、交换、转让等管理和处理业务。而在房地产资金信托中,委托人为投资者,其基于对信托投资机构(即受托人)的信任,将自己合法拥有的资金委托给受托人,由受托人按委托人的意愿以自己的名义,为受益人的利益或特定目的,将资金以投资或融资的方式投向房地产及其相关资产,并对其进行管理和处分。房地产资金信托基本结构如图 5-1 所示。

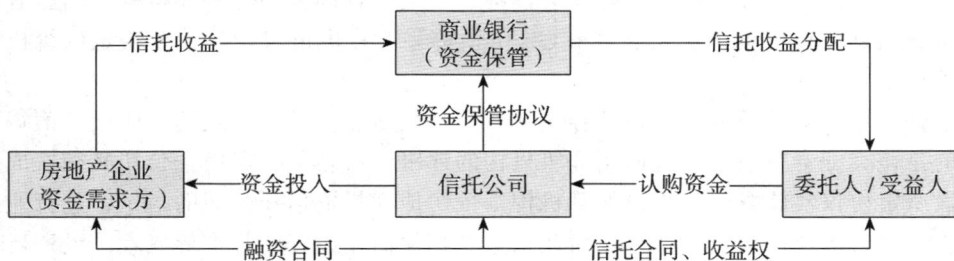

图 5-1 房地产资金信托基本结构

在我国,处于资金密集型行业的房地产开发企业大部分自有资金都较少,常常使用较高的融资杠杆。同时,一般房地产的销售或租赁都需要一个较长的过程,所以房地产开发企业资金短缺是一个长期状态。相对于受到严格监管的银行信贷资金来源,房地产资金信托有着较高的灵活性以及独特的财产隔离功能与权益重构功能,并且可以以财产权模式、收益权模式以及优先购买权等模式进行金融创新。因此,房地产资金信托作为银行信贷资金的重要补充方式,逐渐成为我国大量采用的房地产融资方式之一。

我国房地产资金信托大多于项目开发阶段介入,凡是开发商急需资金而贷款不能介入的时点都是有必要引进信托资金的时点,主要为:(1)"招拍挂"前或土地使用权出让金足额缴付前,一方面开发商不能以流动资金贷款缴纳出让金(法律规定流动资金贷款不得用于固定资产、股权等投资),另一方面开发商尚不符合房地产开发贷款申请条件,最好的办法即通过设计信托产品募集资金;(2)受让土地后、开发贷款条件具备前,或者银行开发贷款在审批过程中时(银行贷款程序烦琐、审批时间较长),则可用信托资金过渡;(3)银行开发贷款到期必须收回,而项目仍需建设资金,此时可由信托资金置换银行开发贷款。

5.1.2 房地产资金信托的模式和运作流程

美国、日本和我国在房地产信托的模式和运作流程上有着较大不同，美国以房地产信托投资基金（REITs）为主要模式；日本则是将房地产资金信托与不动产信托相结合；而我国的房地产信托模式较为宽泛，以贷款信托、优先购买权信托、财产权信托、受益权转让信托等为主。

1.美国模式

美国的房地产信托通常是以基金的形式出现的，其将投资大众的资金，由专业投资机构投资在商务办公大楼、购物中心、酒店等成熟物业，投资人取得受益凭证，报酬以配息方式支付，且基金可以挂牌公开交易，因此投资人还可以在公开市场买卖，赚取资本利得。美国模式的主要运作流程为：

（1）评估资金。基金发起人为满足自身需求，进行基金募集的筹划，主要工作包括：预估所需资金数量，确认选择基金为筹资工具，并考虑投资标的的收益性能否达到必要的回报率等。

（2）接洽承销商、接洽律师及会计师、不动产顾问公司等中介机构，当所有文件备齐后即可以向美国证交会（SEC）申请募集，在申请成功后，要决定保管机构并签订基金契约。

（3）房地产信托成立并在证券交易所挂牌交易后，进入正式运作阶段。值得注意的是该类证券一般需经过信用评级机构的评级。房地产投资信托公司必须按成立阶段所定协议实施投资计划，保管机构则依房地产投资信托公司的指示，进行业务操作，执行房地产买卖、佣金收付及租金与相关商业投资的收支等事宜。投资者通过券商购买基金，投资收益则从保管机构处获得。

2.日本模式

日本模式的土地、房地产等资产由投资人直接持有，并融合了不动产信托。日本模式的主要运作流程为：

（1）房地产公司将土地、建筑物分售给投资者，由投资者缴纳土地、建筑物的价款给房地产公司。

（2）投资者将房地产产权信托给房地产投资信托公司进行经营管理。

（3）信托公司将房地产全部租赁给房地产公司，同时向该公司收取租赁费。房地产公司也可以将房地产转租给承租人，向承租人收取租赁费。

（4）信托公司向投资者发放红利。信托银行也可以将该房地产在市场上销售，从购买者身上获取价款，再按比例分配给投资者。

3.中国模式

与美国和日本模式不同，我国的房地产资金信托主要是为房地产开发进行融资，因此期限更短，风险更高。中国模式的主要运作流程为：

（1）信托投资公司面向投资者发行房地产资金信托计划，投资者与信托投资公司签订信托合同并交付投资资金。

（2）信托投资公司按照信托文件的要求，购买或参与开发房地产项目，或将房地产出租、出售，收取租金和购买金。

（3）信托投资公司按照信托文件的要求，扣除必要的管理费用和其他税费后，向投资人支付本金和投资收益。

5.1.3　房地产资金信托的风险及防范措施

1.房地产资金信托的风险

（1）项目风险。单个项目的风险往往很难评估预测，由于我国房地产资金信托主要为房地产项目的开发阶段进行融资，因此面临较高的项目风险。

（2）流动性风险。房地产信托的信托财产多以土地、房屋、股权等形态表现，担保措施主要为土地、房屋等固定资产抵押。如果融资方未能按期偿还本息，受托人又无法及时变现信托财产或行使抵押权，则可能产生流动性风险。

（3）其他风险。这主要包括法律风险、操作风险、信托管理自身风险等。

2.房地产资金信托的主要风险防范措施

（1）抵押物。在房地产资金信托的各类风险保障措施中，抵押物是最常用的保障性措施。在实务操作中，土地以及相关土地上的建筑是最常见的抵押物，其他抵押物还包括股权或其他有价证券、应收账款等。信托公司一般会评估抵押或质押物的价值，确定一个合理的抵押率，抵押率越低，意味着在信托项目发生风险时，信托可承受的房价、地价下跌幅度越高。但处置抵押物，通常需法律介入，耗时较长，也存在一些不确定因素。

（2）第三方保证。第三方保证主要为商业银行、政策性银行、非银行金融机构、大型企业、交易对手的主要股东等主体提供的无限连带责任保证或者其他形式的承诺保证。

（3）信托分层设计。信托分层设计也叫结构化信用增级，信托公司根据投资者不同的风险偏好对信托受益权进行分层配置，按照分层配置中的优先与劣后安排进行收益分配，使具有不同风险承担能力和意愿的投资者通过投资不同层级的受益权来获取不同的收益并承担相应风险的集合资金信托业务。享有优先受益权的信托产品投资者称为优先受益人，享有劣后受益权的信托产品投资者称为劣后受益人。其中，优先受益人在分配信托收益或剩余信托财产时享有优先分配的权利，剩余收益（若有）或剩余信托财产（若有）由劣后受益人取得。劣后受益人对优先受益人提供损失保障，以实现结构化信用增级。劣后受益人一般为开发商（资金需求方）或其关联公司，在房地产信托法律关系中还承担着保证优先受益人能够获得信托文件约定的收益之责任和义务，即若信托收益不能满足优先受益人按约定应获得的收益，则由劣后受益人追加认购次级信托份额，并将该等追加资金分配给优先受益人。

（4）对项目公司股权的交易控制或受托管理。信托公司可以选择投资项目公司的股权，或者对项目公司的股权加以受托管理。信托公司作为项目公司的名义股东，可以对项目开工进度、资产价值、现金流等事宜予以有效监控，从而防范项目实施过程中的风险。

（5）其他措施。设置独立托管账户、第三方连带担保、项目公司股权质押、设置风险预警点和止损点等也是房地产资金信托常用的风险保障措施。

§5.2　房地产资金信托的类型及主要业务

5.2.1　房地产资金信托的类型

根据资金投向的不同，房地产资金信托可分为四类：

1.债权型房地产资金信托

债权型房地产资金信托，即贷款类或债务融资类信托产品，是由房地产公司向信托公司借款，并将土地使用权或在建工程折价抵押，房地产公司在产品到期后还本付息的一种信托产品。债权型房地产资金信托运作流程如图5-2所示。

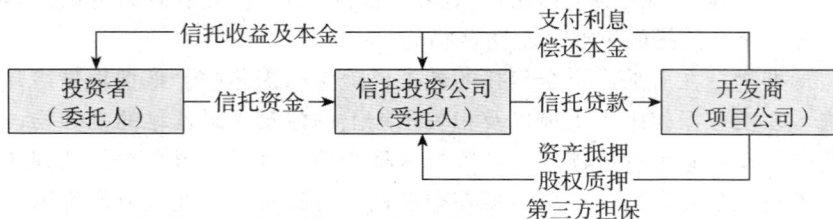

图5-2　债权型房地产资金信托运作流程

2.股权型房地产资金信托

股权型房地产资金信托是指房地产企业将其拥有的优质房产项目的项目公司的绝对控股权阶段性让渡给信托公司，并承诺在未来一定期限内按约定价格全额回购相应股权，以实现融资的目的。在这种模式下，房地产企业继续拥有项目公司房产开发经营权，也未丧失项目开发的最终利益，同时降低了企业自有资金筹措压力，有助于发挥企业资金效益的最大化。股权型房地产资金信托运作流程如图5-3所示。

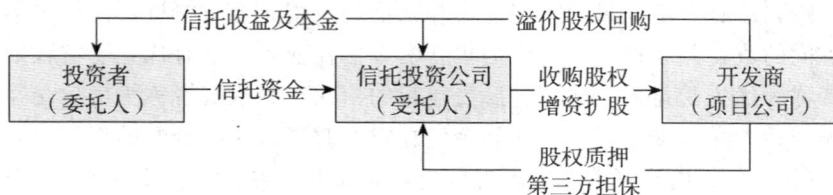

图5-3　股权型房地产资金信托运作流程

3.财产收益型房地产资金信托

财产收益型房地产资金信托是一种类似资产证券化的产品，主要针对已建成且可产生稳定现金流的物业，即开发商将房地产开发项目（建设中或已建成）作为信托财产委托给信托公司管理，该信托财产的部分收益权由委托人转让给投资人以获得资金，在约定的信托期限届满时，由委托人或委托人的关联公司赎回收益权以结

束信托。财产收益型房地产资金信托运作流程如图5-4所示。

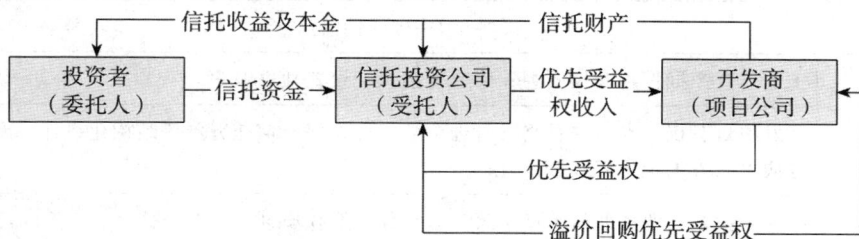

图5-4 财产收益型房地产资金信托运作流程

4.混合型房地产资金信托

混合型房地产资金信托是指信托公司向房地产公司提供资金，可以混合以上三种形式进行，不仅有股权投资，而且带有债权和权益型投资。

5.2.2 各类型房地产资金信托比较

表5-1、表5-2、表5-3列出了各类型房地产资金信托运作模式、优劣势、风险控制措施的比较。

表5-1　　　　　　　各类型房地产资金信托运作模式比较

类型	融资方资质要求	进入方式	退出方式
债权型	四证齐全、二级以上开发资质、自有资本金达一定比例（如35%）、项目盈利能力强	发放贷款、债权融资	偿还贷款本息
股权型	股权结构相对清晰、项目盈利能力强	股权收购或增资扩股	溢价股权回购
财产收益型	已建成的商场、写字楼、酒店等租赁型物业，产权清晰，证件齐全，能产生稳定现金流	财产受益权转让	溢价受益权回购或转让
混合型	对公司经营管理能力、项目市场前景及盈利能力等有较高要求	以股权和债权的组合方式	偿还贷款本息、溢价股权回购

表5-2　　　　　　　各类型房地产资金信托优劣势比较

类型	优势	劣势
债权型	1.融资方资质良好 2.债权债务关系，法律保障 3.抵押物保障	1.融资方资质要求过严 2.资金用途有限制 3.出现风险，需进入破产程序，时耗长
股权型	1.投资面广，不受硬性条件局限 2.多采用优先劣后分层设计 3.信托公司参与日常管理 4.出现风险时，退出方式多样	1.融资方偿债能力难以保障 2.融资方成本高 3.投资风险偏高
财产收益型	1.未来现金流有保障 2.盘活固定资产 3.国内最接近REITs的产品	1.期限长、不确定因素多 2.物业建成，开发商融资需求减弱
混合型	1.信托可以在项目初期进入，增加项目公司资本金 2.债权部分成本固定，股权部分一般都设有回购条款，即使有浮动收益占比也较小	1.交易结构比较复杂 2.信托公司一般会要求对公司财务和销售进行监管，同时会有对施工进度、销售额等考核的协议

表5-3   **各类型房地产资金信托风险控制措施比较**

类型	关键控制措施
债权型	土地等资产抵押物股权质押、第三方担保、设置独立账户
股权型	开发项目股权、参与项目日常管理、第三方担保、信托分层等结构化设计、融资方或关联方承担劣后资金
财产收益型	物业收益权、业务回购承诺、第三方担保、股权质押
混合型	土地等资产抵押、参与项目日常管理、设置专门账户、股权质押、第三方担保等

5.2.3　案例

以下是一个混合型房地产资金信托案例。

1.项目情况

A项目公司成立于20×1年11月，公司注册资本2亿元，C房地产公司持股49%，C房地产公司的全资子公司B房地产公司持股51%。A项目公司负债11亿元，其中7亿元为C房地产公司委托贷款，4亿元为B房地产公司股东借款。A项目公司主要资产为天津A项目，该项目于20×5年10月通过挂牌方式取得，土地出让价款14.6亿元已全部支付，项目总建筑面积约为30.98万平方米。

2.X信托项目基本操作流程（图5-5）

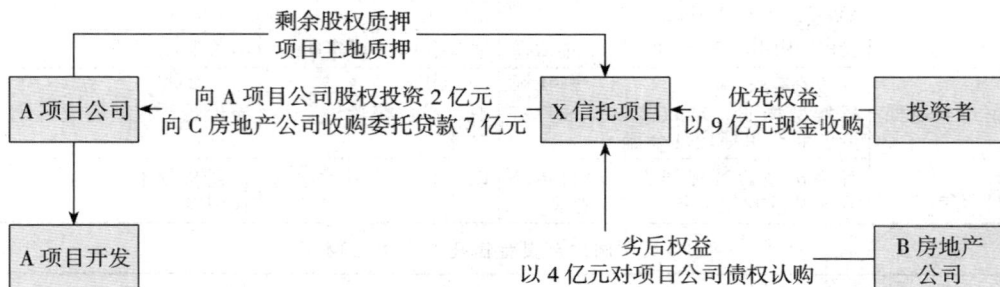

图5-5　X信托项目操作流程

3.X信托项目核心条款

① 成立信托。X信托公司发起设立信托计划，信托计划资产总额不超过人民币13亿元，其中优先受益权所对应的信托资产总额不少于8亿元且不超过9亿元，一般受益权所对应的信托资产为4亿元。

② 认购信托单位。在本信托计划发行期间，B房地产公司承诺以其享有的对A项目公司4亿元的债权作价4亿元认购本信托项下全部一般受益权信托单位。

③ 增资和收购委托贷款。本信托计划成立后，X信托将以2亿元信托资产向A项目公司增资，增资完成后X信托将持有A项目公司50%的股权；同时X信托将以不超过7亿元货币信托资产按债权原值收购C房地产公司对A项目公司享有的不少于7亿元的委托贷款。

④ 担保。为保证 A 项目公司履行对 X 信托的上述不超过 11 亿元的债务，C 房地产公司及 B 房地产公司分别以持有的 A 项目公司的股权向 X 信托提供质押担保，同时 A 项目公司以其持有的天津 A 项目全部土地使用权及在建工程向 X 信托提供抵押担保。

⑤ 特殊事项约定。信托计划成立后，信托计划对 A 项目公司将持有 10 亿元至 11 亿元的债权。A 项目公司应履行按期足额偿还借款本息的义务。X 信托收到 A 项目公司支付或偿还的利息或本金之后，向信托计划项下的优先受益人分配信托收益或返还信托资产。在信托计划存续期间，X 信托不向一般受益人（即 B 房地产公司）分配信托收益。B 房地产公司的信托收益的分配于信托终止后随信托财产的返还一并进行。向 B 房地产公司返还信托财产时，X 信托可以根据信托终止后信托财产的实际情况向 B 房地产公司返还资金、债权、股权或者按照 B 房地产公司的要求处置剩余信托财产。

本信托计划成立后，X 信托如果认为已发生或可能发生危及信托财产安全的情形，则有权处置所持部分或全部 A 项目公司的股权，变现部分或全部信托财产。

信托计划成立满 12 个月至 24 个月期间，如果信托专户内信托资产不足以支付当期信托费用或不足以向优先受益人支付当期预期信托利益，X 信托则有权出售其持有的 A 项目公司 50% 的股权。C 房地产公司或其指定的第三方在同等条件下有权优先购买。

若截至信托计划成立满 24 个月之日，信托专户内信托资产仍不足以支付全部信托费用以及向优先受益人返还信托资产本金和支付预期信托利益，X 信托有权以多种方式（包括但不限于转让、拍卖等方式）处置其享有的全部 A 项目公司股权及其他信托财产。A 项目公司欠付 X 信托的剩余债务的利率提高至年 20%，但信托计划成立满 24 个月之前优先受益人享有的年预期收益率和受托人享有的信托报酬率仍保持不变。

§5.3 房地产资金信托的创新模式

5.3.1 房地产信托投资基金

1.房地产信托投资基金的概念

房地产信托投资基金（REITs）是目前境外市场发展较为成熟的房地产资金信托品种，是指物业所有者将写字楼、酒店、购物中心等缺乏流动性但具有可预见的稳定现金流的资产，分类组合成资产组合，将其转移给特殊目的信托（SPT），再由后者以购买的资产组合为担保发行信托单元，并将大部分租金和物业转让收益以分红方式分配给投资者。在概念上，房地产信托投资基金属于资产证券化的一种形式，通过发行 REITs，物业原所有者将所持有的特定物业单独或分拆上市，募集资金用于投资新项目。REITs与普通房地产资金信托的比较见表5-4。

表5-4   **REITs与普通房地产资金信托比较**

	普通房地产资金信托	REITs
产品性质	非标准化金融产品	标准化可流通的金融产品，可在资本市场上公开挂牌交易
投资目标	房地产开发项目	存量商业地产（持有成熟物业）
投资周期	较短，1~3年	较长，8~10年
收益来源	资金使用方提供	租金收入或者抵押贷款利息
收益比例	通常约定投资人收取固定回报	总利润的绝大部分分配给投资人
税收优惠	无税收优惠	有税收优惠，通常免纳公司所得税和资本利得税
管理模式	资金监管	资产管理公司或专门团队经营

2.房地产信托投资基金的类型

（1）契约型REITs，是根据基金份额持有人与受托人订立的基金合同，通过信托关系运作的基金。契约型REITs不构成法律实体，没有法人资格，基金当事人之间的权利义务通过基金合同约定。基金份额持有人通过持有人大会行使权利。借鉴《基金法》的制度安排，可规定基金管理人与托管人均为REITs受托人，履行受托职责，代表持有人利益进行经营管理与资产保管。契约型REITs结构见图5-6。

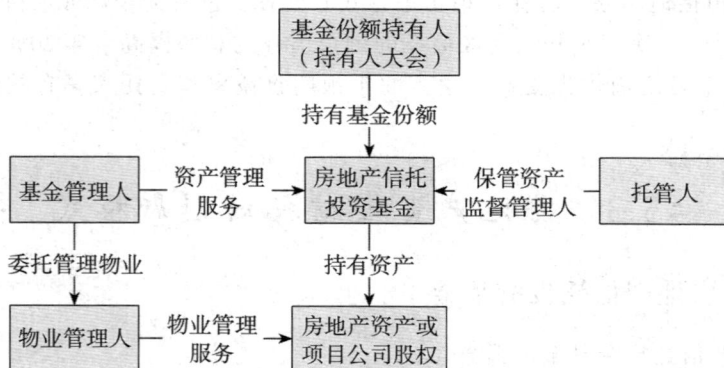

图5-6　契约型REITs结构图

（2）公司型REITs，是通过发行股份的方式募集资金成立投资公司，具有法人资格。股份持有人既是公司型REITs的投资者，又是公司股东，依照法律和公司章程的规定享受权利，承担义务。股东大会是公司型REITs的最高权力机构。公司型REITs虽然也组建公司，但与一般的公司又有重要差别，例如在外部管理模式下，公司型REITs内部不设经理层，REITs的运营管理由外部的管理人承担。公司董事会代表公司股东的利益，授权基金管理人履行经营管理职权并进行监督。公司型 REITs 结构见图 5-7。

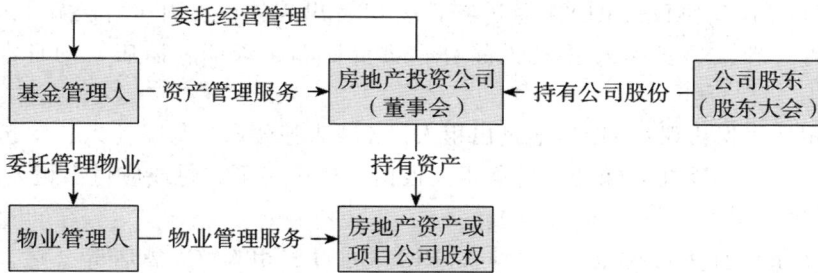

图 5-7 公司型 REITs 结构图

3.案例

（1）项目情况。

X 信托投资基金，于 2007 年在香港上市，总份额约 8.7 亿港元，发行价格为 2.76 港元，该基金持有 5 间酒店物业，房间数为 3 348 间，物业估值 159 亿港元；租赁协议规定至 2015 年底前，利润稳定分配。

（2）基金关键主体。

① 发起人/委托人：选定证券化资产并转移给特设公司（如 A 酒店等公司），同时拥有向特设公司请求拟发售资产取得对价的债权。该项债权是在 REITs 上市发售成功之后，特设公司将持有人认购的资金转移给发起人的基础。完成 REITs 上市发售之后，该项债权随即退出。

② 受托人：接受 REITs 的委托，以信托的方式为基金持有人拥有不动产并监管管理人。

③ 基金管理人：接受 REITs 的委任，负责 REITs 资产的管理和运营，包括对外以基金资产为基础的借款及限额、投资性的房地产项目、管理基金资产产生的现金、确定股息支付的时间、管理基金资产的物业及修缮、负责出租及租金收取事宜等，而且需与受托人保持相对独立性。

④ 基金单位持有人：拥有 REITs 的资产并对其有最终决定权，并对 REITs 产生的收益拥有收益权。

⑤ 承租人：租赁酒店并向特设公司支付租金。

⑥ 酒店管理人：提供酒店管理服务。

⑦ 银行：根据与发起人的相关约定向出租人和受托人提供 10 亿港元无条件且不可撤销担保。

⑧ 特设公司：包括 SPV、BVI 公司和出租人（A 酒店等公司），主要出于隔离风险和避税等方面的考虑。

（3）关键协议。

① 信托协议，由基金管理人、受托人、基金单位持有人签订，用于明确三方在信托设立、信托财产管理及证券化过程中所产生的基本权利和义务。

② 租赁协议，REITs通过出租人（A酒店等公司）与承租人签订，用于明确证券化资产（酒店）的经营权。

③ 酒店管理协议，REITs通过特设公司及出租人（A酒店等公司），与承租人、酒店管理人、发起人/委托人签订，负责证券化资产（酒店）的日常营运和管理。

④ 租赁担保协议，REITs通过出租人（A酒店等公司）与受托人、发起人/委托人签订，发起人/委托人保证支付承租人根据租赁协议不欠付或应付出租人的租金，具有信用增级作用。

⑤ 无条件且不可撤销担保合同，REITs通过出租人（A酒店等公司）与受托人、银行签订，是租赁担保协议的具体体现，用于保证租金按时足额支付，具有信用增级作用。

5.3.2 房地产并购基金

1.房地产并购基金的概念

房地产并购基金，是专注于对房地产相关目标企业进行并购的基金。 通过收购目标企业的股权，获取对目标企业的控制权，并对其进行一定的重组改造，持有一定时期后再出售，其经营核心便是目标企业控制权的转移。

房地产并购基金可分为房地产产业并购基金和房地产并购重组基金。房地产产业并购基金的主要收购目标是成熟的经营性商业物业，或正常开发的房地产项目，通过物业升值或项目开发获利；而房地产并购重组基金的主要收购目标通常是陷入财务和经营困境的房地产开发项目，通过收购房地产项目公司股权，并对项目公司债务进行重组，继续投入运营资金完成房地产开发项目，从而实现获利退出。二者的比较请见表5-5。

表5-5　　　　**房地产产业并购基金和房地产并购重组基金对比**

	房地产产业并购基金	房地产并购重组基金
收购目标	成熟经营性物业，正常开发的房地产项目	陷入财务和经营困境的房地产开发项目
收购目标来源	主要由战略合作的产业资本提供，部分外部寻找	绝大部分外部寻找
并购关键	物业经营、项目开发	债务重组、项目开发
是否控股	控股或参股	控股
基金主导方	通常是产业资本	产业资本和金融资本共同主导

2.房地产产业并购基金的运作模式

（1）适当对目标企业进行股权投资，并提供融资支持。

房地产产业并购基金通常并不绝对要求取得目标项目公司或物业的控制权，可以联合其他有实力的产业投资者共同对被并购目标进行股权投资和整合重组；也可根据对行业和并购各方整合价值的判断，以过桥贷款、委托贷款等方式为房地产项目提供融资。

（2）产业资本主导。

在房地产产业并购基金中，通常由产业资本居于主导地位，其不但提供房地产开发支持和品牌导入，同时也是并购目标项目的重要来源。

3.房地产并购重组基金的运作模式

（1）以获得并购标的企业控制权为投资前提。

房地产并购重组基金的运作模式强调获得并购标的的控制权，由于对房地产开发至关重要的土地及建设用地规划许可证、建设工程规划许可证、建筑工程施工许可证、国有土地使用证和商品房销售（预售）许可证等证件通常均在项目公司名下，因此获得项目公司控制权是房地产并购重组基金主导房地产开发项目的整合、债务重组及后续运营的前提。

（2）以债务重组和杠杆并购为并购投资的核心运作手段。

在我国，房地产属于高杠杆行业，房地产开发项目公司通常背负巨额负债，并以土地、在建工程等作为抵押。房地产并购重组基金提高并购效率和资金使用效率的关键，在于有效地对原有债务进行重组。同时，房地产并购重组基金还会使用夹层融资、结构融资的方式提高基金杠杆率，以提高并购规模和收益率。

（3）引进优秀的房地产开发商和管理品牌作为安全保障。

控股型并购意味着要对房地产项目进行全方位经营整合，完成后续开发，因此需要具有资深房地产开发和经营经验并有优秀整合能力的开发商介入，并引进高端房地产开发品牌，以最大限度提升项目价值。因此，房地产并购重组基金通常具有国内一线房地产开发商背景，或引进房地产开发商作为战略合作伙伴。

4.案例

（1）房地产产业并购基金（X基金）案例。

X基金采用有限合伙企业形式，基金管理公司股份由A公司（房地产公司）占60%，B公司（非银行金融机构）占40%，其结构见图5-8。公司董事长和总经理由A公司派出。基金存续期为5年，经投资人大会表决可展期2年。基金投资方向为优质住宅开发项目和部分综合体项目。项目退出方式为项目直接销售，A公司回购，及项目公司股权或物业资产直接出售。

项目原则上通过签署《委托开发管理合同》委托A公司进行开发管理。对于基金单独投资的房地产项目，委托A公司开发管理且使用A公司品牌时，项目公司按销售额的3%支付开发管理费和品牌使用费，公司不另行承担项目管理费用；如基金按约定退出时尚未实现预期销售，则按照项目已发生总投资额（不含地价）的4%和已实现销售额的3%的孰高值收取开发管理费和品牌使用费。当与A公司共同投资项目时，项目开发管理费按股权比例据实分摊，不另行支付品牌使用费。

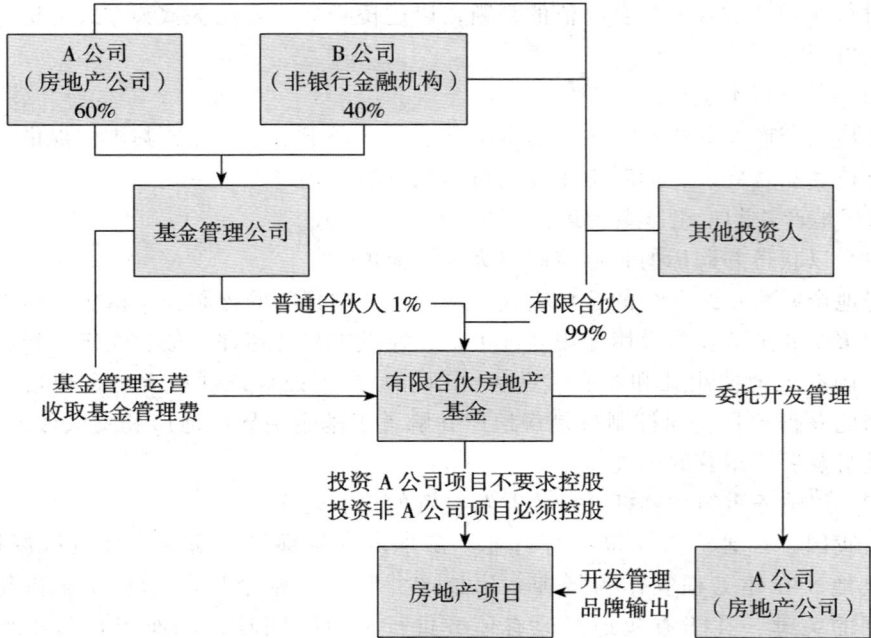

图 5-8 房地产产业并购基金（X基金）结构

（2）房地产并购重组基金（Y基金）案例。

Y基金采用有限合伙企业形式，基金管理公司由A公司（房地产公司）占
50%，B公司（非银行金融机构）占50%，其结构见图5-9。公司总经理由A公司
派出，董事长由B公司派出。基金存续期为5年，经投资人大会表决可展期2年。
基金投资方向为陷入财务和经营困境的住宅开发项目并购重组，以及少量优质住宅
开发项目和部分综合体项目。

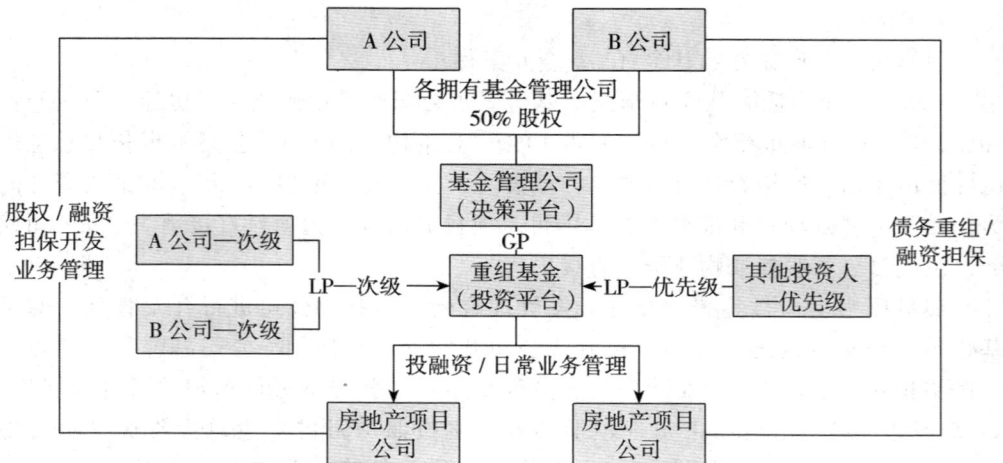

图 5-9 房地产并购重组基金（Y基金）结构

思政课堂

《关于金融支持住房租赁市场发展的意见（征求意见稿）》

据人民银行官网消息，为支持加快建立多主体供给、多渠道保障、租购并举的住房制度，培育和发展住房租赁市场，促进房地产市场平稳健康发展，2023 年 2 月，人民银行、银保监会起草了《关于金融支持住房租赁市场发展的意见（征求意见稿）》，现向社会公开征求意见。意见提出，支持发放住房租赁经营性贷款。住房租赁企业经营自有产权长期租赁住房的，住房租赁经营性贷款的期限最长不超过 20 年，贷款额度原则上不超过物业评估价值的 80%，可用于置换物业前期开发建设贷款。住房租赁企业依法合规改造工业厂房、商业办公用房、城中村等形成的非自有产权租赁住房，经营性贷款的期限最长不超过 5 年，贷款额度原则上不超过贷款期限内应收租金总额的 70%。

另外，有关人士认为，这个意见针对的主要是大城市、新市民与青年人，这是大城市房产去库存的大招，住房租赁供给侧结构性改革将房产库存与住房租赁进行了精准连接，给房地产企业的转型指明了一个方向——发展住房租赁市场！这是金融支持作用的体现，是多元化、多层次、全周期的金融产品和金融服务功能的体现。

资料来源：罗知之. 央行、银保监会就《关于金融支持住房租赁市场发展的意见（征求意见稿）》公开征求意见［EB/OL］．［2023-02-24］．http://finance.people.com.cn/n1/2023/0224/c1004-32630843.html.此处有增补.

本章小结

房地产信托是指信托机构受委托人的委托，为了受益人的利益，代为管理、营运或处理房地产及相关资产的一种信托行为。房地产信托实际上包含不动产信托和房地产资金信托两个方面的含义。在房地产资金信托中，委托人为投资者，其基于对信托投资机构（即受托人）的信任，将自己合法拥有的资金委托给受托人，由受托人按委托人的意愿以自己的名义，为受益人的利益或特定目的，将资金以投资或融资的方式投向房地产及其相关资产，并对其进行管理和处分。房地产资金信托作为银行信贷资金的重要补充方式，逐渐成为我国大量采用的房地产融资方式之一。

美国、日本和我国在房地产信托的模式和运作流程上有着较大不同，美国以房地产信托投资基金（REITs）为主要模式；日本则是将房地产资金信托与不动产信托相结合；而我国的房地产信托模式较为宽泛，以贷款信托、优先购买权信托、财产权信托、受益权转让信托等为主。房地产资金信托主要面临项目风险、流动性风险和其他风险，可通过采取抵押物、信托分层设计和其他措施进行防范。房地产资金信托根据资金投向的不同，可分为债券型、股权型、财产收益型和混合型房地产资金信托，每种类型各有优缺点，风险控制措施也各不相同。房地产资金信托的创新模式主要有房地产信托投资基金（REITs）和房地产并购基金两种类型，其中房地产信托投资基金分为契约型 REITs 和公司型 REITs，房地产并购基金可分为房地产产业并购基金和房地产并购重组基金。

综合训练

5.1 单项选择题

1.（　　）是指信托机构受委托人的委托，为了受益人的利益，代为管理、营运或处理房地产及相关资产的一种信托行为。

A.房地产信托　　　　　　　　　　B.不动产信托

C.房地产资金信托　　　　　　　　D.房地产信托投资基金

2.下列属于银行信贷资金的重要补充方式，并且将逐渐成为我国大量采用的房地产融资方式的是（　　）。

A.房地产信托　　　　　　　　　　B.不动产信托

C.房地产租赁　　　　　　　　　　D.房地产资金信托

3.以下属于财产收益型房地产资金信托的特点的是（　　）。

A.四证齐全、二级以上开发资质、自有资本金达一定比例（如35%）、项目盈利能力强

B.股权结构相对清晰、项目盈利能力强

C.投资对象为已建成的商场、写字楼、酒店等租赁型物业，产权清晰，证件齐全，能产生稳定现金流

D.对公司经营管理能力、项目市场前景及盈利能力等有较高要求

4.下面各项风险控制措施中，不属于财产收益型房地产资金信托的是（　　）。

A.物业收益权　　　　　　　　　　B.业务回购承诺

C.土地等资产抵押物　　　　　　　D.第三方担保

5.根据基金份额持有人与受托人订立的基金合同，通过信托关系运作并且不组成法律实体，没有法人资格，基金当事人之间的权利和义务通过基金合同约定的房地产信托投资基金是（　　）。

A.房地产产业并购基金　　　　　　B.契约型 REITs

C.房地产并购重组基金　　　　　　D.公司型 REITs

5.2 多项选择题

1.以下属于房地产信托风险的是（　　）。

A.项目风险　　　B.市场风险　　　C.流动性风险　　　D.其他风险

2.以下属于房地产资金信托主要风险防范措施的有（　　）。

A.抵押物　　　　　　　　　　　　B.信托分层设计

C.第三方连带担保　　　　　　　　D.设置独立托管账户

3.房地产资金信托的类型包括（　　）。

A.债权型　　　　B.股权型　　　　C.财产收益型　　　D.混合型

4.股权型房地产资金信托的优势有（　　）。

A.投资面广，不受硬性条件局限　　　B.多采用优先劣后分层设计

C.融资方资质良好　　　　　　　　　D.未来现金流有保障

5.以下属于房地产并购基金的有（　　　）。

A.契约型 REITs　　　　　　　　　　B.公司型 REITs

C.房地产产业并购基金　　　　　　　D.房地产并购重组基金

5.3　简答题

1.简述房地产资金信托的基本含义及运作模式。

2.简述房地产资金信托的风险和防范措施。

3.试比较分析各类型房地产资金信托运作模式、优劣势及风险防范措施。

4.简述房地产产业并购基金和房地产并购重组基金的区别。

5.试论述房地产资金信托的创新模式。

第6章

信托投资与信托夹层融资

导读

　　本章的重点是理解各种方式的信托投资。信托投资是金融信托投资机构用自有资金或信托资金进行的投资。信托投资的方式可分为股权式投资和契约式投资。而夹层融资虽然是一种债务,但通常附有投资者对融资者的权益认购权,因此也是信托投资的一种特殊方式。

关键概念

　　私募股权投资基金　私募证券投资信托　矿产资源投资信托　基础设施建设投资信托　艺术品投资信托　土地承包经营权流转信托　信托夹层融资

§6.1 私募股权投资基金

6.1.1 私募股权投资基金的概念

私募股权投资基金一般是指从事私人股权（非上市公司股权）投资的基金。按照投资标的的不同，私募股权基金可分为创投基金（VC基金）及狭义私募基金（PE基金）：VC基金主要以种子期和初创期的中小型高成长企业为投资标的，此类公司通常属于新兴技术行业，尚未形成稳定的经营和盈利模式，承担着较高的投资风险。PE基金主要以成长期的中型企业为投资标的，特殊情况下也可以投资于成熟期的大中型企业，此类企业通常已形成稳定的经营模式，拥有持续盈利能力。2023年7月9日，《私募投资基金监督管理条例》正式对外发布，这是我国私募投资基金行业首部行政法规。条例的出台，有利于完善私募基金监管制度，将私募投资基金业务活动纳入法治化、规范化轨道进行监管，对私募基金行业规范健康发展、防范化解风险具有重要积极意义。

6.1.2 私募股权投资基金的运作

1.私募股权投资基金的运作模式

私募股权基金的组织形式主要有公司制、信托制或合伙制，由于公司制基金在税收优惠和资金进入的灵活性方面存在较大限制，因此我国私募股权基金以信托制和合伙制为主。

信托制通常由信托公司集合多个客户的资金而形成信托（基金），直接或委托其他专业机构进行股权投资。信托制的优势在于资产所有权、管理权和受益权完全分开，有利于充分发挥基金管理人的积极性；同时通过信托计划募集资金，并依托信托结构确保基金在制度层面的安全性。但目前证券监管部门对信托能否作为IPO公司的股东还存在争议，因此限制了信托制私募股权基金的发展。

合伙制则是由专业基金管理公司作为普通合伙人发起设立有限合伙企业（基金），从事投资资产管理，并承担无限责任，其他普通投资人则作为有限合伙人。合伙制的优势首先在于合伙企业本身不是所得税纳税义务人，因此可以避免公司制下的双重征税；其次有限合伙人自由进出可以保证基金融资的灵活性；最后普通合伙人对基金承担无限连带责任，可以提供较好的风险约束机制和管理结构。

私募股权投资基金的运作模式中，通常由基金管理公司成立投资决策委员会，负责对外投资的最终决策。此外，基金资金由银行负责托管。

私募股权投资基金的基本运作模式可如图6-1所示。

2.案例

A基金，管理人为A投资公司，基金总募集规模为20亿元，A投资公司作为普通合伙人认购2 000万元，其他投资人参与起点为3 000万元，认缴出资方式为首期实缴认缴额的30%。基金存续期限为5年，普通合伙人可延长1年。

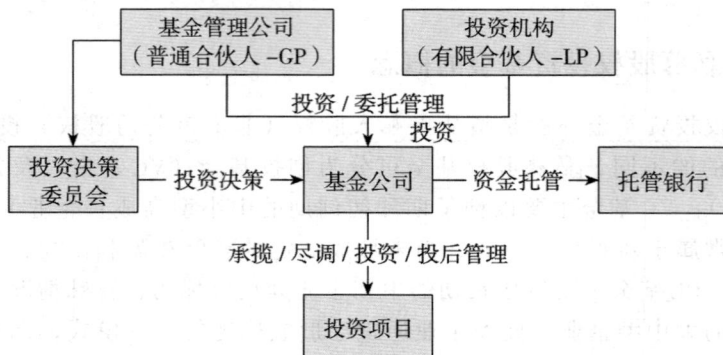

图6-1 私募股权投资基金基本运作模式

基金收益分配为普通合伙人每年收取投资人认缴金额的2%作为管理费（延长期不收管理费），同时设定投资基准收益率为年化收益率10%（单利），管理人可按照超过基准收益部分的20%提取业绩报酬。管理人董事会有权根据本公司已实现的可分配现金流情况，实施收益分配，原则上每半年分配一次。如亏损，则由全体股东按照出资比例承担，管理人不提取业绩报酬。

投资决策方式为管理人公司投资决策委员会对单笔或累计投资金额在5 000万元（含）以下的投资项目进行决策，风险控制委员会对项目有否决权。对于单笔或累计投资金额超过5 000万元的投资项目，在管理公司投资决策委员会、风险控制委员会审议通过后，应提请管理公司董事会决策。

投资限制为不得用于可能承担无限责任的投资；不得举债；对单一被投资企业及其关联企业的投资金额合计不得超过本公司注册资本的10%；不得成为被投资企业的第一大股东；不得用于资金拆借、贷款、抵押融资或者对外担保等用途，但因交易结构需要，使用"先债后股"等金融工具而可能发生的对被投资企业的阶段性借贷不在此限。

基金的公司治理上，根据公司章程设立股东会，由管理公司委派执行董事1名，监事1名。同时，基金与管理公司签署营业期限内不可撤销的委托管理协议，管理公司拥有受托管理权。

3.私募股权投资基金的投资运作

（1）私募股权投资基金的投资运作模式。

私募股权投资基金的投资运作主要包括筛选、投资及退出三个大的阶段，具体可分为八个运作流程。私募股权投资基金的投资运作流程如图6-2所示。

第一个阶段是筛选阶段，包括项目筛选、基本调查及项目承揽，这个阶段中私募股权投资基金的管理人通过各种渠道发现投资机会，并与目标企业进行初步接触。这个阶段的主要目标是发现有价值的投资机会，并为下一步投资做好准备。

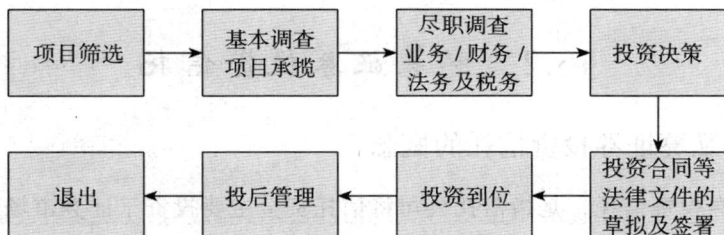

图 6-2　私募股权投资基金的投资运作流程

第二个阶段是投资阶段，包括尽职调查、投资决策、法律文件签署及正式投资。对项目的全面尽职调查，一是发现目标企业的主要风险，二是对其完成估值。调查结果不但是管理人投资决策的依据，同时也是投资合同签署的重要依据，私募股权投资基金的管理人也可能根据项目的风险情况，选择有条件分期投资，甚至改变投资方式，采用可转债投资。

第三个阶段是退出阶段，包括投后管理和项目退出。投后管理主要是协助目标企业在公司治理、财务等方面进行规范，规划退出路径等。一般而言私募股权投资基金的退出有四种方式，即境内外资本市场公开上市、股权转让或原股东回购、目标企业分拆出售及破产清算。

（2）案例。

A 基金与 B 企业及其股东签署股权转让协议，核心条款包括：

① 股权转让条款，其中约定转让股权比例及转让对价，折合市盈率约 12 倍。同时约定对价支付分为两期：第一期为协议签订后支付 40%，第二期为 B 企业满足 14 个先决条件后（多数为 A 基金对 B 企业尽职调查中发现的法律瑕疵），支付剩余 60%。

② 双方承诺条款，B 企业承诺各类资产和材料真实有效，A 基金承诺资金来源合法，不对持有的 B 企业股权进行质押，不谋求控股地位及不干扰 B 企业正常经营等。

③ 特殊承诺和对赌条款，承诺 B 企业未来三年公司主营业务收入及净利润年增长率不低于 X%，否则 B 企业股东回购 A 基金股权（通常为目标企业股东向基金无偿追送股权）。

④ 公司治理安排条款，规定 B 企业股东及高管竞业禁止，同时 A 基金向 B 企业董事会派出一名董事，该董事对 B 企业重大担保、并购等业务拥有否决权。

⑤ 股权回购条款，B 企业三年未实现 IPO 上市，或 B 企业出现重大合规风险时，B 企业股东承诺回购 A 基金持有的 B 企业股权，回购价格总额按 A 基金原始投资加每年 Y% 的单利来计算。

⑥ 其他条款，包括强制分红比例、反摊薄，以及引入新投资人时若有更优惠条件 A 基金可自动享有等条款。

§6.2 私募证券投资信托

6.2.1 私募证券投资信托的概念

私募证券投资信托，是指信托公司将信托资金主要投资于证券市场的信托经营活动。相对于公募证券投资基金而言，其通常是指用私募集合资金信托发行的方式，将数个或几十个投资者（不超过50个自然人）的资金集中起来加以运用，投资于证券市场的信托产品。

6.2.2 私募证券投资信托的运作模式

根据投资标的和投资目的的不同，私募证券投资信托可以分为基金型和特定型两类。

1.基金型私募证券投资信托

基金型私募证券投资信托是专业从事证券投资，为信托受益人谋取绝对收益的私募证券投资信托，其以集合资金、分散投资、专业理财为特点，投资风格相对灵活。

基金型私募证券投资信托管理架构中，除了普通信托的委托人、受托人、受益人外，通常还会引入投资顾问，投资顾问通常也持有不低于1%的信托份额。此类信托为私募基金提供平台，信托公司的主要职责是监督投资顾问，严格按照信托合同进行投资决策，并保证交易的顺利执行，受托人承担的风险较小。基金型私募证券投资信托的管理架构如图6-3所示。

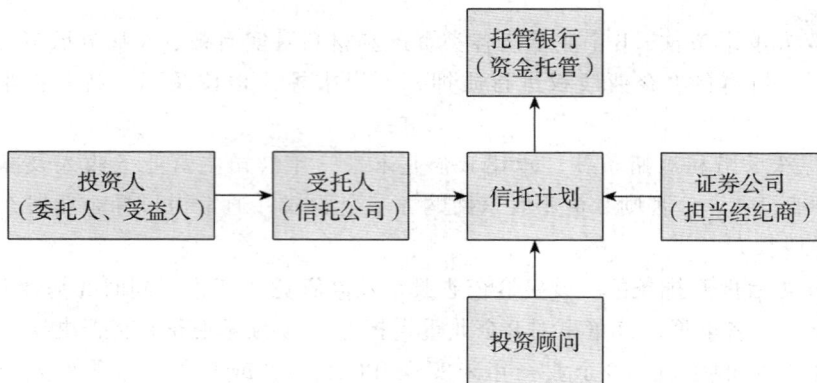

图6-3 基金型私募证券投资信托的管理架构

但是，监管部门对基金型私募证券投资信托的态度比较严格，同时对其开户和投资比例等作出了一定限制。因此，信托机构对此类信托进行了创新以规避监管：一类是使用TOT模式，即信托的信托，是指信托公司设立信托计划募集资金，选择私募基金公司作为投资顾问，组合投资于多个存续证券投资信托计划，间接达到投资证券市场和分散投资、降低风险的目的。另一类是采用有限合伙制证券投资信托，与私募基金合作成立有限合伙企业，以合伙企业的名义开立证券账户。

2.特定型私募证券投资信托

特定型私募证券投资信托是指受托经营某一特定证券而成立的信托，受益人相对固定，而受托人并不提供专业理财服务，通常只收取固定手续费。根据持有受托证券目的的不同，此类信托会采取特定的运作模式和管理结构。

3.案例

（1）基金型私募证券投资信托。

某TOT模式私募证券投资信托，A证券公司为投资顾问，B银行为保管人，C信托公司为受托人。信托存续期为5年，最低认购金额300万元，认购价格为单位净值100元，信托成立每满1个月的对应日为认购开放日，信托成立每满3个月的对应日为赎回开放日，开放日按当日净值计价。投资范围为C信托公司为受托人的证券类单一资金信托、交易所债券市场、银行间债券市场、货币市场基金、一级市场申购和银行存款等。产品费率为初始管理费的1%，满6个月不满1年者后端管理费率3%，满1年不收取后端管理费，信托财产中收取固定管理费每年1%（占信托财产总价值的1%），保管费为每年除证券类单一资金信托外的信托财产的0.25%。

图6-4列示了该TOT模式私募证券投资信托交易结构。

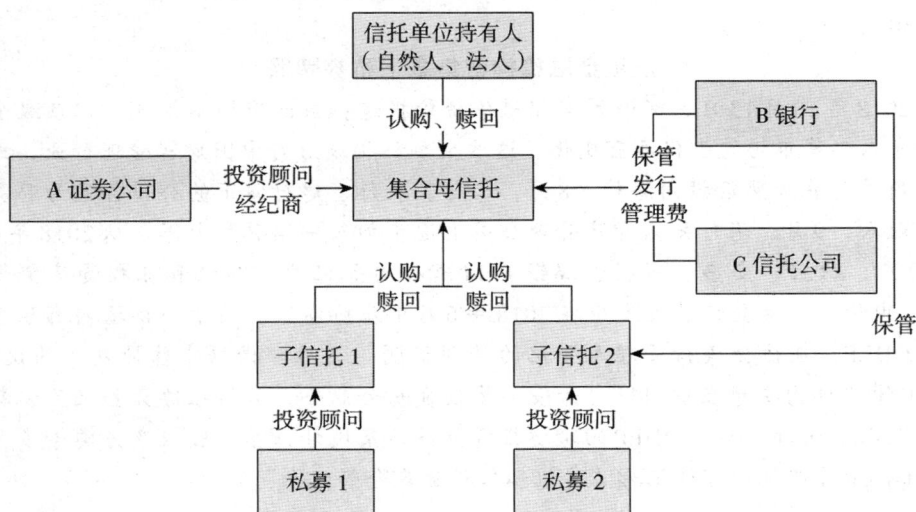

图6-4 某TOT模式私募证券投资信托交易结构

（2）特定型私募证券投资信托。

这个案例来自某上市公司定向增发投资信托。A公司为上市公司，拟定向增发募集资金100亿元，由于监管部门规定定向增发投资者不得超过10名，因此此次定向增发投资规模下限为10亿元。B证券公司为此次定向增发承销商，为确保发行成功，设立C信托。

具体操作流程为，以X信托公司自营账户作为认购A公司定向增发的主体，认购成功后由C信托购买股票收益权。B证券公司为C信托的投资顾问，信托成立后18个月选择合适时机将定向增发购买的A公司股票卖出（定向增发锁定期为12个月），所得资金扣除每年0.6%的管理费后返还信托投资人。信托最低认购金额为500万元，X信托公司认购定向增发前，投资者即签订信托合同，并及时将认购款汇至信托财产专用银行账户，定向增发认购成功后，信托合同即时生效。某上市公司定向增发投资信托操作流程如图6-5所示。

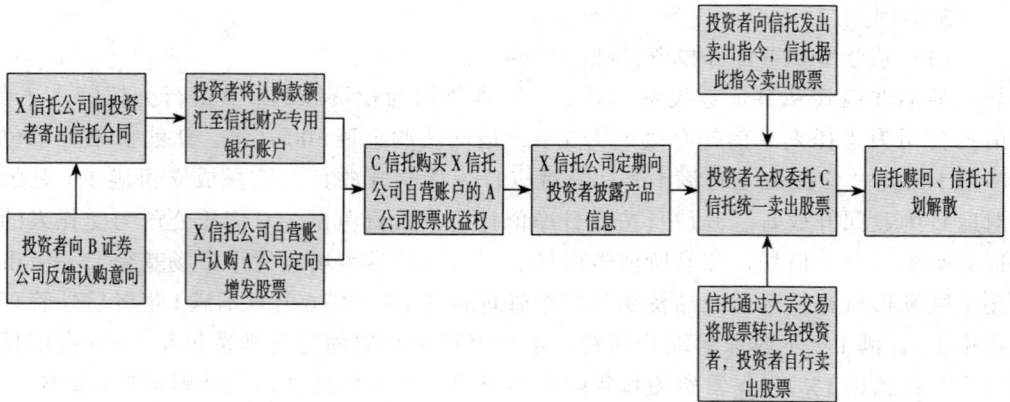

图6-5 某上市公司定向增发投资信托操作流程

知识链接

顶级金融机构密集拿下私募牌照

2018年10月13日，新浪等新闻媒体纷纷报道：虽然市场不景气，但顶级金融机构介入私募市场的步伐没有变化，这些金融机构或看好中国财富管理行业，或将在国内进行募资然后投向海外。8月，工行、农行、建行旗下的公司备案为私募基金管理人，9月，海外知名资产管理公司也逐步加入中国私募大军。从2018年6月至10月，荷宝、安盛、野村、瑞银等11家公司登记为"其他私募投资基金管理人"。申请人密集登记情况发生在2018年6月中基协发布"关于合格境内有限合伙人（QDLP）在协会进行管理人登记的特别说明"之后。根据中基协发布的说明，QDLP管理机构要想在中国境内开展私募投资基金业务，必须在协会登记为私募基金管理人。同时，鉴于QDLP的跨境投资范围涉及境外证券、股权及另类等多个领域，QDLP管理机构可登记为"其他私募投资基金管理人"。

§6.3 矿产资源投资信托

6.3.1 矿产资源投资信托的概念

矿产资源投资信托，是指信托资金的用途是为煤炭、石油等能源类企业提供并购资金、流动资金以及项目资金的信托计划。 由于矿业权对应的矿产资源资产会随着开采而减少，矿业权评估和抵押质押如何认可存在较大不确定性；同时矿产资源型企业在矿山开采初期投入巨大，且可担保资产有限，因此银行等金融机构对矿产资源企业融资持较为谨慎的态度，这为矿产资源信托投资的发展留下了市场空间。

6.3.2 矿产资源投资信托的运作模式

矿产资源投资信托主要通过债权融资和权益投资的方式运行。债权融资方面，信托向矿产资源企业提供信托贷款，需要有一定的抵押物作担保，也面临对矿业权进行评估的问题；此外，可以采用融资租赁信托的方式为矿产资源企业融资。矿产资源企业由于其行业的特殊性，机械设备、工程车辆、仓储设施等专用矿业装备是除矿业权之外的又一核心资产，融资租赁信托可以通过租赁设备，定期收取租金以实现信托收益。

权益投资类矿产资源信托则是指信托资金用于受让矿产企业的某项资产收益权，如受让企业采探矿权、股权收益权、特定资产收益权等，投资者的收益来源于信托计划受让的特定资产所产生的收益。由于矿业权直接转让或质押存在一定法律约束或限制，且矿产资源行业经营存在特殊性，因此矿产资源投资信托通常避免采用直接股权投资的方式。

6.3.3 矿产资源投资信托的主要风险

首先是市场风险和经营风险。矿产资源投资信托的还款来源主要是标的矿企或标的矿藏的经营收入和特定资产收益，这就决定了矿产资源的市场价格将很大程度地影响还款来源的可靠性。此外矿企属于高风险作业行业，一旦发生事故，监管当局会要求暂停作业进行安全整改，有的甚至要求停止矿山勘查、开发，对矿企的打击是致命的。

其次是法律风险。我国法律规定矿产资源属于国家所有。矿业权（包括探矿权、采矿权）的转让时间长，流程复杂。在实务中，对标的矿企、矿山的矿业权等的处理是否合法存在一定的不确定性。

最后是项目估值风险。矿产资源属于地下资源，随着开采会不可再生地消耗，因此对计划中涉及的矿产资源价值评估就存在很大的主观性，准确评估资源价值的风险很高。

6.3.4 案例

1.信托贷款型矿产资源投资信托

X矿产资源投资信托，募集资金6 000万元，期限12个月，募集信托资金用于对A、B、C、D、E五家矿产资源公司，提供每家1 200万元的信托贷款。该计划采用结构化设计，优先受益权5 000万元，劣后受益权1 000万元，由F信用担保公司认购，F公司同时担任计划保证人，对5家公司信托贷款本息提供连带责任保证。信托贷款型矿产资源投资信托案例如图6-6所示。

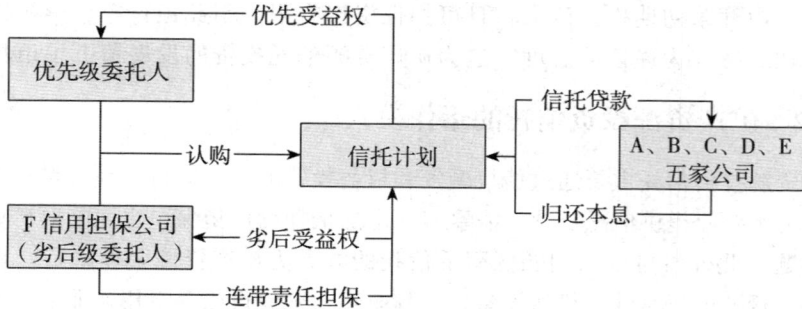

图6-6 信托贷款型矿产资源投资信托案例

2.权益投资型矿产资源投资信托

X矿产资源投资信托，募集资金7亿元，期限2年，宽限期半年，募集资金专项用于购买A集团享有的对B煤炭运输公司的192万吨煤炭的债权，到期后由A集团对债权进行回购。A集团融资用于收购D矿业资源公司股权，信托计划由C公司、D公司提供连带责任担保，同时收购完成后将C、D两公司股权质押给E信托。权益投资型矿产资源投资信托案例如图6-7所示。

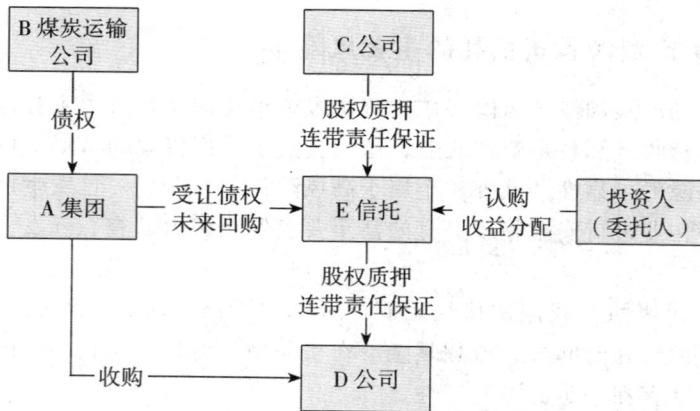

图6-7 权益投资型矿产资源投资信托案例

§6.4 基础设施建设投资信托

6.4.1 基础设施建设投资信托的概念

基础设施建设投资信托是指将信托资金专门用于投资大型公共基础设施项目。信托公司通过发行信托计划，募集资金通过信托贷款或合作开发参与投资市政工程、公共设施、道路交通等基础设施项目，或受让基础设施开发过程中已形成的平台公司、施工企业、材料供应商的债权。基础设施融资具有规模大、投资回报期限长的特点以及基础设施作为公共产品的公益性质，使得大部分基础设施类融资项目的实施离不开地方财政的支持。基础设施信托融资主体也通常是具有政府背景的地方平台公司或国资企业，以使信托产品本身具有准政府信用。

6.4.2 基础设施建设投资信托的常规模式及运用案例

除了普通的贷款融资模式和股权投资模式外，基础设施建设投资信托中特有的一种模式是收费收益权信托，即利用高速公路、电力等项目预期收益稳定、现金流充足的特点，将收费的收益权打包转移给信托，并出售给投资人。

1.贷款融资信托案例

A高速公路为政府还贷公路，总投资27.31亿元，其中交通运输部、A市政府、K银行政策性贷款合计解决23.24亿元，其余4亿元由高速公路管理处B公司自筹，B公司资金缺口为2亿元，由C信托公司发起设立信托提供信托贷款。该项目风险保证措施包括：一是用K银行提供的后续贷款来偿还信托财产本息，并负责贷后监管，确保资金安全；二是A市政府授予项目法人B公司充足的公路收益权质押权，作为质押保证；三是A市交通局为借款人提供贷款偿还补贴承诺。基础设施建设投资信托−贷款融资信托案例如图6-8所示。

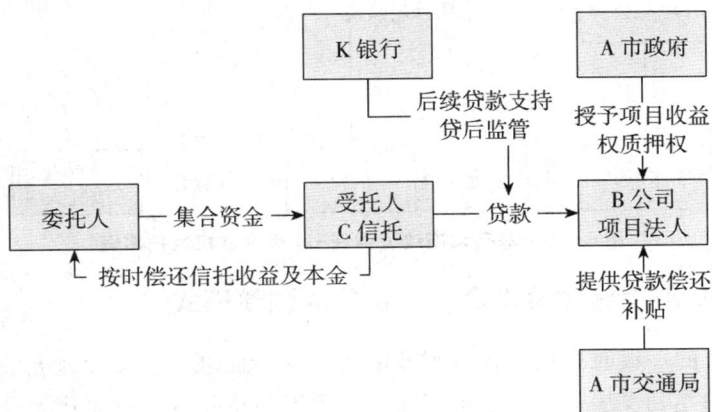

图6-8 基础设施建设投资信托−贷款融资信托案例

2.股权投资信托案例

A高速公路，总投资41亿元，由项目业主B公司、K银行贷款、信托融资解决，其中信托融资3亿元。由于金融主管部门规定公路建设项目资本金比例不得低于35%，且A高速公路预期收益良好，因此信托融资采取了股权投资模式，帮助项目增资扩股。本项目最终的融资方案就是先以股权投资信托融资，达到注册资本金要求后，再将收费权抵押给银行获得贷款。该项目风险保证措施包括：一是B公司股东C公司逐年置换股权实现信托资金退出和收益偿付；二是C公司股权质押作为保证；三是信托持股退出前，限制B公司现有股东股权转让；四是受托人X信托公司参与项目日常经营管理，对B公司负债、担保、投资等有一票否决权。基础设施建设投资信托−股权投资信托案例如图6-9所示。

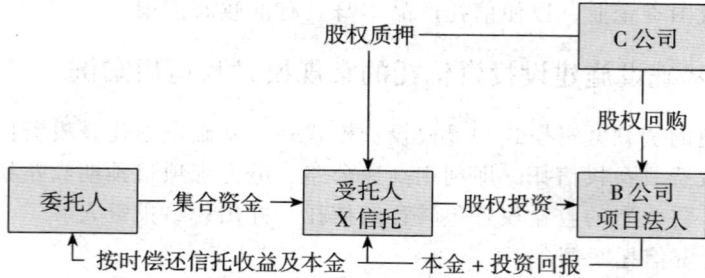

图6-9　基础设施建设投资信托-股权投资信托案例

3.收费收益权信托案例

A电力公司作为委托人，将其拥有的5座电站的电费收益权作为信托财产，设立电费收益权信托，融资3.7亿元。如任一期间电费收益权产生的电费收益不足时，A公司承诺补足，同时以A公司下属电站的固定资产提供抵押担保。基础设施建设信托-收费收益权信托案例如图6-10所示。

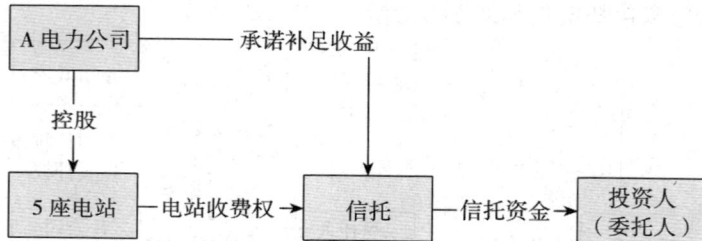

图6-10　基础设施建设信托-收费收益权信托案例

6.4.3　基础设施建设投资信托运作的创新模式

在相当长的一段时期内，地方财政的大力支持促进了基础设施类融资项目及相关信托产品的蓬勃发展。但对于国家而言，政府与信托合作的模式无疑加大了地方政府的财政风险，因此如何创新信用增级模式、找到稳定的业务模式和担保方式，成为基础设施信托未来发展的重点问题。新发行的信托大多采取了受让地方政府债务，通过BT（建设移交）合作协议由政府间接担保、引入地方政府出资设立的担保公司进行信用增级等模式。

1.受让地方政府债务模式

此类模式主要由信托受让地方平台公司对地方政府的债权，平台公司转让应收账款后的所得资金用于相应市政工程建设，而信托持有的债权到期由地方政府财政提供还款支持。这种模式是对原有"政信合作"模式的简单替代。

2.受让基础设施建设项目BT合同收益权模式

这种模式主要是利用BT合同中地方政府的回购义务，采取直接投资BT合同收益权，通过募集资金注入项目公司并全程参与工程建设、管理的模式，以及利用BT合同项下的应收账款质押融资模式实现了地方政府信用对信托产品的间接信用增级。

3.担保公司信用增级模式

这种模式是通过信托贷款给地方平台公司，并由地方政府出资设立的担保公司提供不可撤销的连带责任担保。在经济发达地区，政府通常会设立此类担保公司，其有着较强的资金实力和社会公信力。

6.4.4 发展趋势

2014年之前，地方政府不能独立发行债务，仅可以通过融资平台发行城投债和由中央代发债券。地方政府的大量融资需求不能通过发债方式满足，因而基础设施建设投资信托便成为地方政府融资的重要来源。另外由于其带有的准政府信用，因此受到市场资金广泛认可。截至2018年2季度，基础设施建设投资信托资金余额2.97万亿元，成为第一大类信托资产，也成为地方政府债务中的不可忽视的一块。根据审计署公告，截至2013年6月底，地方政府性债务资金来源中，在政府负有偿还责任的债务中，信托融资的额度为7 620亿元，占比约7.9%；在政府或有债务中，信托融资的额度为6 632亿元，占全部或有债务约9.5%。

基础设施建设投资信托的风险和问题也逐渐呈现，大部分基础设施建设投入大、建设周期长，而资金回收慢，需要长期低成本资金与之匹配。而依赖财政和债务性融资还款的方式，政府支付资金的周期较短，资金还款压力大，同时也容易带来政府拖欠款项、增加隐形负债等伴生问题。另外，基础设施项目建设资金由政府显性或隐性直接买单，经营授权国有企事业机构垄断运营，这造成建设时对盈利模式和盈利预期的规划不足，一些项目仓促上马，建成后运营效率不佳。

近年来，中国地方政府债务规模大幅度攀升，为防范地方财政风险，中央出台了一系列政策，如增加债务信息透明度、建立风险预警机制、以"阳光举债"机制规范政府融资行为、加强监督管理。2013年，党的十八届三中全会公布的《中共中央关于全面深化改革若干重大问题的决定》中提到"允许地方政府通过发债等多种方式拓宽城市建设融资渠道"。2014年，《国务院关于加强地方政府性债务管理的意见》（国发〔2014〕43号）公布施行，提出赋予地方政府依法适度举债融资权限，加快建立规范的地方政府举债融资机制。同时，坚决制止地方政府违法违规举债。2015年，财政部又在此基础上印发了《2015年地方政府一般债券预算管理办法》（财预〔2015〕47号），进一步规范地方政府一般债券预算管理，提高一般债券资金使用效益。如果地方政府可以通过发行市政债进行融资，那么基础设施建设信托的业务空间将会缩小。2018年7月30日，财政部印发《地方政府债券公开承销发行业务规程》，完善地方政府债券发行方式，提高债券发行效率，财政部决定实行地方政府债券公开承销制度。为规范地方政府债券发行管理，保护投资者合法权益，根据《中华人民共和国预算法》、《中共中央办公厅 国务院办公厅关于做好地方政府专项债券发行及项目配套融资工作的通知》和《国务院关于加强地方政府性债务管理的意见》（国发

〔2014〕43号）等法律法规和相关规定，财政部制定了《地方政府债券发行管理办法》。该办法自2021年1月1日起施行，《地方政府一般债券发行管理暂行办法》（财库〔2015〕64号）和《地方政府专项债券发行管理暂行办法》（财库〔2015〕83号）同时废止。

另外，中央也提出运用公私合作伙伴关系（PPP）的机制创新，针对适合项目选择性地适当降低债务规模，化解地方政府债务风险。2015年国务院通过了《基础设施和公用事业特许经营管理办法》，引导和鼓励社会资本参与基础设施和公用事业建设运营。政府采用竞争方式依法授权中华人民共和国境内外的法人或者其他组织，通过协议明确权利义务和风险分担，约定其在一定期限和范围内投资建设运营基础设施和公用事业并获得收益，提供公共产品或者公共服务。PPP机制使用非政府资金替换地方政府债，并不会减少基础设施的建设和公共服务的提供。PPP机制在未来发展的潜力可观，基础设施建设信托也会呈现新的模式。

知识链接

地方债违约风险加大

2015年至2017年，中国的地方融资平台债务激增，进入到2018年后地方政府融资平台违约风险加大。

2018年10月16日，FT中文网报道，标普全球评级发布报告《地方政府隐性债务高悬，或预示融资平台违约增加》。该报告估计2017年中国"隐性"地方政府债务高达40万亿元人民币（约合6万亿美元），相当于中国国内生产总值的60%，这一比例正值中国经济降温、制造业开始受到中美贸易争端冲击时期。

基础设施项目是推动中国经济增长的一个关键因素。中国地方政府一直未获准在资本市场上发债，因此，为了向基础设施项目提供融资，它们不得不创建了另外的融资工具。近年来，地方政府利用政府和社会资本合作（PPP）和投资基金为许多基础设施项目提供融资。地方政府融资平台积累了大部分的隐性债务。虽然地方政府最近才获准发行债券，而且中央政府试图打击地方政府的表外融资，但地方政府融资平台仍很活跃。

中国政府和市场将对地方融资平台的违约抱更加开放的态度，并将大力整治地方政府通过融资平台举债的违规行为。融资平台的违约风险正在上升。尽管地方政府为其融资平台"兜底"的意愿仍旧强烈，但其提供及时且充分救助的能力将会受到制约。"有三类地方政府融资平台将成为最薄弱环节：一是那些地市级或区级政府的融资平台，这些地方的政府财力较弱，对当地国企的监管也较松懈；二是那些市场属性较强的融资平台，它们对地方政府的重要性正不断下降；还有一类是那些短期债务和'影子银行'债务或融资租赁规模较大的融资平台，这些平台面临着高企的再融资风险。"中国政府还在推行严格的银行业改革，收紧了通过表外渠道获得信贷的政策。

§6.5　艺术品投资信托

6.5.1　艺术品投资信托的概念

艺术品投资信托是指信托资金投资于艺术品领域。此类信托产品是为了满足部分客户的需要，它对于投资者的要求很高并具有一定的流动性风险。此外，艺术品投资信托通常会聘任专业的投资顾问团队从事艺术品鉴定，帮助投资者在分享艺术品价值增长收益的同时，控制潜在风险。此外，投资或抵押的艺术品会委托专门的博物馆进行保管。

6.5.2　艺术品投资信托的运作模式

艺术品投资信托可分为融资类、投资类和管理类三种模式。融资类艺术品投资信托是指为艺术品收藏家或机构提供融资服务的信托，通常存续期较短，此类信托一般在发行时即约定了明确的预期收益率，信托公司通过结构化设计、艺术品质押担保以及第三方机构担保来防范风险。投资类艺术品投资信托，是指在投资顾问的建议下买入艺术品，依靠艺术品自身的升值为投资者带来收益，此类信托通常存续期较长。而管理类艺术品投资信托则主要是通过开展艺术品推广活动，从而实现收益，这种模式也经常与投资类艺术品投资信托相混合。

6.5.3　案例

1.投资类艺术品投资信托案例

A信托，受托人为X信托公司，由受托人运用信托资金投资艺术品领域，可采用直接购买艺术品的投资方式或具有艺术品质押担保措施的投资方式。项目设置B公司和C公司为投资顾问，其中B公司负责艺术品投资（购买、销售、展出、艺术品估值等）事宜，C公司对B公司的投资建议进行专业复核，最后由投资决策委员会决定（该委员会由X信托公司、B公司及C公司人员构成）。其主要投资标的为书画和古代瓷器，书画包括古代、近代和当代作品，在一定程度上分散了风险。艺术品投资信托案例如图6-11所示。

2.艺术品份额化交易创新失败案例

2011年初，天津文化艺术品交易所（以下简称"天津文交所"）进行了艺术品份额化交易创新，这种模式是将标的艺术品按价值等额拆分为若干份，投资人可以通过持有或在天津文交所转让股份合约，获得艺术品价格波动带来的收益并承担相应的投资风险。但艺术品份额推出后交易状况混乱，在天津文交所首个上市的艺术作品——某近现代书画份额首日涨幅即超过100%，随后两个月内价格上涨了19倍，又在短时间内价格暴跌了近90%。而天津文交所的交易规则也备受质疑，在该所网站上有关艺术品价格涨跌幅更改的公告就达7次，涨跌幅比例一改再改；同

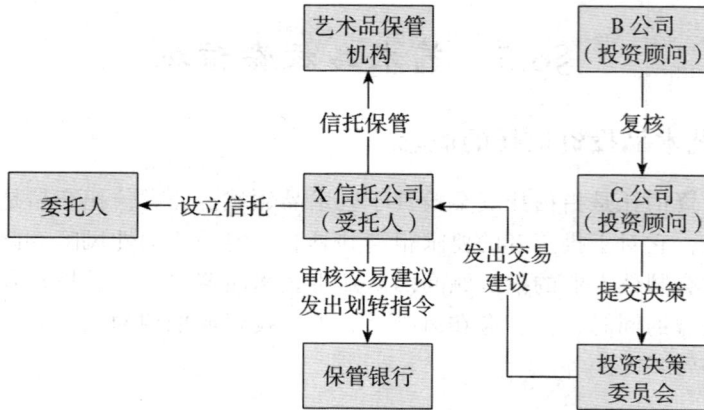

图 6-11　艺术品投资信托案例

时数次改变开户制度，4 次推迟开户公告，多次以临时、技术性、特殊原因停牌。而艺术品份额退出交易年限也存在第一批未规定、第二批规定 10 年的混乱状况。

由于天津文交所艺术品份额化交易出现的一系列问题，引起了社会广泛关注，2011 年 11 月，国务院下发了《国务院关于清理整顿各类交易场所 切实防范金融风险的决定》（国发〔2011〕38 号），对包括文化艺术品交易场所在内的各类交易场所进行了规范，规定艺术品交易场所不得将任何权益拆分为均等份额公开发行，从而叫停了艺术品份额化交易。

§6.6　土地承包经营权流转信托

6.6.1　土地承包经营权流转信托的概念

土地承包经营权流转信托，指在坚持土地集体所有制和保障土地承包经营权的前提下，受托人接受土地承包人的委托，按照土地使用权市场化的需求，通过规范的程序将土地承包经营权在一定期限内依法自愿、有偿转让给其他公民或法人进行农业开发经营，并定期向受益人支付土地信托收益的行为。

土地承包经营权，是由承包人与集体经济组织在平等协商的基础上，通过签订承包经营合同而设立的，由农村土地承包经营权人在承包期限之内对承包地拥有的占有、使用、收益与进行特定形式的处分的权利。根据《中华人民共和国农村土地承包法》和《农村土地承包经营权流转管理办法》的规定，通过家庭承包取得的土地承包经营权可以依法采取转包、出租、互换、转让或者其他方式流转。

农村土地承包经营权的流转具有特殊性，不同于一般物权的流转，其受让方范围仅限于"有关法律及有关规定允许从事农业生产经营的组织和个人"。同时《中华人民共和国农村土地承包法》也规定，向集体组织以外的主体移转须经本集体经济组织成员的村民会议 2/3 以上成员或者村民代表的同意，并报乡镇人民政府批准。

6.6.2　土地承包经营权流转信托的运作模式

土地承包经营权流转信托一般涉及多个主体，有土地承包人（农民）、政府、专业信托公司、投资者和土地经营者。土地承包人将手中零散的土地承包经营权委托转让给政府、政府组织或农民自发设立的合作社。这些机构对农村土地进行整理、规划、整合，再委托给信托公司（或政府单独设立的信托中介机构）建立信托关系，设立土地承包经营权流转信托。信托公司将涉及的土地转租给土地经营者。

土地承包经营权流转信托的前提是农村土地集体所有权不变。另外，土地的用途不能改变，承包人有权将土地承包经营权流转，未经批准不得将承包地用于非农建设，只能从事农业生产经营。

案例

宿州模式

2013 年，中信信托发行国内首只土地承包经营权信托，试图通过信托创新的方式突破制约农村土地流转的瓶颈，引发市场广泛关注。此次发行成立的"中信·农村土地承包经营权集合信托计划 1301 期"期限是 12 年，首期涉及流转土地 5 400 亩，远期规划是 25 000 亩。流转后土地拟建设现代农业循环经济产业示范园，由安徽帝元现代农业投资有限公司作为服务商提供服务。园区规划为五大板块，涉及二十多个子项目。

从产品结构来看，该信托计划是一款结构化的混合型信托产品。信托计划中既有财产权又有信托资金。其中财产权即农民的承包经营权，目前首期成立的信托计划即财产信托部分。在这部分信托计划中，由安徽省宿州市埇桥区人民政府对分散的农户土地承包经营权进行归集之后委托给中信信托经营管理，中信信托与其合作方安徽帝元现代农业投资有限公司对土地进行整理、出租、运作，实现土地的增值。

在后期运营的过程中，还将分别成立两类资金信托计划。其中一类用于流转土地区域内的土地整理和农业设施的建设以及现代农业技术的推广应用。另一类资金则用于解决财产权地租的支付以及土地整理方面资金一定时期出现的流动性支付问题。

农户的收益将分为 3 个部分。首先，是基本地租收入，这部分收入是稳定的，其标准按照 1 亩地每年 1 000 斤国标三等小麦的价格界定。其次，在土地整理之后，农民还可以享受到土地增值净收益的 70%，这部分是一个浮动收益。而信托公司及其合作方的收益也来自于这部分收益。除此之外，农民收入还有很重要的一块就是身份转变之后的打工收入。

信托介入农村土地流转至少可以在 5 个方面起到作用。第一，信托机构本身具有法律赋予的合理作用，信托制度的发挥可以有效地实现土地所有权、经营权和受益权的分离。第二，信托机构的介入可以及时导入金融元素，使土地经营权的流转更加具有资本属性，实现市场化有效的增值。第三，信托是一个中介机构，它的介入可以起到较好的制衡和监督，保护相关方的利益。第四，信托机构作为金融机构，可以站在一个更高的层面上，以更优秀的市场视角来导入产业因素，规避了现在存在的产业局限性。第五，金融机构的介入，可以实现一个均衡定价机制。目前土地流转定价机制不均衡，很多矛盾都是由此产生，而信托机构的介入有助于解决这个问题。

资料来源：唐真龙. 中信信托详解土地流转信托运作模式［N］. 上海证券报，2013-10-16.

§6.7　信托夹层融资

6.7.1　信托夹层融资的概念

信托夹层融资是一种风险和回报介于风险较高的股权融资和风险较低的优先债务之间的融资方式。夹层融资是一种债务，但同时附有投资者对融资者的权益认购权。

从根本上说，夹层融资是债务人在自有资产担保不足的情况下，通过创设债权保障制度（除债务人以自有资产作为担保措施外）来提高债务信用级别，或通过附有权益认购权等措施来补偿债权失败风险的融资方式。信托制度具有独特的风险隔离功能和权利重构功能，通过创造性的结构设计，转变为风险和收益各异的产品，以高度的灵活性和弹性满足市场主体多样化的需求。因此，信托的制度特征和夹层融资的交易结构具有良好的对接性。

6.7.2　信托夹层融资的运作模式

信托夹层融资通常采取夹层债、优先股、可转债的形式，实践中也包括混合模式，如夹层债与优先股的混合模式，优先股与可转债的混合模式等。

1.夹层债模式

夹层债是指夹层信托将资金借给实际借款者的母公司，或某个拥有实际借款者股份的实力较强的公司，这些名义上的借款者也称为夹层借款者。夹层借款者将其对实际借款者的股份权益抵押给夹层信托，与此同时，被抵押的权益包括了实际借款者的收入分配权。从而保证在清偿违约时，夹层信托可以优先于股权人得到清偿，用结构性的方式使夹层信托权益位于普通股权之上、债券之下。

2.优先股模式

在优先股结构中，夹层信托投资于实际借款者，换取实际借款者的优先股权益。夹层信托的优先体现为在其他股东之前获得红利，且在公司剩余财产分配时，优先股股东排在债权人之后、普通股股东之前。在优先股模式下，夹层信托一般包括股权回购协议；或在实际借款者违约的情况下，夹层信托有权力控制实际借款者其他普通股股东的部分权益。夹层债与优先股融资模式如图6-12所示。

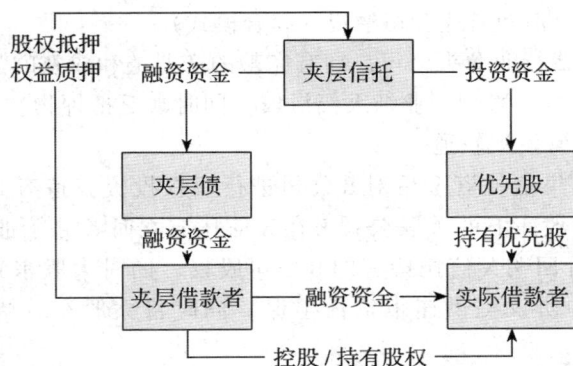

图6-12　夹层债与优先股融资模式

3. 可转债模式

可转债是指在一定条件下可以被转换成公司股票的债券，其具有债权和期权的双重属性，持有人可以选择持有债券到期，获取公司到期本息，也可以选择在约定的时间内转换成股票，享受股利分配或资本增值。信托夹层融资中的可转债模式，即是在信托融资的基础上，约定信托投资者对借款者的权益认购权，其通常用于对成长性较好的企业进行融资，使夹层信托可以获得固定收益和资本升值双重收益。

4. 综合模式

在实际操作中，可转债模式也可与优先股模式相结合。夹层信托持有实际借款者优先股后，一方面要求每年向信托按出资比例进行分红，若低于事前约定的分红标准，则由实际借款者的大股东补足。另一方面设定优先股转普通股条款和优先股回购条款，如一定期限内上市条件成熟，夹层信托则放弃收益保障权利，并转为普通股；如约定的投资期满，而上市条件未成熟，则约定大股东回购夹层信托持有的股权。

6.7.3　案例

1. 夹层信托向A新兴技术行业公司融资（可转债模式）

A公司从事某新兴技术行业，拥有较完整的产业链和盈利模式，最近3年保持了40%的年增长率，需要资金扩大产能，增加营销和研发投入，保持优势地位。但公司抵押物有限，仅能获得5 000万元以内的流动资金贷款。此外，公司正积极准备上市。

X夹层基金向A公司融资3 000万元，期限为5~7年，附加权利为A公司总股本20%的认股权，认股价以放款日可折算的10倍市盈率计算。A公司可预见的3~5年内如IPO上市，则认股权可被触发。该可转债模式的夹层融资方案对于投资方来说，有认股权条款，可以在企业发展起来以后，通过认购股份实现较高的投资收益。对于融资方来说，可以获得相对较低成本的融资，期限相比一般贷款长，获得了较大规模稳定的资金支持，同时保持了股权结构的稳定。

2.夹层信托向B消费行业公司融资（综合模式）

B公司是某消费行业龙头公司，拥有完整的产业链和成熟的盈利模式，但在快速发展期受到突发事件影响，业绩大幅滑坡，同时缺乏抵押物。B公司希望获得融资以使企业重回正常发展轨道。

X夹层信托募集信托资金后对B公司进行股权投资，持有B公司增资后20%的股权。B公司大股东D的关联公司E在X信托成立时签署了股权回购协议，承诺信托到期时溢价回购X信托持有的B公司股权，同时大股东D与关联公司F为E公司的股权回购协议提供连带责任担保，同时将大股东D持有的B公司股权质押。

另外，X信托拥有认购A公司股份的期权，信托存续期内X信托享有以固定价格认购A公司至多20%股份的优先选择权。如A公司引进其他投资者的增资入股价低于该固定价格，则X信托可选择以同等价格优先增资，但该选择权在X信托尚未实际认购股份之前不能转让。

夹层信托融资混合模式案例如图6-13所示。

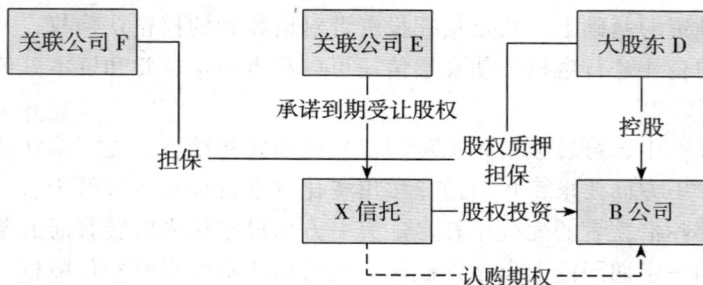

图6-13　夹层信托融资混合模式案例

思政课堂

培育理性投资信托文化

近年来，受宏观环境等内外部因素影响，部分信托产品无法如期交付。随着信托产品的风险暴露，投资者对如何购买信托产品以及维护自身合法权益越来越关注。2023年3月，中国信托业协会主办、湖南省财信信托有限责任公司（以下简称"财信信托"）承办的"精信服务 诚托未来"中国信托业2023投资者教育活动上，有专家表示，信托公司要弘扬和培育理性投资文化，更好地满足人民群众和广大投资者对金融产品与服务的需求。

随着经济的快速发展，我国居民财富日益积累，投资配置的需求呈现多元化趋势。信托作为我国金融重要组成部分，具有天然的制度优势、广阔的投资范围，是实现财富管理服务的最佳载体。新的投资理财需求推动了信托市场的不断发展，据统计，截至2022年四季度末，信托资产规模达21.14万亿元。

※多维度加大投资者保护力度

随着信托市场的不断发展，信托业从多个方面不断加大并推动投资者保护力度。

中国信托业协会党委委员、专职副会长陈教侠表示，近年来，协会充分发挥信托行业自律组织作用，在多方面下功夫，将投资者教育融入常态化重点工作中。一方面，持续开展投资者教育活动，发布《信托投资者教育视频》宣传片和"百问百答"系列小册子，举办线上专题讲座、现场投教活动，开展"3·15"和"金融知识进万家"系列主题活动，普及信托知识，拉近投资者与信托市场之间的距离，帮助信托消费者树立理性、正确的投资观念；同时，连续举办两届从业人员信托知识竞赛，提高从业人员专业能力。另一方面，贯彻落实信托文化建设5年规划，投资者教育的基础是建立信托文化，协会通过深入开展信托文化建设，厚植清廉金融文化，使中国特色信托文化入脑入心，为塑造风清气正、诚信公正的信托经营环境提供充足内生动力。

※不断创新投教形式

近年来，多家信托公司也不断创新投教形式。在传统职场、官网、官微、App等基础上，信托公司还开展进社区宣传活动，发挥社区贴近民生的区位优势，向社区民众传播信托知识，同时结合自身特色，普及投资者教育等内容。

湖南财信金融控股集团有限公司（以下简称"财信金控"）党委副书记、副董事长、总经理，财信信托党委书记曾若冰表示，投资者权益保护是财信金控"服务大局、服务客户"企业使命的重要内容，财信金控将持续探索投资者教育工作方式的创新化、渠道的多样化，发挥金融全牌照优势和资源整合能力，弘扬和培育理性投资文化，更好地满足人民群众和广大投资者对金融产品与服务的需求。

※提升投资者风险意识

伴随着投资者教育活动的不断深化，投资者的风险意识也在不断提高。活动现场，一位年过七旬的投资者对《中国银行保险报》记者表示，其倾向于稳健性的信托产品。在购买信托产品之前，会详细了解相关信托公司的具体情况，包括公司经营、股东及主管机关。同时对于信托产品投资的底层资产也会认真了解具体情况。

当前，信托市场和政策环境均已发生根本变化，未来信托的私募投行功能将逐渐淡化，信托的资产管理功能、财富管理功能和社会服务功能将成为信托业新发展阶段下的主导功能，而这些功能无一不是内生于信托制度的价值，包括信托财产独立性和风险隔离机制、信托目的和信托利益灵活安排机制、信托管理连续性机制、受托人谨慎尽职管理义务要求等独特的制度安排。这对信托投资者教育提出了更高要求。

湖南银保监局非银处二级巡视员、处长胥惜军表示，随着经济社会的不断进步和信托业的加快转型，对信托投资者的宣传教育显得越来越重要。要不断宣传信托的积极作用，持续普及信托知识，大力弘扬信托文化，引导树立"卖者尽责、买者自负"的投资理念。监管部门也将持续督导信托公司回归信托本源，加快转型发展，提升专业能力，更好地服务经济社会发展，回报广大信托投资者，促进信托事业的健康发展。

资料来源：樊融杰. 培育理性投资信托文化［N］. 中国银行保险报，2023-04-27. 此处有删减.

本章小结

信托投资是金融信托投资机构用自有资金或信托资金进行的投资。按照投资标的的不同，信托投资可分为私募股权投资基金、私募证券投资信托、矿产资源投资信托、基础设施建设投资信托、艺术品投资信托和信托夹层融资。

私募股权投资基金一般是指从事私人股权（非上市公司股权）投资的基金。按照投资标的的不同，私募股权投资基金可分为创投基金及狭义私募基金。私募股权投资基金的组织形式可以采用公司制、信托制或合伙制，我国私募股权投资基金以信托制和合伙制为主。私募证券投资信托是指信托公司将信托资金主要投资于证券市场的信托经营活动，根据投资标的和投资目的不同，私募证券投资信托可以分为基金型和特定型两类。矿产资源投资信托是指信托资金的用途是为煤炭、石油等能源类企业提供并购资金、流动资金以及项目资金的信托计划。矿产资源投资信托主要通过债权融资和权益投资的方式运行。矿产资源投资信托面临的主要风险有：市场风险、经营风险、法律风险和项目估值风险。基础设施建设投资信托是指将信托资金专门用于投资大型公共基础设施项目。由于基础设施融资具有规模大、投资回报期限长的特点以及基础设施作为公共产品的公益性质，因此大部分基础设施类融资项目的实施都离不开地方财政的支持。基础设施建设投资信托的常规运作模式有：贷款融资模式、股权投资模式和收费收益权模式。艺术品投资信托是指信托资金投资于艺术品领域。此类信托产品是为了满足部分客户的需要而存在，它对于投资者的要求很高并具有一定的流动性风险。艺术品投资信托可分为融资类、投资类和管理类三种模式。信托夹层融资是一种风险和回报介于风险较高的股权融资和风险较低的优先债务之间的融资方式。夹层融资是一种债务，但同时附有投资者对融资者的权益认购权。信托夹层融资通常采取夹层债、优先股、可转债的形式。

综合训练

6.1 单项选择题

1.信托公司将信托资金主要投资于证券市场的信托经营活动是指（   ）。

A.私募股权投资基金　　　　　　　　B.证券投资基金

C.私募证券投资信托　　　　　　　　D.信托夹层融资

2.以下不属于私募股权基金组织形式的是（   ）。

A.公司制　　　　　B.信托制　　　　　C.合伙制　　　　　D.契约制

3.专业从事证券投资，为信托受益人谋取绝对收益的私募证券投资信托，其以集合资金、分散投资、专业理财为特点，投资风格相对灵活，指的是（   ）。

A.基金型私募证券投资信托

B.特定性私募证券投资信托

C.私募股权投资基金

D.信托夹层融资

4.以下几个投资信托中，（　　　）是通常具有政府背景的地方平台公司或国资企业，而且信托产品本身具有准政府信用。

A.矿产资源投资信托　　　　　　　　B.基础设施建设投资信托

C.艺术品投资信托　　　　　　　　　D.信托夹层融资

5.以下描述中不属于信托夹层融资特点的是（　　　）。

A.风险和回报介于风险较高的股权融资和风险较低的优先债务之间

B.是一种债务，但同时附有投资者对融资者的权益认购权

C.债务人在自有资产担保不足的情况下，通过创设债权保障制度（除债务人以自有资产作为担保措施外）来提高债务信用级别，或通过附有权益认购权等措施来补偿债权失败风险的融资方式

D.其以集合资金、分散投资、专业理财为特点，投资风格相对灵活

6.2　多项选择题

1.按照投资标的的不同，私募股权投资基金可分为（　　　）。

A.创投基金　　　　　　　　　　　　B.基金型私募股权投资基金

C.狭义私募基金　　　　　　　　　　D.特定型私募股权投资基金

2.矿产资源投资信托面临的主要风险有（　　　）。

A.市场风险　　　　　B.经营风险　　　　C.法律风险　　　　　D.项目估值风险

3.基础设施建设投资信托常规的运作模式包括（　　　）。

A.贷款融资模式　　B.股权投资模式　　C.收费收益权模式　D.基金型模式

4.艺术品投资信托的运作模式包括（　　　）。

A.收费收益权模式　B.融资类模式　　　C.投资类模式　　　　D.管理类模式

5.信托夹层融资的运作模式包括（　　　）。

A.夹层债模式　　　　B.优先股模式　　　C.可转债模式　　　　D.混合模式

6.3　简答题

1.简述私募股权投资基金的含义、特点及运作模式。

2.比较分析私募股权投资基金和私募证券投资信托。

3.简述矿产资源信托的主要风险。

4.简述基础设施建设投资信托的特点。

5.简述信托夹层融资的概念、特点、运作模式及在我国的发展情况。

第7章

资产证券化

导读

　　本章重点是把握资产证券化的基本原理。本章首先介绍了资产证券化的内涵和结构，指出资产证券化使新证券具有更强的流动性，使得投资者能够获得风险分散化带来的利益；其次根据标的资产的性质主要介绍了资产证券化的两个典型类型：住房抵押贷款支持证券和信用卡应收款支持证券；最后用案例进一步阐释了住房抵押贷款支持证券和信用卡应收款支持证券，并简要分析了次贷危机。

关键概念

　　资产证券化　　住房抵押贷款　　抵押过手证券　　抵押债券　　本息分离证券　　抵押担保债券（CMO）　　担保债务凭证（CDO）

§7.1　资产证券化的内涵与结构

7.1.1　资产证券化的内涵

资产证券化是指将产生可预计现金流和具有相似特性的资产打包，转化成具有适销投资特性的生息有价证券的过程。这些新证券代表了对资产池中的资产或由这些资产产生的现金流的索偿权。与原有资产相比，这些新证券的发行对银行等贷款机构而言，具有更强的流动性，并向市场转移了贷款风险。同时，这使风险偏好投资者获得了投资机会。

资产证券化是 20 世纪 70 年代产生于美国的一项重大金融创新，1970 年前后，美国在第二次世界大战后婴儿潮中诞生和成长的孩子们逐渐成年，住房抵押贷款需求激增，并形成巨大贷款需求。银行等贷款机构的流动性和安全性成为突出问题。于是在 1970 年，联邦国民抵押贷款协会获权后首次发行以住房抵押贷款为支持的证券（Mortgage-Backed Securities，简称为 MBS），联邦国民抵押贷款协会作为政府机构属性的房贷机构发行 MBS，既解决了银行等贷款机构的流动性和安全性问题，又为所发行的证券提供了背书担保，进而提高了证券的流动性。MBS 是最早的资产证券化产品，标志着资产证券化的问世。

7.1.2　资产证券化的结构

1. 资产证券化的参与者

资产证券化交易比较复杂，一般而言主要涉及以下发起人、特定目的机构或特定目的受托人（SPV）、中介机构、投资者等几类参与者：

（1）发起人。发起人也称原始权益人，是证券化基础资产的原始所有者，其确定资产证券化的基础资产，并将其出售给 SPV。发起人通常是金融机构或大型工商企业。

（2）SPV，也是资产证券化产品的发行人，可以由信托机构担当。SPV 受让发起人的基础资产，或受发起人委托持有资产，并以该资产为基础重新组合后发行证券化产品。选择 SPV 时，通常要求满足所谓破产隔离条件，即发起人破产对其不产生影响。此外，SPV 会委托信用增级机构或自身对基础资产进行信用增级，聘请评级机构，选择服务人、受托管理人等为交易服务的中介机构，并选择承销商代为发行资产担保证券。

（3）各类中介机构，主要包括：

受托管理人，负责保证资金和基础资产的安全，收取、保存、记录和支付资产组合产生的现金收入；

信用增级机构，负责提升证券化产品的信用等级，为偿付提供担保，以提高其定价和上市能力，降低发行成本；

信用评级机构，负责对资产证券化产品进行信用评级，为投资者建立一个明确的、可以被理解和接受的信用标准，同时以其严格的评级程序和标准为投资者提供保护；

承销商，负责证券设计和发行承销，同时为资产证券化产品在二级市场上的交易保证一定程度的流动性；

服务人，负责对资产池中的现金流进行日常管理，监督债务人履行合同，向其收取到期本金和利息，以及追索过期的应收账款，通常由发起人兼任；

其他中介机构，主要包括对发行资产证券化产品提供咨询和相关服务的会计师事务所、律师事务所等机构。

（4）资产证券化产品的投资者，即资产证券化产品发行后的持有人。

2.资产证券化的运作流程

资产证券化的运作流程如图7-1所示。

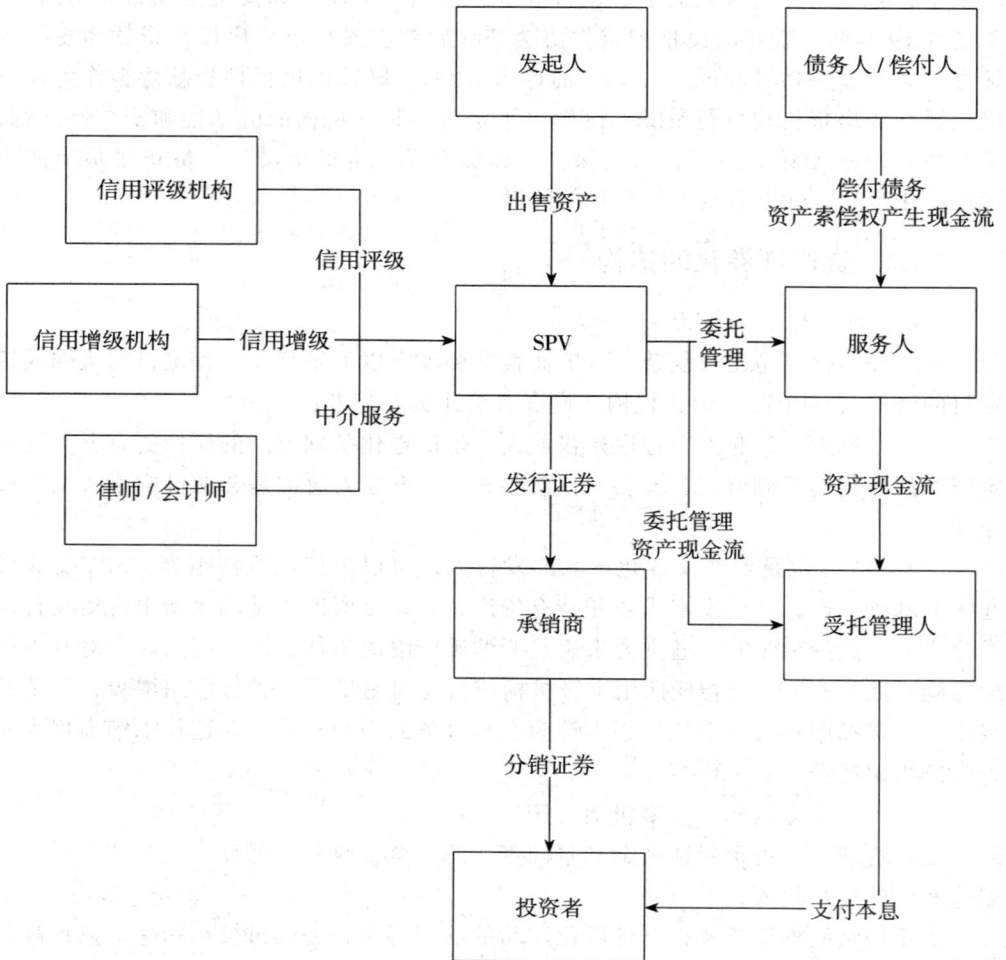

图7-1 资产证券化的运作流程

（1）形成资产组合。

发起人对资产进行评估，如是债权资产，则与借款者签订债务合同，办妥抵押手续；如是实物资产，则与偿付人（租赁人）签订相关合同。

发起人要根据自身的融资需求，确定资产证券化的目标数量，将具有某些共同特征的资产重新组合，根据现金流特征进行重组，形成资产池。

（2）出售资产。

根据有无追索权，出售资产分为真实出售和非真实出售。特殊目的实体（SPV）购买资产组合后，要将债权管理与偿还服务、资产索偿权服务等工作委托服务人办理，双方签订服务合同。

（3）设计证券交易结构。

发行人要根据资产组合的特性，如借款的债务人信用质量评估、资产现金流量的分析等，对来自资产组合的现金流量进行重新分配，设计具有不同期限、面额、不同风险级别、不同利率水平和形式、不同支付秩序的证券。

（4）信用增级。

以信贷资产证券化为例，信用增级的程度和数量需要根据资产组合，主要是信贷资产信用风险的评估（参照类似贷款的历史违约比率或损失比率）来确定。常见形式包括第三方担保（第三方信用增级）、超额抵押、对发行人的追索权（全部或部分追索权）、优先或附属（次级）证券结构，以及现金储备等。

（5）资产证券信用评级。

资产证券化产品的评级重点是证券化融资结构的偿债能力，主要考虑证券化基础资产的信用风险。

（6）发行证券。

发行人与证券承销机构达成证券承销协议，由证券承销商向投资者出售证券。资产证券化产品通常在OTC市场进行交易，承销商可以在一定范围内作为做市商，为产品提供流动性。

（7）资产管理。

受托管理人要监督贷款服务人的行为，定期审查有关贷款组合情况的信息资料，负责记录、接收由贷款服务人转交的现金收入，并存入专门账户进行管理。由于从贷款组合收取的现金流和对证券投资者支付的现金流在时间和数量上往往存在差异，因此受托管理人在按规定向投资者支付款项之前，将负责对收到的贷款组合现金流或提前偿付的款项进行短期投资，以获取收益，增加证券化资产的收入。

（8）支付证券本息。

受托管理人根据SPV的委托，在规定的每一证券偿付时间内，向投资者偿付证券本息。本息全部偿付完毕后，如果资产组合产生的收入还有剩余，则这些剩余收入将返还给交易发起人。

§7.2 资产证券化的主要类型

证券化资产可由不同形式的抵押物衍生出来，包括住宅抵押、商用房产抵押、汽车抵押贷款、信用卡应收款、租赁及以私人财产作抵押的分期付款合同等。但根据标的资产性质的不同，证券化资产可以划分为封闭型分期偿还资产和开放型资产两类。封闭型分期偿还资产已经预先确定了分期偿还时间表及固定的到期日，典型的如住房抵押贷款支持证券；而开放型资产则使用循环信贷额度，从而根据借款人的意愿可以延期，所以没有精确的分期偿还时间表，典型的如信用卡应收款支持证券。

7.2.1 住房抵押贷款支持证券

1.定义

住房抵押贷款是一种要求借款人按照预定计划还款，并以特定房地产作为担保品来确保债务偿还的贷款。住房抵押贷款证券化是资产证券化的主要品种，构成世界上最庞大的资产证券化市场。它是指银行等金融机构在信贷资产流动性缺乏的情况下，将其持有的住房抵押贷款债权进行结构性重组，形成抵押贷款资产池，经政府或私人机构担保和信用增级后，在资本市场上发行和销售由抵押贷款组合构建的证券的过程。其偿付给投资者的现金流来自于由住房抵押贷款组成的资产池产生的本金和利息。

2.住房抵押贷款支持证券的主要类型

（1）抵押过手证券。

抵押过手证券也称转手抵押证券，它是特定目的机构以购买的住房抵押贷款集合为基础发行的证券。资产组合实现了真实销售，其所有权属于投资人。它不再属于发起人的债务义务，不在其资产负债表上反映，而是进行表外处理。

过手证券是一种所有权凭证，证券持有人（投资者）对证券化基础资产及其还款现金流拥有直接所有权，并按其购买份额享受相应权利和承担相应风险。由于抵押过手证券的发行人没有对证券化基础资产的现金流进行重组，银行和SPV只是将抵押贷款及其产生的还款现金流在扣除了有关费用（如担保费、服务费等）之后直接"过手"给投资者，因此，与证券化相关的所有风险完全由证券投资者承担。资产池中的资产组合可以被债务人不受惩罚地在到期日之前的任何时间提前偿还，从而使得过手证券的现金流具有不确定性。过手证券的交易结构如图7-2所示。

（2）抵押债券。

抵押债券是抵押贷款发放银行以其持有的住房抵押贷款作为担保发行的债券，它是一种债务凭证，而不是所有权凭证。在这种模式下，资产支持证券属于发起人的负债义务，作为抵押的资产组合一般在发起人的资产负债表上反映。同时与抵押过手证券相比，抵押债券的主要特点是证券发行人重组了基础资产的现金流，发行

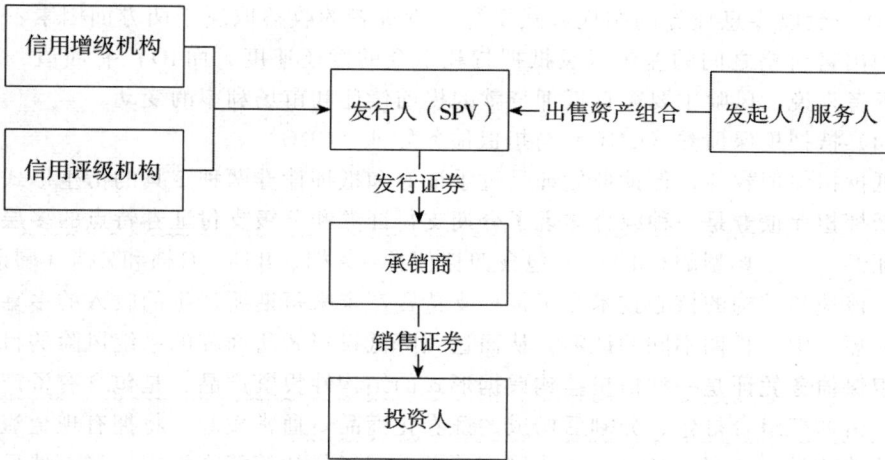

图7-2　过手证券的交易结构

人既可以用抵押贷款（组合）产生的现金流、也可以用其他来源的资金偿还债券本息。这样使得抵押债券的利息支付和本金偿还更有保障。而且，为提高抵押债券的信用等级，发行机构可以对担保债务实行超额抵押。抵押债券的交易结构如图7-3所示。

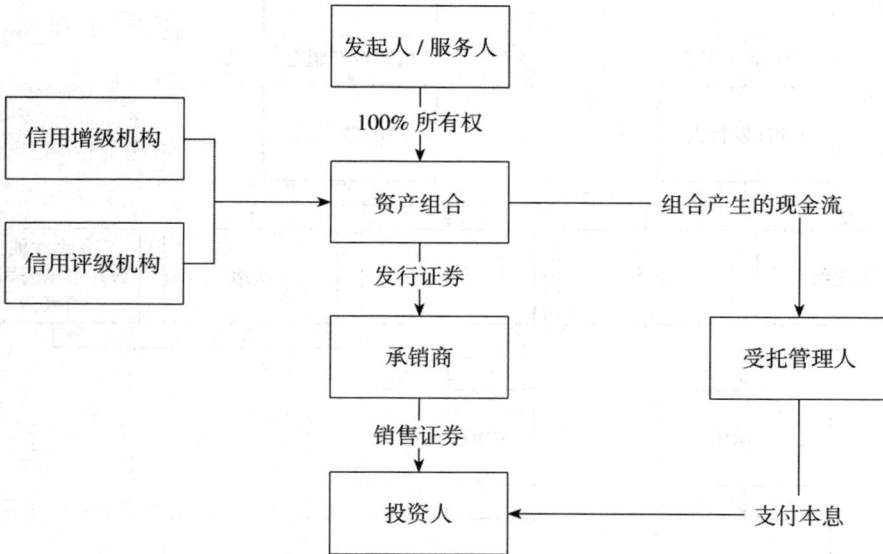

图7-3　抵押债券的交易结构

（3）本息分离证券。

本息分离证券对本金和利息本身进行了重组，并分别以基础资产的利息收入和本金收入为基础发行抵押贷款本金证券（PO）和利息证券（IO）。也就是说，用一笔抵押贷款同时发行两种利率不同的债券，抵押贷款产生的本金和利息按不同比例支付给两类债券的持有人。

PO一般以零息债券的贴现方式发行，投资者的收益取决于两方面因素：债券面值和出售价格之间的差价以及抵押贷款本金的偿还速度。而IO没有面值，对IO的投资者来说，风险主要来自抵押贷款的提前偿还和市场利率的变动。

（4）抵押担保债券（CMO）与担保债务凭证（CDO）。

抵押担保债券与担保债务凭证是过手证券和抵押债券两种工具的衍生形式。

抵押担保债券是一种综合体现了分期支付证券和分级支付证券特点的多层次的转付证券。 一个典型的CMO一般包含四档债券：A档、B档、C档和Z档（剩余级）债券。该债券结构的核心技术在于根据支持资产未来每期所产生的收入的多寡而分别创造短、中、长期不同的证券，从而达到降低投资者所面临的系统风险的目的。

担保债务凭证是一种信贷挂钩票据形式的结构性投资产品，是包含有资产抵押债券，由债权组合打包、分割后构成的证券化商品。 通常发起人将拥有现金流量的高收益的债券、新兴市场公司债或国家债券、银行贷款等资产汇集成群，然后作资产包装及分割，转给特定目的机构（SPV），再以私募或公开发行的方式卖出固定收益证券或受益凭证。

抵押担保债券的交易结构如图7-4所示。

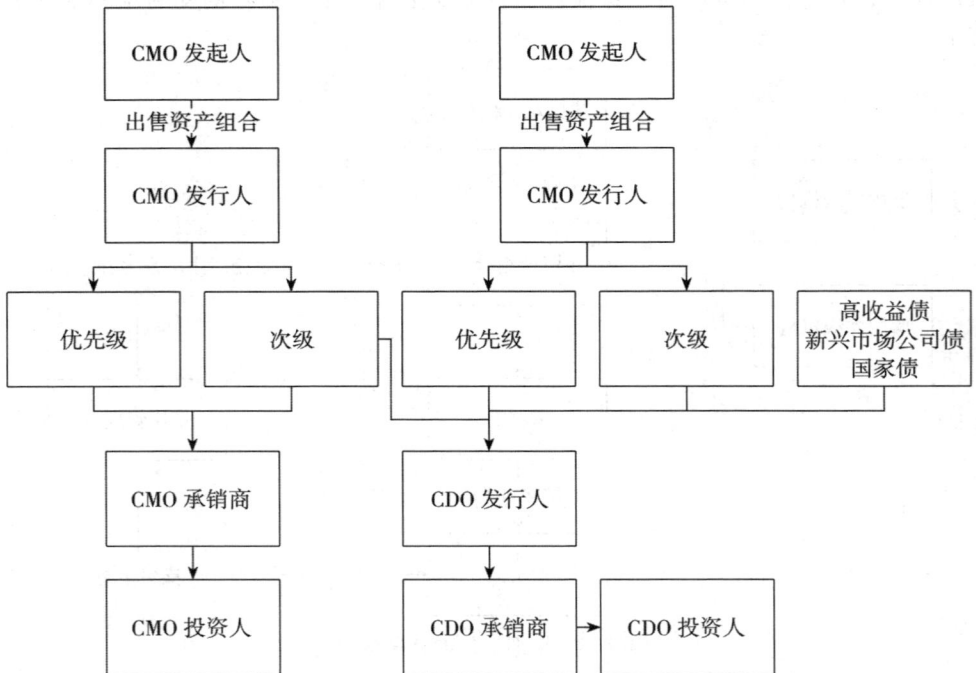

图7-4　抵押担保债券的交易结构

3.住房抵押贷款支持证券的主要风险

（1）违约风险。

违约风险是指由于房主/借款人违约致使资产住房抵押贷款支持证券的投资者遭受损失的可能性。影响住房抵押贷款支持证券违约风险的一个重要因素是发起时的贷款价值比,即借贷人房产抵押贷款的价值与财产价值之间的比值。初始贷款价值比越高,则借款人所拥有的扣除抵押余额之外的资产净值越小,违约的概率越高。但住房贷款偿还过程中房屋的价值下降,会使贷款价值比上升,增大违约概率。违约风险可以通过超额抵押、优先级次的划分、第三方增信等方式化解。另外住房抵押贷款支持证券由于实现了违约风险在不同证券持有人之间的重新分配,实际上已最大限度地分散了由于抵押贷款的借款人违约而导致的信用风险。

(2)提前偿付风险。

通常贷款人均同意房主/借款人有权在任何时间提前偿还全部或部分抵押贷款余额,这就是提前偿付风险,即债务人在既定的还款时间超出还款计划所规定的还款额度偿还抵押贷款本金,这个风险使得住房抵押贷款支持证券的投资者无法确定现金流。

在不发生提前偿付的情况下,基础资产的现金流在早期主要由利息组成,而在后来年份主要由本金组成。提前偿付行为发生后,债务人提前偿还住房贷款本金,导致抵押贷款平均持有期限缩短,抵押贷款余额加速下降,从而降低了发行人的利息收入。另外,提前偿付行为的发生会增加预测基础资产现金流的难度,从而影响抵押贷款的出售和抵押支持证券的定价,提高证券发行风险。

导致房主提前还款的原因主要包括:首先是房价变动,可能导致房主出售房屋而提前偿还全部抵押贷款;其次是房主不能履行偿付债务的责任,房屋被收回或出售,出售所得款项用于清偿抵押贷款;最后是如果当前抵押贷款利率与合同利率相比下降幅度较大时,借款人考虑到再融资费用,可能对住房抵押贷款提前还款并再融资。

提前偿付风险也导致住房抵押贷款支持证券的投资者面临更高的利率风险,利率下降时提前偿付的风险会提高,同时导致投资者面临以较低利率再投资的风险。

7.2.2 信用卡应收款支持证券

1.信用卡应收款支持证券的含义

信用卡持有者被赋予一定的信用额度,且通常情况下在这个额度范围内可以一直借贷,也可以随时偿还部分或全部债务。在满足最低支付额的前提下,持卡人每个月可以按个人意愿偿还少量或全部本金。因此,信用卡账户贷款金额随时间波动。

信用卡应收款支持证券的担保品是一组信用卡账户的债务余额,用于支付投资者的现金流来源于资产池中信用卡产生的贷款本金、利息、年费、滞纳金及其他费用等。

最早推出的信用卡应收款支持证券都以单一信托的方式发行,即以一系列指定的信用卡账户及其应收款债权作为担保发行证券,每一笔信用卡应收款证券化需要建立一个新的信托和新的担保品组合。而1991年以后,集合信托成为信用卡应收款证券化的主要结构形式,其由信用卡发行人建立信托,该信托可接受多个信用卡账户及其应收款债权,集合信托可以依托同一个信托发行多个证券,多个证券共同分享资产群组产生的利益,同时共担风险。

2.信用卡应收款支持证券的运行

(1)信用卡应收款支持证券运行的结构。

在信用卡应收款支持证券中，信用卡应收款的余额通常被抵押给两类证券，即投资凭证和权益凭证。投资凭证出售给信用卡应收款支持证券的投资者，可享有信用卡应收款的本金和固定票面利息；而发行者持有权益凭证，保留剩余的所有权权益，即信用卡应收款资产在支付投资凭证票面利息、抵押资产服务费、坏账损失及信托费用后的余额。由于资产池内的信用卡应收款资产是不断变动的，因此权益凭证可以吸收应收款余额的周期性波动，但它并不对投资凭证提供信用增强。通常投资凭证也会分为优先级和次级，由次级投资凭证对优先级投资凭证提供信用增强。

如果发行人的信用卡业务不断增长，符合标准的信用卡应收款就可以加到集合信托中去。如果权益凭证对应的权益下降至要求的最低水平（通常为信用卡应收款余额的一定比例），发行人将被迫增加信用卡应收款资产，否则信用卡应收款支持证券提前偿还，投资者立刻得到本金偿还。

（2）信用卡应收款支持证券运行的周期。

信用卡应收款支持证券运行包括周转期和摊还期两个周期。

在周转期内，投资者只回收利息偿付额，收回的信用卡应收款本金用于购买新的应收款。周转期用来维持稳定的平均寿命期，并为预期的到期期限提供更大的确定性。

在摊还期内，收回的信用卡应收款本金用于向投资者偿付，摊还期的长短取决于集合信托账户的信用卡的月偿还率。

在摊还期内，投资者的本金偿付分为可控摊还和可控积累两种模式。在可控摊还方式中，优先级投资者在摊还期内被等额支付偿还本金，没有偿付的本金回收额用于购买新的应收款。而次级投资者在摊还期内，次级证券的余额保持不变，同时发行者持有的权益凭证享有的权益比重上升。可控摊还模式如图7-5所示。

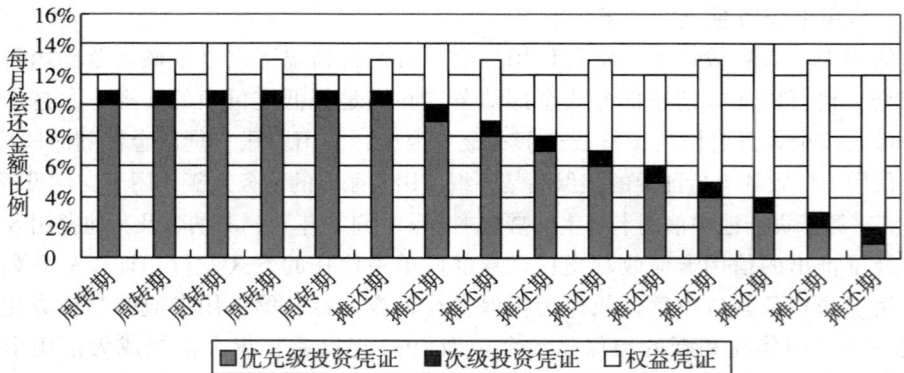

图7-5 可控摊还模式

在可控积累方式中，需要偿还给投资者的本金回收被储存在信托账户中，一直保留到周转期结束一次性支付给投资者，只有超额本金回收额用于购买新的应收款。可控积累模式如图7-6所示。

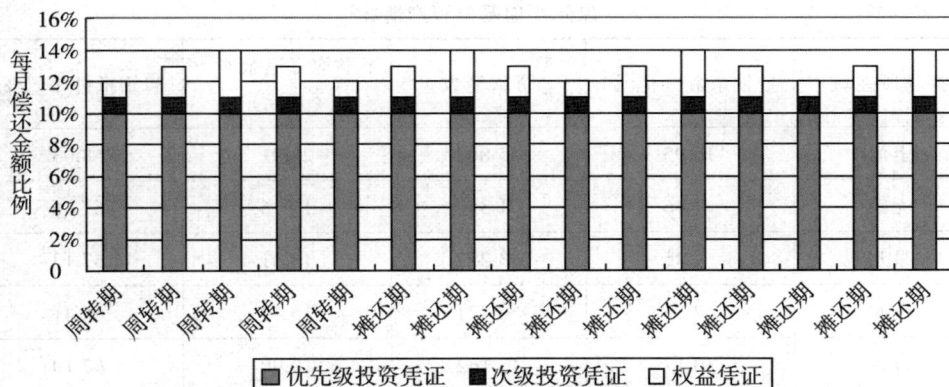

图 7-6　可控积累模式

§7.3　资产证券化案例

7.3.1　住房抵押贷款支持证券案例

2005 年 12 月 15 日，中国建设银行发行了中国首个个人住房抵押贷款证券化产品"建元 2005-1 个人住房抵押贷款资产支持证券"，并进入全国银行间债券市场交易流通。这个产品虽然发生在十多年前，但却是我国资产证券化标杆性的事件。

1. 发行及基础资产情况

中国建设银行作为发起机构和服务机构，将其上海、无锡、福州、泉州等四家分行中符合相关条件的 15 162 笔个人按揭贷款合同金额共计 37.12 亿元（本金余额 30.17 亿元），集合成为资产池，委托给受托机构——中信信托投资有限公司。受托机构以此设立信托，并在银行间市场发行信托收益凭证形式的 MBS，MBS 的持有人取得相应的信托收益权。池内基础资产为个人房贷，加权平均利率为 5.31%，加权平均剩余期限为 14.3 年。表 7-1、表 7-2 分别列示了建元 1 期的发行情况和基础资产情况。

表7-1　　　　　　　　　　　　建元 1 期发行情况

分档	发行规模（亿元）	信用等级	发行方式	利率	加权平均期限	流动性
A 级	26.7	AAA	簿记建档	基准利率+1.1%	3.15 年	银行间债券市场流通
B 级	2.04	A	簿记建档	基准利率+1.7%	10.08 年	银行间债券市场流通
C 级	0.52	BBB	簿记建档	基准利率+2.8%	2.41 年	
次级	0.91	未评级	建行自留		12.41 年	
合计	30.17					

表7-2 建元 1 期基础资产情况

抵押物所在城市	贷款余额（亿元）	贷款笔数	平均每笔余额（万元）	初始抵押率（%）
上海	16.95	5 862	28.91	68.03
无锡	1.46	1 357	10.76	61.56
泉州	4.45	3 222	13.81	67.13
福州	7.31	4 721	15.49	66.41
合计	30.17	15 162	19.90	67.19

2.利率情况

计算票面利率的基准利率采用中国外汇交易中心每天公布的7天回购加权利率20个交易日的算术平均值，同时对A、B、C级债券的票面利率设置了上限，分别为资产池加权平均利率减去1.19%、0.6%、0.3%。

3.产品分级情况

根据个人住房按揭贷款还款的特性，资产池每月的收入包括贷款余额对应的利息和一部分本金的偿还，如果贷款人提前还款，这部分本金也会进入资产池。MBS持有者虽然每月收到债券利息，但其持有债券的余额由于本金的偿还和提前偿还而相应减少。本金的偿还顺序为A级、B级、C级、次级债券，在前一级债券本金未被清偿前，后一级债券的本金余额不会减少，即投资A级债券的投资者最先承受提前还款的风险。由于A级债券的本金最先被偿还，该级债券投资者的持有期也最短。

4.问题

（1）提前偿付问题。

建元1期中，A级基础资产加权平均期限较短，且建行对借款人提前还款并未加以限制，因此建元1期早偿率较高，至2011年6月底资产池已偿还了证券83%的本金。这可能会导致现金流不稳定和较高负利差的问题。

（2）利率错配问题。

资产池的基础资产利率是个人住房抵押贷款利率，一年调整一次。其反映的是较长期限的利率水平；而MBS的利率基准是7天回购的加权平均利率，反映的是货币市场短期利率水平。两者的调整频率不一致，反映的利率期限不同，存在一定利率错配问题。

7.3.2 信用卡应收款支持证券案例

1.背景情况

美国运通旅游服务公司（TRS）是美国运通公司的子公司，该公司为个人和公司提供广泛的金融和旅游服务，该公司的付款卡金融服务主要是通过美国运通卡、美国运通金卡、白金卡、公司卡、Optima卡提供消费信贷业务。到1991年全球发行了3 660万张生效的美国运通卡，账单业务总额达1 110亿美元。卡费、卡消费折扣是TRS的主要收入。TRS付款给商家与持卡人付款给TRS之间存在时滞，导致持卡人每次用卡都会产生需要提供融资的应收账款。

而Credco是TRS的子公司，主要为TRS付款卡应收账款融资。其运营模式为以一定折扣从TRS购入付款卡应收账款。付款卡应收账款可以不断买入，平均期限为43天。1991年底Credco拥有的未清偿短期债务为79亿美元，中期和长期债务为39亿美元。

2.资产证券化设计

雷曼兄弟公司建议对美国运通公司消费信用卡应收账款组合进行部分证券化。应收账款被转移到一个特定目的机构（SPV），该机构被授予对所有当前及未来由指定付款卡账户产生的应收账款的所有权。

由于美国运通付款卡的持卡人没有支付购物款的利息，因此在此次信用卡应收款支持证券的设计中，雷曼兄弟公司必须设计出一种方法为信托创造收益，以吸收违约损失并为信托支付债券利息。作为解决方案，雷曼建议TRS以面值的一定折扣将应收账款出售给信托，折扣最低比例为3%，折扣部分作为收益，面值扣除折扣部分作为本金。其收益用于支付服务费（2%）及持卡人违约损失。而收到应收账款的本金部分再投资于新的应收账款，直到信托债务本金被要求清偿为止。

在结构设计（图7-7）方面，雷曼建议发行10亿美元"A级"债券，并且信托可以根据需要额外发行债务。TRS将25亿美元应收款转移给信托支持发行债务的灵活性。同时，雷曼还建议发行3 500万美元"B级"（通常为优先级的10%~15%，此处由于信用卡贷款的支付率和支持及时性较高，因此3.5%的次级比率也获得了评级机构的认可）附属债券为"A级"债券提供信用支持，确保"A级"债券获得AAA评级。两类债券作为投资凭证，对总信托中10.35亿美元的应收账款有要求权；余下的作为权益凭证的"卖方利益"，由TRS持有并作为债务发行担保。

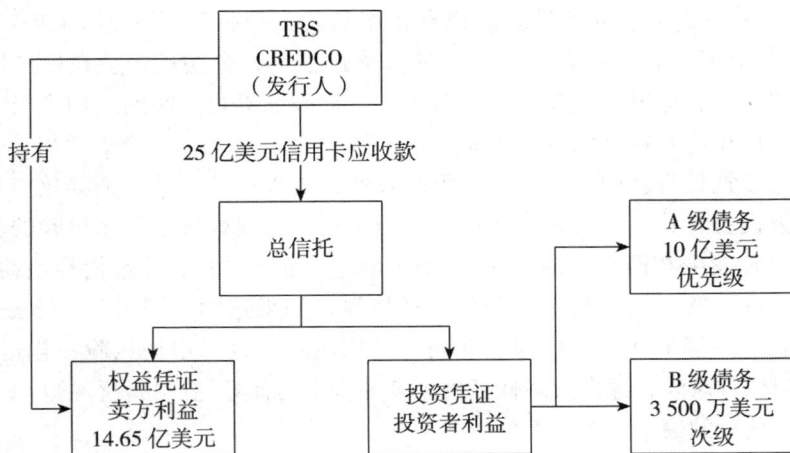

图7-7 美国运通信用卡支持证券

7.3.3 次贷危机案例

美国次贷危机是一场发生在美国，因次级抵押贷款机构破产、投资基金被迫关闭、股市剧烈震荡引起的金融风暴。次贷危机2007年8月开始席卷美国、欧盟和日本等世界主要金融市场，最终演变为全球金融危机。

1.次贷危机的背景

美联储在2000年美国网络经济泡沫破灭和"9·11"事件后，采取低利率政策以刺激经济。从2001年1月到2003年6月，美联储降息25次，长时间的低利率政策推动了房贷需求和房价上涨，导致了房地产泡沫的堆积和形成。此后为了避免经济快速增长带来的通货膨胀压力，美联储17次提高了联邦基金利率，造成放贷借款人还贷压力增大，结果是越来越多的客户无力按时归还贷款利息，最终房地产泡沫崩溃。

2.资产证券化中的过度创新

（1）次级抵押贷款的创新。

在房地产泡沫的背景下，美国金融机构创造出次级抵押贷款。次级抵押贷款对贷款者的信用记录和还款能力要求不高，并且给予贷款者一定时间的免息期，但贷款利率相应地比一般抵押贷款高很多。在房价不断走高时，即使贷款人现金流并不足以偿还贷款，他们也可以通过房产增值获得再贷款来填补缺口，同时在这种情况下抵押品价值的充足掩盖了贷款本身存在的风险。但当房价持平或下跌时，就会出现资金缺口而形成坏账。

（2）次级抵押贷款的证券化。

金融机构创造出次级抵押贷款产品后，将其证券化剥离到表外，并创造更多的此类产品。次级抵押贷款的证券化将次级抵押贷款集中、打包并依据其所产生的现金流和风险状况将其划分为不同的部分，然后以其所产生的现金流为支持来发行相应的债券。主要的次级抵押贷款的证券化产品就是抵押担保债券（CMO）与担保债务凭证（CDO）。在次级抵押贷款的证券化过程中，金融机构会在资产池中添加极少量优质资产，造成稳定现金流的假象，以提高证券化产品的信用评级。

（3）信用违约互换（CDS）创新。

由于次级抵押贷款的贷款者信用等级较低，次级抵押贷款的证券化产品中的信用风险成为投资者关注的问题。而信用违约互换的出现解决了信用风险的流动性问题，它是一种发生在两个交易对手之间的衍生产品，类似于针对债券违约的保险。CDS的购买者通常向卖方付款，购买某种债券，如果违约，则可从卖方获得赔偿，合同可能长达一至五年。CDS的创新使得信用风险可以像市场风险一样进行交易，从而转移担保方风险，这大大降低了次级抵押贷款的证券化产品发行的难度和成本。

3.次贷危机的爆发

在美国，房地产市场的持续繁荣导致金融机构放松了其贷款条件，到2007年初美国次级抵押贷款总额达到约1.3万亿美元，最终伴随美联储的货币紧缩政策与房地产泡沫破裂，住房价格下降，次级抵押贷款的贷款者无法偿还高额利息。贷款者的违约造成金融机构持有的次级抵押贷款的证券化资产价值下跌，同时信用违约互换的卖方背负了大量赔付风险。由于金融机构大多使用极高的财务杠杆，次贷危机产生的连锁反应迅速放大。

次贷危机传导和利益链条如图7-8所示。

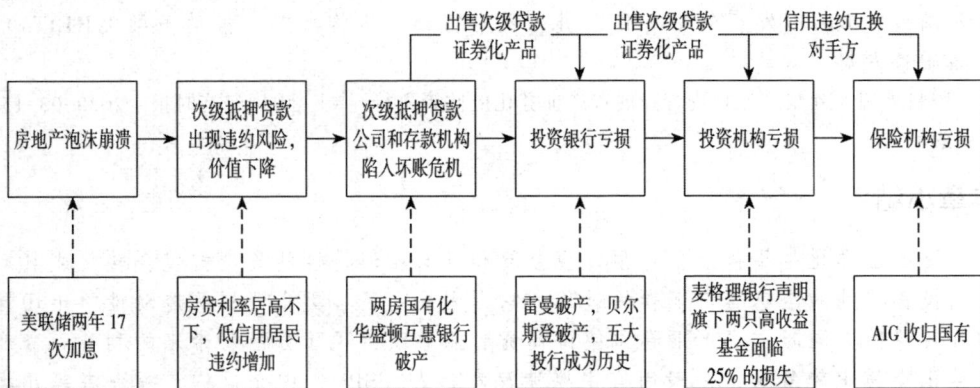

图7-8 次贷危机传导和利益链条

思政课堂

《保险资产管理公司开展资产证券化业务指引》

2023年3月，中国证监会指导证券交易所发布《保险资产管理公司开展资产证券化业务指引》，支持保险资产管理公司开展资产证券化及REITs业务。对此，中国经济时报记者采访了中国政法大学资本金融研究院副院长武长海。

中国经济时报：中国证监会指导交易所制定该业务指引，有哪些积极意义和作用？

武长海：对于保险资产管理公司而言，2022年9月1日起施行的《保险资产管理公司管理规定》和2021年1月原银保监会发布的《保险资产管理公司监管评级暂行办法》是最直接有效的监管制度。

《保险资产管理公司管理规定》第二条规定"保险资产管理公司是指经原中国银行保险监督管理委员会批准，在中华人民共和国境内设立，通过接受保险集团（控股）公司和保险公司等合格投资者委托、发行保险资产管理产品等方式，以实现资产长期保值增值为目的，开展资产管理业务及国务院金融管理部门允许的其他业务的金融机构。"因此，保险资产管理公司除了开展保险资产管理业务外，还可以开展"国务院金融管理部门允许的其他业务"。《保险资产管理公司监管评级暂行办法》是对保险资产管理公司的机构监管和分类监管，分类监管是指监管机构根据保险资产管理公司监管评级结果，对不同类别的保险资产管理公司在市场准入、监管措施及监管资源配置等方面实施区别对待的监管政策。

《保险资产管理公司管理规定》和《保险资产管理公司监管评级暂行办法》的

出台，保障了对保险资产管理公司的精准的机构监管和分类监管。ABS 及 REITs 业务属于非保险类的"国务院金融管理部门允许的其他业务"，也就是探索保险类金融机构从事证券类业务，这类业务需要谨慎开展、试点运行。

业务指引有利于优质保险资产管理机构从事和开展 ABS 及 REITs 业务，拓展了 ABS 及 REITs 业务的金融机构渠道，有利于金融机构间的优胜劣汰，加快推进 ABS 及基础设施 REITs 发行的常态化，进一步丰富参与机构形态，推动多层次 REITs 市场高质量发展。

资料来源：刘慧. 保险资管开展资产证券化应监管先行［N］. 中国经济时报. 2023-03-15. 此处为节选.

本章小结

资产证券化是指将产生可预计现金流和具有相似特性的资产打包，转化成具有适销投资特性的生息有价证券的过程。它大大提高了各类索偿权的流动性、市场性和可转移性。同时，资产证券化使得投资者能够获得风险分散化带来的利益。资产证券化交易比较复杂，一般而言主要涉及发起人、SPV、中介机构、投资者等几类参与者。资产证券化的运作流程主要包括：形成资产组合、出售资产、设计证券交易结构、信用增级、资产证券信用评级、发行证券、资产管理、支付证券本息。证券化资产可由不同形式的抵押物衍生出来，包括住宅抵押、商用房产抵押、汽车抵押贷款、信用卡应收款、租赁及以私人财产作抵押的分期付款合同等。但根据标的资产性质的不同，证券化资产可以划分为封闭型分期偿还资产和开放型资产两类。典型代表分别为住房抵押贷款支持证券和信用卡应收款支持证券。

综合训练

7.1　单项选择题

1.资产证券化是 20 世纪 70 年代产生于美国的一项重大金融创新，1970 年，美国政府国民抵押协会首次发行以抵押贷款组合为基础资产的抵押支持证券，标志着资产证券化的问世。资产证券化对银行等贷款机构而言，带来的最大好处是（　　）。

A.增加了流动性　　　　　　　　　　B.增加了市场性

C.增加了可转移性　　　　　　　　　D.增加了风险性

2.下列不属于资产证券化过程中信用增级机构的作用的是（　　）。

A.提升证券化产品的信用等级

B.为偿付提供担保，以提高其定价和上市能力

C.降低发行成本

D.为投资者建立一个明确的、可以被理解和接受的信用标准，同时以其严格的评级程序和标准为投资者提供保护

3.资产证券化产品通常在（　　）市场进行交易。

A.一级市场　　　　B.二级市场　　　　C.OTC 市场　　　　D.三级市场

4.根据标的资产性质的不同，证券化资产可以划分为封闭型分期偿还资产和开放型资产两类，其中开放型资产的典型代表是（　　　）。

A.住房抵押贷款支持证券 　　　　　B.转手抵押证券

C.担保债务凭证（CDO）　　　　　D.信用卡应收款支持证券

5.下列不属于CDS特征的是（　　　）。

A.解决了信用风险的流动性问题

B.它是一种发生在两个交易对手之间的衍生产品，类似于针对债券违约的保险

C.购买者通常向卖方付款，购买某种债券，如果违约，则可从卖方获得赔偿，合同可能长达一至五年

D.它是一种包含有资产抵押债券，由债权组合打包、分割后构成的证券化商品

7.2　多项选择题

1.资产证券化的参与者有（　　　）。

A.发起人

B.特定目的机构或特定目的受托人（SPV）

C.会计师事务所

D.信用增级机构

2.根据标的资产性质的不同，证券化资产可以划分为（　　　）。

A.封闭型分期偿还资产 　　　　　　B.开放型资产

C.抵押贷款本金证券 　　　　　　　D.利息证券

3.住房抵押贷款支持证券的主要类型有（　　　）。

A.抵押过手证券

B.抵押债券

C.本息分离证券

D.抵押担保债券（CMO）与担保债务凭证（CDO）

4.下列各项中属于住房抵押贷款支持证券的主要风险的是（　　　）。

A.违约风险　　　　B.通货膨胀风险　　　C.操作风险　　　　　D.提前偿付风险

5.对IO的投资者来说，风险主要来自（　　　）。

A.违约风险 　　　　　　　　　　　B.抵押贷款的提前偿还风险

C.市场利率风险 　　　　　　　　　D.流动性风险

7.3　简答题

1.简述资产证券化的内涵与结构。

2.简述资产证券化的运作流程。

3.简述住房抵押贷款支持证券的含义、类型及主要风险。

4.简述信用卡应收款支持证券。

5.试从资产证券化的角度论述次贷危机爆发的原因。

第8章

信托制度在各国的发展

导读

　　本章讲述信托制度在各国的发展。从发展脉络来看，美国的信托制度是从英国学习而来，日本的信托制度是从美国学习而来，中国早期的信托业务是从日本学习而来的。而从发展特色来看，现代信托制度产生于英国、繁荣于美国、创新于日本。本章首先介绍了英国的信托制度化发展过程的主要特点。其次分析了美国在南北战争后引入信托制度的社会与经济背景，及在美国有特色的发展内容。最后，对20世纪初期日本引入信托制度的社会和经济背景进行了分析，并对当时脱离社会基础的畸形发展，及之后政府集中进行的较为彻底的法律规范与改革进行了剖析。我国信托制度的引入与发展将专章进行介绍。

关键概念

　　英国的个人信托　美国信托制度的公司化发展　日本信托规范化发展　日本的资金信托　贷款信托

§8.1　英国信托制度发展的特点

英国的信托制度在早期创建时，与封建制度、宗教、司法的培育及信托法规的维护关系极为密切。此外，在其发展过程中还有许多独特之处。

8.1.1　以个人信托业务为主

无论是早期的信托还是现代的信托，英国信托业务都偏重于个人信托，这是英国的传统习惯，也是英国信托业务与其他国家相比最为显著的特点。

英国的个人信托主要是指以财产管理、执行遗嘱、管理遗产、财务咨询等内容为主的民事信托和公益信托，而且所涉及的信托财产以土地等不动产为主。故英国土地等不动产信托比其他国家普遍。

8.1.2　信托业集中发展格局

1908 年，英国法人受托开始建立并承办业务。当时，公共信托局经办一般事务，如自然人因遗嘱或其他契约约定的信托事项，侧重于个人财产管理或特准事务，如犯人的财产、没收的犯人财产或外国人在英的产业。公共信托局不承办个人以宗教、慈善为目的的信托事务，不办理商事信托。其后陆续出现了许多以追求营利为目的的专业信托机构，使信托事务真正开始了商业化运作。单位信托（unit trust，即契约型信托）和投资信托（investment trust，即公司型信托）主要承办各种信托投资业务，证券公司侧重承办法人信托业务，尤其是承销各铁路股票、其他工业证券、外国的国家债券等证券业务。

但目前英国法人受托人高度集中在大银行所设立的信托部，由银行为客户提供零售业务的同时提供理财服务，对客户来说既方便又实惠。此外，信托资产也高度集中在这些大银行。另外，保险公司也兼营一部分信托业务。

中国香港因其特殊的历史背景，金融制度与英国有很多相似之处。比如，香港的财产信托主要由银行的信托部承办。和其他专业信托机构最主要的区别是银行能提供一站式的银行及财务服务，而专业信托机构只能提供本身的专业服务，如除了给客户的信托资产提供专业的管理服务，银行机构还可以提供简单的定期储蓄。在香港，银行办理信托所收的年费为 3‰，如果委托人的财产标的高，可与银行协商收费，但年费在 5 000~10 000 港元之间。各商业银行一般都设有自己旗下的全资信托公司，较为著名的是汇丰银行国际信托公司和香港东亚银行信托公司。汇丰银行的信托公司收费较高，但名气最大。银行下属的信托公司管理机制基本上和银行其他业务没有太大差别，都需要遵守银行守则并接受香港银行公会及香港金融管理局监察。

8.1.3　信托投资业务从海外市场开始

英国是世界上最早创设信托投资制度的国家，主要基于当时以海外投资为目的的资本需求，海外投资自1600年东印度公司成立以来就广泛流行于英国。19世纪六七十年代的英国是一个富有的和接近技术前沿水平的国家，当时国内市场、产业发展已相当饱和，资本无利可图，但由于英国对外不断扩充殖民地，有着极为广阔的海外发展空间。英国的投资者被国外的投资机会所吸引，海外投资成为运用国内信托资产，追求利润最大化的有效途径之一。在当时，以海外投资为核心的资本输出约占英国储蓄的一半。英国的资本家们除以最初的股份制形式经营以外，也开始尝试以信托的方式让资本增值；大资本家可以直接去国外投资，而众多中小资本家却有些困难，于是，为中小投资者提供投资服务的机构应运而生。

知识链接

契约型基金创始者——海外及殖民地政府信托

契约精神是西方现代文明启蒙的基础，构成了西方社会文化与道德体系的重要理论中枢，而其在经济领域的体现则最为集中，契约型基金就是其中之一。基金没有有形的产品，连接委托与被委托者之间的是一纸契约。现代基金的雏形——"海外及殖民地政府信托"（The Foreign and Colonial Government Trust）是世界上第一只契约型基金，它第一次明确了契约型基金中各方当事人的权利和义务，奠定了现代契约型基金的法律基础。小投资者可以和大资本家一样进行投资了。

1868年，为了拓展海外殖民地，英国政府批准成立了这只海外信托投资基金，并委托律师签订了契约，当年契约的起草者们在写下这句话的时候或许并没有意识到一段百年历程从此开始，一扇财富之门自此开启。"海外及殖民地政府信托"公开向社会公众发售认股凭证，以分散投资于国外殖民地的公司债为主，其投资地区远及南北美洲、中东、东南亚以及意大利、葡萄牙、西班牙等国家，投资总额48万英镑，信托期限为24年；而该信托的管理人，则是由英国政府授权的专职经理人；同时，为了确保投资的安全与增值，"海外及殖民地政府信托"委托律师同投资者签订了文字契约，通过信托契约合理安排了投资者和代理投资者之间的权利与义务，奠定了现代共同基金契约型法律关系的基础。

"海外及殖民地政府信托"开创了一种集合众多小额资本，通过委托专家管理的方式进行规模投资的模式，正如该基金在招股说明书中写到的其宗旨是"运用基金达到与大投资者一样享受海外投资收益的目的"。"海外及殖民地政府信托"在许多方面为现代基金的产生奠定了基础，正因为如此，世界金融史学家们均将其视为现代投资基金的雏形。

虽然该信托更类似股票，不能退股，也不能将基金单位兑现，认购者的权益只限于分红和派息，但是，由于它能够通过多元化投资分散风险而深受投资者欢迎。此后的事实表明，"海外及殖民地政府信托"投资者得到的实际回报率达7%以上，远远高于当时3.3%的英国政府债券利率。

经过资本市场百余年的历练，基于信托原理而演变的契约型基金逐渐被业内所认可，如今已成为同公司型基金并驾齐驱的基金组织形式。现在日本、韩国、中国台湾的证券投资信托，英国与中国香港的单位信托都是契约型基金，而中国大陆（内地）目前的证券投资基金采取的更是清一色的契约型基金形式。

资料来源：银华基金. 契约型基金创始者——海外及殖民地政府信托［N］. 第一财经日报，2010-10-25.

8.1.4　从无偿信托到有偿信托的过渡时间较长

从信托方式来看，英国的信托事业开始时都是义务行事，非营利性质的，完全以个人之间的感情为基础，以及无偿的原则。这种状况一直持续了100多年，直到1899年才出现了以营利为目的的信托公司。这和英国悠久的历史、宗教信仰有着密不可分的联系，民众比较注重个人之间的信赖，如果能成为受托人，则将被视为一种比获利更重要的社会荣誉。

8.1.5　第二次世界大战后英国信托机构的专门化发展受到市场竞争的影响

第二次世界大战后英国信托业的发展发生了一些变化，作为独立的行业其发展空间相对缩小，这源于两个方面的原因：一方面，其他金融机构抢占了大量信托业务。由于商业化运作，进入到50年代，英国信托业十分发达，单一经营信托业务的公司纷纷建立。由于有利可图，信托业发展很快，带动和引发了其他金融机构的兴趣，保险公司、银行等机构开始兼营信托业务，以增加盈利，并成为当今信托发展的主要形式。另一方面，第二次世界大战后英国的经济实力和海外扩张能力大大削弱，殖民地独立，与此同时还遭到美国势力在各方面、各领域的排挤。英国迫于形势，为改善被动地位，对金融体系和机构经营进行了调整，以提高与其他资本主义国家的竞争力，信托业作为独立行业的发展由此受到影响。

§8.2　美国信托制度的建立与发展

8.2.1　美国独立战争后对民事信托的引入与初期发展

1.美国信托制度建立的独特之处

美国在独立战争后，资本主义有了初步发展，股份公司的企业组织形式已开始推广，有价证券开始大量出现，社会的财富由土地、商品等实物形态扩展到有价证券形态。这一社会财富现实状况除激发出解决遗嘱执行和相关的财富继承问题的信托需求外，也激发出社会阶层对有价证券发行、保管和转让等信托需求。

美国的信托制度从英国引入，但没有拘泥于英国的形式和内容，在建立初期具有以下两个独特之处：

（1）**美国信托制度的公司化发展，是指以公司作为依托商业化经营信托业务。** 与英国先以个人受托而后建立法人机构经办信托业务不同，美国在引入信托制度时社会经济发展水平和经济形势已经发生了很大变化，公司组织形式已有较大发展，规模效益非常明显，观念上已不能接受英国的基于信任的个人受托的小规模经营方式。因此美国在引入信托制度的思路上非常明确，即采用公司的形式来发展，创造性地把信托经营作为一种事业，用公司组织的形式大范围地商业化运作。

（2）保险公司出于兼营业务需要，率先开始引入信托业务。美国人认为信托业务的出发点与人寿保险在人死后支付保险金、不使遗族生活困难的目的相似，因为保险公司赔款后，有些受益人并不取走，需要其妥善管理和运用。如果把寿险和信托相结合，不但方便业务受理，而且可能会取得良好效益。于是美国就尝试利用已开办的保险公司做的人寿保险业务，开办了人寿保险信托业务。两者结合确实取得了良好的社会和经济效益。在获得成功的经验后，美国继续运作遗嘱执行、财富的继承等大量的民事信托。所以，美国的信托也是从在人死后按生前愿望处理财产的民事信托开始业务经营的，这一点与英国有共同之处。

2.早期信托业务的尝试

设立于1822年的美国纽约农业火险及放款公司、1830年成立的纽约人寿保险信托公司都较早地开展了一些与人寿保险有密切联系的信托业务，如管理遗产、执行遗嘱信托、未成年人监护信托、人寿保险信托等业务。1836年美国宾夕法尼亚州政府允许本州的"州立人寿保险公司"和"基拉人寿保险信托公司"经营信托业务。在上述四家保险公司开展信托业务的同时，也有其他公司经营信托业务，但均因经营不善而失败。因此，上述四家兼办民事信托业务的保险公司被认为是美国现代信托事业发展的先导者。

8.2.2 南北战争后信托制度深入、广泛发展

1.基本社会背景

1861—1865年，美国爆发了北方工业资产阶级与南方种植园奴隶主之间的国内南北战争，战争反映了资本主义雇佣劳动制与黑人奴隶制两种社会制度之间矛盾的激化。经过四年的国内战争，联邦政府在广大民众的支持下，击败了南方奴隶主的武装，废除了奴隶制，促进了美国资本主义经济的进一步发展，信托业务以及信托机构在筹融资中的重要性也进一步得到了提高，这是因为：

（1）内战平息后，美国国内经济建设步入正轨。随着铁路建设和矿产资源的开发，产生了对长期巨额资金的需求。为了进行广泛的社会集资，以股份公司形式组建的企业大量发行有价证券筹集资金。证券发行与交易量的剧增，带动了以有价证券（债券和股票）为核心内容的信托业务。美国经济的发展，为美国信托业的较快发展提供了有利的发展基础和社会需求。

（2）社会积累不断上升，社会财富增加，投资者迫切寻找资金的出路。信托机构积极参与资金筹集活动，承购铁路、矿山企业等公司的发行业务，然后将承购的

债券出售给民众，为分散的社会小额资金提供了投资出路和方便。信托公司完全具备了金融机构的性质，开始发挥其中长期融资的职能。有价证券的发行、管理和买卖等业务逐步取代实物而成为信托的主要业务。

这一时期，美国政府对信托公司在管理上较南北战争之前有所放松，使信托公司的开设比较容易；同时保险公司普遍从事信托业务；信托公司业务范围有所扩大，有了吸收存款和经营其他银行业务的一定权限。之后，随着信托需求的多样化，信托机构专门、独立地开始设立。在美国的金融体系中，信托机构与商业银行享有同等权利，只要符合条件，都可以成为联邦储备体系的成员，目前大多数信托公司都加入了联邦储备系统。

2. 信托需求超越了原有的民事信托范围

原有信托以民事信托为主，是为美国独立战争期间及其后执行遗嘱和管理遗产的需要而开办的，但很快随着欧洲移民在美国的活动以及对美国的开发，民事信托已不能满足经济发展的需要，特别是南北战争之后大规模建铁路、开矿、发展工业，商事信托的需求明显增加。一方面股份公司的发展，股票和公司债券等有价证券发行量大幅度增加，流通面拓广，要求有较多的代理承销机构。另一方面公司积累增多，公司的理财急需人才，客观上产生了需要借用他人的知识能力和经验理财，并获得专门机构提供的理财技术的需求。因而，商事信托和以法人作为委托人的信托业务开始发展起来。

以后美国的信托机构又尝试了动产和不动产的管理等商事信托业务，甚至承揽了一些类似银行的业务（如给付固定利息的信托存款、信托贷款业务）。因此，美国信托制度发展中的独创性改造，丰富和加深了现代信托制度的发展。

3. 以商业银行为主的各种金融机构兼营信托格局形成

银行资本和工业资本的融合，使银行在整个国民经济中的地位不断提高，对国民经济的渗透不断增强。为了竞争的需要，信托机构兼营银行业务的格局转变成了银行兼营信托业的格局。

商业银行在以经营银行业务为主业的同时，被允许开办信托业务。因为信托与储蓄的关系比较密切，两者兼营可以节约顾客的费用、时间和手续，还可以在信托业务的处理上提高效能，为信托公司与顾客双方所欢迎。1913 年《联邦储备银行法》颁布，国民银行正式获准兼营信托业务，后来各州也相继修改州法，陆续同意州立银行也可兼营信托业务。其主要的方式有通过在银行内部设立信托部，或者将银行改组成信托公司，或者银行购买信托公司股票间接操纵信托公司等。至此，商业银行兼营的信托业务有了较快的发展。同时，由于美国政府不允许商业银行买卖证券及在公司中参股，商业银行为了避开这种限制而纷纷设立信托部来办理证券业务。这样，信托业务随着银行的发展得到不断扩大。进入 20 世纪 30 年代，信托公司的数量由于大危机和"罗斯福新政"的影响有一定减少，但是信托资产在美国金融资产中所占的比重却不降反升，到 1932 年，全美信托公司数量只占银行数量的 6%，而信托资产总额却占银行总资产的 23%。

目前大部分商业银行都设立了自己的信托部门来从事信托业务，美国的信托业务基本上由大商业银行设立的信托部所垄断。以保险公司开始兼营信托业务，而后发展到以商业银行兼营为主是美国信托业发展史上比较独特的地方。具有信托业务经营能力的信托公司和银行信托部作为专业的受托人积极地推销业务。

4.信托业在国内发展不平衡

历史上，美国的资本主义商品经济发展曾呈现一定的不平衡，东北部地区比较发达，南部各州则相对落后，这一状况同样反映在信托业发展上。信托业首先在美国东北部地区创办并开展，特别是当时的纽约州，而美国的西部与南部各州则尚未出现，这些州的信托之所以发展不起来，既受当地经济发展状况的制约，也受到其州政府保守的法律之约束，比如禁止保险公司或银行兼营信托业务等。

8.2.3 第二次世界大战后，美国信托业的全面、深入发展

在第二次世界大战以后，当别国还在修复战争创伤和恢复经济建设之时，美国却利用得天独厚的机会和条件，在经济、金融、政治、国际关系等诸多领域建立起霸权地位。特别是在国内金融环境和政府经济政策的推动下，美国经济快速发展，经济的发展带动了信托业的大规模发展。

1.业务领域扩大

第二次世界大战后，美国政府加大了国家干预调控经济的力度，采取温和的通货膨胀政策，刺激经济的发展，于是美国资本市场急速扩大，有价证券的发行量不断上升，信托投资业也获得了更好的发展环境和开拓空间，业务活动领域从经营现金、有价证券扩展到房地产。业务范围和经营手段都时有翻新，包括公司债券信托、职工持股信托、退休和养老基金信托等新的信托业务和信托品种层出不穷，信托资产的规模迅速扩大。各种信托基金资产规模增长的速度大大高于银行，且商业银行的资产中信托资产又占了大部分比例，美国信托资产的总额十分庞大。在当今的美国，信托业务与需求已遍及社会各个领域，人人都在利用某种方式的信托，除商业银行、专业性信托机构办理信托业务外，其他金融机构也在纷纷办理各种信托业务。

2.商业银行兼营信托业务但不混营

美国信托业务多由银行兼营，但不同于日本的信托银行制度，美国的信托业务和银行业务在商业银行内部是相互独立、按照职责严格加以区分的，即实行"职能分开、分别核算、分别管理、收益分红"的原则。一方面对信托从业人员实行严格的资格管理，另一方面禁止从事银行业务工作的人员担任受托人或共同受托人，以防止信托当事人违法行为的发生。信托业作为长期金融和财务管理的专业机构，必须以国民经济发展和居民货币储蓄和财产积累为前提条件，是沟通货币市场和资本市场的有效途径和重要桥梁。这种经营模式上的兼营与业务独立分离式管理方法体现了美国信托制度的独特性，反映了银行业务和专业信托业务的区别与联系。

3.美国是当今信托投资制度最活跃、最发达的国家

同英国的信托投资情况相比较，美国各种投资基金（如对冲基金、套利基金等）的活动非常活跃，并为不同阶层服务。美国是当今信托投资制度最发达的国家，其特点主要体现在以下几个方面：

（1）美国的证券市场十分发达，证券交易量及证券投资工具均处在世界领先水平。发达的证券市场为美国金融信托业的发展提供了肥沃的土壤，并使有价证券信托业务极为普遍。几乎各种信托机构都办理证券信托业务。

（2）商业银行为了规避不允许直接经营买卖证券和在公司中参股的法规限制，设立证券信托部代理证券业务，为证券发行人服务，也为证券购买人或持有人服务。

（3）表决权信托成为有特色的信托投资领域的业务。通过表决权信托，特定受托人代理股东执行股东的职能，并在董事会中占有董事的地位，从而参与管理企业。

4.信托业财产高度集中于商业银行

美国信托业基本上为本国商业银行尤其是大商业银行所设立的信托部所垄断，专业信托公司很少。由于大银行资金实力雄厚、社会信誉良好，而且可以为公众提供综合性一揽子金融服务，竞争的结果是，社会信托财产都集中到大银行手中。目前位居美国前100名的大银行管理的信托财产占全美国信托财产的80%左右，处于无可争议的垄断地位，而且各种托管资产收益已成为许多美国大商业银行的重要收益来源。

5.实践先行、法规随后

美国目前尚没有全国统一的对信托业的单独立法。美国又是联邦制国家，各州有自己的独立法律，各有各的特色。美国与英国属于共同的法系，在此法系下培育而成的信托制度在美国自然会有规范发展的环境。因而，尽管缺少全国统一的信托立法，或信托专门化立法不充分，但信托业务同样能够在健康的环境下规范发展，而且信托的多方面功能容易得到发挥，这对活跃美国金融市场起到了积极作用。

从专门的立法看，美国最早的信托立法是1887年纽约州颁布的，1939年又制定了《信托契约条例》，1940年制定了《投资公司法》和《投资顾问法》，对有关基金业务作出了规范。有些州银行条例以及互助基金等有关法案中，对民事信托、公益信托等作出了必要规范。

6.严格规范信托从业人员的行为

美国十分重视企业管理，从信托业务的特性出发，对信托从业人员制定了严格的规则，主要有：一是禁止从业人员向银行客户购买或出售信托资产；二是禁止从业人员收受顾客礼物或参与信托账户收入的分配；三是禁止从业人员谈论或泄露信托业务以及有关顾客的情况；四是任何参加银行工作的人员都不能担任受托人或共同受托人，以避免同银行进行业务上的竞争。

§8.3　日本信托制度的演变与发展

日本的信托制度是在明治维新后从美国引进的，其创始阶段是从银行兼营信托开始的，这一点同美国以法人受托作为建立信托制度的起点有相似之处，不同之处在于日本从银行兼营信托业务开始业务尝试，有别于美国从保险公司兼营信托业务开始业务尝试。

8.3.1　明治维新后的社会背景与金融需求

1.社会背景

明治维新前的日本是闭关锁国的封建国家，整个社会较封闭。从社会经济状况而言，无现代股份制企业（家族企业偏多）、个人财富数量有限、财富形式单一、金融业不活跃、无保险机构、融资也不畅。明治天皇即位时幕府统治出现危机，改革力量形成。1868年4月，日本明治天皇即位后颁布了"五政"改革诏书，核心思想是振兴日本民族，通过推行现代化改革，使日本在短期内赶超英美等西方现代化强国。这是日本著名的"明治维新"运动的开始。

2.金融需求

从明治维新以后，日本1868—1873年采取了一系列资本主义性质的改革措施，如对外开放、修建铁路、兴办邮局电报电话、统一币制、开办工厂、扶持私人企业、鼓励对外贸易、引进西方先进技术等。此后，工商业迅速发展起来，国力日强。商业资本的发展尤为迅速，那时的东京、大阪和京都成为重要的商业中心。但与此同时，工业资本严重不足，急需有效的筹融资手段支持国内的工业发展。因此，当时的工商各界都急于寻找到快捷的筹资方式。当时经济界的头面人物竭力宣传，希望尽快引进美国的信托制度，因为他们认识到用信托作为筹资手段发展重工业是非常必要的。于是，日本从美国引入了信托制度，商业化运作信托事业[①]，股份公司的组织形式被大量采用。

3.早期信托业务尝试

在日本开办的信托业务，一开始就是经营性法人信托，为工商企业服务，对个人的信托业务则是后来的事。首先经营有价证券的是日本兴业银行，该行在1900年颁布《日本兴业银行条例》，首次正式允许兴业银行经营地方债券、公司债券及股票等信托业务。1902年依条例的规定兴业银行经办公司债的发行业务，以支持本国产业的发展，缓解资金不足的瓶颈问题，后来安田银行（即后来的富士银行）、迪券银行、三井银行等几家主要银行都办起这种业务。可以说日本的信托最初是作为银行的业务发展起来的。

---

① 非营利性的信托在日本很早就已经出现了，有人为了逃避封建诸侯的剥削和较高的租税负担，便把土地送给寺院，使自己变成佃户，从而保证收入。有关金钱信托，据传是当时比较强大的日本封建诸侯为要送钱给在京都的天皇家属，就通过信托方式使天皇家属成为受益者。

8.3.2 初创时期的盲目发展

1.专门化的独立信托机构组建

20世纪初，日本出现了专门管理和运用私人财产信托业务的信托公司，1904年成立的东京信托公司是日本第一家专业信托公司，它在1906年根据日本《公司法》改组为股份组织，这个公司的主营业务主要是经营不动产的管理和不动产的抵押贷款，公司的收益是贷款的利息收入和管理不动产的管理费，并从证券的代理推进到为委托人管理财产的领域。

第一次世界大战期间，日本经济发展很快，也为信托业的发展提供了有利条件。当时战火遍及欧亚非三洲，日本趁机发展国内经济，获得了市场的繁荣，金融活跃，于是东京、大阪、神户等地的信托公司纷纷设立。从地区上看以东京最多，大阪次之；从组织形式看，以合伙设立的公司为最多，其次是股份公司形式。各个信托公司的资金量有强有弱，差距也比较悬殊。当时信托公司经营的主要业务有：财产管理、财产清理和清算，一般代理和证券代理，信用保证和贵重物品的保管，资金融通和资金调查。

2.快速发展中的问题

在第一次世界大战期间发展起来的信托公司的发展有很多隐患：

（1）严格说来，当时信托制度发展的经济基础并不充分，现代股份制企业并不普及，以证券为核心内容的信托业务只是作为快捷的汇集资金及敛财方式。同时，日本各界以及民众对信托本质缺乏正确认识，以为证券业务就是信托的精髓、就是信托业务的主要内容。

（2）政府管理松散，市场准入也不严格，因而盲目设立了大量信托机构，管理松散。从1919—1921年，全国共有大小信托公司488家之多，且兼营银行业务，发展之快实属罕见。

（3）公司内部组织不严密、业务经营混乱、缺少必要的法律约束，许多小公司徒有虚名，实际上在从事高利贷等业务。

（4）由于炒作，证券业务短期盈利明显，投机驱动性进一步加强。信托公司的顾客中有相当一部分属于投机者，并且是靠银行贷款来获得资金支持。一战结束后，英、美等国纷纷进入了经济衰退期，并波及到了日本，使日本信托业初步发展时所潜伏的各种弊病暴露无遗。证券价格跳水，使投机者损失惨重，信托公司倒闭现象迭起。这直接影响到银行贷款本息的按时收回，银行出现流动性危机，一些银行倒闭，引起了社会动荡。

8.3.3 立法整顿下的规范发展

1.初立大法（1922—1943）

在早期的畸形发展之后，日本各方人士认识到有必要整顿以证券公司为代表的信托业，巩固信托制度发展的基础，充分利用其对日本经济的促进作用，于是日本很快进入到有特色的日本信托规范化发展阶段。**日本信托规范化发展是指日本从20世纪20年代起，由政府推动的信托制度规范化发展，目的是把信托业纳入正常的发展轨道，改变不稳定状况。**

日本政府于1922年制定了信托企业须遵守的《信托法》。《信托法》围绕信托原则、信托本质、当事人间的义务等进行了明确的立法规定，并提出不能兼营银行业务。1923年日本政府颁布了监督信托经营的《信托业法》，明确了信托的概念和本质，健全了信托制度，并实现了信托业和银行业的分离。该法颁布后要求现有信托企业根据开业条件，重新申请开业资格。结果依条件申请的有50家，最终获大藏省批准的只有6家，从而淘汰了那些不稳健的公司。这两个基本法保证了日后信托的稳健发展。1928年的《银行法》又进一步明确了信托业务和银行业务的不同分工。这些法律的颁布施行，特别是对信托公司最低资本不低于100万日元的限制，使大量资金不足的小公司很快被淘汰。

整顿后的信托公司资本雄厚、信誉良好、业务量迅速攀升，经营的信托财产由1924年的1亿日元猛增到1928年的12.6亿日元和1936年的22亿日元。与此同时，各信托公司结合日本的国情和经济发展状况，开展了金钱信托等种种独具日本特色的业务品种，并以此来对铁路、矿山等行业进行5至10年的中长期贷款或投资，这种长期金融职能的发挥，使得信托公司开始在日本金融领域中的地位仅次于从事短期金融业的商业银行。

2.第二次世界大战前后

第二次世界大战期间，为筹集战争经费，日本于1943年通过了《兼营法》（即《关于普通银行兼营信托业务的法律》），大量的信托公司被许多有实力的商业银行兼并，以满足其从事信托业务的需要。随后由于战时金融动荡，日本的信托业日渐衰落，信托机构陆续减少，到1945年日本宣布投降时，全国仅剩下7家专业信托公司：三井、三菱、住友、安田、东洋、中央和日本信托公司。战争结束后，日本经济一片混乱。

第二次世界大战后日本经济瘫痪，信托业务减少。1948年大藏省颁布《证券交易法》，规定信托公司不再办理除国债、地方债和政府担保债以外的证券业务，信托公司的经营也陷入困境。战时的信托法规已不能适应这个时期经济形势发展的需要。为了恢复和发展遭到战争破坏的经济，帮助信托公司渡过难关和更好地发挥信托的筹资作用，日本政府接受美国占领军的建议，允许信托公司兼营银行业务。许多专业信托公司借此绕过《信托法》中对信托公司不得兼营银行业务的限制，先在形式上转为银行，然后再根据《兼营法》兼营信托业务。1948年日本颁布《金融机构整顿法》，对战后日本金融体制进行了改革。其中改组后的信托公司称为信托银行股份公司，简称信托银行。信托公司除一家转化为证券公司之外，其余全部更名为信托银行，日本的信托业进入了兼营阶段。在业务上，信托业务占80%，银行业务占20%。之后的50年代，日本的信托公司和信托业随着日本经济的起飞获得深入发展，重获新生。

3.分营、创新和蓬勃发展阶段（1953年至90年代初）

信托银行成立后不久，根据大藏省"金融制度调查会"申述提出的建议，本着"适应战后新形势的金融制度整顿方针"，日本政府于1953年对信托业重新确立了分业经营的模式，并提出了长期与短期金融分离的经营方针，规定信托银行要发挥长期金融职能，以信托业务为主，只在与信托有关的范围内经营银行业务，银行兼营的信托业务（即银行的信托部）要分离出去，移交给信托银行经营。这种做法有一定垄断色彩。严格的立法整顿理顺了银行和信托业的关系，确定了信托业在金融业中的地位，对经济发展起了重要作用。

日本的信托业务又重新集中到三井、三菱、住友、安田、东洋、日本和中央这七家信托银行手中。从20世纪70年代后半期开始，日本进入了"信托时代"，信托业随着日本经济的高速发展获得了蓬勃发展，其在金融领域中的地位也逐步上升，1989年，信托银行占主要金融机构的资金比例由1960年的8.4%上升到18.55%。

在此期间，信托业务的品种不断增多。各信托公司先后推出了大量的基于日本国情的特色信托业务，如年金信托、财产形成信托、住宅贷款债券信托、公益信托、特定赠与信托、财产奖金信托等，信托业务逐步走向成熟，并结合土地信托及有价证券信托等欧美传统业务，使日本信托业的金融服务功能和财务管理功能得以充分发挥，为日本经济高速发展作出了积极贡献。

4.调整、重组及重新探索阶段（20世纪90年代以来）

1985年之后日本的股市和房地产市场急剧膨胀，逐渐形成泡沫经济。在泡沫形成期间，日本的许多信托公司将大量的信托资产投向了股市及房地产市场。90年代经济泡沫破灭之后，各信托公司的资产急剧缩水，大量的不良债券及停滞不前的日本经济使各信托公司同其他金融机构一样陷入了前所未有的困境。有日本学者称90年代为"失去的十年"。与此同时，欧美国家的商业银行开始混业发展，使日本金融机构的国际竞争力受到严重挑战。值此之际，日本的各大信托银行不得不与其他金融机构一起走向了合并重组之路。

1999年排名第三的三井信托与排名第六的中央信托合并，2000年三菱信托、日本信托和东京三菱银行决定实行联合经营。1998年日本《金融系统改革法》正式实施，为了保护客户的资金，该法规定证券公司有义务利用信托财产的独立性和破产隔离性，将该资金和有价证券进行信托，这就是客户分离金信托制度。1998年日本又颁布并实施了《SPC法》（即《与资产的流动化相关的法律》），2000年又进行了修改，引进了特定目的信托制度。2000年日本对于信托投资制度的重大修改主要体现在将集合投资方案区分为资产流动型方案和资产运用型方案，在此基础上按照这种思路分别修改了《资产流动化法》和《证券投资信托及证券投资法人法》。其中《证券投资信托及证券投资法人法》被更名为《投资信托及投资法人法》。具体修改内容包括把投资信托的信托财产运用范围由原来的有价证券扩大到包括有价证券、不动产、不动产租赁权、匿名合伙出资份额、信托受益权等。

2006年，日本对施行84年的《信托法》进行了重大修改，这次修改主要体现为确立了民事信托、商事信托和公益信托的共同准则；增加了包括受托者义务合理化在内的任意性条款，增加了大量任意性规范；增强了法律用语的科学性和制度的可操作性。同时基于以上思路，《证券交易法》也被修改并改名为《金融商品交易法》，引进特定信托合同概念。

8.3.4 日本信托制度发展的主要特点

1.有健全的法律制度作为信托制度发展的依据和保障

日本的信托立法整顿及时到位，并在以后的发展中不断完善。通过不断的立法调整，使在日本专门从事信托业务的信托银行，作为长期性金融机构发挥了作用。总之，日本政府就是如此又整顿、又扶持引导，配以政府的积极干预，而非完全靠市场自发调节，最终使信托业健康发展起来。

日本的信托业除了有《信托法》、《信托业法》和《兼营法》这些基本的法律对行业内的公司从全局上加以规范和约束外，还根据不同的信托业务种类设立了许多信托特别法，如《贷款信托法》、《证券投资信托法》及《抵押公司债信托法》等。此外，许多新设的信托业务都与政府颁布的其他法律密切相关，并往往以其作为该项业务创办的依据，如年金信托中的退休金信托、福利养老金信托便是分别以修订的《法人税法》和《福利养老金保险法》而设立的，财产形成信托则依据《继承税法》修订案而创设。健全的法律制度使日本的信托业经营有了准确的法律依据和切实的保障，对规范业内经营并为其稳步、健康、有序地发展奠定了基础。

2.行业集中发展的市场格局

日本信托业的经营机构随着1922年和1943年的两次法律规范而急剧集中。1950年之后，由于政府审批信托业比以前严格，日本的信托业便一直集中在7家信托银行手中。近年来随着日本经济、金融持续萧条，日本的信托业不断合并重组，有进一步集中的趋势。

日本信托业的这种寡头垄断的市场格局不仅有利于行业规模效应的发挥，而且还便于政府的集中管理和控制，为日本信托业的创新和稳步发展起了积极的推动作用。

3.结合国情，注重创新符合本国需求的特色信托业务

日本从美国引进信托制度以后，并没有照搬英美国家的模式，而是比较注意结合国情并予以创新，从而进一步激发了信托银行开发、扩充新业务的积极性和活力。

日本信托业务基于社会需要和民俗，并未如美国那样全面发展以各种信托财产为对象的业务，而是强调有关货币资金的信托，**日本的资金信托是指由信托机构经办的资金形态的信托财产委托业务，约占信托业务的90%，主要包括：贷款信托、证券投资信托、年金信托等。**

20世纪60—70年代是日本经济高涨的年代，这一时期日本的7家信托银行大

力发展适合日本国情的信托业务，为日本经济建设提供了大量的长期资金，对国民经济从战后恢复到高速成长直至目前的发展都产生了极大的影响。比如，贷款信托属日本首创的一种资金信托业务。**贷款信托是指资金信托中指定融资形式，不指定对象范围的信托业务，通过贷款信托所筹集的资金支持了日本钢铁化工，支持了水电煤气、运输通信等行业的发展。**

4.重视信托观念的宣传和普及

在普及信托观念上，日本于1919年创立了信托业协会，1926年成为法人组织，其致力于信托观念的普及及业务的推广、研究和改进，促进了信托业者相互间的交往和合作等，并创办了《信托杂志》，定期举行信托讲习会。同时，信托业协会创立了信托研究奖学金制度，促进了信托业的发展和创新，增加了人们对信托业的了解。信托银行开办年金信托、财产形成信托、职工持股信托等集团信托（委托人为多人），与国民大众密切联系，起到了对信托事业的宣传作用。特别值得一提的是，日本高等小学课本上都收有关于信托的一般知识。日本政府通过对信托思想的普及，使本国的信托业迅速发展。

5.严格实行银行、证券和信托业的分业经营

日本政府通过各种法规和行政条例对信托公司的各项业务范围提出了严格的分业要求。除7家信托银行和3家商业银行之外，其他银行都不得经营信托业务，而兼营银行业务的信托银行也仅限于在与信托有关的范围内进行。在具体的业务经营中，日本的信托业还根据政府"长短期金融相分离"的原则，利用日本的信托财产大都是长期稳定财产的优势，确立起了自己在长期金融领域中的重要地位，与长期信用银行成为日本长期金融业务领域中的主要从业者。

思政课堂

从全球潮流看我国信托创新转型方向

信托制度以创新灵活著称，并伴随社会发展而扩展应用领域。从全球趋势看，信托制度应用已经从资产管理逐步转向私人财富管理以及老龄化等社会问题解决上来，这在大陆法系国家地区表现得特别明显。我国信托公司正值转型发展关键时期，不仅要学习全球信托发展的过往经验，更要紧跟当今世界潮流，汲取最新发展经验。

欧美是信托制度的发源地，民事信托和商事信托都非常发达，重点聚焦私人财富管理需求。相较于较早期的家族信托、遗嘱信托、各类财产管理信托，当今，欧美国家仍在深化信托制度的创新应用。

日本是较早引入信托制度的大陆法系国家，其应用信托的路径引领其他大陆法系国家。日本早期更加注重信托制度在投融资方面的应用，以此支持经济发展。随着日本经济的放缓以及老龄化社会的加快发展，日本信托制度应用重点已经逐步发展转变，正在经历从营业信托向民事信托、从资产管理向私人财富传承应用转变的重要阶段。

我国应重视利用信托解决社会发展突出问题。

过去，受到社会发展影响，我国信托制度应用强调集合理财，但是并没有形成可持续的业务模式，也忽视了信托制度在满足个人财富管理和解决社会问题方面的创新应用，导致信托功能和社会价值效应并不明显，未来需要结合全球经验和我国国情进一步推动信托应用创新，应着重开展的工作主要有：一是持续丰富信托种类、二是深化信托制度的私人财富管理应用、三是重视应用信托制度参与社会治理。

资料来源：袁吉伟. 从全球潮流看我国信托创新转型方向［EB/OL］.［2021-10-28］. https：//baijiahao.baidu.com/s？ id=17148305022666 83343&wfr=spider&for=pc.此处为节选.

本章小结

美国信托业从英国引进，其创新在于在企业组织形式发展充分的前提下直接开展法人信托，使本国的信托业领先于世界。日本的信托业起步最晚，但是发展最快，因为它吸取了英美国家的成功经验，通过政府的干预和调整，并结合自己国家的实际情况进行创新。英国信托业务与其他国家相比最为显著的特点是以个人信托业务为主，此外还具有集中发展格局、从海外市场开始以及从无偿信托到有偿信托的过渡时间较长等特点。美国信托制度虽然是从英国引进的，但也有其独特之处，体现在信托制度的公司化发展和保险公司出于兼营业务需要率先开始引入信托业务两方面。日本的信托制度创始阶段是从银行兼营信托开始的，这一点同美国以法人受托作为建立信托制度的起点有相似之处，不同之处在于日本从银行兼营信托业务开始业务尝试，有别于美国从保险公司兼营信托业务开始业务尝试。

综合训练

8.1 单项选择题

1.世界上最早创设信托投资制度的国家是（   ）。

A.英国   B.美国   C.日本   D.中国

2.英国信托业务与其他国家相比最为显著的特点是（   ）。

A.信托业集中发展格局

B.信托投资业务从海外市场开始

C.以个人信托业务为主

D.从无偿信托到有偿信托的过渡时间较长

3.美国的信托制度从英国引入，但没有拘泥于英国的形式和内容，因此相比于英国的信托制度，美国信托制度的独特之处体现在（   ）。

A.以个人信托业务为主

B.信托制度的公司化发展

C.信托业集中发展格局

D.信托投资业务从海外市场开始

4.当今信托投资制度最活跃、最发达的国家是（   ）。

A.英国　　　　　　　B.美国　　　　　　　C.日本　　　　　　　D.中国

5.日本的信托制度是从哪个国家引进的？（   ）

A.英国　　　　　　　B.美国　　　　　　　C.德国　　　　　　　D.中国

8.2 多项选择题

1.下列关于英国信托制度发展特点的说法中，正确的是（   ）。

A.以个人信托业务为主

B.信托业集中发展格局

C.信托投资业务从海外市场开始

D.从无偿信托到有偿信托的过渡时间较长

2.美国信托制度建立的独特之处体现在（   ）。

A.信托制度的公司化发展

B.保险公司出于兼营业务需要，率先开始引入信托业务

C.严格实行银行、证券和信托业的分业经营

D.商业银行兼营信托业务但不混营

3.第二次世界大战后，美国信托业全面、深入发展，下列说法中正确的是（   ）。

A.业务领域扩大

B.商业银行兼营信托业务但不混营

C.信托业财产高度集中于商业银行

D.实践先行、法规随后

4.在第一次世界大战期间，信托公司发展迅速，但也存在很多隐患，主要体现在（   ）。

A.严格说来，当时信托制度发展的经济基础并不充分，现代股份制企业并不普及，以证券为核心内容的信托业务只是作为快捷的汇集资金及敛财方式

B.政府管理松散，市场准入也不严格，因而盲目设立了大量信托机构，管理松散

C.公司内部组织不严，业务经营混乱，缺少必要的法律约束，许多小公司徒有虚名，实际上在从事高利贷等类业务

D.由于炒作，证券业务短期盈利明显，投机驱动性进一步加强

5.下列关于日本信托制度的发展特点说法中，正确的是（   ）。

A.有健全的法律制度作为信托制度发展的依据和保障

B.行业集中发展的市场格局

C.结合国情，注重创新符合本国需求的特色信托业务

D.严格实行银行、证券和信托业的分业经营

8.3　简答题

1.如何理解信托制度的渊源与英国司法体系下的遗赠之间的密切关系。

2.简述英国信托业务和特点。

3.简述美国信托业务和特点。

4.简述日本信托业务和特点。

5.结合英国、美国和日本信托业的发展特点，阐述我国信托业的发展方向。

第9章

我国信托制度的引入与发展

导读

　　本章专门介绍我国信托制度的引入与发展历程。信托制度在我国主要经历了3个发展阶段：第一阶段是1920年至1949年信托制度引入中国并得到初步发展；第二阶段是中华人民共和国成立至改革开放之前；第三阶段是改革开放之后。另外，本章专列一节介绍信托业的全国性清理整顿历史。

关键概念

　　"民十信交倒闭狂潮"　中央信托局　公私合营银行　"大一统"金融管理体制　"一法三规"　风险资本　风险资本系数

§9.1 我国信托制度的引入与早期发展：1920—1949

9.1.1 我国引入信托制度的背景

在我国，信托是在1920年从日本引入上海的，以后扩展到全国各大城市。信托为什么会在20世纪20年代引入上海呢？

1.上海的城市特殊性

（1）20世纪20年代的上海已成为远东最大的商贸、金融城市。上海之所以能够成为国际交往的中心城市，与其所处的地理位置及上海的地理条件有着密切关系。从地理条件上看，上海近代地理条件的改造、黄浦江独具的深水岸线和泊位，以及连接国内外海、陆、空交通体系的初步建成，都从区位条件上为上海成为20世纪初的金融中心奠定了重要基础。

（2）上海在全国经济中心地位的确立。随着由以上海为中心的主要商贸路线网络密度的上升，及主要经济资源和人力资本的趋向集中，近代上海的绝对经济中心地位也就由此展开和确立了。在1910年以前的绝大部分年代中，上海外贸占到全国总额的50%以上。

（3）经济活动的聚集创造出对金融服务更大的需求空间。而上海对贸易流转和资金本身流转的支持更使上海的金融业成为全国的风向标。

2.第一次世界大战期间大量游资的形成

第一次世界大战期间，帝国主义放松了对华侵略，国内民族工商业有了发展的机会，投资办企业很是盛行，民族资本得到发展。但是第一次世界大战结束后情况迅速改变。第一次世界大战后，帝国主义卷土重来，在经济上加强对华侵略，如日本为达到占领中国市场的目的，曾将其某些工业品以低于成本的价格倾销于中国，排挤中国本土的民族工业，使其纷纷倒闭。20世纪20年代初正是第一次世界大战后的整理、商务停顿时期。中国出口货物受到很大影响，交易额大大减少，出口净值从1919年的630 809 000海关两下降到541 631 000海关两。而这一时期因国内军阀混战、农业连遇灾害、民不聊生、购买力不足，民族工业品内销外销非常不畅，民族工商业发展停滞。民族工商业的这种不景气，使大量第一次世界大战时期积累起来的资本，除了增加银行储蓄外，找不到出路。

由于大批民族企业倒闭，上海的钱庄也变得非常谨慎，不敢贸然放贷。在1921年2月19日，上海市面银元达4 600多万两，银元库存达3 700万两至3 800万两。银元数额之多，是前所未有的，因此也使利息非常低，上海聚集的大量资金需要寻找有效的流动渠道。社会上积累了大量游资。这些游资需要不断寻找增值的机会，随时扑向有利可图的地方。

3.邻国日本的影响

第一次世界大战期间及战后，英美日的交易所事业（物品交易所、证券交易

所）日趋发达，同时，为交易所业务服务的证券公司也大大发展。日本信托业在 20
世纪初发展极为迅猛，自 1902 年兴业银行率先开办信托业务以来，到 1921 年日本国
内信托公司已达 514 家，资本总额为 352 224 000 日元，实收资本为 110 801 000 日
元。日本信托业的飞速发展，引起了一水之隔的中国一些学者的关注，各种报刊开
始不断介绍信托业的情况，信托业渐渐被一部分国人了解。交易所的出现与证券公
司的发展，能使社会闲散资金或游资转成长期投资的资金，且各阶层各行业都能参
加，受到社会的欢迎。

于是，在 1920 年我民族工商业不景气、游资又多的情况下，交易所和证券公
司很快就被引入国内。中国的信托与交易所几乎同时由日本传入。中国最早出现的
专业信托机构是在 1913 年，日本为了控制中国东北地区的黄豆交易市场而设立的
大连取引所信托株式会社。

9.1.2　我国信托业的早期建立与畸形发展

我国信托业的早期建立与发展状况与日本初期非常相似。信托公司与交易所在
商品、货币、信用没有得到充分发展的社会基础上，畸形发展起来。

1.机构规模

1920 年 7 月 1 日，上海证券物品交易所开业，开业后反响非常大，半年不到的
时间就使年收益率超过 80%，获利丰厚，巨额的利润诱发了游资投机的狂热，交易
活动非常活跃。从 1921 年春天开始，各行各业无不开设交易所，从证券、标金、
棉花、面粉到煤油、砖瓦、香烟、皂烛、火柴、杂粮、油饼，等等，应有尽有。到
了夏季，由于"橡皮风潮"的影响，一些谨慎的银行开始转变态度，这使交易所资
金来源成为问题。但超额的利润使投机者欲罢不能，他们开始创办信托公司募集社
会闲置资金，然后以交易所的股票向信托公司抵借资金。

知识链接

"橡皮风潮"

1903 年，英国商人麦边在上海开办了一家专门经营橡胶的公司，名叫"兰格
志拓殖公司"。1910 年，麦边趁橡皮股火爆之机，在报上大登广告造势，吹嘘自己
的公司在南洋购买了大片橡胶林，宣称就要丰收。上海商民受其蒙蔽，竞相购买。
钱庄也以为这项股票远胜现金，争先收贮。兰格志拓殖公司的股票一举从每股 10
块大洋涨到 80 块大洋。该英国商人在股价拉高以后大肆派发，巨款到手，然后溜
之大吉。逃走以后留下的股票就变成一文不值的废纸，股票价格随之一落千丈。很
多钱庄和银行倒闭，个人投资者倾家荡产，甚至自杀。

1920 年 8 月 1 日，中国第一家信托公司——上海通商信托公司成立。此后到
1921 年夏秋之季，上海出现了 12 家信托公司，资本额合计高达 8 100 万银元，平均
每家信托公司接近 700 万银元，按实收资本额计算也接近 200 万银元，这种发展规
模是反常的。当时资本总额在 200 万银元以上的华资公司并不多见。据《银行周
报》的调查，当时实收资本在 200 万银元以上的银行仅有 9 家。信托业的资本规模

几乎达到上海华资银行二十余年的发展水平。短短一年时间，仅上海一地就有100余家交易所和10多家信托公司开业。这种发展势头迅速蔓延到全国，如京、津、汉口等地，形成交易所和信托公司发展的"信交狂潮"。一个国人完全陌生的新兴金融行业，能够在短短数月之内吸引巨额资金眷顾，这种发展态势有悖常理。事实上，当时交易所和证券公司的发展并没有坚实的社会经济基础，从民族资本的发展看，组成股份公司并上市并不是民族资本家看好的形式，因此这一前提下形成的快速发展只能是在投机驱动下的、脱离社会经济发展实际情况的盲目、过度的畸形发展狂潮。

2.业务经营

北洋政府沿用晚清的银行则例和注册章程，对储蓄银行、实业银行、商业银行的经营范围分别有所限制，但对信托公司这种新鲜事物还来不及制定专门的法规。因此只要按公司条例进行注册，信托公司的经营范围几乎不受任何法律限制。没有切实的管理，继而引发了一些货币信用深层次的混乱。

在实际中，出现了两种情况：一是以投机为目的的信托公司，经营的唯一目的就是与交易所联手从事股票投机。二是以存款、保险为主业的信托公司。这类信托公司的发起人和经营者主要为银钱界资深人士，对投机的警惕性使他们不以股票投机为主业。信托公司在经营中并没有与银行区别开来，所接受的信托资金数额极少，并没有发挥其资产管理的功能，主要仍从事银行业务。此外，信托公司还从事一些代理业务，如代理房地产买卖、经收房租、代理有价证券、代保管和仓租业务。

3."民十信交倒闭狂潮"

"橡皮风潮"使上海银钱业对这股投机倾向十分敏感，在银钱业公会联合的压力下，农商部与法租界当局纷纷采取措施取缔交易所投机，银钱界也采取一致行动反对交易所。市面银根日益紧张，1921年11月开始，交易所资金不断大量抛售股票，股价暴跌之后，信托公司所持有的交易所抵押股票就成为废纸，这一事件被称为"民十信交倒闭狂潮"。**"民十信交倒闭狂潮"是指发生在民国十年（1921年）的交易所和信托公司从"信交狂潮"走到"急剧倒闭"，并在全国连锁反应，形成的大规模倒闭事件。**这一事件让中国金融业对信托应如何发展有了较清醒的认识，即信托业的发展不具备银行业和钱庄业那样的坚实基础。到1922年3月，140余家交易所只剩下12家，而12家交易所中的信托公司仅存中央和易通两家。风潮过后的数年间，信托公司在营业能力和规模方面虽然有不小的进步，但仍无法扭转信托主业与其他兼业本末倒置的经营情况。

1927年南京国民政府成立之后，上海成为全国最大的金融中心。信托业打破了倒闭狂潮后一度沉寂的局面，呈向上发展态势。

9.1.3 两类信托机构发展的定位及格局

1927—1949年是当时的国民政府深入介入和干预、控制金融机构的时期，因而这个时期民族资本创办的金融机构发展受到了排挤。

1.民族资本创办的信托机构

1930年前后，由于各银行增加货币发行，内地时局动荡，资金纷纷集中于以上海为首的沿海通商大埠。加上当时国际银价下落，大量白银涌入中国，资金的过度充裕导致了信用膨胀，有价证券和房地产成为游资的逐利之选。随着房地产、有价证券投资交易活动的日益兴盛，各种相关代理业务的需求也剧增。信托公司既可以经营代理业务，又可以吸收社会资金投资证券和房地产，呈现出蒸蒸日上的发展势头。

这一时期民族资本创办的信托机构在经营上的特点是：（1）经营状况总体较稳定，存活率较高，基本上脱离了投机。（2）信托投资成为一些信托公司的主营业务，但由于国内投资市场狭窄、品种单一，信托公司的投资主要集中于房地产和政府公债。（3）商业银行业务仍是大部分信托公司的主营业务，只有极少数的信托公司主营真正意义上的信托业务。其主要的业务种类为：（1）信托存款。一般是保本保息又分红的存款，这实际上是一种变相的信托投资。（2）信托投资。有指定信托投资和任意信托投资两种。（3）证券业务。包括代募股款、代收股款、代销股份、代理还本付息和代理分红。（4）房地产业务。包括代理买卖房地产、代理经收房租、代办房屋维修和管理。（5）保险业务、代保管业务和仓库业务。（6）代理收付款业务和办理各种信用保证。

信托公司业务银行化的主要原因是：（1）这一时期华商信托公司数量增加较快，而信托的需求增长相对较慢，金融信托市场供大于求的矛盾没有得到解决。在信托主体和可供信托的财产都十分有限的条件下，为求生存和发展，又不想沦为投机，必然出现银行争存款、争业务的现象。（2）1930年前后上海市面资金充裕，银行存款利息很低，相对于更易于获得的存款，信托存款业务对信托公司自然失去了吸引力。（3）大部分信托公司的经营者和银行界都有着千丝万缕的联系，其经营手法不免受到银行经营模式的影响。（4）民国政府一直没有颁布专门的信托法规，没有约束信托公司银行化的经营方式。（5）信托公司没有确立自己财产管理机构的地位，也没有发挥自己融通长期资金的功能，只是把自己作为银行业的补充，以"小银行"的地位附属、依赖银行业，从而丧失了在金融业中应有的独立地位，使信托业务拓展难上加难。

2.国民党政府官僚资本创办的信托机构

（1）上海市兴业信托社。上海市兴业信托社是官办信托的初期尝试。官办信托是指由官僚资本控制的信托业或信托业务，以20世纪30年代官办信托业的出现为标志。1933年10月，国民党上海市政府创办了"上海市兴业信托社"，它是中国第一个官僚资本的信托组织。"一·二八事变"以后，因战事影响，上海市面萧条，政府为解决市民居住问题、振兴市面，倡导与市政相关的公用事业而建立该社。它的运营资金绝大部分来自资本金及上海市银行提供的借款。按市政府的意向，兴业信托社偏重于经营具有垄断性质的市政公用事业。此外，房地产投资和轮渡管理也是该社的主要经营方向。

（2）中央信托局。**中央信托局是 1935 年在上海开业的真正具有影响力的官办信托机构，也是国民党政权为控制对外贸易，插手商业活动，建立的四行（中中交农）二局（中央信托局、邮政储金汇业局）一库（中央合作金库）金融机构体系中的一个重要的金融组织，南京国民政府通过这个体系集结了金融势力，也集结了大量货币。**南京国民政府自成立以来，对外采购各种物品，尤其是军火需求日切，购买军火需要有一定的商业机构来掩护，而且对外采购事务手续烦琐、数额巨大，必须有专门的机构来办理。另外，1934 年新生活运动开始后，要求在军人和公务员中开展强制储蓄。随着军人储蓄范围的扩大，也需要有特殊的机构负责办理。同时，国民政府也逐渐认识到信托业的重要性——"信托事业，为信用经济时代社会上必需之要务，其范围可以分为动产、不动产、保证、债券、财产权及各种信托，还兼营储蓄、保险、仓库等事业"。1935 年 10 月官僚资本的中央信托局在上海正式成立。实收资本为法币 1 000 万元，相当于当时全部民营信托业实收资本的一倍。中央银行对该机构一次拨足资本金，总部在上海。由于中央信托局是以国民党政府的名义成立的，成立之初就以信托业"领袖"自居，扩展极快，在全国 20 多个工商业发达的城市设立了分局。

（3）中央信托局的主要业务。就实际经营来看，以吸收特种储蓄存款和信托存款为获取营业资金的主要方式是中央信托局与其他银行和信托公司的不同之处。归纳起来，中央信托局的主要业务如下：①储蓄业务。除一般储蓄、特种有奖储蓄外，中央信托局还办理公务员储蓄、军人储蓄，后两种储蓄业务由中央信托局垄断，民营信托不得办理。②信托业务。中央信托局的信托业务包括办理国民党政府的国营、公用事业或国民党政府注册的股份公司债券、股票的募集、发行、登记、保证及代付本息；办理机关团体的存款信托；办理机关团体的基金信托、特约信托；办理国民党政府"公有"财产的检查或整理，设计或清算，以及法院指定许可的信托业务。上述业务由中央信托局垄断，民营信托不得办理，但民营信托可以经营的投资信托、证券买卖等业务，中央信托局同样可以办理。③保险业务。中央信托局的保险业务包括人寿险、财产险和兵险等。④保管业务。中央信托局的保管业务主要经办国民党政府机关和其他团体等的文件、契据、证券及物料的保管。

3.两大类信托机构不均衡的发展格局

（1）官办信托机构设立的主要目的是满足政府的特殊需求。比如，兴业信托社经营的宗旨是"不求利益，但求事业能逐渐发展，一方面联络银行界与市民，锐意谋本市区域商业之振兴，一方面辅佐市政府办理各种公用事业之完成，及市区道路交通之便利"。官办信托无意扶助信托业的发展。中央信托局的设立最重要的使命也是承接政府委托的各种业务，如代理政府购料及吸收特殊储蓄等。

在实际经营中，上海市兴业信托社和中央信托局均以经营政府机关的信托业务为主，由政府确定其内部组织结构、主要人事安排与营业方针，具有浓厚的行政干预色彩。由于它们享受特殊政策照顾，资金来源充足，经营的大部分属于垄断性业务，其经营模式对于其他信托机构来说既没有指导意义，也没有可借鉴之处。但这两家官营信托机构的出现，以其组织之完善、规模之庞大、发展之神速，无形中代表了当时上海乃至全国信托机构发展的最高水平。

（2）民营信托机构发展后天失调。由于官办信托机构地位特殊，从一开始就拥有许多民营信托业不可能有的特权，所以它的成立极大地排挤了民营信托业，使中国的信托业难以正常发展。总的来说，旧中国的民营信托业先天不足，后天失调。先天不足是指创始期资金薄弱、投机性突出、经营不稳健、脱离实际需要、畸形发展。这与日本信托法公布前的情况相似，所不同的是日本能够主动整顿，而我国是被动淘汰，没有制度化、法律化。后天失调是指在发展期受到官办信托的控制、排挤、打击，得不到健康发展，这在其他国家是少有的。官僚资本统治对民营信托业在资本总额、业务范围等各方面制定了许多限制其发展的规定。

（3）民营信托机构没有形成行业规模，也没有自成体系。可以说，旧中国信托业与银行业几乎是同时起步的，但在金融业界真正自成体系的是银行业、钱庄业（银号、票号）、典当业、保险业、证券业，它们都有自己的同业联合组织，而信托业并未形成同业组织，基本归入银行业中。其主要原因是地区和工业门类发展不平衡（政权之争造成），信托在国内没能作为一个独立的行业（没有自成体系）发展起来，而且专业分工不明确，如有些机构虽叫"信托投资公司"，但核心业务不明确，实际上是以银行业务为主，信托业务为兼业。另外，也没有相关立法。

抗战全面爆发前夕，民营信托业的经营者曾为扩展业务、发展自己，有过各种活动，专门研讨信托的理论与实务，讨论法规，提高自身在金融业中地位，但收效不大。这与官僚资本控制的官办信托的排挤有关。

4.外资信托机构

这段时期设立外资信托机构的投资者主要是在华开展业务的洋行。这些外资信托机构的经营模式与欧美各国信托公司相似，主营各种信托业务，重点放置于有价证券及不动产买卖的管理和投资上，但绝大部分外资信托机构的设立是外商处理闲置资金的一种方式，属于短期牟利的投机行为，其经营状况并不稳定。

从1921年开始，国内信托机构的力量就一直在上海信托业中占绝对优势，外资信托机构的存在并没有引起国内信托界的特别重视，国内信托公司业务没有效仿外资公司的经营模式，但不可否认的是这些外资信托公司具有某些特殊优势，比如庞大的规模、完善的内部组织以及沿用美国法律获取委托人特别信任的方式等都是很有启示作用的。

§9.2 中华人民共和国成立后信托业的发展

9.2.1 中华人民共和国成立后信托业发展面临的环境

1.从旧中国接手残局

1949年10月1日，中华人民共和国成立，金融业翻开了新的一页。中华人民共和国诞生之时，面临着国民党当局留下的烂摊子。在经济崩溃、物价暴涨、民生凋敝、帝国主义国家对中国采取包围封锁的情况下，摆在当时中央人民政府面前的首要任务是如何尽快治理已长达14年的通货膨胀，以安定民生、调整经济、着手建设国家。

2.经济发展水平低

1949年全国工业农业总产值同历史上最高的1936年相比较，重工业下降了70%，轻工业下降了30%，农业下降了25%。1949年，人民政府的财政收入折合小米只有152.5亿斤，而财政支出却有283.5亿斤。抗日战争结束时，国民党政府的中央银行曾拥有8亿多美元和2 000多万两黄金储备，但其中大部分被国民党政府用于内战。1948年冬和1949年2月，国民党政府把剩余的257万两黄金运往中国台湾，外汇全部被转移。人民政府接手时，只剩下6 180两黄金、29 979两白银、1 546 643枚银元、8 678美元、153英镑、38 852港元。1950年，银行所吸收的居民储蓄存款，按人口平均不到1元（1955年新币）。在极端困难的条件下，统一财经工作是克服财政经济困难的首要任务，国家采取"三统三平"措施，整治金融市场。

3.社会环境复杂

1949年10月1日中华人民共和国宣布成立以后，解放战争继续在南方和西南进行，政府支出大大超过收入。入不敷出的巨大赤字继续用扩大发行货币的办法来解决，在新政权成立后的最初几个月，通货膨胀基本上仍在继续，势头不减。在1949年11月至1950年2月期间，物价上涨了一倍。

在新政权成立后的6个月内，它采取了前所未有的集中财政和扩大征税基础的措施，从而提供了打破极度通货膨胀的必不可少的先决条件。中央政府通过统一的财政制度剥夺了地方政府可以按照它们管理的税收花钱的权利。这使得从国民党时期起的螺旋式上升的通货膨胀被遏制，但1950年秋抗美援朝战争使军费增加，全国物价水平上涨了20%。当时总管经济政策的陈云提出"抗美、稳定、建设"的方针。

同一时期，制度改革的渐进方法在农村地区占上风。至1952年土改结束，全部耕地的40%～50%的所有权易手。最后形成的制度是农户的收入主要与他们的劳动挂钩，土地和其他财产归集体所有。

9.2.2 信托机构与业务的改造政策

中华人民共和国成立后，对不同的机构采取不同的改造政策。

1.对官办信托：接管与清理

1947年在《中国人民解放军宣言》中就提出了"没收官僚资本"的口号。毛泽东在《目前的形势与我们的任务》中，进一步把"没收蒋介石、宋子文、孔祥熙、陈立夫为首的垄断资本归新民主主义国家所有"，与没收封建阶级土地归农民所有和保护民族工商业，归纳为新民主主义的三大经济纲领。

随着人民解放战争的胜利发展，没收官僚资本的工作全面展开。中国共产党中央规定没收对象为"国民党中央政府、省政府、县市政府经营的，即完全官办的工商业"和"著名的国民党大官僚所经营的企业"。没收官僚资本的范围包括：工厂、矿山、商店、银行、公司、仓库、船舶、码头、铁路、邮政、电报、电灯、电话、自来水、农场和畜牧场等。官僚资本在国外的财产也为人民政府所有。

为迅速摧毁垄断金融资本的统治，人民政府对国民党经营的官办信托业，包括中央信托局及其在各地的分支机构以及中国农民银行、中央合作金库和各省市地方银行附设的信托部，采取了坚决没收的政策，予以全部接管并清理。同时对一些有商业股份的信托机构，如旧中国银行、旧交通银行所附设的信托机构，随同官僚资本银行的接管进行改造，使其成为社会主义金融信托的组成成分。

2.上海信托机构的改造

1949年11月1日，中国人民银行上海分行信托部在改造后的旧中国银行和旧交通银行信托部的基础上建立起来。一方面它接办了旧中国银行信托部的房地产、保管、信托和代理业务，另一方面还接办了旧交通银行的包储业务。因而上海市分行的信托部经营的主要业务有如下5类：

（1）房地产业务。此项业务以经营上海金融系统在上海解放时接管的公共房屋为主要业务，包括办理房屋租赁、买卖及职工宿舍的调配和管理。

（2）运输业务。中华人民共和国成立初期，为了促进城乡物资交流，推进上海与香港间的铁路运输，反击帝国主义的经济政治封锁，信托部还配合人民银行的押汇业务和中国银行的对外业务开办了国内运输和出口运输业务。

（3）仓库业务。此项业务的开展是利用解放时所接管的旧银行仓库进行的，主要承办人民银行的放款及与上述运输业务有关的包储业务。

（4）保管业务。旧中国银行曾经拥有号称"远东第一流"的保管箱。解放后，上海市人民银行信托部的保管业务就是在接管中国银行和其他银行原有的17 000多只保管箱的基础上开办起来的。该保管业务除为公营单位保管贵重物品及有价单据外，也供个人租用。

（5）其他代理业务。此项业务主要是代理购销和代理保险业务。私人工商业主利用银行与企业的存放业务关系，委托开展同城或异地间的代购代销业务。代理保险业务则通过运输业务和房地产业务的开展，代客办理运输保险和代理投保房屋险。

3.天津信托机构的改造

中国人民银行天津分行也在接管、清理、改造旧信托机构的基础上建立过信托部，但经营不久就被撤销了。

试办信托业务时间稍长的信托机构是1951年天津市地方集资成立的公私合营天津市投资公司。该公司在成立之初原属天津市人民银行，1953年由天津财委接管领导，其主要业务有：

（1）发行投资信托证券。该公司于1951年和1953年分别发行了两期信托证券。此项业务以投资公司转存发行总额的15%于人民银行为条件，由天津市人民银行担保发行，保付本息。证券采取不记名方式，可上市交易，自由买卖。

（2）组织私商转移资金。为配合政府对私人资本主义企业进行改造和促进工业发展，该公司采取如下两种方式组织私营商业资本向工业转移。公司直接接收私营商业的全部资金，转投于生产企业，私营商业的雇员由公司负责另行安排。通过公司的组织安排，将私营商业的资金、雇员一并转移于公司所投资的工厂。此举成功地将五金、贸易、车轴、油行等私人批发商转移于工业企业，并向生产领域投入资金近190亿元。

（3）向工商企业投资。该公司不仅开展投资业务，独资或合资建立工业企业，改造私营工厂以实现公私合营，还通过贸易联营投资，支持贸易事业的发展，促进城乡物资交流。

（4）包储业务。这主要是对贷款企业的物品进行存储，以作贷款保证，或由公司给予抵押贷款。同时，仓库也对没有贷款和投资关系的企业开放，收取包储费。

（5）为扶植私营工业企业，增建生产设备，公司还发放过长期贷款；为稳定证券行情，稳定经济，公司还成立了证券交易服务部，办理证券买卖业务。

4.对民营信托：疏通与改造

至1950年，长期持续的恶性通货膨胀被制止后，民族资本金融业的弱点完全暴露出来，发生了严重危机，私营钱庄大量倒闭。再加上资金融通对经济运转有重要作用，私营金融业的改造就比其他私营工商业的改造先行一步。

国家对民族资本主义信托的改造采取的是赎买政策，实现民族资本主义信托国有化，主要有以下几个步骤：

（1）严格管理和业务疏导。解放初期，人民政府公布了银钱业管理办法，对私营银行、钱庄在信托业的业务活动实行严格管理，以限制信托业中的投机活动，在中国人民银行的领导和严格管理下，组织疏导信托业的资金，使其用于正当业务，以利国民经济的恢复和发展。

（2）组织联合经营。1950年3月，人民政府作出了"关于统一国家财政经济工作的决定"，决定将全国的财政收支、物资调度、现金统一管理起来，从而迅速稳定了全国的货币和物价，清除了市场的虚假购买力和虚假繁荣，使一系列依靠通货膨胀和商业投机而生存的社会经济组织失去了存在的条件。这样，一方面加速了那些违法乱纪单位的歇业倒闭，淘汰了一大批资金力量不足、缺乏正常营业基础的信托业；另一方面又通过金融业联合总管理处的成立，促使其余机构进行联合经营。

（3）实现全行业公私合营，组建公私合营银行。公私合营银行是指在1952年12月，我国金融业实行全行业社会主义改造，信托业与银行和钱庄等一起组建的金融组织。

9.2.3 "大一统"金融管理体制对信托发展的影响

1."大一统"金融管理体制的形成

"一五"时期，中国进入大规模的社会主义经济建设时期，建立了集中统一的计划经济管理体制。中国的金融体制也按计划经济模式开始改造。

"一五"时期，各类商业银行和其他金融机构相继撤并，统一于中国人民银行之中。信贷资金管理，无论来源还是运用，也都由中国人民银行统一掌握。金融业务集中于中国人民银行，商业信用被取消，信用都集中于国家银行，证券市场等金融市场也被取消。至此，人们通常所说的"大一统"的金融管理体制形成。人民银行成为全国的信贷中心、结算中心和现金出纳中心，几乎垄断了全国所有的金融业务，既行使央行职能，又办理商业银行的各种业务。机构单一、信用集中、政企不分和对外封闭是"大一统"金融体系的突出特点。

2.信托机构与信托业务的停办与中断

中华人民共和国成立之初，各地信托业在政府接管改造的基础上，继续营业试办不长的一段时期就纷纷停办了，最后，信托业在中国暂时完全停办了。

中国人民银行上海市信托部于1951年9月起首先停办运输业务，随着经济形势的发展，其他各项业务也陆续移交或停办。天津市信托公司也是如此，1954年以后，各项业务逐步收缩直至停业。广州、武汉、北京等地也都是在新中国成立初期经营过一些信托业务，后来随着形势变化分别停业结束。中国在20世纪50年代后期，信托机构与业务基本上全部停办。剩下一些代理性业务事项，则转移至中国人民银行继续办理。

在随后的"文化大革命"历史时期，信托业务及信托机构的发展继续中断了十年。前后中国信托的发展中断了20余年。

3.信托停办的主要原因

（1）仿效苏联模式。中华人民共和国刚刚成立，缺乏管理经济的经验，苏联高度集中的统一模式对中华人民共和国成立之初的建设产生了重要影响。全国面临着实现财政经济状况好转的繁重任务。针对当时的生产力状况，国家统一配置资源，组织大规模的国民经济建设的高度集中统一的计划经济体制成为客观要求。从1953年起中国推行第一个五年计划，对国民经济实行集中统一的计划管理体制，金融形式也必然高度集中统一，采取单一金融体制。

（2）意识形态领域的认识。当时在意识形态领域要完成中国的社会主义建设，排斥资本主义制度下的一切经济活动和行为方式。由于信托是商品经济发展到一定阶段的产物，加之我国金融信托创办之初的那场"信交风潮"，人们通常倾向于把信托与投机相联系。在当时的历史情况下，由于商品经济与中国的计划经济相对立，商品经济下的信托自然也应该在中国的计划经济体制下消失。

（3）社会经济水平与社会习惯。新中国建设处于社会主义初级阶段，生产力水平低，人们的收入水平和生活水平较低，社会财富种类以及财富积累数量尚不能利用信托进行财产管理。此外，社会民众对个人财产的保管、转让习惯通过近亲密友关系进行，不愿意也不善于通过法人组织处理财产问题。

§9.3 改革开放初期信托业的特殊使命及发展

9.3.1 改革开放初期的背景

1978年，中国共产党十一届三中全会召开。那个时期，我国处于社会主义初级阶段，生产力不发达，百废待兴。针对这一社会背景，十一届三中全会确立了改革开放政策。从此，我国金融机构发展进入到新的历史阶段。1979年至1984年我国形成了在中国人民银行行使中央银行职能的基础上，中国工商银行、中国农业银行、中国银行和中国人民建设银行（后更名为中国建设银行）为主体的专业银行体系。虽然当时尚未成立商业银行，但上述银行为实行社会主义市场经济、建设中国特色社会主义发挥了重要的支撑作用。

9.3.2 早期业务发展的目的

与此同时，信托业的发展也被引入到金融机构体系改革之中。在改革开放初期，由荣毅仁先生创办的中国国际信托投资公司率先成立，成为1979年改革开放后信托业开始发展的标志。此后，各地才纷纷建立起由各种主体创办的信托投资公司。一般认为，当时荣毅仁创办公司的初衷是利用其海外关系及影响，为实现国家经济振兴做点实事，如筹集海外资金、引进国外先进技术，并通过组建公司来开展业务。他当时想组建一个发挥资金红娘作用的融资机构，但又不能组建银行，于是联想到上海等以前金融较为发达的城市曾存在一种叫信托公司的机构，与融资关系密切，所以就将其筹建的公司起名为"中国国际投资信托公司"，到正式注册登记时改为"中国国际信托投资公司"。此后，银行、地方和各主管部门也设立了信托部或信托投资公司，组建目的主要是适应现实经济生活对融资渠道多元化的需求。

知识链接

中国国际信托投资公司建立的历史意义

国务院批准中国国际信托投资公司（简称中信公司）筹建并赋予其的任务是："接受各部门、各地方的委托，根据《中华人民共和国中外合资经营企业法》和有关法规，引进华侨资金、外国资本和先进技术、设备，共同举办合资企业。"中信公司宣布筹备成立之日与《中华人民共和国中外合资经营企业法》公布实施之日均为1979年7月8日。由此可见，中信公司作为中国对外开放窗口的特殊背景和使命。

9.3.3　信托机构的市场格局

20世纪80年代形成了由四种主体创办的信托投资公司格局。

（1）直属国务院、全国性的信托投资公司，如中国国际信托投资公司。这个公司具有政府职能，其特点是：资产规模大、分布广；参与国家基础设施和重大项目的建设；享受筹集资金及项目的优先选择权。1980年12月成立的广东省国际信托投资公司是与中信国际信托投资公司性质极为相似、发展规模仅次于其的中国第二大信托投资公司，是广东省政府对外借贷和发债的地方级窗口公司。1998年10月因其不能清偿到期大规模债务被关闭。

（2）中央部委所属的信托投资公司，如中国煤炭信托投资公司、中国电力信托投资公司、中国旅游信托投资公司。它们具有很强的行业特点。组建的目的是集中行业内部和社会上的闲置资金，支持行业发展。但是这个目标逐渐淡化，主要是因为部门利益与公司自身利益之间发生矛盾，特别是在项目的选择上。

（3）专业银行所属的信托投资公司，如建设银行信达信托投资公司、工商银行长城信托投资公司、中国银行东方信托投资公司、中国农业银行信托投资公司。它们都被视同银行的一个部门。这类公司在1994年以后先与银行脱钩，后与证券业务脱钩。

（4）各级政府所属的信托投资公司，如山西信托投资公司、厦门信托投资公司、北京国际信托投资公司。这些信托投资公司带有浓重的地方色彩。公司行为与地方政府利益保持一致，各地区发展不平衡，发展中存在一定盲目性。

9.3.4　信托业发展中存在的问题

包括信托业在内的中国金融机构体系的建立与西方发达国家金融体系的建立基础有很大差异。西方国家的金融机构体系是经历了数百年的分分合合、并购重组而逐渐形成的，有相对完善的现代企业制度、有发达的工业经济，也有良好的保护投资者的法律制度。而我国改革开放以来建立起的金融机构体系是由政府主导设计，在不到30年的时间里迅速生成的。因而，这样的体系在建立与发展时，其合理性以及有效性方面就存在各种问题，尤其是在信托业发展探索时期所存在的一些问题，制约了信托业的发展。截至1998年进入全面整顿以前，我国信托业存在的主要问题有：

（1）不恰当的市场定位。我国信托投资公司从一开始建立就被定位在弥补银行作用不足、拾遗补阙的位置上，而没有认清信托业发展之根本，没有找准市场发展之切入点。在发展初期百废待兴、银行业需要重新构建和调整的特殊环境下，以及直接融资尚未开展的条件下，信托业急需扩展单一的银行融资的渠道，因而当时的业务范围几乎涵盖了所有的金融业务，因而这个时期的信托投资公司被称为准银行。这种全面的业务经营促进了融资多渠道发展。但随着银行制度的逐步完善和直接融资及证券市场的发展，信托业并未作出相应调整，并未适当收缩业务，而是在头些年已培养起来的业务扩张劲头推动下，也为求生存而受利益驱动，什么赚钱就干什么，什么赚钱快就干什么，与银行信贷、保险、实业、房地产、酒店业务，甚至是数亿元人民币的非法集资联系在一起，坠入追名逐利的操作中，真正是有信托公司之名，无信托业务内容，十足的混业经营。

知识链接

广国投的关闭

1998年10月6日，海内外传开一个爆炸性消息，自1979年中国信托业恢复发展以来，一直居信托业"老二"的广东国际信托投资公司关闭了，这一关闭是继中农信、中创之后第三次关闭非银行金融机构，其影响极大，极具轰动效应。应该说广东国际信托投资公司的发展对于中国的信托业来说是有一定代表性的，而其关闭同样具有代表性，从此拉开了自1998年11月开始至今旷日持久的（至今没有结果的）对中国信托业的重组和整顿。

问题出在该公司没有制定科学、清晰的发展蓝图。在借钱上，广东国际信托投资公司凭计划配给的融资额度拿到外国贷款，又靠违规手段到国外发债借钱，而在资产业务上，其资产膨胀（资产以百亿港元计）、状况庞杂。其资产项目有3 000多个，金融、证券、酒店、贸易、交通、能源、通信、化工、原材料、纺织、医疗、电子高科技，甚至房地产开发（当时被称为广东最大的"地主"）都有所涉猎。国外投资分析家曾提出疑问，它是如何经营如何盈利的呢？它无须证明自己的盈利，只因为它背后是强大的广东省政府，广东省政府背后又是强大的中国政府。广国投资金流动性危机日趋严重，正处在岔路口上，如果制度安排到位，或许能通过一系列重组、转型而成为极具竞争力和盈利的公司，但它没有这个机会也没有抓住机会，在一条畸形的路上走向反面，最终因无法支付巨额内、外债而被关闭。

不规范的业务范围带来了经营风险，也潜伏了经营危机。例如，在20世纪90年代初，广东、海南、广西部分地区房地产火热，许多信托投资公司纷纷调资金进入那里的市场，将正常业务搞成纯投机行为，试图投机获利，由于这是在泡沫形势下的资产扩张，当国务院针对此形势进行宏观调控时，大部分投资到那里的公司资金被套牢。其中很多信托投资公司的资金大部分是以吸收存款、发债等债权债务关系筹集而来的，于是出现了流动性危机。为保证和维持正常支付、求得暂时的生存，各公司铤而走险，搞起高息揽储，以牺牲经济利益来换取资金周转，或在未取得外债指标的情况下以境外融资等违规方式筹措资金，其结果因成本太高、代价太大，最终导致不能对到期债务支付，只能被淘汰出局。中农信公司、广国投公司就是典型的事例。即使是生存下来的公司也因不良资产困扰，背着沉重的呆账或应收账包袱，步履维艰。与此同时，过于全面的经营以及客观市场环境的不健全，使信托投资公司的发展失控而干扰了金融秩序。

（2）信托立法工作相对滞后。自20世纪80年代以来的20年间，各种法律法规相继建立，基本完备。而在信托投资公司的生存发展中，信托立法尚未跟上。信托市场的定位需加以明确，信托投资公司的市场准入、信托业务的范围需加以规范，哪些可以做，哪些不可以做，需要受到约束并受相关法规的保护。

（3）从信托财产的来源看，财产来源单一，以货币资金为主，同时货币资金渠道狭窄。1996 年中国人民银行颁布《金融信托投资机构管理暂行规定》，规定各信托投资公司可接受的财产仅限于五项资金：财政部门委托投资或贷款的信托资金，企业主管部门委托投资或贷款的信托资金，劳动保险机构的劳保基金，科研单位的科研基金，各种学会、基金会的基金。在 20 世纪 80、90 年代我国有数百家信托投资公司，如此狭窄的资金渠道，根本无法满足信托投资公司事业发展之需要，迫使各信托投资公司各想"高招"，其实这不利于其自身的规范、有序发展。

（4）从外部监管看，缺乏力度。长期以来对信托投资公司的监管只是照章审批，在发展高峰期其数量达 394 家，这些分散的信托投资公司获准成立后，有关部门所应对其进行的监管却未跟上，管而无力或流于形式。如未重视信托投资公司的内控建设，使一些公司的内控制度不健全或形同虚设，越权筹措资金并运作资金，使业务失控。再如未对信托投资公司的经营活动进行有效的现场和非现场监督，致使发现问题后不能及时制定出整改措施，使个别问题愈演愈烈。

可以看出，由于信托业发展初期定位不准确，在后来金融体制改革的进一步深化中，信托业发展方向又不明确，这使得信托投资公司作为金融机构的独立地位未得以确定，所应发挥的积极作用也未表现出来。

§9.4 信托业的全国性清理整顿历史

从 1979 年改革开放后第一家信托投资公司成立，中国信托业前后已经历了数次大规模的全国性清理整顿，是其他任何金融行业都未曾有过的经历。

9.4.1 第一次整顿：1982 年针对业务不明确

当时信托投资发展过快、资金分散，委托人一般是中央和地方财政部门或企业主管部门，信托存贷款业务较多。1982 年 4 月国务院颁布《关于整顿国内信托业务和加强更改资金管理的通知》，将计划外信托投资纳入计划内管理，限定信托业务范围只能是委托（包括委托存贷款、委托投资）、代理、租赁、咨询业务。

9.4.2 第二次整顿：1985 年针对上年货币投放和信贷规模的双失控

1984 年 6 月，在中国人民银行召开的"全国支持技术改造信贷信托"会议的影响下，首次明确了信托业"金融百货公司"的定位，确认了信托投资公司混业经营的模式。信托业务又掀高潮，但其内容与方式并没有体现出信托特征，基本上还是银行存贷款业务的重复，结果造成信托资金与信贷资金不分，长短期资金不分。后来，由于信托资金与信贷资金不分造成了货币投放和信贷规模的双失控。此后的发展中，信托投资公司基本上按照这一思路，建立起无所不包的全能型经营模式。因而本次整顿明确提出信托资金是长期资金，严格控制以银行信贷资金作为信托资金使用，同时要求停止办理信托贷款和信托投资业务，已办理的业务要加以清理收缩。1985年又对信托业的资金来源加以限定，仅限于五项资金来源（详见本章前文所述）。

9.4.3 第三次整顿：1988年针对机构乱设

1988年国内出现明显的通货膨胀，国家对经济实行全面治理整顿。这一年信托机构达到745家。国务院针对各种信托投资公司发展过快，管理较乱的情况，对信托投资公司进行了进一步的清理整顿，由原来的745家信托公司变成1990年的339家。此后，信托立法呼声渐起。

9.4.4 第四次整顿：1993年针对信托投资机构过分热衷于实业投资和房地产投资

这一年政府采取软着陆，挤压泡沫，收紧银根，收回贷款的政策。为治理金融系统存在的秩序混乱问题，开始全面清理各级人民银行越权批设的信托投资公司。以前的392家信托公司变成1996年的244家。这一年开始起草信托法。1995年，人民银行总行对全国非银行金融机构进行了重新审核登记，针对信托与银行的混业经营，提出并要求国有商业银行与所办的信托投资公司脱钩。1996年12月信托法草案提交七届全国人大第二十三次常委会初审并通过，但在人大法制委被搁置，认为当时立法时机不成熟。

9.4.5 第五次整顿：1999年针对业务管理及机构设置混乱

从1997年起频繁发生信托投资公司倒闭事件，到1998年集中爆发了行业性的倒闭。较为重要的是中国农村信托投资公司（中农信）、中国新技术创业投资公司（中创公司）及广东国际信托投资公司（广国投）的倒闭。

中农信于1988年5月建立，是直属国务院的从事信托投资业务的国营金融企业，其业务范围很广。1977年4月因高额揽储、非法集资被关闭。中创公司于1985年12月建立，由国家科技委员会赞助发起，是国家控制主要股权的信托投资公司。1998年因违规向个人发行4亿元特种金融债而被人民银行关闭。广国投于1980年12月建立，作为广东省政府发债的窗口金融公司成立。窗口金融公司犹如当时的经济特区，以特事特办的创新精神发展业务。但其最终因无法支付巨额内外债而被关闭。

1999年2月7日，国务院办公厅转发《中国人民银行整顿信托投资公司方案的通知》，正式开始第五次清理整顿。由于当时缺乏改革的法律基础和环境，信托业发展的方向不明晰，在机构重组中还遇到了来自地方的一些阻力，因而在机构整顿初期效果不显著，在随后的两年，整个行业处于停滞发展阶段。

9.4.6 进入新世纪后的立法整顿

目前，我国信托业法律法规体系为"一法三规"体系。2001年颁布的《信托法》明确了信托法律的基本原理，提出信托财产的独立性，明确规定了受托人的义务，以及受托人对受益人的有限责任等。

2001—2002年，《信托投资公司管理办法》和《信托投资公司资金信托业务管理暂行办法》（又称"旧两规"）由中国人民银行相继颁布。2007年，《信托投资公司管理办法》和《信托公司集合资金信托计划管理办法》（又称"新两规"）由银监会重新修订颁布。"新两规"使得信托公司定位更清晰，主业更加突出，引导信托行业发挥信托制度优势，提高自主管理能力。2007年的完善法规之举，使这一年成为一个重要的分界线，此后信托业被认为进入一个新阶段。

2010年8月24日，银监会颁布了《信托公司净资本管理办法》，将信托公司的信托资产规模与净资本挂钩，并对信托公司实施以净资本为核心的风险控制指标体系。该办法旨在引导信托公司从事主动管理业务，逐渐转向提升业务技术含量的内涵式发展模式。至此，"一法三规"的信托法律框架形成。**"一法三规"是指由《信托公司管理办法》、《信托公司集合资金信托计划管理办法》和《信托公司净资本管理办法》共同构成的我国信托业监管主要政策依据。**

除了对信托的综合监管规范之外，我国还在各具体的信托业务领域制定了专门的规范，如《信托公司证券投资信托业务操作指引》《银行与信托公司业务合作指引》等。

1.2007年之前的主要法律法规建设及意义（表9-1）

表9-1 **2007年之前的法律法规建设及主要意义**

年份	法规名称	意义
2001年1月10日	《信托投资公司管理办法》（目前已废止，代之以2002年修订的新版《信托投资公司管理办法》，2007年又作重新修订）	加强对信托投资公司的监督管理，使其与《信托法》的有关内容与表述一致
2001年10月	《信托法》	2002年，信托公司终于开始推出了规范的、真正意义上的信托理财业务。中国人民银行决定对现有的239家信托投资公司进行全面的整顿，撤并为56家。从此，中国的信托投资公司进入到新的发展时期
2002年5月	修订原有《信托投资公司管理办法》	与原办法相比，增强了可操作性，使信托投资公司在发起设立投资基金、设立新业务品种的操作程序、受托经营各类债券承销等方面有了实质性突破，即信托投资公司可以直接作为投资基金的发起人从事投资基金业务，而无须现成立基金管理公司。同时，信托投资公司设计信托业务品种可完全根据市场需求进行，而无须向人民银行报批核准
2002年6月	《信托投资公司资金信托业务管理暂行办法》	为信托投资公司开展资金集合信托业务提供法律和政策支撑
2002年10月	《中国人民银行关于资金信托业务有关问题的通知》	纠正信托业务办理过程中的不规范做法
2004年7月	《关于进一步加强信托投资公司监管的通知》（简称"46号文件"）（该法规已于2007年7月3日废止）	由银监会发布的措辞严厉的监管通知；在证券投资和控制关联交易方面进行了严格规定

2.2007年之后的主要法律法规建设及意义（表9-2）

表9-2　　　　　　　　　　2007年之后的主要法律法规建设及意义

年份	法规名称	意义
2007年1月	《信托公司治理指引》	完善了信托公司治理，加强了风险控制，促进了信托公司的规范经营和健康发展；保障了信托公司的股东、受益人及其他利益相关者的合法权益；突出了信托公司治理应当体现受益人利益最大化的基本原则；填补了信托业的空白，有利于信托公司的合规经营和风险控制
2007年2月	《信托公司管理办法》（在原《信托投资公司管理办法》基础上修订）、《信托公司集合资金信托计划管理办法》（称为"新两规"）	使信托业正本清源，还信托公司主业做信托业务的本来面目，限制信托公司以自有资金大量从事投资业务；将"旧两规"中的"信托投资公司"一律改为"信托公司"，以强化信托公司的信托功能；突出了信托公司的理财主业；完善了信托业的制度建设
2010年7月	《信托公司净资本管理办法》	建立以净资本为核心的风险控制指标体系，以加强对信托公司的风险监管，促进信托公司安全、稳健发展
2014年4月	《关于信托公司风险监管的指导意见》	主要从推进风险管控、明确业务转型和完善监管机制三个层面来规范信托公司的发展
2014年8月	《信托公司监管评级与分类监管指引》	自2010年以来，银监会对于信托公司分级监管办法的首次调整，标准由原来的定性向定量转化，对信托公司的评价重点放在自主管理能力和风控能力两个方面。评级结果将作为衡量信托公司风险程度、监管规划和合理配置监管资源、采取监管措施和行动的主要依据
2018年4月	《关于规范金融机构资产管理业务的指导意见》	通过消除多层次嵌套来限制信托的通道业务、打破刚性兑付、清理资金池业务、禁止期限错配、提高合格投资者门槛、对信托产品管理费收入计提风险准备金等政策严控风险。信托业开始面临转型压力
2020年1月	《信托公司股权管理暂行办法》	加强信托公司股权管理，规范信托公司股东行为，保护信托公司、信托当事人等合法权益，维护股东的合法利益，促进信托公司持续健康发展
2023年3月	《中国银保监会关于规范信托公司信托业务分类的通知》	监管持续推动，信托行业转型和风险化解将同步加速，未来信托公司需要在风险可控的基础上持续探索创新业务方向

3.2007 年第六次全行业整顿

（1）与前五次"清理整顿"不同，这次改革属自发自觉而为。根据银监会的统计，截至 2006 年 6 月末，全国共有 55 家正常经营的信托公司，自营资产达 624 亿元，负债 152 亿元，所有者权益为 471 亿元，管理的信托资产合计 2 763 亿元。虽有金信信托、吉林泛亚信托曝出资金黑洞丑闻，但总体来说还没有发生行业性的灾难事件。

（2）"新两规"的颁布旨在彻底纠正国内信托业的发展方向，重新确定盈利模式，让信托公司及其业务回归于"信托"本来的面目，重点进行了以下调整：

① 将修订前"信托投资公司"一律更名为"信托公司"。

② 注册资本数额的调整。"新两规"在保留信托公司的注册资本不得低于 3 亿元的同时，又对从事不同业务的信托公司的注册资本进行了不同规定：对申请从事企业年金基金、证券承销、资产证券化等业务的信托公司，规定其注册资本需符合其他法律法规相关规定的最低注册资本要求；信托公司处理信托事务不履行亲自管理职责，即不承担投资管理人职责的，其注册资本不得低于 1 亿元。此外，还规定监管机构可以根据信托公司行业发展的需要，调整信托公司注册资本的最低限额，使信托公司的注册资本管理更加符合《公司法》关于注册资本管理的规定。

③ 对资金来源与运用的规定。信托公司不得利用其固有财产进行贷款、实业投资或融资租赁等业务（监管机构另有规定的除外），其他非实业投资也只能投资于金融类公司的股权、金融产品和自用固定资产；除同业拆入外，信托公司不得开展其他负债业务，且信托公司同业拆入的资金余额不得超过其净资产的 20%；信托公司可以开展对外担保业务（但不得为关联方提供担保或者以信托财产提供担保），但对外担保的资产余额不得超过其净资产的 50%。

④ 对信托业务的重新规定。增加了信托公司可以采取买入返售的方式对信托财产进行管理、运用的规定；证券承销业务，可以承销国债、政策性银行债券、企业债券等债券，还可以承销股票、短期融资券、资产支持证券等；办理居间、咨询、资信调查等业务；增加了信托公司可以经营保管箱业务的规定；增加了信托公司可以进行有价证券信托业务的规定。

⑤ 对集合信托合同份数的规定。《信托公司管理办法》在取消原《信托投资公司管理办法》关于集合资金信托合同不得超过 200 份、每份合同的金额不低于人民币 5 万元的限制及规定的同时，引入委托人应为"合格投资者"的概念，规定将顾客单笔集合资金信托计划的投资起点金额从原本 5 万元的投资门槛一口气跃至 100 万元，并要求"单个信托计划的自然人人数不得超过 50 人，合格的机构投资者数量不受限制"。

自此以后，信托业管理的信托资产规模飞速扩张，从 2007 年的 9 400 亿元发展到 2014 年的 13.98 万亿元，2014 年 68 家信托公司实现经营收入 954.95 亿元。根据信托业协会发布的报告，截至 2022 年底，信托资产规模余额为 21.14 万亿元，信托业累计实现经营收入 838.79 亿元。

知识链接

"合格投资者"

《信托公司管理办法》规定，合格投资者为能够识别、判断和承担信托计划相应风险的人，包括自然人、法人或者依法成立的其他组织。具体包括：投资一个信托计划的最低金额不少于100万元人民币的自然人、法人或者依法成立的其他组织；个人或家庭金融资产总计在其认购时超过100万元人民币，且能提供相关财产证明的自然人；个人收入在最近三年内的每年收入超过20万元人民币或者夫妻双方合计收入在最近三年内的每年收入超过30万元人民币，且能提供相关收入证明的自然人。

2018年4月，中国人民银行、中国银行保险监督管理委员会、中国证券监督管理委员会、国家外汇管理局联合发布《关于规范金融机构资产管理业务的指导意见》（银发〔2018〕106号，又称"资管新规"）大大提高了合格投资者的门槛。对于合格个人投资者的认定标准提高到家庭金融净资产不低于300万元，家庭金融资产不低于500万元，或者近3年本人年均收入不低于40万元。

4.明确信托公司净资本管理

（1）意义。

2010年8月24日，银监会公布实施了《信托公司净资本管理办法》，将信托公司的信托资产规模与净资本挂钩，并对信托公司实施以净资本为核心的风险控制指标体系。该办法颁布实施后，信托公司须在财务报表中披露其净资本和风险资本，以确保每个信托计划均有充裕的资本支持。这使得资本金对信托规模的约束加大，无限做大信托规模成为历史。而信托公司为应对这种情况，必须积极实现业务转型，限制被动管理型信托业务等粗放外延型模式的发展，更多地向主动管理型信托业务等模式发展。

同时，由于大部分信托公司现有的净资本不足以支持其资产管理规模的增长，因此信托公司补充资本金的需求加大，未来上市融资的趋势增强。而融资渠道和经营、创新等方面的优劣也会促使信托公司加速洗牌，实现优胜劣汰。

该办法的颁布实施会促使信托公司回归信托业务的本源。通过风险资本计提比例，引导信托公司大力发展单一资金信托这种针对具体投资人的运作模式，最终实现监管部门对信托公司的定位，即"为合格投资者提供资产管理服务的金融中介机构"。

（2）目的。

通过加强净资本、风险资本和风险控制三个方面的净资本管理，确保信托公司固有资产充足并保持必要的流动性，以满足抵御各项业务不可预期损失的需要。

（3）核心内容。

净资本是指根据信托公司的业务范围和公司资产结构的特点，在净资产的基础上对各固有资产项目、表外项目和其他有关业务进行风险调整后得出的综合性风险控制指标，计算公式为：

$$净资本=净资产-\frac{各类资产的}{风险扣除项}-\frac{或有负债的}{风险扣除项}-\frac{中国银行业监督管理委员}{会认定的其他风险扣除项}$$

风险资本，是指信托公司按照一定标准计算并配置给某项业务用于应对潜在风险的资本，计算公式为：

$$风险资本=\frac{固有业务各}{项资产净值}\times\frac{风险}{系数}+\frac{信托业务各}{项资产余额}\times\frac{风险}{系数}+\frac{其他各项}{业务余额}\times\frac{风险}{系数}$$

该办法要求信托公司计算净资本和风险资本，并且持续要求信托公司净资本不得低于2亿元，净资本与其风险资本的比值不小于100%，净资本不得低于资产的40%，从而建立了风险资本与净资本的对应关系，使各项业务的风险资本均有相应的净资本支撑，促使信托公司将有限的资本在不同风险状况的业务之间进行合理配置，引导信托公司根据自身净资本水平、风险偏好和发展战略进行差异化选择，实现对总体风险的有效控制。

（4）风险资本系数。

2011年1月，银监会发布《信托公司净资本计算标准有关事项的通知》，要求信托公司在2011年年底之前达到净资本的各项指标要求，对在规定时间内未达标的信托公司立即暂停其信托业务。

风险资本系数是指根据不同业务类型信托公司计提的风险资本比例。一般融资类业务的风险资本计提比例明显高于投资类业务，为响应计算标准发布时国家对房地产的调控政策，房地产融资业务系数最高。这主要是因为集合信托资金来源多元化，所以各项业务风险系数均高于单一信托。表9-3列示了不同业务类型风险资本的计提比例。

表9-3　　　　　　　　　**不同业务类型风险资本的计提比例**

项目		单一信托	集合信托
投资类	金融产品投资	0.1%~0.8%	0.2%~1%
	股权投资	0.8%	1.5%
	其他投资	0.8%	1.5%
融资类	房地产融资	0.5%~1%	1%~3%
	其他融资	0.8%	1.5%
事务类信托业务		0.1%	0.2%
其他		1%	3%

5.银信合作业务的规范

信托公司与银行的业务合作始于2002年，主要为银信理财合作。商业银行普遍开展理财业务，既包括单一理财产品也包括集合理财产品即理财计划。商业银行与信托公司的"银信理财合作业务"，将银行理财业务与信托公司的信托业务成功对接，整合银行的客户资源资金优势以及信托公司能跨越货币市场、资本市场和实业投资市场进行信托资产配置的优势。

银信合作业务快速发展后，问题也随之呈现：①信托公司成为商业银行理财业务的"通道"和"工具"，无法体现其主动管理能力。②银行理财产品常通过久期及风险溢价错配，模糊理财产品投向，获得高收益，也蕴含巨大风险。

2008年以来，银监会先后下发了《银行和信托公司业务合作指引》（银监发〔2008〕83号）、《关于进一步规范银信合作有关事项的通知》（银监发〔2009〕111号）、《关于规范银信理财合作业务有关事项的通知》（银监发〔2010〕72号）、《关于进一步规范银信理财合作业务的通知》（银监发〔2011〕7号）及《关于规范商业银行理财业务投资运作有关问题的通知》（银监发〔2013〕8号，又称"8号文"）等多项监管规定，对银信合作业务进行指导和规范，对银行理财业务进行规范。

在《关于进一步规范银信理财合作业务的通知》中明确要求银信理财合作业务应做到以下三点：第一，各商业银行应当将银信理财合作业务表外资产转入表内。原则上银信合作贷款余额应当按照每季至少25%的比例予以压缩。第二，对商业银行未转入表内的银信合作信托贷款，各信托公司应当按照10.5%的比例计提风险资本。第三，信托公司信托赔偿准备金低于银信合作不良信托贷款余额150%或低于银信合作信托贷款余额2.5%的，信托公司不得分红，直至上述指标达到标准。

由于银信合作理财期限的延长，表外业务表内化带来的信贷额度限制和手续费率限制等政策效应，银信合作业务尤其是银信理财合作业务实践中呈现出快速回落、不断收缩的趋势。对信托公司而言，一方面，需要严格按照监管新规来控制银信理财合作服务的范围，明确自己的权利义务，防止发生超越新规的经营事件发生；另一方面，还需要着眼于行业长远发展，大力开拓自主管理类业务，提供差异化、特色化服务，探索和完善信托公司可持续发展的新模式，努力实现内涵式增长。

知识链接

肖刚：银行理财产品是庞氏骗局

2012年10月12日，肖钢在《中国日报》上发表英文文章讨论"影子银行"问题，指出银行业的财富管理（以理财产品为主）蕴含较大风险，尤其是"资金池"运作的产品，银行采用"发新偿旧"来满足到期产品的兑付，本质上是"骗局"。

肖钢指出，影子银行大致可以描述为一个涉及实体的信用中介系统，且其活动超出常规银行系统。在发达国家，最大的影子银行玩家通常是对冲基金、风险投资以及私募股权投资基金。而在中国，"影子银行"通常表现为理财产品、地下金融和表外借贷的形式。

过去5年，理财产品便从仅仅几百种迅速增长为超过2万种。"中国的影子银行部门已经成为未来几年系统性金融风险的潜在来源。尤其令人担忧的是理财产品的质量和透明度。"

文章具体分析称，大多数的理财产品期限不足一年，有些仅为数周甚至数天。因此，在某些情况下，短期融资被投入长期项目。一旦面临资金周转的问题，一个简单方法就是通过新发行的理财产品来偿还到期产品。当资金链断裂，这种击鼓传花就没法继续下去。不过，投资者总是相信这些正规银行不会倒闭，总是可以取回他们的钱。

资料来源：肖刚. 银行理财产品是庞氏骗局〔N〕. 中国日报，2012-10-12.

2013年，银监会发布《关于规范商业银行理财业务投资运作有关问题的通知》（银监发〔2013〕8号，又称"8号文"）旨在规范投资于"非标准化债权资产"的银行理财业务，对银信合作业务进一步规范。

非标准化债权资产是指未在银行间市场及证券交易所市场交易的债权性资产，包括但不限于信贷资产、信托贷款、委托债权、承兑汇票、信用证、应收账款、各类受（收）益权、带回购条款的股权性融资等。

"8号文"的核心内容是要求理财产品均须与其所投资资产（标的物）相对应，做到每个理财产品单独管理、建账和核算，限制商业银行理财资金投资非标准化债权资产的余额，在任何时点均以理财产品余额的35%与商业银行上一年度审计报告披露总资产的4%之间孰低者为上限，并且对理财产品，尤其是非标资产的信息披露提出了更高的要求。

"8号文"直接目的虽是规范银行的理财业务，但对信托公司的银行合作或部分通过银行代销的业务进行了规范，促使信托公司加快转型和创新的步伐。

6.化解行业风险，推进转型

2013年，国务院发布《关于加强影子银行监管有关问题的通知》（国办发〔2013〕107号）进一步加强对影子银行监管，提出"加快推动信托公司业务转型，明确信托公司'受人之托，代人理财'的功能定位，推动信托公司业务模式转型，回归信托主业，运用净资本管理约束信托公司信贷类业务，信托公司不得开展非标准化理财资金池等具有影子银行特征的业务，建立完善信托产品登记信息系统，探索信托受益权流转"。

为贯彻落实这一文件精神，2014年4月，银监会出台了《关于信托公司风险监管的指导意见》（银监办发〔2014〕99号，又称"99号文"）。文件主要从推进风险防控、明确业务转型和完善监管机制三个层面来规范信托公司的发展。

在风险管控方面，"99号文"着重提出了落实风险责任、推进风险处置市场化、建立流动性支持进一步完善资本补充机制以及清理非标准化资金池产品等切实有效的管控手段，要求落实"卖者尽责、买者自负"的信托文化。明确要确立信托公司"生前遗嘱"计划，建立恢复与处置机制，同时探索设立信托行业稳定基金，建立风险防控长效机制。

在业务转型方面，"99号文"鼓励信托公司在完善核心业务和风险内控的基础上进行业务创新，改造信贷类集合资金信托业务模式，研究推出债权型信托直接融资工具。进行并购业务试点，为产业转型提供资金支持。同时完善公益信托制度，形成正向社会外部性。

在监管机制方面，"99号文"从信托企业内部和外部的监管两方面入手对监管主体提出了新的要求。从外部监管来看，要求监管主体厘清责任，紧盯重点风险领域，严格问责；从内部监管来看，要求监管主体强化持续监管意识，完善资本监管，建立风险处置和人事挂钩机制，加强对于信托产品登记和从业人员的管理。

"99号文"给信托指明未来业务方向，真正的股权投资业务、并购业务、收费类业务、信贷资产证券化业务、家族财富管理、公益信托等。信托公司业务重心将逐步转移，可预计未来信托公司将进一步推出更多创新类信托产品，真正做到"受人之托、代人理财"。

案例

信托刚性兑付潜规则

我国没有法律条文规定信托公司需进行刚性兑付，但这是信托业现行一个不成文的规定。刚性兑付，就是信托产品到期后，信托公司必须分配给投资者本金以及收益，当信托计划出现不能如期兑付或兑付困难时，信托公司需要兜底处理。正如2014年中诚信托的"诚至金开1号"兑付危机最终落定为本金安全、利息损失的结局。

由于信托资产很难转让，如果不刚性兑付，很多投资者将不敢购买信托产品，这将对信托业造成沉重打击。有分析人士称，大部分信托产品都不能像股票、基金一样能很容易地进行转让。信托资产流动性差、投资起点高，如果没有刚性兑付这一防线，投资者的利益将很难得到保证。

刚性兑付文化背离了"风险与收益相匹配，高收益隐含高风险"这一资本市场基本规律，创造了一个"零风险、高收益"的神话，蕴藏着很大的道德风险，使得信托业规模疯狂增长，但这种模式难以为继，信托业转型发展已到了关键时期。

"99号文"突出强调股东的三大责任：一是出现流动性风险时，需要提供流动性支持；二是资本不足时，应推动压缩业务或补充资本；三是经营管理出现重大问题时，更换股东或限制权利。有业内人士就认为，这意味着刚性兑付的要求将被进一步突出和强化，未来集合信托产品打破刚性兑付的可能性更低。但银监会非银部门相关负责人表示，这属于对"99号文"的误读。

2017年11月17日，中国人民银行、银监会、证监会、保监会、国家外汇管理局联合发布了《关于规范金融机构资产管理业务的指导意见（征求意见稿）》。2018年4月，中国人民银行、银监会、证监会、国家外汇管理局局联合发布《关于规范金融机构资产管理业务的指导意见》（银发〔2018〕106号，又称"资管新规"）。文件主要遵循严控风险、服务实体经济、宏观审慎管理与微观审慎监管相结合、有的放矢、积极稳妥审慎推进等原则来规范金融机构资产管理业务。

"资管新规"通过穿透式监管，识别多层嵌套资管产品，限制信托通道业务；通过列举对刚性兑付的认定标准和处罚标准，来限制信托刚性兑付；要求各信托公司要结合自身实际，循序渐进、积极稳妥推进资金池业务清理工作；要求信托机构通过强化久期管理，加强对期限错配的流动性风险管理；对于合格个人投资者的认定标准提高到家庭金融净资产不低于300万元，家庭金融资产不低于500万元，或者近3年本人年均收入不低于40万元，大大提高了合格投资者的门槛；还要求金融机构按照资产管理产品管理费收入的10%计提风险准备金。

"资管新规"对于监管也提出了新的要求，将机构监管与功能监管相结合，按照产品类型而不是机构类型实施功能监管，同时实行穿透式监管，强化宏观审慎管理，建立资产管理业务的宏观审慎政策框架，实现实时监管，对资产管理产品的发行销售、投资、兑付等各环节进行全面动态监管，建立综合统计制度。

为确保规范资产管理业务（尤其是银行理财）的平稳过渡、为实体经济创造更好的发展环境，2018年9月，银保监会发布《商业银行理财业务监督管理办法》（以下简称"理财新规"），人民银行发布《关于进一步明确规范金融机构资产管理业务指导意见有关事项的通知》。理财新规总体和资管新规保持一致，但在投资者保护、流动性风险管控、穿透管理以及保本理财和结构性存款上做了更具体的规定，同时也给银行理财留下了一定发展空间，在公募产品的投资者门槛、银行理财子公司、净值化管理方面较之前的要求有所放松。该通知在非标投资、过渡期安排、老产品安排、定开和现金管理类产品的估值方法等问题上作出了进一步的解释和说明，澄清了资管新规执行过程中的一些困惑，为过渡期银行理财业务的开展提供了指导。

2018年12月，银保监会发布《商业银行理财子公司管理办法》，较之前的理财新规，对银行理财投资范围、产品结构、合作机构、运行方式等均予以了较大空间，有助于未来银行理财子公司更好地展开业务，同时也意在鼓励商业银行积极地向银行理财子公司转型。银行理财子公司合作机构放宽了与私募的合作，同时理财新规对银行理财子公司选择私募基金作为合作机构制定了门槛性条款规定。

思政课堂

邓小平点将荣毅仁

中国中信集团有限公司官网介绍上说，公司是在邓小平同志支持下，由荣毅仁同志于1979年创办的。

1978年2月，全国政协五届一次会议上，邓小平当选为全国政协主席，荣毅仁被选为全国政协副主席。1979年1月17日，邓小平在人民大会堂接见我国工商界的五位负责人，荣毅仁参加了这次接见。当时，党的十一届三中全会刚闭幕，中央提出了把党和国家工作的中心转移到经济建设上来的战略决策。日理万机的邓小平为了调动各方面的积极性，请工商界的同志就如何搞好经济建设，实行改革开放，特别是在如何利用外资、提高偿还能力方面，为国家出谋献策。其间，荣毅仁提出了可以引进外资搞生产，还提出要搞好生产，需要解决两个问题，一是人才问题，二是管理问题。另外，在对外合作中，国内各部门也需要协调。邓小平听完后说，对外接谈，要有统一安排；一定要把项目选好，把负责人定好。他着重指出，要采取经济方法管理经济，排除不合理的行政干扰。他鼓励荣毅仁要把事业搞好，不要有顾虑。

邓小平要荣毅仁牵头办公司，荣毅仁便开始筹办以融海外资金为主业的中国国际信托投资公司，引进外资，兴办企业……在以后的几次会议上，邓小平每次见到荣毅仁，总是关切地询问公司的筹办进展情况。他对荣毅仁说："人由你找，事由你管，由你负全责。"还一再叮咛荣毅仁"要排除干扰，不用担心其他部门来管你，你们自己也不要搞官僚主义"。

经过一段时间的筹备，中信公司于1979年10月4日正式成立，直属国务院领导。公司成立第一年，就接待了来自40个国家和地区的客人达4 000多人次，国内前来洽谈业务的也有3 000多人次，在引进外资、技术、设备方面闯出一条新路来。

后来，中信公司改组为中信集团，2022年，中信集团连续第14年上榜美国《财富》杂志世界500强，位居第102位。

资料来源：吴跃农．邓小平与荣毅仁［EB/OL］．［2017-11-16］．http：//cpc.people.com.cn/big5/n1/2017/1116/c69113-29649270.html.此处为节选.

本章小结

我国信托行业的发展经历了曲折的过程，新中国成立前存在着官办和民营两类信托机构，这一时期，官办信托机构处于统治地位，民营信托机构可谓是"先天不足，后天失调"。中华人民共和国成立后，对官办信托进行接管和清理，对民营信托进行疏通与改造，形成了建国初期的信托机构体系。但是随着"大一统"金融管理体制的建立和"文化大革命"的开始，信托业务中断了20年。改革开放以后，信托行业先后经历了五次全国性的清理整顿，2001年《信托法》颁布，信托业开始盘整。2002年，信托公司终于开始推出规范的、真正意义上的信托理财业务。第五次整顿后，中国的信托投资公司进入新的发展时期。进入21世纪后，信托投资公司的发展得到规范，业务范围得到明确，信托业的发展进入了规范发展的阶段。尤其是在"一法两规"架构完成后，信托业被认为获得了新生，信托业乘势而上，各类信托产品层出不穷。然而好景不长，2004年春，集合资金信托的经营风险开始凸显，信托业频频出现困境。随后银监会推出多项信托业管理规定，并于2007年开展信托业的第六次全行业整顿。重新调整后颁布的"新两规"明确了信托业的发展方向，并对合格投资者的界定、信托产品推介、信托资产保管人要求等作出明确规定。随后2010年《信托公司净资本管理办法》的颁布促使信托公司回归到信托业务的本源，并与"新两规"一起，将中国信托业正式引入一个以"一法三规"为信托业监管主要政策依据的新时期。

综合训练

9.1 单项选择题

1.我国信托制度最早是从（　　　）引入的。

A.英国　　　　　B.美国　　　　　C.德国　　　　　D.日本

2.从 1979 年第一家信托投资公司成立到目前为止，中国信托业前后共经历了（　　）次全国性清理整顿。

A.4　　　　　　　B.5　　　　　　　C.6　　　　　　　D.7

3."新两规"规定信托公司处理信托事务不履行亲自管理职责，即不承担投资管理人职责的，其注册资本不得低于（　　）。

A.1 亿元　　　　　B.1.5 亿元　　　　C.2 亿元　　　　　D.3 亿元

4.我国于（　　）年颁布《信托公司净资本管理办法》，建立了以净资本为核心的风险控制指标体系，以加强对信托公司的风险监管，促进信托公司安全、稳健发展。

A.2004　　　　　　B.2006　　　　　　C.2007　　　　　　D.2010

5.2007 年 1 月 22 日，我国颁布了《信托公司治理指引》，以下关于《信托公司治理指引》的意义说法错误的是（　　）。

A.进一步完善了信托公司治理

B.突出了信托公司治理应当体现受益人利益最大化的基本原则

C.为信托投资公司开展资金集合信托业务提供法律和政策支撑

D.填补了信托业的空白，有利于信托公司的合规经营和风险控制

9.2　多项选择题

1.国民党政府时期创办的官僚资本信托机构是（　　）。

A.上海市兴业信托社　　　　　　　　B.上海通商信托公司

C.中央信托局　　　　　　　　　　　D.中国国际信托投资公司

2.1927—1949 年是国民党政府深入介入和干预、控制金融机构的时期，因而这个时期的民族资本创办的金融机构发展受到了排挤。这一时期民族资本创办的信托机构在经营上的特点有（　　）。

A.经营状况总体较稳定、存活率较高，基本上脱离了投机

B.信托投资成为一些信托公司的主营业务

C.信托公司的投资主要集中于房地产和政府公债

D.商业银行业务仍是大部分信托公司的主营业务

3.我国改革开放以来建立起的金融机构体系是由政府主导设计、在不到 30 年的时间里迅速生成的，在此探索时期所存在的一些问题，制约了信托业的发展。这些问题主要体现在（　　）。

A.不恰当的市场定位

B.信托立法工作相对滞后

C.从信托财产来源看，财产来源单一，以货币资金为主，同时货币资金渠道狭窄

D.从外部监管看，缺乏力度

4.2010 年 8 月 24 日，银监会公布实施了《信托公司净资本管理办法》，将信托公司的信托资产规模与净资本挂钩，并对信托公司实施以净资本为核心的风险控制指标体系。该办法与"新两规"一起称为"一法三规"。其中，"一法三规"包

括（　　）。

A.《信托法》

B.《信托公司管理办法》

C.《信托公司资金信托管理办法》

D.《信托公司净资本管理办法》

5.《信托公司净资本管理办法》主要是通过加强（　　）方面的净资本管理，确保信托公司固有资产充足并保持必要的流动性，以满足抵御各项业务不可预期损失的需要。

A.注册资本　　　　　B.风险资本　　　　C.风险控制　　　　D.风险资本系数

9.3　简答题

1.简述"民十信交公司倒闭狂潮"。

2.试比较1949年以前我国两类创设背景下的信托机构特点。

3.简述"大一统"的金融管理体制对信托业发展的影响。

4.简述信托业五次全国性整顿的原因。

5.信托业第六次全国性整顿的特点是什么？

6.简述《信托公司净资本管理办法》的主要内容及对我国信托业的影响。

第 10 章

信托机构的经营与风险管理

导读

　　本章的重点内容是信托机构的经营管理与风险控制。本章首先将信托机构划分为兼营和专营两类，从不同角度对两类信托机构进行了比较，并指出商业银行兼营信托机构具有重要意义，而专业化信托机构却面临发展瓶颈；其次从信托经营的概念出发，介绍了信托经营活动、信托与其他类似制度的区别以及信托机构与其他金融机构的竞争与合作；随后从管理原则、内部控制和财务管理角度介绍了信托机构的管理；最后分析了信托机构面临的主要风险，并据此提出了信托风险的防范与控制。

关键概念

　　兼营的信托机构　专营的信托机构　狭义信托　广义信托　银信合作

§10.1 信托机构的种类

10.1.1 概况

在英美法系及大陆法系国家，信托业务都极为普遍。信托业务所吸收的社会资金已远高于银行业务，原因不仅在于国外信托业务的发展历史悠久、法律健全，信托制度完善，还在于委托理财观念深入人心的同时，信托公司的信誉度、理财能力、内部管理以及社会地位得到了社会公众的高度认可。经办信托业务的机构主要有兼营的信托机构和专营的信托机构两种。

1.兼营的信托机构

兼营的信托机构一般是指既经营信托业务又经营银行业务的金融机构，具体又分为两种：

（1）以信托业为主、银行业为辅的信托公司。

这类信托公司发展的典型是日本。第二次世界大战后日本出现严重的通货膨胀，国民私有财产很少，长期资金无法吸收，财产资金信托都难以开展，而且政府的证券交易法又限制了信托公司的证券业务，使信托公司的经营陷入困境。于是信托公司在政府的支持下改组为信托银行，又通过《兼营法》（1943年通过）使其得以经营银行业务，形式上似乎它们以银行身份兼营信托，实际上却是以信托公司的身份，专门经营信托业务并兼营银行业务。信托业务转入良性循环，并不断开发新的信托业务。这种状况一直延续到1953年实行信托分离后才被改变，信托银行又成为实质上的专业信托机构。

（2）以银行业为主、信托业为辅的银行信托部。

这是目前西方国家采用的主要形式。这些机构有些是独立的法人，有些则不是独立的法人，其兼营形式与上述形式相反，它一般是商业银行或专业银行为兼营一部分信托业务而设置的银行附属机构，因而一般以银行业务为主要业务，信托业务则处于从属地位。这种兼营形式以美国最为典型。美国1913年根据《联邦储备银行法》批准国民银行兼营信托业务，继而各州政府也批准各州银行兼营信托业务。这样，美国专业性的信托公司很少，信托业务基本上由大商业银行设立的信托部所垄断。

无论何种兼营形式的信托机构，都要与银行业分别核算、分别管理。

2.专营的信托机构

专营的信托机构一般是指专门办理信托业务的经济组织，它属于非银行金融机构，一般不经营银行业务而侧重于经营长期金融业务，通常被称为某某信托公司。其业务既涉及国内的信托业务，又涉及国际的信托业务。

知识链接

信托公司的 QDII 和银行、基金公司的 QDII 产品有哪些不同？

1.什么是 QFII 与 QDII

QDII（国内机构投资者赴海外投资资格认定制度，Qualified Domestic Institutional Investors）由中国香港特区政府部门最早提出，与 CDR（预托证券）、QFII（国外机构投资者到内地投资资格认定制度，即 Qualified Foreign Institutional Investors），都是在外汇管制下内地资本市场对外开放的权宜之计。QDII 是容许在资本项目未完全开放的情况下，国内居民外汇可以投资海外资本市场，而 QFII 是一种有限度地引进外资、开放资本市场的过渡性的制度。

2.信托公司在 QDII 业务上具有优势

信托公司 QDII 产品的实质是"专户理财"，具有私募性质的特点。其目标客户主要是高净值的私人银行客户和机构投资者，门槛是 1 000 万元人民币。与银行、基金公司的 QDII 产品相比，有以下不同：

①投资范围远比银行、基金公司、保险公司宽泛。传统的公募产品一般是采取投资组合的模式进行管理，投资一些传统的金融产品，例如股票、债券等，而信托公司的 QDII 产品除了原有公募产品的组合管理策略之外，还引入了一些对冲工具。

②投资标的比较集中。传统的公募产品投资标的分散，而信托公司的 QDII 产品是专户管理，更多地为高净值客户提供量身定制服务。

③为部分偏好在异地市场套利的投资者提供机会。信托公司的 QDII 产品可以为投资者实现境内外资产的跨境配置，通过不同的市场和标的获取配置收益，并分散风险。例如，在内地和香港市场上，存在大量同一投资标的在某一特定阶段价格差异很大的情况，信托公司的 QDII 产品可以提供交易机会与服务。

④信托公司的 QDII 产品比银行和基金公司的一些 QDII 产品具有选择市场机会的优势。银行和基金公司发行的公募产品容易被复制，且产品从设计到发行再到成立要经过漫长复杂的审批流程，获批后的产品存在发行时间窗口问题，产品发行时往往可能已不符合市场的实际情况或投资者需求，客观上导致了部分 QDII 产品的投资风险。信托公司 QDII 产品则不同，其发行的对象是风险和专业化程度相对较高的高端私人客户或机构客户，产品方案也是和这些客户的需求紧密相联的并为其量身定制的，产品成立的路径较短，因此在市场时机的选择上会比公募产品更占优势。

10.1.2 信托机构种类的选择

1.选择基础

信托机构种类的选择主要取决于一个国家的经济体制模式、金融体制模式及信托业务经营的目的。此外，还要受制于一个国家有关信托的法规。

2.各种类型信托机构的比较

如果单从信托机构本身的状况来考虑，应从以下几方面进行比较：（1）从发挥信托职能的角度比较其专业性；（2）从经营的角度比较其收益性；（3）从管理的角度考察其对成本的重视性；（4）综合考察信托业发展的稳定性。通常的情况如表10-1所示。

表10-1　　　　　　　　　　信托机构种类的选择

信托业务机构形式	专业性	收益性	对成本的重视	信托业务发展的稳定性
专业信托公司	好	不好	好	好
银行兼营信托业	不好	好	不好	较差

3.选择机构类型的原则

（1）信托业务和信贷业务必须明确分工。信托和银行信贷业务虽然都属于金融业务，二者可以相互配合，业务经营上也可相互交叉，但二者又具有各自的职能和特点。因此，从其职能和特点的规定性来看，信托业务不能违背委托人在契约合同上确定的目的要求，由他主意旨变为自主意旨的经营；而信贷业务也不能逾越自己的职能和经营范围，需按他人目的和要求代为管理和处理财产及经济业务。信托、信贷必须明确分工、相互配合，必须合理选择业务分别核算。

（2）以明确的法律规定，作为信托与信贷业务分工配合的准则。如果信托、信贷二者都属于金融业务，没有法律保证，则信托、信贷都难以明确地分工和配合，也难以发挥正常作用。因此要明确制定银行法规、信托法规等经济法规，对各自的业务、经营方式和经营法规加以规范，使之不得相互混淆，同时，还要使各项业务尽可能符合社会经济发展的实际情况和客观要求。

4.商业银行兼营信托业务的意义

（1）扩大了业务范围，有利于增加银行收益，分散银行风险。20世纪80年代以来，由于同业间激烈竞争，传统的主营业务收益（存贷利差）开始呈缓慢增长趋势。为增加收益，银行开始注重中间业务领域产品的拓展，同时比以往更大规模地兼营信托业务。可以说，商业银行大量兼营信托业务是银行适应竞争生存环境的积极表现，丰富了银行的业务种类，为银行开辟了新的利润来源渠道。著名的汇丰银行信托部擅长民事信托业务，提供委托人身后遗产管理、所关注事业的延续发展，甚至委托人遗嘱管理等。

（2）在一定意义上分散了银行的经营风险。因为银行的负债成本是相对确定的（吸收存款必须付息），但资产收益却相对不确定，这就导致银行经营风险非常大。而同时，银行本身又是一个高负债经营的企业，负债对资本的比约为10：1，这样的金融机构其实非常脆弱，一旦资产运用不当遭遇大的损失时，必定要侵蚀比例极低的资本，甚至危及机构安全，这已从巴林银行得到证实。扩展开来，以银行为主的直接承载资金转移的金融机构都将如此。金融行业的发展对整个国民经济，对社会政治、人民生活都至关重要。所以，银行的经营风险大，就必须加强事前防范、事后化解的能力。在事前防范中分散风险是经营中的一个重要主题。分散风险的办法很多，商业银行兼营信托业务在一定意义上起到了分散银行经营风险的作用。兼营信托业务使银行利用了自身的现有优势，并能够稳妥获得收益。

（3）充分利用了商业银行现有的条件。商业银行在从事大量银行业务的过程中，具备了许多优越条件，如总分行制度下众多的分支营业网点，有广泛的信息资源，有现代化的电脑网络通信设备，资金来源稳定、资金实力雄厚、信誉度高等，同时因兼办零售与批发业务而与各种自然人个人及各种法人建立了联系，有固定的大客户，这些条件非其他金融机构所能相比。

10.1.3　专业化信托机构的发展瓶颈

1.专业化信托机构发展空间逐渐缩小

在以往的理论研究中，曾有过四足鼎立之说，视信托业为金融业中的一个重要行业。但事实上，随着社会的演变、时代的需要，特别是在混业经营的趋势下，专门的独立发展的信托机构已不多见，或者其在金融业市场格局中所占份额很小，目前更多的是以银行为主的各种金融机构的信托部在从事各种信托业务。以信托事业发达的美国而言，有数千家银行（截至 2021 年 6 月，美国共有 4 391 家商业银行），其中有 1/3 的银行设有信托部，大银行的信托业务规模都很大，其资产占所有银行持有的全部信托资产的比例也大，在设有信托部的银行中的前 100 家银行所持有的信托资产，就占所有银行持有的全部信托资产的 4/5。另一个例子是在美国，按资产大小排序的金融机构中，商业银行、储蓄贷款协会、私人养老金、人寿保险公司、互助储蓄银行等都名列前茅，唯独不见信托业名列榜单，而实际情况是商业银行资产的 50% 以上都为信托资产。

商业银行所兼营的信托业务多以发挥融资职能为主，尤其是个人信托中的个人退休金账户管理，个人和法人信托中的投资基金管理，以及法人信托中的养老基金管理。随着经济运行及专业分工的发展，除银行外还存在专门经营此类业务的金融机构，如投资基金机构、养老基金机构。银行的工作人员在为客户提供存贷业务的同时，也为客户提供理财服务。

2.信托业发展集中化

无论是专业化发展的信托机构还是银行兼营信托业务，综合起来看，发展都呈现集中化趋势。比如，日本的专业性信托机构集中化趋势突出，市场格局主要由三菱、住友、三井等 7 家信托银行所控制。而从美国兼营的银行来看，多集中在一些大银行。当今银行业的中间业务盈利在总收入中所占比例不断提高，其背后原因之一就与商业银行受托资产业务增加有关。例如，美国的纽约银行是全球最大的托管银行，管理庞大的托管金融资产，非利息收入到 2000 年占其总收入的 59.7%，到 2005 年占 68.9%。而美国的 Mellon 银行则是另一家著名的托管银行，管理庞大的金融资产，提供清算、资产管理服务，非利息收入到 2000 年占其总收入的 83.7%，到 2005 年占 89.9%。美国中小银行这部分收入并不高，说明受托业务量也有限。

§10.2 信托机构的经营原则与经营活动

10.2.1 信托机构的经营原则

作为受托人属性的从业机构，信托机构在从事信托业务时应遵循的经营原则可归纳如下：

（1）信托公司管理运用或者处分信托财产，必须恪尽职守，履行诚实、信用、谨慎、有效管理的义务，维护受益人的最大利益。

（2）信托公司在处理信托事务时应当避免利益冲突，在无法避免时，应向委托人、受益人予以充分的信息披露，或拒绝从事该项业务。

（3）信托公司应当亲自处理信托事务。信托文件另有约定或有不得已事由时，可委托他人代为处理，但信托公司应尽足够的监督义务，并对他人处理信托事务的行为承担责任。

（4）信托公司对委托人、受益人以及所处理信托事务的情况和资料负有依法保密的义务，但法律法规另有规定或者信托文件另有约定的除外。

（5）信托公司应当妥善保存处理信托事务的完整记录，定期向委托人、受益人报告信托财产及其管理运用、处分及收支的情况。委托人、受益人有权向信托公司了解对其信托财产的管理运用、处分及收支情况，并要求信托公司作出说明。

（6）信托公司应当将信托财产与其固有财产分别管理、分别记账，并将不同委托人的信托财产分别管理、分别记账。

（7）信托公司应当依法建账，对信托业务与非信托业务分别核算，并对每项信托业务单独核算。

（8）信托公司的信托业务部门应当独立于公司的其他部门，其人员不得与公司其他部门的人员相互兼职，业务信息不得与公司的其他部门共享。

10.2.2 信托机构经营信托的相关概念和经营活动

1.经营信托的相关概念

（1）信托制度中的两种委托：狭义信托与广义信托。

作为以信任为基础的财产管理制度，信托行为中的委托方式非常重要。委托的方式不同，决定了信托概念的外延也不同。于是，就形成了狭义信托和广义信托之分。

① 狭义信托。**狭义信托是真正本源意义上的信托**。其特点是：第一，信托财产处置权从委托人手中转交给受托人。这一做法的目的是使受托人能够以财产的名义人，按照信托契约目的，自主地行使管理和处分财产的权利。这种转移基于信托

法，不同于民法中财产所有权的转移①。因而即使受托人能够自主地处分信托财产，但在经营中仍要遵守信托合同的有关约定。第二，对财产的处置权限相对较大。某种特定信托关系成立后，受托人将以名义所有者身份为委托人全权理财，责任重大。第三，从基本关系上看，至少有三方关系人，即委托人、受托人、受益人。第四，从经营者类型上看，受托人常常是以法人身份出现的各种金融机构，如各种专业性的信托公司、各种银行或非银行金融机构的信托部。在现代财产管理信托制度中，个人受托人较少。

② 广义信托。**广义信托是指在狭义信托基础上，加上单纯代理性质的委托。**其特点是：第一，不需要进行财产处置权的转移。在这里，受托人以财产所有者代理人身份，按代理要求行使一定理财权利。第二，对财产的处置权限相对较小。受托人以代理人身份，依据代理要求行使权利时，仅限于在管理、处分财产手续上的代理，且必须保证财产的安全、完整，不能随意改变财产的存在形态，承担的责任也相对小。第三，从基本关系上看，一般只有两方关系人，即委托人、代理人。第四，从经营者类型上看，除各种金融机构外，受托人还可以是其他各种非金融机构，如贸易公司、可代办托运业务的邮局，甚至是个人代理人。

广义信托与狭义信托之分，构成了信托制度中信托与代理区别的基本内容。而且这种比较分析，会帮助我们更深刻理解信托的本质。

（2）基于不同角度考察的信托概念："银行信托"、"金融信托"与"贸易信托"。

① "银行信托"衍生于对经营者的考察。现代财产管理信托经营者多是银行及各种金融机构，有别于广义信托中的代理业务的经营者。

② "金融信托"衍生于对信托财产的考察。现代财产管理信托中的财产普遍形态是货币，因而管理信托财产必涉及管理资金问题，而管理资金又必须与资金融通相连。这一概念着重反映出信托具有的融资职能。

③ "贸易信托"衍生于对广义信托中代理业务的考察，如商品的代购代销、生活物资的委托寄售等，这种业务的经营者多是贸易信托公司、贸易货栈、生产资料服务公司、信托商店等。

2.资金来源与资金运用

（1）信托资金来源。

不论哪类信托机构经营信托业务，信托资金都是信托开展的重要基础。由于委托人信托的资金多属于长期闲置不用，委托人试图借助专家理财实现资金增值的目的。从中外信托业吸收的资金情况看，信托资金有定期、数整、额大的特点，极少或根本不吸收活期存款资金②。

我国信托公司的资金来源主要包括自有资金、信托存款、委托存款等项目。

---

① 民法上的财产所有权转移是指对标的物的绝对权的转移，民法的财产所有权包括财产占有权、使用权、收益权、处分权，并排除他人干涉。

② 在国外，金融机构体系中有专门的吸收存款机构，而在我国，信托投资公司在相当长的时期里可以吸收存款。

（2）信托资金运用。

信托机构的资金运用主要反映在对长期资金的融通上。例如，投资上市公司股票、债券（公债、国库券、公司债券、金融债券），贷款信托业务，养老金信托业务，对生产企业的直接投资、对住宅建筑和企业建筑的投资等。因而信托资金的运用特点是：与资本市场关系密切，以各种证券投资为主；可进行短期证券投资，但不办理短期放款。以信托机构特有的方式实现储蓄向投资的转化，降低了投融资风险、委托人参与成本，也降低了交易成本与代理监督问题。

我国信托公司的资金运用主要包括：信托贷款、固定资产投资、委托贷款和投资、租赁等项目。

3.信托利润

佣金和手续费是信托机构的主要利润来源。一般来说，信托机构利润主要有两部分：一部分是信托机构固有财产产生的利润，也叫自营业务利润；另一部分是经营信托业务获得的利润，也叫信托业务利润。自营业务利润主要是对外投资所得的红利；信托业务利润主要是管理信托财产获得的手续费和佣金。

因信托财产的管理或运用而产生的收益仍属信托财产，归受益人所有，不能计入信托机构的信托业务收入。但是如果信托机构有信心让信托财产获得超值收益，信托机构会在信托合同里注明超过约定以上部分收益按照一定比例分成。这种分成收入在财务上一般也列入手续费收入科目。

美国的对冲基金的做法是从实现了的利润中提取15%~20%的分红作为酬金，另外收取1%的资产管理年费。

4.支付准备

相比较而言，商业银行需要支付准备，银行作为中间债务人对债权人款项的正常支付极为重要；而信托机构不需要支付准备，信托机构不存在作为债务人对款项正常支付的问题。但是，我国的信托公司较为特殊，需要支付准备。

10.2.3 信托与其他类似制度的区别

1.信托与债

信托关系中的受益人和债权债务关系中的债权人在权利要求上处于类似的地位。然而，在两种关系下又有很大不同：（1）委托人是基于对受托人的信任，借助受托人力量去实现特定的意愿；而债权人与债务人之间的关系，则主要是依据市场融资需求而建立的，债权人未必对债务人有相当充分的了解。（2）受托人用信托资金投资获取的收益，归信托合同指定的受益人所有；而债务人举债将资金用于投资所获得的收益，归债务人所有。（3）在信托关系中，如果受托人严格按照合同约定管理和运用财产，发生的信托财产损失由受益人承担，受托人不负有承担损失的责任，只有受托人违反信托合同约定，擅自运用和处分财产，造成的损失才由受托人负责；在债权债务关系中，债务人对向债权人的借债负全责，如果因使用不当而造成损失，债务人对债权人财产所应该承担的责任不会有任何减免。

2.信托与监护

信托与监护同属于信托关系，但有所不同。在个人信托业务中，有"生前签约，生前生效"和"生前签约，死后生效"两大类型，而监护信托属于后者。（1）监护信托是专为那些无行为能力、或行为能力有欠缺、或限制行为能力的自然人设立的；而一般信托关系中的受益人资格不受限制，只要有享受收益的权利能力即可。（2）在监护信托中，受托人不但要管理好被监护人的个人财产，还要对其身心健康负有扶养和治疗的责任；而一般信托关系中的受托人只对受益人财产收益负责。（3）监护人由被监护人的委托人用遗嘱方式或由法院裁定来进行安排；而一般信托关系中的受托人通常由委托人进行选择。

3.信托与代理

代理也是与信托相类似的重要制度，通过信托与代理的比较，将便于进一步深刻理解信托的本质。这部分内容详见10.2.2部分"信托机构经营信托的相关概念和经营活动"。

10.2.4　信托机构与其他金融机构的竞争和合作

1.与其他金融机构的竞争

"受人之托，代人理财"是信托公司的本原业务，也是信托公司最基本的业务。虽然在开展理财业务的机构中信托公司是目前唯一可以跨越货币市场、证券市场和实业的金融机构，有投资标的广、经营范围大、投资组合选择多的优势，但在我国，由于信托机构销售网络、流动性、接受度等方面因素的影响，也使之与其他金融机构主体开展了理财业务的竞争。

（1）商业银行。

银行推出理财产品的模式为：银行根据自己所持有或银行间债券市场交易活跃的某种债券（仅限于国债和金融债）、央行票据的期限和收益率，确定所发行理财产品的期限和收益率。在柜台出售理财产品，然后将所筹集的资金用于购买自持债券、票据或从银行间债券市场、央行公开市场买入原定的债券或票据，以锁定理财产品的期限和收益率。

（2）证券公司。

券商集合理财产品运用类似于开放基金的托管制度。这类产品主要投资于证券市场流通A股，国债、企业债等固定利率类产品以及部分银行间债券市场。此外，证券公司可以通过设立综合性集合资产管理计划办理专项资产管理业务，即设立基于特定目的、针对特定投资目标的资产管理计划。这与信托公司的集合资金信托业务具有高度相似性。

（3）基金公司。

在股市形势较好，交易也较规范的市场环境下，基金公司的稳定收益率会推动基金业的发展。基金业形成的较为完整和成熟的产品群，如各种投资风格的股票基金、债券基金、货币市场基金、保本基金等，因能够投资于除期货、外汇外的大部分国内金融产品，而与信托公司有一定的竞争。

（4）保险公司。

保险公司旗下可以设立保险资产管理公司，它可以开展的业务如表10-2所示。

表10-2 保险资产管理公司的业务范围

资产业务	权益投资，包括直接股票投资和股权投资
	基础设施项目投资
	贷款业务，包括保单抵押贷款和反向抵押贷款等
	外汇投资
负债业务	保险资产管理公司在设立初期，以母公司保险资金为主要管理对象，随着投资专业化和管理水平的不断提高，将接受第三方资产委托管理，如社会保障基金、企业年金等
中间业务	利用保险公司所拥有的广大客户资源、强大销售网络、雄厚技术基础和人才优势，保险资产管理公司可以广泛开展中间业务

综上分析，在名目繁多的委托理财业务中，尽管形式不同，但就其财产关系的性质而言，却都属于信托方式（只要在委托人与受托人之间形成明确的信托契约关系，各种机构从事的委托理财业务均属信托行为，其信托关系不因受托人的变化而变化），而且无论何种类型的理财产品，都属于委托人自担风险的金融产品。因此在我国，不同金融机构的理财产品，差异只是市场主体而不是产品功能。

目前理财市场上存在的主要问题是法律依据模糊不清，产品同质化趋势明显，潜在技术性风险较大，监管标准不统一。如何对理财市场进行统一监管是一个较为突出的问题。

2.与其他金融机构的合作

（1）银信合作。

银信合作最初集中在由商业银行代售信托产品并代理资金收付方面。最近几年这种合作在领域和技术含量上都有了质的飞跃，比如，银信银团贷款、双层信托银信连接理财产品（即由委托人与商业银行以人民币理财产品为载体建立第一层信托关系，再以商业银行为机构委托人与信托公司以集合资金信托产品为载体建立第二层信托关系）、筹集和补充银行资本金（发行集合资金信托计划募集资本金）、资产证券化（信托公司把银行信贷资产证券化）、信托财产银行托管、质押贷款（把信托产品在银行进行质押贷款，解决信托产品流动性问题）等方式。

（2）与证券公司、基金公司的合作。

信托机构与证券公司、基金公司主要有以下合作方式：

① 股权合作。主要表现在信托公司持股证券公司、基金公司。

② 托管。把证券公司和基金公司的资金托管给信托公司，信托公司赚取手

续费。

③ 合作设计产品。采用结构性分层制度，为不同风险偏好的投资者设计具有不同风险收益特征的两类子产品：优先受益权产品和一般受益权产品。证券公司和基金公司作为一般受益人，当信托财产净值触及止损线时会强制平仓。

④ 将信托产品用于购买基金公司基金，或者与证券公司和基金公司合作打新股。

此外，兴业银行的人民币信托资金理财产品引入中国大地财产保险股份有限公司，为信托资金提供信贷资产转让履约保证保险，银信保合作的雏形正在呈现。

金融走向混业经营的趋势已经越来越明显。

§10.3 信托机构的管理

10.3.1 信托机构管理的原则与目标

1.信托机构管理的原则

作为独立经营的法人组织，信托机构在注重信托业务经营的同时，还应该加强内部的组织管理，具体管理原则归纳如下：

（1）认真履行受托职责，遵循诚实、信用、谨慎、有效管理的原则，恪尽职守，为受益人的最大利益处理信托事务；

（2）明确股东、董事、监事、高级管理人员的职责和权利义务，完善股东（大）会、董事会、监事会、高级管理层的议事制度和决策程序；

（3）建立完备的内部控制、风险管理和信息披露体系，以及合理的绩效评估和薪酬制度；

（4）树立风险管理理念，确定有效的风险管理政策，制定翔实的风险管理制度，建立全面的风险管理程序，及时识别、计量、监测和控制各类风险；

（5）积极鼓励引进合格战略投资者、优秀的管理团队和专业管理人才，优化治理结构。

2.信托机构管理的目标

管理是为了有效地获取、配置、利用企业的现有资源，实现既定目标而进行的一系列动态活动。管理的目标是使组织的存在有意义，无论是盈利的责任还是社会公益的责任，都要通过有效的管理来实现。相对信托业来说，从信托市场规则的制定与实施，信托管理公司的内部管理，到每项信托业务的操作都贯穿着管理，信托业务从起点到终点是一个严格的管理流程。有效的管理，可使信托组织与机构更加规范，使信托业务的风险降低。信托机构的管理涉及组织管理、业务管理、财务管理和人事管理等。

10.3.2 信托公司内部责任中心的划分

信托公司作为独立法人是以营利为基本目的的非银行金融机构：一方面以满足社会在信托方面的需求作为其存在的市场依据；另一方面以不断的盈利和积累保证自身的竞争和发展能力。信托公司按其职能部门和分支机构设置的目的和要求可划分为不同层次的责任中心，不同层次的责任中心的经理承担着不同的责任，公司对其计划和控制的内容也不同。我国信托投资公司内部责任中心可划分为以下3个中心。

1. 费用中心

费用中心是信托公司内部责任中心层次的最低层次。该中心的负责人仅对在其可控制范围内的费用负责。可被划入费用中心的部门，包括信息技术部、人事部、财务部、办公室、审计部和研究发展部。费用中心的预算目标称为费用目标。如果成本效益比的标准可以满足，那么控制费用中心的有效方法是零基预算法。在零基预算法下，每个费用中心的经理在做下一个年度的预算时，都要对其所管理的部门在下一个年度的职能活动重新审查和安排，去掉那些既消耗相当资源又无太大意义的活动；对于那些必要的活动，可设计多个可完成该活动的方案，选择其中费用低的方案。

2. 利润中心

利润中心是信托公司内部责任中心层次的较高一级。该中心的负责人除了要对其可控的费用负责，还要对收入负责。可被划入利润中心的部门，包括投资银行部、投资部、租赁业务部、个人信托管理部和团体信托管理部。信托公司内部责任中心对利润中心可下达预算利润目标，利润中心还要对实际利润完成情况与预算利润目标的差异展开分析和找出原因，并由此对实际的经营措施或经营目标根据需要进行调整。信托公司在信托业务上的收入来源于两个方面：一是手续费收入；二是提取业绩报酬。研究和发展部既可以作为费用中心，也可以作为利润中心，关键看其在投资决策中的作用。

3. 投资中心

投资中心是信托公司内部责任中心层次的最高一级。投资中心的负责人既要对其可控收入、费用负责，又要对其可控投资负责。毫无疑问，信托公司本身是投资中心，信托公司的总经理既要对信托公司的利润负责，又要对信托公司的股东权益报酬率负责。

通过设立责任中心，信托公司可以将经营和财务目标逐级分解到各部门和分支机构的每一个工作岗位，使责、权、利真正地结合起来，有效地调动整个公司的资源，形成统一的公司目标。

10.3.3 信托机构的财务管理

信托公司的财务管理工作主要是通过对各项资金的形成、筹集和使用的管理，来扩大经营成果，提高经济效益，促进经营管理的加强和各项业务的展开。做好财务管理工作对于增加营业收入、降低营业成本费用、提高经营管理水平、增强在国际与国内金融市场上的竞争力都起到重要作用。

信托公司的财务管理侧重于价值管理，一般认为，信托公司财务管理的职能包括财务决策、筹集资金和资金控制等。

1.信托公司财务管理的原则

财务管理的原则，是指进行财务管理工作所依据的准则。它是人们对财务活动的共同的、理性的认识，是理论与实务联系的纽带。它具有以下特征：它是财务假设、概念和原理的推论，必须符合大量观察和事实，被多数人接受，是财务交易和决策的基础，为解决新的问题提供指引。面对日益广泛的资金运动和复杂的财务关系，财务管理必须遵循这些基本原则，对各种可能发生的问题正确、科学地加以阻止和处理。

（1）价值最大化原则。

价值最大化原则是指在其他条件相同的情况下，人们会选择使自己经济利益最大化的行动。它假设人们在衡量每一项交易时会选择对资金最有利的方案来行动。

（2）风险-报酬权衡原则。

在风险与报酬之间存在一种对等关系，企业必须对报酬和风险作出权衡，为追求较高报酬而承担较大风险，或者为降低风险而接受较低的报酬。

（3）资源合理配置原则。

资源的有限性决定了企业在生产经营活动中必须有效地、合理地运用资源，充分考虑其机会成本，将有限的资源使用到最需要的环节，使企业的经营活动获得最大的经济效益。

（4）成本效益原则。

成本效益原则是财务管理的基本原则。在市场经济条件下，企业没有免费使用的资金，各种资金的筹措、调整、运用、分配等都要充分考虑资金成本，还要考虑资金管理中的各项成本。资金管理要在讲求效益的基础上考核成本，在关注成本的前提下提高效益。

2.信托公司的财务核算

财务核算是利用价值形式记录、计算、分析和比较经营活动中的消耗和成果，使企业本身的收入能够抵偿支出，并取得盈利的一种有计划地管理经济的方法。财务核算是财务分析的依据。通过财务核算，可以准确、及时、真实、完整地了解信托业务的活动状况及经营成果，有利于资金的灵活调度，充分运用和不断地加速资金周转，使信托资金取得良好的经济效益。

信托财务核算的要求是：第一，财务核算要做到数字准确，情况真实，编制及时、完整。第二，财务核算要做到能为业务开展提供信息反馈和决策依据。第三，财务核算要能起到降低费用水平和增加盈利的作用。

3.财务分析

财务分析是信托企业按照各项经济计划指标和会计核算资料对信托业务的活动状况及经营成果，进行全面的研究和分析，以改善企业经营管理、提高经济效益的一种有效方法。它是企业经济活动分析的组成部分，要求通过分析，能客观地、综合地反映和评价企业在一定时期内经营活动的成绩和不足，从而可以针对存在的问题，采取改进措施，加强企业管理，开展财务分析。一定要深入实际，调查研究，掌握经济活动的全面情况，运用科学的方法，正确分析、评价经济效果和存在的问题，为上级主管部门进行决策提供信息和依据。财务分析的方法主要包括比较分析法和比率分析法两种。

（1）对信托资金来源的分析。

信托机构通过财务分析，掌握信托资金来源的状况，这对信托机构很重要。在对资金来源进行分析时，首先以整个信托资金来源的本年实际数与本年计划数相比，以了解信托资金来源计划的完成情况。然后进一步分析信托存款、委托存款、发行债券、同业拆借、人民银行拆借等组成项目的本年实际数，比上年实际数、比计划数多寡的原因。信托机构要善于利用财务分析的结果，把握信托资金来源结构的变动，组织好和使用好信托资金。同时要加强财务管理，避免资金积压，从而把资金潜力充分调动起来，积极扩大资金来源。

（2）对信托资金运用状况的分析。

一般可以通过计算信托资金运用的频率来进行考核。①信托资金运用频率与资金运用效果有紧密关联。在信托资金总数相等的情况下，信托资金运用累计发生额越大运用频率就越高；反之，信托资金运用频率就越少。一般在贷款、投资等结构相同的条件下，信托资金在一定时期内运用次数越多，资金运用的效果就越好。然而，中长期资金的运用，不能单以运用频率来考核，而应着重运用效益分析。②资金的利用程度影响资金的使用效果。一般来说，信托资金利用效率越高资金的使用效果越好。所以，为提高信托资金的运用效益，除要不断改善经营管理和加速资金周转外，还要提高信托资金的利用率，最大程度地将资金投入到正常的合理的周转中去。

（3）对信托业务经营成本的分析。

信托机构在开展业务过程中，要发生营业收入和非营业收入，以及营业支出和非营业支出，还有相应的管理费用。信托利润=营业收入+非营业收入-营业支出-非营业支出-管理费用-税款，它反映了报告年度内信托企业经营活动的财务成果。信托机构的经营管理者要对信托利润情况进行分析，以方便考核企业经营活动的成果，如分析影响信托盈利增减变动的原因以及盈利的分配使用是否积极合理。

①营业收入及营业支出。影响营业收入及营业支出的因素主要有两方面：

第一，存贷款额变动的影响。在各种存贷款及租赁利率不变的情况下，存款利息支出和贷款利息收入是随着存贷款及租赁额增减程度呈正比例变动的。存贷款及租赁额度越大，利息收入或利息支出就越多；反之，所得利息或支付的利息就越少，从而影响利润额的大小。

第二，各种存贷款利率变动的影响。在各种存贷款规模基本相同的情况下，利率提高，利息支出或利息收入就增加；相反，利率降低，利息也就相应降低，从而利润额也就相应地增加或减少。

②管理费用。信托企业开展业务活动，需要支付各种费用，节约费用可以增加利润。加强费用管理，有利于促进信托企业进一步改进工作，不断提高工作效率和质量。

管理费用的分析，是在对经济指标计划完成情况作一般分析的基础上，结合信托业务量的变化，着重分析费用增加的原因及对利润总额的影响程度，从而可以采取措施，不断降低费用支出，提高金融信托机构的盈利水平。

③利润率。信托企业按规定向人民银行缴存的存款准备金，连同实收资本金，是信托企业的营运资金。将营运资金与利润额相比，可以大体看出信托业务盈利情况的变化趋势。

信托营运资金利润率=利润额÷信托营运资金平均余额×100%

信托营运资金利润率是信托企业盈利情况的具体体现。利润率高，一般表示信托企业经营管理状况较好；利润率下降则表示信托企业在组织资金、运用资金和财务管理等方面可能存在一些问题。信托企业要提高盈利水平，就必须在符合政策要求和保留必要准备金的前提下，积极开展贷款、投资和租赁业务，提高营运资金的利用效率。

（4）对信托项目的经济效益分析。

一个项目往往是长期的，它形成的固定资产包括土地、建筑物和设备等，所花费的投资也是巨大的。因此通过设立一些主要指标对投资项目进行分析和考核，既可以综合评价项目建设的实际投资效益，又可以发现项目决策与建设过程中的缺点和不足，尽快制订补救方案，争取使投资项目获得尽可能好的投资效益。对于企业指定用途或项目的信托投资项目，通过分析与评价，可以促使信托机构注意投资方案的选择，减少或避免投资失误，更好地发挥信托投资的作用。

对信托投资项目的分析和考核，按照是否考虑货币的时间价值因素来区分，可以分为静态分析法和动态分析法。

①信托投资项目的投资效益率。项目的投资效益率是通过投入与产出的对比来判断的。投入量一定的情况下，获得的产出越多，经济效益越好，或者说，为获得一定量的产出，投入越少越好。只有把反映投入量的指标和反映产出量的指标加以对比，才能构成综合反映投资项目经济效益高低的指标，这个指标就是项目投资效益率。投资效益率是指正常年度建设项目的效益与原投资额之比，它主要有以下 3 个考核指标。

第一，投资利润率。投资利润率又称作纯收益率，是指投资项目的年税后利润额与原投资额的比。这个指标可以反映每个单位数额的投资每年能够给企业带来的收益。

投资利润率=年税后利润额÷原投资额×100%

第二，投资利税率。投资利税率又称毛利率，它是反映投资项目的年利税之和与原投资额之比。这个指标能够反映每个单位数额的投资每年能给国家和企业带来多少收益。

投资利税率=年利税额÷原投资额×100%

第三，投资净产值率。净产值是企业劳动者在一定时期内新创造的价值。投资净产值率是指投资项目每年获得的净产值与原投资额之比，这个指标反映的是一个单位数额的投资每年能够给国家、企业和个人带来的收益。

投资净产值率=年净产值÷原投资额×100%

②信托投资项目回收期。投资回收期，是指回收投资所需的时间。投资项目回收期越短，则说明项目效益越好，否则就越差。

投资回收期=项目投资总额÷（年利润总额+年折旧基金总额）

§10.4 信托机构的风险控制

10.4.1 信托机构面临的主要风险

信托机构在不同的市场环境下，所遭遇的风险不同。通常对金融风险的一般分类与分析，也可在一定范围内适用于分析信托公司的风险。在本节主要是分析我国信托公司风险管理环境。

1.信托公司经营目标多样化带来的风险

西方金融理论对金融机构经营目标的表述基本上是统一的，即股东利益最大化。股东利益最大化固然是一般公司治理结构所需考虑的一个重点问题，但是对于信托公司来说，仅考虑股东利益最大化是不够的。由于信托公司的核心业务，即信托业务直接关系到信托财产的安全与信托目的的实现，保障委托人与受益人的利益应被视为信托公司相关利害关系人的核心任务。只有在此核心任务得到保障的前提下，信托公司才能赢得公众的信任，也只有如此，信托业在中国才有发展的空间。

信托公司的经营目标可以从两方面来界定：对于信托公司的自有资产，其经营目标是实现盈利，即目标是要保证公司出资人或股东权益的最大化，这是一个直接实现目标的过程；另外，在信托资产经营中，要尽量实现委托人和受益人的权益最大化，从而保证信托公司的信誉，使信托公司赢得公众的信任，以此来实现业务的扩大，间接实现股东权益最大化。经营目标对内部风险管理的影响主要表现在：经营目标决定风险管理。因此，由于信托公司的经营目标的相对复杂化，我国信托公司内部风险管理体系的建立与实施，必须建立在股东、委托人和受托人三方利益最大化的盈利目标基础上。在对不同的资产进行管理时，根据不同的经营目标而制定不同的风险管理战略。信托公司是为利润而承担经营风险和管理风险的，而其获取最大利润的前提，是把风险控制在可控的范围内。

从两规可以很明显地看出，监管机构意在压缩信托固有资产业务，突出信托主业。这对于我国信托当前的发展来说无疑是一剂良方。但从目前信托公司不断增资扩股的动向上来看，与有关管理办法的意图多少有些冲突。近一年来，几大信托公司的资本金都迅速扩大，庞大的资本金必然会造成固有资产对公司人才、项目、资源、精力的挤占。笔者个人认为，信托公司作为代客理财以手续费收入为主要盈利方式的金融机构，不应像银行等金融机构一样追求高的资本充足率，只要满足相关法规对资本金要求的下限即可，信托公司应该更多地关注筹集委托资金、处理委托资金，而不是资本金。

2. 盈利多渠道带来的风险

信托公司的一大优势是，其在货币市场上可以与金融机构进行金融往来、同业拆借；在资本市场上可以发起基金管理公司、证券公司，可以做投资银行业务。信托公司的另一个最重要的优势就是可以直接投资，如对房地产行业的投资等。信托公司是金融机构中唯一可以直接连接金融资本和产业资本的金融机构，正是这种优势有利于信托公司的资源整合，使其可以发挥其他金融机构所不能发挥的重要作用。也正因为如此，信托公司的风险防范具有复杂性。

3. 国有股高度集中带来的风险

从信托公司年报中可以看出，几家大的信托公司几乎全是国有股东控股。第一类是地方政府控股，有的通过地方政府的财政厅直接控股，有的通过国资委控股，有的通过地方政府控制下的集团公司或者投资经营公司等直接控股；第二类是国家特大型企业或者产业集团公司控股；第三类是金融控股集团公司控股。

信托公司的客户和业务与股东的客户资源有着极大关系，信托公司业务创新和拓展与股东背景有密切关系。我国的信托公司既是政治组织又是经济组织。这首先表现在行政控制下的内部关键人控制上。大部分信托公司的董事长、总经理、董事、监事基本来自政府和上级的行政任命，或者由上级领导直接出任信托公司的董事长和总经理。由于国有股东的非人格化和不能履行出资人角色等原因，信托公司实际上由行政任命的关键高管控制。其次表现在这种股权结构中没有真正的利益制衡机制，股东缺乏来自不同出资股东内在利益的真正制衡。

目前监管者强化外部监管，这在一定程度上是对信托公司内部软约束的替代，但如果没有内部硬约束的配合，外部监管必然会任务繁重却收效不大。要求股本回报是形成信托公司良好治理的基础，尤其是在信托公司不能负债，缺乏债权人监督的情况下，但是目前绝大部分信托公司是不给股东回报的。这种状况表明，国有股东或者类似国有股东行使所有者权利、要求剩余索取权等对国资企业的核心财务监管制度尚未建立起来。

10.4.2 信托风险的防范与控制

1.加强信托公司的内部监督

有效的内部控制必须覆盖机构所有的部门和岗位，渗透到各项业务过程和各个操作环节，不能留有任何死角，因此，内部控制会对组织结构产生广泛而深远的影响。一般说来，内部控制的基本内容包括4个方面：一是恰当的职能分离，对容易发生风险的业务环节实行有关职能的分离。比如，业务经营与账务处理相分离，信用的受理发放与审查相分离，有价证券和重要空白凭证的保管与使用相分离，信托业务经营与自营业务经营相分离，等等。二是双人原则，对重要岗位如资金交易、信贷管理、财务会计等，要实行双人、双职、双责，对相关活动进行交叉核对并由双人签字。三是独立审计，对公司整个业务活动的合规性、风险性和安全性以及对内部控制系统的完善程度、有效性和效率进行独立的检查和评价。四是完善的程序。显然，信托公司在设计和调整自己组织结构的时候必须界定相应的职能，设置相应部门，配备相应人员并建立相应运作机制，才能满足金融机构内部控制的基本要求。

信托公司必须充分发挥计划、财务、审计、项目评审、法律等部门的职能，加强监督和约束机制，加强对日常经营活动的风险控制和风险管理。审计部门要加强审计监督力度，通过日常审计监督和专项审计稽核，及时发现并化解风险，把风险降低到最低程度。行为监督是加强内部控制机制的核心，对从业人员执行金融法规、规章制度和操作规程的情况，要建立有效的监督检查制度。对重要的岗位要实行定期轮换和定期审计制度，严格控制其操作程序和操作权限，做到决策、经营、监督相互分离、相互制约，明确各自的职责权限。

2.建立科学、严密的决策机制

防范信托风险要把工作重点放在对风险的研究、分析和控制上，要做好事前防范工作。必须按照决策、经营、监督三权分离的原则，理顺决策程序、限定操作权限、加强监督力度，使三者相互独立，努力将风险牢牢控制在决策层手中。为保证科学决策，必须成立专门的决策评审委员会，对固定资产贷款、大额流动资金贷款及大额投资项目进行评委会人员集体评审，按照评委会建立的议事规则和否决制度，使评估决策建立在民主、科学的基础上。

3.完善风险预测预警制度

建立预测预警机制是防范风险的重要手段，这种机制可以使信托公司科学、准确地预测风险，及时、灵敏地发出风险信号，达到化解风险的目的。为建立风险预测预警机制，必须首先确立一系列的指标体系，对风险程度进行定量分析。指标体系一般划分为两类：

一类是由公司的监管部门重点掌握的综合指标，包括资产规模、资本充足率、委托与自营存贷比例、担保限额比例、资产流动比例、资产变现比率等。

另一类是由业务部门控制的单项指标，包括投资项目进展情况、信贷业务中的逾期贷款比例、催收贷款比例等。

4.规范业务操作流程

业务操作流程虽然是程序问题，但又是信托业风险控制的关键环节。信托公司必须采用规章制度的形式使其明确化、制度化，以降低操作失误带来的风险。业务操作流程必须通过不同岗位、不同人员共同参与业务操作，将业务置于双线核算、双重控制、交叉核对、相互制约的状态，以达到风险防范的目的。业务操作流程的高效性、严格性不仅体现在相关岗位的操作方法和控制步骤准确衔接、协调配合，业务流程的连贯顺畅上，还体现在相关环节之间合理的监督制约关系上。

思政课堂

信托监管会议召开：防风险放首位，超20家公司因合规和风险问题被点名

2023年度信托监管工作会议于2023年2月21日召开，银保监会及各地银保监局有关监管人士、信托公司主要负责人、信托保障基金、中国信登及中国信托业协会相关人员均参会。

在此次会议上，监管机关介绍了6家高风险信托公司处置进展及2023年的监管工作安排，同时通报了五大合规和风险问题，有20余家信托公司在相关问题上被点名批评。

据了解，监管机关在会上指出，2023年要把防风险放在首位，以促进转型为目标，切实推动信托业风险化解和转型发展。

此外，还介绍了监管成效，其中包括6家高风险信托公司处置进展。

监管机关在会上通报了目前行业面临的合规和风险问题，大致有五方面内容，在不同的问题项下点名批评了对应的信托公司，涉及的信托公司多达20余家。

一是重点领域的风险防控，主要集中在房地产和政信领域，针对房地产融资中涉及的名股实债问题，监管人士点名批评了4家信托公司。同时还指出，要推动房地产业向新发展模式平稳过渡。

二是经营管理方面，主要面临的问题有：部分公司的公司治理机制不健全；个别公司违规关联交易时有发生；转型发展态度不坚决，点名批评了6家公司通道业务屡禁不止；标品信托仍沿袭非标思路。

三是创新业务仍有待规范。

四是监管政策要求落实不到位，包括压降任务不达标，以及资管新规个案处理问题。该方面被点名的信托公司多达10家。

五是公司治理数据工作方面，有7家公司因数据报送问题被点名。

有业内人士称，近年来监管正在加强对金融业包括信托公司的数据监管，就信托公司来看，报送数据时涉及的指标有上万个，但有很多口径要求比较模糊，以及业务分类判断理解容易出现偏差，目前双方都需要时间适应。

资料来源：朱英子. 信托监管会议召开：防风险放首位，超20家公司因合规和风险问题被点名 [N]. 21世纪经济报道，2023-02-22. 此处为节选.

本章小结

信托机构主要分为兼营的信托机构和专业化发展的信托机构。两种信托机构各有优势。在当前的发展趋势中，兼营信托业务对商业银行具有重要意义，而专业化信托机构发展空间在逐渐缩小。

根据委托方式的不同，信托概念的外延也会不同，据此可将信托划分为狭义信托和广义信托。信托资金是信托开展的重要基础，从中外信托业吸收的资金情况看，信托资金有定期、数整、额大的特点，极少或根本不吸收活期存款资金。我国信托公司的资金来源主要包括自有资金、信托存款、委托存款等项目。信托机构的资金运用主要反映在对长期资金的融通上，我国信托公司的资金运用主要包括：信托贷款、固定资产投资、委托贷款和投资、租赁等项目。佣金和手续费是信托机构的主要利润来源。一般来说，信托机构利润主要由自营业务利润和信托业务利润两部分构成。

在信托机构的管理中，有效的管理，可使信托组织与机构更加规范，使信托业务的风险降低。信托机构的管理涉及组织管理、业务管理、财务管理和人事管理等。信托公司的内部责任中心可划分为：费用中心、利润中心和投资中心。信托公司的财务管理工作主要是通过对各项资金的形成、筹集和使用的管理，来扩大经营成果，提高经济效益，促进经营管理的加强和各项业务的展开。做好财务管理工作对于增加营业收入、降低营业成本费用，提高经营管理水平、增强在国际与国内金融市场上的竞争力都具有重要作用。

信托机构面临的主要风险有信托公司经营目标多样化带来的风险，盈利多渠道带来的风险和国有股高度集中带来的风险。可通过加强信托公司的内部监督，建立科学、严密的决策机制，完善风险预测预警制度和规范业务操作流程等手段防范和控制信托机构面临的风险。

综合训练

10.1　单项选择题

1.（　　　）一般是指专门办理信托业务的经济组织，它属于非银行金融机构，不经营银行业务而侧重于经营长期金融业务，被称为某某信托公司。其业务既涉及国内的信托业务，又涉及国际信托业务。

A.兼营的信托机构　　　　　　　　B.专营的信托机构

C.房地产资金信托　　　　　　　　D.证券投资信托

2.以下不属于广义信托的特点的是（　　　）。

A.不需要进行财产处置权的转移

B.对财产的处置权限相对较小

C.从基本关系看，一般只有两方关系人，即委托人、代理人

D.从经营者类型看，受托人常常是以法人身份出现的各种金融机构，如各种专业性的信托公司、各种银行或非银行金融机构的信托部。

3.衍生于对广义信托中代理业务的考察，如商品的代购代销、生活物资的委托寄售等，这种业务的经营者多是贸易信托公司、贸易货栈、生产资料服务公司、信托商店，属于（　　）。

A.银行信托　　　　　B.金融信托　　　　　C.贸易信托　　　　　D.房地产资金信托

4.信托公司的资金来源一般不包括（　　）。

A.自有资金　　　　B.信托存款　　　　C.委托存款　　　　D.活期存款

5.以下不属于信托公司财务管理原则的是（　　）。

A.价值最大化原则

B.资源合理配置原则

C.成本效益原则

D.信托公司应当将信托财产与其固有财产分别管理、分别记账，并将不同委托人的信托财产分别管理、分别记账

10.2　多项选择题

1.兼营的信托机构一般是指既经营信托业务又经营银行业务的金融机构，商业银行兼营信托业务的意义有（　　）。

A.扩大了业务范围，有利于增加银行收益，分散银行风险

B.在一定意义上分散了银行的经营风险

C.充分利用了商业银行现有的条件

D.兼营信托业务使银行利用了自身现有优势，并能够稳妥获得收益

2.作为以信任为基础的财产管理制度，信托行为中的委托方式非常重要。委托的方式不同，将决定信托的概念外延不同，据此可将信托划分为（　　）。

A.兼营的信托机构　　　　　　　　B.专营的信托机构

C.狭义信托　　　　　　　　　　　D.广义信托

3.狭义信托是真正本源意义上的信托，以下描述中属于狭义信托特点的是（　　）。

A.财产处置权从委托人手中转交给受托人

B.对财产的处置权限相对较大

C.从基本关系看，至少有三方关系人，即委托人、受托人、受益人

D.从经营者类型看，除各种金融机构外，受托人还可以是其他各种非金融机构，如贸易公司、可代办托运业务的邮局，甚至是个人代理人

4.以下属于信托资金来源的特点是（　　）。

A.吸收定期存款　　B.信托资金数整　　C.数额大　　　　　D.吸收活期存款

5.信托公司加强风险防范与控制的措施有（　　）。

A.加强信托公司的内部监督

B.建立科学、严密的决策机制

C.完善风险预测预警制度

D.规范业务操作流程

10.3　简答题

1.信托机构与其他金融机构之间的关系是怎样的？

2.简述信托公司财务管理的原则。

3.信托机构财务管理的几个指标及各自的作用是什么？

4.与其他金融机构相比，信托机构在经营和面临的风险上有哪些特点？

5.对于信托风险的防范与控制，你还有哪些建议？

第11章

融资租赁概述

导读

　　本章的重点内容是把握融资租赁的本质。本章首先介绍了租赁的一般概念及演变过程，阐明融资租赁产生的特殊性，从而深刻认识融资租赁不同于一般租赁的本质之处；其次分析了融资租赁交易的构成要素，即租赁标的、租赁关系的当事人、租金、租期；最后介绍了融资租赁的主要种类。

关键概念

　　租赁　融资租赁　租赁标的　租金　直接租赁　转租赁　售后租赁　杠杆租赁　委托租赁

§11.1 融资租赁的产生及特殊性

11.1.1 租赁的定义及起源

1.租赁的定义

（1）租赁的一般理解。

租赁是以收取租金为对价而让渡对有体物的占有、使用和收益权的一种交易，从物的使用者角度说，本质是"出代价用别人的东西"；从物的所有者的角度说，则是"出租"。

从内容看，租赁交易与一般的商品买卖交易都是让渡一定的权利。但是，租赁与买卖的区别在于让渡的权利不同。租赁只让渡标的物的占有权、使用权和收益权，而买卖则让渡标的物的包括处分权在内的完整的所有权，既包括占有权、使用权和收益权，还包括处分权。正因此，适合于买卖交易标的物的类别范围，远远大于适合租赁标的物的类别范围。例如，水泥可以买卖，却不能租赁；股票也可以买卖，却也不能租赁。

（2）我国的定义。

《民法典》第七百零三条规定："租赁合同是出租人将租赁物交付承租人使用、收益，承租人支付租金的合同。"第七百零四条规定："租赁合同的内容一般包括租赁物的名称、数量、用途、租赁期限、租金及其支付期限和方式、租赁物维修等条款。"

（3）国外的定义。

《美国统一商法典》（Uniform Commercial Code）的定义及定义标准为："租赁是指以支付对价为报酬而在某个期限内转移占有和使用货物的权利，但是出售，包括试用出售或剩货可退出售，或某项担保权益的保留或形成，则都不是租赁。除非上下文另有指明，该用语包括转租赁。"（§2A‑103.DEFINITIONS AND INDEX OF DEFINITIONS.（1）（j）"Lease" means a transfer of the right to possession and use of goods for a term in return for consideration, but a sale, including a sale on approval or a sale or return, or retention or creation of a security interest is not a lease.Unless the context clearly indicates otherwise, the term includes a sublease.）

2.一般租赁的演进发展

就全球范围而言，无论中外，租赁都是古已有之。受经济发展水平和生产关系特点的影响，在不同时期租赁形成了不同特点。

（1）古代传统租赁。

租赁是一个古老的经济范畴。早期的古代租赁发展源于何时，目前尚无确切记载，就目前所掌握的最早记录是公元前1400年，居住在地中海沿岸的腓尼基人发明了租赁这种新的商业贸易模式。当时有些商人从事水上贸易，另一些人对出租船只更感兴趣，于是船主租船给从事货物贸易而不愿或无力自备船只的商人使用，船只租赁便由此产生了。一直到现在，船舶租赁始终是资助水运业务的一种主要方式，"造船不如买船，买船不如租船"，这句古老的格言就是对船舶租赁历史最好的写照。后来，欧洲的租赁业也迅速发展起来。在欧洲中世纪，土地租赁是大多数国家农业活动中普遍存在的、最基本的租赁行为，地租是土地所有者让渡土地使用权而获得的报酬。随交通条件改善，某些交通相对便利的地区（如地中海沿岸）商品交易繁荣发达，商人们开始经常租赁运输货物的车船马匹，船只、农具、马匹都成为租赁对象，极大地推进了水运、陆运贸易的发展。对于古时关于租赁的记载说法很多，但是可以明确的是，那部刻在石柱上的、世界上第一部最古老、最完整的法典对实物租赁和租业纠纷是有法律条文规定的。这部法典就是巴比伦第一王朝第六代国王汉谟拉比（约公元前 1792—1750 年）制定的著名的《汉谟拉比法典》（The Code of Hammurabi）。因此，通常将 18 世纪以前尚未出现有影响力的法典给予记录时期的租赁称为传统租赁发展阶段。

在古代传统租赁发展阶段，其主要特点是：①租赁物随机地表现为不同的物品。这一时期租赁交易在很大程度上体现出对某种物品的偶然交换，具有一定的随机性，是单纯的融物行为。②这一时期的租赁物主要是船只、农具等必要的贸易工具。这一特点与当时商品经济发展水平及社会生产、交换特征有密切联系。③租赁期较短，承租人对租赁物的租赁是暂时的租借。这种短期租借发生的前提是存在一方闲置不用而另一方急需使用的物品，且承租人不愿购买或无力购买，愿意以承诺付租为条件短期内使用。

（2）近代设备租赁。

近代设备租赁在 18 世纪的工业革命形成之后深入发展起来[①]。工业革命使社会生产从以农业、手工业经济为主转向以机器制造业为主。第一，出现了钢铁、煤炭、电力、石油等工业部门；第二，蒸汽机、内燃机、纺纱机、织布机等机械制造业成为社会产业的支柱；第三，新型的交通运输工具（蒸汽机车、船舶、飞机）和现代通信工具（电报、电话、无线电）等广泛应用。土地、房屋作为财富资源的作用仍很重要，但与迅速增长的机器设备制造业相比则有所下降。为适应社会化生产方式和产业结构的变化，租赁业发展进入了一个新阶段，租赁对象发生了明显变化，由原来的以土地、房屋、农用农具、简单交通运输工具为主转向了以各种工业设备、通信设备、货车、铁路线为主。因此，这一时期的租赁业称为近代设备租赁业。

英国是最早发生产业革命的国家，也是近代设备租赁业的发源地。19 世纪中叶，英国钢铁、煤炭等重工业开始发展，工业革命使运输方式转为铁路运输为主，从而火车、铁路线的租赁首先发展起来。最具代表性的案例是伦敦到格林尼治的铁

---

①　实际上在 1640 年英国资产阶级革命爆发后世界史就翻开了近代一页。1769 年，瓦特制成第一台蒸汽机，随后进行了一系列改进，解决了工业发展的动力问题。最终使机械化生产冲破了自然条件的限制，是人类社会进入机械化时代的标志。此后，社会化大生产中各行业对设备的需求快速增加。

路线，这是伦敦的第一条铁路，在建造者自己经营8年后于1849年租赁给东南铁路公司经营，租期长达99年。英国铁路大王乔治·哈逊当时利用租赁铁路线的方式控制了很多条铁路，他的米得兰铁路公司因此不断扩大。开掘新矿山使矿产品的货运量猛增，矿主由自备货车运货转为租车运货，出现了大量专门从事火车、货车出租的货车租赁公司，最早的伯明翰货车公司于1855年成立，到1862年，英国的货车租赁公司已有20家。货车租赁公司的大量涌现使竞争愈加激烈，租赁形式日益灵活多样，承租人的主动权越来越大：一是租赁期限不断延长；二是当租期届满时，承租人可以选择买下货车或退租，或续租，选择购买权成为租赁条件之一，使承租人在租期内非常注意保护货车。货车租赁由租借发展为租购，租购交易迅速增长，缝纫机、汽车和各种工业机器设备等均成为租赁购买对象，长期租赁方式被广泛采用，租赁成为企业获得新机器设备的好方法，租购制度使企业的设备需求得到满足。

此外，在近代租赁业发展历史中，一些大企业还利用设备租赁方式垄断产品市场。19世纪末，英国联合制鞋机器公司对于拥有专利权的制鞋机只租不售，通过对机器以旧换新，使承租人一旦租用了它的机器，就不可能租购其他公司同类的制鞋机，1919年，英国80%的制鞋厂长期固定地与同一家生产制鞋机的公司建立了租赁关系。另外一个典型案例是美国休斯家族出租而不出售钻头。休斯家族拥有钻探业用的166个切削面钻头的专利，被世界75%的钻探业采用，但休斯家族从不出售钻头，用户只能租赁。1887年，美国著名的贝尔电话公司开始电话机的租赁业务，以类似的租赁方式占领市场。许多生产厂家利用租赁方式控制市场，限制竞争，以维持自己的市场垄断地位，获取超额利润。

近代设备租赁是在传统租赁基础上发展起来的。在近代设备租赁发展阶段，其主要特点是：①工业机器设备成为主要的租赁对象，以此来满足社会化大生产条件下扩大再生产对生产资料的需求。②从事租赁业务的主体是设备制造企业，专业性的租赁公司尚未产生。在这一时期，租赁交易在生产厂家（出租人）和用户（承租人）二者之间进行，用户把租赁作为代替购买的手段，制造商以促进设备销售为主要目的，租赁对象主要是自己生产的设备。③租赁期限较长，特别是租购的出现，使企业有意识地利用租赁先行取得使用权开始生产，以解决扩大再生产之急需。但是，尽管在许多方面发生了变化，这种交易的市场活力还是比较小。其主要原因在于此种交易仍然是企业主之间的直接租赁，承租人自由选择的空间较小，难以根据自己的需求从事租赁活动。

（3）古代和近代租赁特点比较。

租赁活动的基本特征是出租人以获得租金为条件，让渡一定时期内商品的使用价值供承租者使用。这一基本的经济关系在租赁发展的两个阶段表现不同，因而使每一阶段的租赁关系呈现出不同的特点，见表11-1。

表11-1　　　　　　　　　　　古代租赁与近代租赁比较

	古代租赁	近代租赁
产生背景	自然经济占主导地位的农业社会，社会分工和交换均不发达，但产品开始出现剩余	农业社会向工业化社会发展，资本主义商品经济确立，工厂手工业得到发展
租赁主体关系	平等交易关系，不固定	商业信用关系，相对稳定
租赁对象	规模小、数量少，租赁对象主要是农具、马匹、船只等闲置物件和土地	数量、种类、规模均有增长，工业设备成为主要租赁对象
交易目的	满足相互交换物件的需要，出租人不期望获得租赁物件的价值增值	获得利润，租金必须能保证租赁设备的价值增值
信用形式	原始的实物信用，没有固定的契约关系和报酬关系，交易完全建立在自愿的基础上	商业信用关系，以合同的形式建立起平等的经济契约关系，规定明确的报酬条件

11.1.2　融资租赁产生的特殊性及概念界定

1.融资租赁产生的特殊背景

现代社会融资租赁的产生是市场经济条件下更大规模的社会化分工和自由竞争而导致的结果，其产生标志是1952年第一家专业租赁公司——美国租赁公司的成立。第二次世界大战后美国的许多企业开始实现军转民，大批设备需要更新，资金需求非常大，此时传统的银行信贷方式无法及时满足这种大量的资金需要。

1952年初，美国加州一名食品加工业老板杰恩·费尔德搞到一大笔订单，但他迫切需要资金以更新带小型升降机的卡车，为了不失去这个赚钱的机会，他在利益的驱动下采取了租赁的做法，即先向那些有设备但没有搞到订单的同业老板借入设备，待投入生产获得盈利后，再以租金的形式给对方加以补偿，这一举措获得了成功。通过这次经历，杰恩·费尔德获得很大启发，他意识到，"利润的产生在于设备的早日投入使用，而不能仅依赖于对设备的所有"，并认为以融资为目的的租赁将成为为企业提供资金支持的新途径，融资租赁的专门化发展将拥有广阔的发展前景。在实践和深刻反思的推动之下，杰恩·费尔德改行组建了第一家现代融资租赁公司。以后一些其他商人也纷纷效仿，组建了各种专业融资租赁公司。自此，融资租赁业作为一个独立的行业发展起来，开辟了租赁发展的新纪元。在20世纪60年代，当代融资租赁作为与社会生产过程紧密结合的产物在国际上推广开来。

2.融资租赁的概念界定

（1）融资租赁的一般理解。

融资租赁（financial lease）是为了使企业实现融通资金的目的而发生的设备租赁，是20世纪50年代产生于美国的一种新型交易方式，由于它适应了现代经济发展的要求，20世纪60、70年代迅速在全世界发展起来，迄今已成为企业更新设备的主要融资手段之一。这种交易的方式是出租人根据承租人的请求，向承租人指定的供货人，按承租人同意的条件，购买承租人指定的货物，并以承租人支付租金为条件，将该项资本货物的占有、使用和收益权转让给承租人。

在融资租赁形式中，出租人为承租人购买设备所垫付的资金，要从选定设备的承租人那里通过租金的方式全部收回。不仅如此，承租人所支付的租金不仅包括相当于本金性质的出租人的垫付资金，还包括出租人垫付资金所应该承担的融资成本和费用成本，以及出租人应该获得的合理的投资回报，这也就是完全补偿的具体体现，又称为净租赁。

由于世界各国租赁业的发展过程不同，各国的法律制度和会计制度不同，各国的融资租赁业也各有其特点，对融资租赁概念有所区别，当前国际上有代表性的几种定义主要来自美国、英国、国际统一私法协会、国际会计准则委员会等。

（2）国外的定义。

《美国财务会计准则委员会的第十三号公告》对融资租赁的定义主要包括以下几个方面：租赁设备由承租人选择并指示出租人购入，租期内双方不得任意解除租赁合同，承租人按期向出租人支付租金，租期与设备的经济耐用年限基本相同，租金的合计金额超过设备的原价，设备的所有权归出租人，承租人在租期届满时可以重新续租，也可以留购，承租人在最终可以获得设备的所有权。

英国设备租赁协会强调融资租赁的定义要有以下特征：由承租人而不是出租人从供货厂商或经销商那里选择设备，出租人保留设备的所有权，永不变为承租人的资产，承租人在按期支付租金并履行各项条款的情况下，在租期内享受独有使用设备的权利。出租人即租赁公司在租期内，设法补偿资本支出的全部或主要部分以及有关开支和实际利润，由承租人完全承担设备陈旧的风险，并负责设备维修和保险，租赁届满时承租人有权选择降低租金续租。英国在对融资租赁的定义中没有提到留购，这和其他国家不同，在英国，如果留购的话，则是近代租赁中的"租购"，而不是"融资租赁"。

国际统一私法协会在调查研究各国融资租赁交易的基础上，于1988年5月在加拿大渥太华召开了外交会议，审议通过了《国际融资租赁公约》。公约第一条即提出了融资租赁的概念和特点：在一项典型的融资租赁交易中，出租人依照承租人提供的规格，与第三方（供应方）订立一项协议（供货协议），据此协议，出租人按照承租人在与其利益有关的范围内所同意的条款取得工厂、资本货物或其他设备（简称设备），并且拥有所有权，同时出租人与承租人订立一项协议（租赁协议），以承租人支付租金为条件授予承租人使用设备的权利。这一融资租赁交易包括如下特点：承租人指定设备和选择供货商，并不是主要依靠出租人的技能和判断，出租人所取得的设备是和一项协议关联的，这项协议据供货方所知，已经或将在出租人和承租人之间订立，根据租赁协议应支付的租金是固定的，并须考虑摊提全部或一部分设备成本。

国际会计准则委员会在《国际会计准则——租赁》中对融资租赁做了如下定

义：融资租赁是指出租人将实质上属于资产所有权的风险和报酬转移给承租人的租赁，租赁期结束时名义所有权可以转移也可以不转移给承租人。这个定义特别强调的是：一方面租赁资产的经济所有权发生转移，不重视法律上的名义所有权的转移；另一方面融资租赁实质上只是将租赁资产的经济所有权（而不是其他意义上的所有权）转移给承租人。正是因为国际会计准则委员会认为融资租赁资产的经济所有权应该转移给承租人，因而主张融资租赁的财产须在承租人的资产负债表中资本化。

（3）我国的定义。

《民法典》第七百三十五条规定："融资租赁合同是出租人根据承租人对出卖人、租赁物的选择，向出卖人购买租赁物，提供给承租人使用，承租人支付租金的合同。"第七百三十六条规定："融资租赁合同的内容一般包括租赁物的名称、数量、规格、技术性能、检验方法，租赁期限，租金构成及其支付期限和方式、币种，租赁期限届满租赁物的归属等条款。融资租赁合同应当采用书面形式。"按《企业会计准则第21号——租赁》规定，融资租赁是指实质上转移了与资产所有权有关的全部风险和报酬的租赁。该准则还规定，凡是在租赁期届满时，租赁资产的所有权一定转移给承租人的；届时承租人有廉价购买租赁资产的选择权的；租赁期占租赁资产使用寿命的大部分的；承租人所付的全部租金折现到起始日的数值几乎相当于租赁资产的公允价值的；该租赁资产只适合于该承租人使用的，只要符合其中一条，就都是融资租赁。可见，从经济实质而不是法律关系来剖析，融资租赁无异于承租人用出租人提供的抵押贷款购买所需的资产，或是出租人对承租人的分期付款销售。

2007 年 1 月 23 日，中国银监会颁布实施的《金融租赁公司管理办法》第三条对融资租赁的定义是："本办法所称融资租赁，是指出租人根据承租人对租赁物和供货人的选择或认可，将其从供货人处取得的租赁物按合同约定出租给承租人占有、使用，向承租人收取租金的交易活动。" 2014 年 3 月颁布施行的最新《金融租赁公司管理办法》第三条对融资租赁的定义未做修改。

融资租赁的实质是一种通过"融物"达到"融资"的交易。当企业（承租人）需要购买添置设备时，不是以自有资金或者向金融机构借款购买，而是委托出租人根据承租人的需要、意愿和请求，通过出租人自有资金或向金融机构融资购入设备再出租给承租人使用，承租人按照融资租赁合同规定，定期向出租人支付租金，租赁期满后，选择留购、退租、续租的一种交易活动。

在同一宗融资租赁交易中，必定包含所述资本货物的买卖和以该货物为租赁物的租赁这样两类互为条件又相互独立的交易，它们分别由相关的买卖合同和融资租赁合同体现。在这种交易中，必定要有货物的供应人、兼为租赁物出租人的该货物的买入人，以及租赁物的承租人这样的三方当事人存在。因此，融资租赁关系比较复杂，涉及至少三方当事人、两个合同。不同的融资租赁交易形式，其相应的当事人和合同可能会增加，如杠杆租赁就增加了债权人与投资人。但任何一项融资租赁交易至少都有三方当事人，即承租人、出租人和出卖人，并通过至少两个合同即买卖合同和融资租赁合同。通常把融资租赁描述为是包含着两类合同和三方当事人的交易。

（4）关于我国的"融资租赁"与"金融租赁"。

"融资租赁"与"金融租赁"英文原词都是"financial lease"，从业务角度而言并无本质区别。但是，分别在2007年和2014年3月由中国银监会颁布施行的《金融租赁公司管理办法》对"经银监会批准，以经营融资租赁业务为主的非银行金融机构"名称中应当标明"金融租赁"字样。未经银监会批准，任何单位不得在其名称中使用"金融租赁"字样。因此，从业务角度，"融资租赁"与"金融租赁"可以混用。而从经营机构和监管者角度，由银监会批准设立并实施监管的经营机构必须称为"金融租赁公司"，这部分机构是本书所研究的对象。而由商务部批准设立的经营机构称为"融资租赁公司"，这部分机构不是本书所研究的对象（详细内容见14.3.3和14.4.4）。

3.融资租赁的意义

对于银行出资创办的租赁公司（即出租人）来说，租赁是能够满足银行客户需求的另一种有竞争力的产品。租赁会比其他银行产品安全，因为这些交易是有担保的，而且租赁协议通常会由于其交易方式内在的优势，诸如税收好处，从而比商业贷款更能够盈利。融资租赁具有活力和能力来很好地适应变化中的商业环境。在美国，融资租赁是最广泛使用的动产融资方法。

对于客户（承租人）来说，它是一种保存资金的途径。因为，事实上它们得到的是100%的融资。与此同时，所有权的风险（如该产品变得落后的可能性）可以转移给出租人；税收好处也可以转移给出租人；继而承租人租金付款额相对较低。

知识链接

中外融资租赁的实践

从历史来看，中国企业最早的融资租赁案例可以追溯到1980年，中国民航跨国租赁第一架波音747飞机，即是我国最早的融资租赁实践案例。

如今随着中国企业"走出去"步伐的加快，跨境融资租赁迎来了更大的发展。所谓跨境融资租赁，是指境外出租人直接将租赁物件租给境内的有进出口贸易资质的企业或租赁公司，或者境内有进出口贸易资质的出租人，直接将租赁物件租给境外企业或租赁公司。除了传统的飞机、船舶等业务外，大型设备制造，尤其是工程机械成为业务新趋势。国内的许多大型设备制造企业在技术、质量等方面与国际同行不相上下，但跨境融资租赁等金融服务欠缺，因而在国际市场上与德国等企业的竞争中反而丧失了性价比高的优势。

目前美国每年设备投资总额中有30%是通过租赁解决的，而在中国这个比例仅为1%~2%。在很长一段时间内，购买飞机、船舶一度是中国企业跨境融资租赁的主要内容，但现在中国企业在机电等设备制造业的发展，使得这一金融工具开始被利用于拓展出口，境外设备融资租赁的空间巨大。

11.1.3 融资租赁的特殊性

1.不同于一般的经营租赁

（1）二者在实质上的区别。

经营性租赁是为了满足经营使用上的临时或季节性需要而发生的设备租赁，又称服务租赁、管理租赁或操作性租赁。虽在短时期内有一定的融资性，但不是业务开展的初衷，业务开展的初衷是满足临时对租赁物的需要。

在经营租赁条件下，与租赁资产所有权有关的风险与报酬并没有实质上转移给承租人。因而，承租人不承担租赁资产的主要风险。对出租人来说，由于每一次交易的租赁期限大大短于租赁物件的正常使用寿命，所以他们并不从一次出租中收回全部成本和利润，而是将租赁物件反复租赁给不同的承租人而获得收益。由于一个承租人所付租金只是出租人所投资的一部分，一次租赁的租金不足以抵销购置设备的成本，所以经营租赁又被称为"非全额清偿租赁"。

我国《企业会计准则第 21 号——租赁》中规定，凡不满足融资租赁条件的租赁业务都是经营租赁。国际海运中常用的租船合同形式——程租，船只、船员均由船东负责提供，一切管理、维修、保险等义务也由船东负责，从性质上看，程租就属于经营性租赁。我们日常生活中所见的出租车、船、房屋等，也属于经营性租赁的范畴。

相比较而言，国外的经营租赁比我国发达得多，其原因在于：一是技术进步速度较快，客户更加希望避免承担设备技术陈旧的风险；二是设备的二手市场比较发达，租赁公司设备的返还和再处置较为顺畅；三是设备制造商/供货商对经营租赁的认知程度普遍较高，成为经营租赁的积极参与者，许多制造商/供货商设立自己的下属机构，专门以经营租赁方式促销其自产设备。

经营租赁交易的实质是"自有物件出租"，因为租赁交易的标的物为出租人自有或由出租人独立决策购买，正因为如此，经营租赁会形成一定库存。经营租赁交易的特点是一个标的物、一个租赁合同、两方当事人（承租人、出租人）。在会计上，按"经营租赁"标准进行核算，租赁物不纳入承租人的资产负债表；在税收上，出租人按租金全额为基数缴纳增值税及附加税费，承租人所支付租金可在所得税前全额列支。

对于制造商/供货商来说，经营租赁能够加大竞争优势，扩大市场份额；通过全程服务强化同客户的联系；增加保养良好的二手设备来源。

（2）融资租赁的特征。

相对于以往任何一个时期，融资租赁的产生是一次质的飞跃，并具有不同于一般租赁交易的鲜明特征：

① 融资租赁不是由传统租赁发展起来的，传统租赁做得再大，也不会向融资租赁发展。融资租赁由银行信贷业务发展而来，但是在操作方式上又借鉴了传统租赁。

②成为可以获得成套设备的重要融资手段。从承租人而言，承租人不仅可以取得物品的使用权，更重要的是可以将租赁作为一种融资手段，也就是说，当租赁以获得生产要素的手段来发挥融物作用的同时，也实现了出租人为承租人提供资金融通的目的。

③专门化租赁公司的出现解决了出租人和承租人在租赁市场的被动局面。通过租赁公司的第三方服务，理顺了制造商和承租人的关系，租赁物的购买选择权由承租人决定，租期末承租人对租赁物还具有留购、续租或退还设备的选择权，使租赁市场渠道畅通，通过租赁公司把融资与融物集中在一起。随着租赁交易额规模的扩大，租赁作为独立的行业发展起来。

④租赁设备范围更加广泛。现代租赁设备已经突破传统通用设备的范围，租赁设备多样，能够满足某一特定承租人的特定需要。租赁所涉及的租赁物范围也广得多，从飞机、农业机械甚至灌溉系统到无线通信设施等。

⑤单个交易项目的金额增大，可达数亿元。当前比较热门的飞机租赁业务，交易金额动辄就是几亿元，甚至几十亿元。

（3）两种租赁方式的比较。

①租期。融资租赁租期较长，经营租赁租期较短。

融资租赁以满足承租人对资金融通的需要为目的，租期一般为资产的有效使用年限或其大部分，故出租人几乎只需通过一次出租，就可收回在租赁资产上的全部投资。一般情况下，设备的法定折旧年限都在1年以上，所以，所有融资租赁交易的绝对期限都在1年以上。此外，按照国际惯例，融资租赁期限一般接近租赁资产经济使用寿命的70%～80%。承租人是法人。

经营租赁的租期通常较短，一般低于1年，租期最长不能超过20年。这里所说的"租期短"是相对于租赁标的物的使用寿命而言的，绝对时间并不一定很短。经营租赁是为了满足承租人生产经营活动的临时需要，使用完毕即退还出租人，因而资产的租期远远短于其有效使用年限。正因为如此，租赁标的物一般会被反复出租才能收回其投资额。此外，经营性租赁由于租赁期限短、租金数额较小，从某种角度来说，不属于借贷关系的范畴，因此承租人的偿债压力较轻；而融资租赁由于租赁期限长、租金数额较高，出租人与承租人之间形成了一种债权债务关系，从而承租人的偿债压力较大。

②风险承担者。融资租赁中承租人承担租赁交易的风险，且租赁资产的风险伴随租赁的发生而转移。经营租赁中出租人承担租赁交易的风险，且租赁资产的风险不伴随租赁的发生而转移。

③租赁标的物。融资租赁的标的物一般是专用设备，且多为量身定做，能够满足某一特定承租人的特定需要。按照融资性租赁的程序，承租人根据自己的需要先选择好租赁物件，然后选择出租人并通知其购买租赁物件。融资租赁中的出租人只负责按承租人的要求购买租赁物件，以融物的形式给承租人提供融资便利。承租人对租赁物的选择权较大，出租人也不会形成库存。

经营租赁的标的物一般是通用物件，具有泛用性。由于经营租赁的出租人在承租对象不确定的情况下批量购买租赁设备，但购买时并不针对某一特定承租人的特定需要，为使租赁风险最小化，出租人对租赁物件的选择一般偏好通用物件，且批量购买。承租人对租赁物的选择权较小，只能在现有库存中挑选。

④对租赁物的出租过程与次数。融资租赁对租赁物的出租乃单一的出租过程。融资租赁中，承租人交付租金的次数和每次所付金额均可由双方具体磋商。经营租赁的出租人对同一租赁物的出租是一个出租、收回后再出租的过程。当第一个客户的租期期满后，将设备退回，出租人再与第二个承租人签订合同，出租设备；或续租，续租时可优惠。

⑤租赁物的期末处理。就留有余值的融资租赁交易而言，由两种交易伴随进行。一是融资租赁交易，到租赁期限届满和租金支付完毕时终止；二是原出租人同原承租人各以出卖人和买入人的身份发生的以原租赁物为标的物的买卖行为。两者之间是相互完全独立的。前者是"租"，后者是"购"，相互独立。在融资租赁合同中预留出来未来值，它的余值是租赁双方事先按照法律依据，预先约定的一种融资余值，不是租赁物件本身折旧后的财务残值。当租期结束时，若租赁余值低于租赁物件的公允价值，承租人可以优先按租赁余值购买并获得租赁物件的所有权。当租赁结束时，若承租人对残值的处理有选择权，这部分余值有担保的部分，就是担保余值，没有担保的部分就是未担保余值。担保方是可能与承租人有关也可能与承租人无关的第三方，如供货商等。《企业会计准则第 21 号——租赁》中的担保余值/未担保余值就是这部分租赁余值。在英国，因视融资租赁为委托合同，故自始至终不发生所有权转移，所以不以租购处理物件。

经营租赁中，在租赁物期末的处理上可以采取承租人续租、退租等方式。在租赁期限届满时租赁物可能会存在折旧后的财务残值，这样就形成了经营租赁出租人要承担租赁物的残值风险。

⑥融资租赁中，承租方负责对租赁资产的维护。承租人获得使用权，且要承担所有权的全部责任，如维修、保险等；在期末承租方可以获得所有权，也可在租赁期届满时将租赁物退还给出租人，这全看合同如何约定。出租人获得全额补偿的净租金，实际上是承租人承担租赁资产风险的另一个相关方面。在完全履行合同条款的情况下，承租人在整个租赁期内对租赁设备享有独占的权利。经营租赁中，出租方负责对租赁资产的维修、保养、纳税和提供专门的技术服务，承担设备老化的风险等。出租人获得非全额补偿的租金；承租人只获得一定时期内的使用权，不负责设备维护等。

⑦融资租赁不可提前终止合同。合同期间，承租人不可以终止合同，退回设备。由于租赁的物件是由承租人自行选定的，出租人是按照承租人的决策来出资购买的，因此，在租赁合约的有效期内，承租人无权单独提出以退还租赁物件为条件来提前终止合同，即使出现供货商所提供的货物与合同不符、存在瑕疵的情况下，也不例外。换句话说，在租赁合约执行过程中，只要不是出租人的过错，承租人就

负有绝对支付租金的义务。经营租赁可以提前终止合同。

⑧租赁的适用范围与经营机构。由于融资租赁是出租人通过融物向承租人提供了信贷，因而，融资租赁方式主要用于解决企业在发展生产、进行技术改造时需要添加新设备，而又感到资金不足的困难。

融资租赁的经营机构可分为银行所属或与银行有关的租赁公司、从属于制造商的租赁公司、独立的租赁公司三大类。

经营租赁是一种以提供租赁物件的中、短期使用权为特点的租赁形式，通常适用于一些需要专门技术进行维修保养或者技术更新较快的设备。我国税法规定，不适用于融资租赁的租赁即视为经营租赁。从事经营租赁的机构众多，日常生活中常见的建筑用吊装设备租赁公司、房屋出租机构、汽车租赁公司等都属于经营租赁机构。

2.与其他信用形式相区别

（1）融资租赁与商业信用。

商业信用是以商品形式提供的，以偿付为条件的价值运动的特殊形式。它包括以赊销、分期付款、预付货款、预付定金等形式提供的信用。融资租赁与分期付款相比，有很多类似的地方。例如，它们都是购物者先获得商品，然后再在一段较长的时期内分批归还商品的价款及利息，二者均是以商品形态提供信用。但就其实质而言，融资租赁与分期付款存在着显著区别。

①所有权转移状况。融资租赁同分期付款销售的本质区别，在于其法律形式，即所转让的权利范围的不同。而就经济实质而言，融资租赁无异于分期付款销售。

分期付款实际是一种买卖行为，一般在物品交付验收或购物合同生效后，物件的所有权就发生转移。在买方付清全部货款之前，双方之间存在的只是债权债务关系，所有权不是在货物交付验收时转移，而是在末期货款支付完毕时转移。

在融资租赁建立的信用关系下，出租行为是出租人行使租赁物件所有权的表现，租赁物件的占有、使用以及收益权则全都归于承租人。承租人享有租赁物件的使用权，并且负有把租赁物件维护完好的义务。承租人未经出租人同意，不得进行任何侵犯租赁物件所有权的行为，例如将租赁物件出售、转让，或作为抵押等。一旦发生侵犯所有权的行为，出租人有权终止租赁合同，并要求承租人支付租金和违约金。

②当事人的关系。分期付款是一种涉及双方的买卖关系，即买方和卖方的关系。而租赁一般涉及三方关系，即承租人、出租人和出卖人。其中，出租人履行融资者的职责。在办理租赁业务时，必须签订买卖合同和融资租赁合同，这两个合同的联系非常密切，两个合同使签约的三方利益相连。任何一方违约，势必影响其他两方的利益。

③业务范围。分期付款受企业业务范围的制约，如商品种类的范围、业务的地理范围。租赁的业务范围则不然，不仅租赁物的种类繁多，融资租赁公司在直接租赁中以买入人的身份进行的标的物购买行为也多发生在跨境交易中。

（2）融资租赁与银行信贷。

从融通资金的角度来看，融资租赁与银行信用都是向企业提供资金，并收取一定的利息。并且当代金融租赁类似于银行的固定资产贷款。但就其法律形式而言，融资租赁与银行信贷存在着很大差异。

①标的物的类别不同。

银行信贷为纯粹的资金运动，标的物不是有体物，而是货币（一般等价物）。同时，在银行发放贷款时，不一定会伴随物的运动，比如，通过贷款购物往往是先办理贷款筹措资金，然后购置所要的货物。这时，融资与购物往往是分别进行的，融资与购物两笔业务是独立的、互不约束的。而融资租赁是以融物而达到融资目的的信用形式，租赁物品是出租人向承租人提供资金信用的等价物，在承租人得到租赁物的同时，相当于获得了租赁物购置成本的信贷资金，在这种情况下资金运动紧紧伴随着物资运动。

②当事人的关系不同。

银行信用只涉及借贷双方的关系，一方贷出资金，一方借入资金，虽然借款人的目的是将借来的资金购买设备，但贷款人不介入购买行为，与供货商不发生直接的关系。而融资租赁则不同，它涉及三方的当事人，即出租方、承租方和供货方，且三方当事人都要发生直接的关系。

③信用扩张能力不同。

利用银行信贷融通资金，受国家货币政策影响，会引起企业生产过程的过度扩张或者急剧滑坡。这样的忽涨忽缩，使一些中小企业发展极不稳定，容易导致破产倒闭。而融资租赁由于融物融资紧密结合，融资租赁受国家货币政策波动的影响较小，不易迅速地扩张或收缩，在使用中不具有信用扩张的"乘数效用"。因此，如果能够正确地加以运用，融资租赁对企业的稳定发展和一国经济的持续稳定增长会起到积极作用。

④与企业授信额度的关联度不同。

商业银行对企业提供贷款时，应遵循稳健性原则，不得超过企业授信限额。而对企业来说，在需要新的资金以取得设备时，不仅当时的借款余额或许已经接近授信额度，而且新增借款也已经不再可能，即使额度尚余不少，但是，它必须为应对市场的变化，把该余额留作用于随时可能发生的流动资金之急需。而融资租赁可以节约银行对本企业的授信额度。承租企业可以根据自己现金流的需求，协商十分灵活的租金支付方式；在一定条件下可以享受加速折旧优惠；可以在不减损对自己的固定资产的使用的前提下，加大自己的资产的流动性；如果某企业有上述需求，而其控股母公司或关联方有剩余资金，则可以假手某融资租赁公司，以委托租赁的方式，将该资金用于该企业；内部决策程序简单一些。因此，明智的企业会将它为取得固定资产所需资金的来源进行合理的搭配。除了基本建设、原材料购置等无法直接利用融资租赁的需求外，在出现需要长期资金以取得设备的情况时，企业就可以考虑利用融资租赁的方式。

⑤融资选择在企业的内部决策程序上不同。

利用银行贷款购置固定资产是预算性支出，需要有董事会的决议，而融资租赁项下的租金支出是营业性支出，可以由公司管理层（经营班子）做主，相比之下，利用融资租赁取得固定资产，在程序上会简单一些。

（3）融资租赁与金融信托。

信托是以相互信任为基础，接受他人委托，代为管理、经营或处理某些经济事务，其中金融信托中同样会涉及融资。但融资租赁实现的融资与金融信托中的融资有很大区别。

①资金流向不同。

信托的资金流向是双向的：信托公司可以接受企业委托，在国内外代为筹措资金，也可以接受拥有资产、资金的单位或个人委托，管理或经营这些财物，达到委托人所要求的目的。融资租赁的资金流向是单向的，只能是租赁公司为企业垫付或筹措资金，购买企业所需的设备，然后租给企业使用。信托公司不仅可放款，也可接受存款（委托存款）；租赁公司可以放款，但不接受存款。

②金融业务范围不同。

信托的范围相当广泛。信托公司的业务范围包括信托存款、信托贷款、信托投资、委托贷款和投资、代理发行证券、代理保管和信用担保等，也可从事租赁业务。相比之下，专业融资租赁公司所经营的只是出租资产、融通资金的业务，业务范围相对狭小。

③服务重点不同。

金融信托服务的重点是帮助经济组织或个人管好、用好财物，保证财物的安全，获取稳妥的收益。融资租赁的重点是向经济组织或个人提供所需的资金或财产，至于这些资产能否有效利用则是承租人的职责。

§11.2 融资租赁交易的构成要素

在融资租赁交易中，租赁标的、租赁关系的当事人、租金、租期等是主要构成要素。

11.2.1 融资租赁的对象

1.租赁对象的一般范围

标的是指经济合同中当事人权利和义务共同指向的对象。对租赁而言，**租赁标的是指租赁合同中当事人权利和义务共同指向的对象，或称为租赁物、或称为租赁对象。租赁对象是指租赁交易合同中当事人权利和义务共同指向的对象**。在租赁业务中，由于出租人出让的是物品的使用权，因而租赁标的物的范围应该是可以转让使用权的有体物，这样的有体物就是通常所说的动产和不动产。但是，并非任何动产和不动产都可以作为租赁的标的物。

2.不可列为租赁对象的资产

任何金融工具都有其局限性，融资租赁自不例外。例如，所有权归属国家的财产不能租赁，即使不考虑所有权，也仍有许多财产不能租赁。具体情况是：

（1）无形资产。在租赁中，无形资产不可以租赁，诸如债权、股权、知识产权和特许权等无形资产，均不可以租赁。

（2）低值易耗品。即使是有体物（如燃料、原材辅料），如果在使用中会转化为他物，也不能成为租赁标的物。因为消耗物一经使用即转化为他物，原物消灭意味着作为所有权客体物的消灭，所有权也不存在，因而消耗物不能作为租赁物存在。

（3）不能独立发挥功能的有体物也没法租赁。完整主体设备的一部分零部件或附着物，属于整体设备的一个组成部分，例如零部件，或一个建筑物的上下水管道，由于不能相对独立地发挥功能，或者一旦分离便会造成主体物的丧失效用，也不可以租赁。

（4）凡是财产所有权有重大专属关系的，都不能采用融资租赁方式。例如，国家禁止自由买卖的物品。凡是国家禁止自由买卖的物品，由于谈不上其所有权在买卖交易中的转让，因此也就都不能作为融资租赁合同的标的物。例如，在我国，由于土地是其所有权专属国家的实体财产，因此土地就不能作为融资租赁合同的标的物。又如，设置在保税区内的、购置时享受了减免进口关税优惠待遇的固定资产，除非在与融资租赁交易相关的买卖交易中补缴了关税，或经海关当局特别批准，否则不能作为融资租赁合同的标的物。

《国际会计准则第17号——租赁》中的租赁标的不包括：开采或利用诸如石油、天然气、木材、金属以及其他矿产权之类的自然资源和涉及诸如电影、录像、戏剧、文稿、专利权和著作权之类的项目。

3.融资租赁交易对租赁物的限制

在融资租赁交易实际操作中，对租赁标的限制规定主要是针对属于被自然人使用的消费品。目前融资租赁合同承租人不包括自然人，因此，即使是能够独立发挥功能以及形态在使用过程中不发生变化的实物财产，只要它将被自然人使用，也就是说是消费品，仍不能作为融资租赁合同的标的物。

概括起来，凡是可以列为法人固定资产的实体财产，原则上均可以作为融资租赁合同的标的物，反之则不能。但是，也不能一概而论。根据国家对各类固定资产的监管政策的差异，例如，房屋、机动车这类特殊的固定资产，其可否作为融资租赁合同的租赁物，需视当时的相关法规而定。我国《金融租赁公司管理办法》第三条中明确规定："适用于融资租赁交易的租赁物为固定资产。"一般而言，国际上流行把租赁物统称为"设备"。

在融资租赁交易中，标的物不一定由融资租赁公司自己购买。融资租赁公司也可以委托他人（包括承租人）购买。当标的物是融资租赁公司委托他人购买时，融资租赁公司同被委托者之间是委托代理关系，后者是融资租赁公司在购买中的代理人。买卖合同的价款由融资租赁公司提供,买卖合同项下的货物的所有权归融资租赁公司所有。融资租赁公司仍然是标的物的所有权人。

11.2.2 租赁当事人

租赁当事人即指租赁交易中的关系人,主要涉及出租人与承租人两方面。

1.出租人

(1)出租人定义。出租人是租赁交易的基本当事人之一,是出租物件的所有者,拥有租赁物品的所有权,并将物品租给他人使用,以收取报酬。但是在现代融资租赁中,出租人不一定是租赁物的所有者或出资购买人,如转租赁交易中的出租人即如此。

(2)出租人类型。根据不同的分类基础,出租人可以分为如图 11-1 所示的几类:

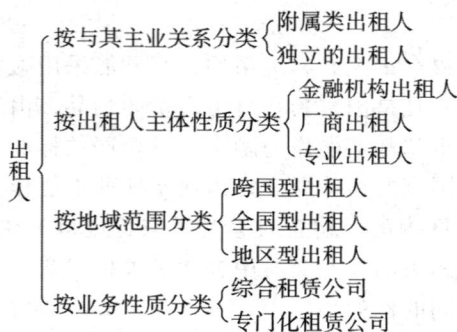

图 11-1 出租人类型

① 附属类出租人与独立的出租人。这是根据从事租赁业务的出租人与其投资人主营业务之间是否存在相关关系的不同而进行的分类。附属类出租人是指附属于投资人的主营业务,以服务于投资人主营业务为主要目的而开展融资租赁业务的出租人。独立的出租人不需要以服务投资人的主营业务为目的,是专门从事融资租赁业务的出租人。

② 金融机构出租人、厂商出租人、专业出租人。这是根据出租人主体性质所进行的分类。通常情况下,这是关于出租人的最基本分类。厂商出租人是指为了促销自己的设备而开展租赁交易的生产企业。在实务中,企业为了利用租赁方式促销自己的产品,会有两种情况:一种是厂商同(独立的)融资租赁公司合作,把设备卖给融资租赁公司,融资租赁公司再出租给用户;另一种是设立自己的经营融资租赁业务的子公司(专属实体),把设备卖给这家公司,后者同时出租给用户。然而,同一般租赁交易毫无区别的是,它们都是厂商同融资租赁公司订立买卖合同,同时融资租赁公司同客户订立融资租赁或经营租赁合同。

③ 综合租赁公司和专门化租赁公司。根据一家租赁公司所经营租赁设备的种类与范围,有综合租赁公司和专门化租赁公司之分。综合租赁公司一般指租赁公司

没有自己的专业产品，因此，其经营的设备范围非常广泛，完全根据客户需要而决定，只要是客户选择的，出租人就负责去购买。所以，这类出租人所经营的设备几乎包括各种类型和各个行业所使用的设备。他们以为用户提供长期融资及有关的贸易服务为主，常带有"一揽子"的性质。专门化租赁公司则一般局限于某个产业、部门或领域，以出租自己的母体企业生产的专业设备或出租特定类型的设备为主，这类公司所提供的服务通常带有较强的技术专业性，需要专门的技术人才。

④ 一般使用的划分类型。

第一，银行所属的租赁公司。商业银行通过开展租赁业务，大大促进了资本设备的销售，并取得了巨额的利润。银行所属或与银行有关的租赁公司能够取得巨额的利润是因为通过参加租赁业务活动，银行可以获得许多好处：商业银行扩大了取得利润的途径；商业银行通过杠杆租赁以及其他租赁形式，可以取得较高的投资收益。银行从事融资租赁业务，也有利于调控国家发展中的投资规模。因为以融资租赁方式向生产领域注入资金非常灵活，只要有好的政策导向，就一定有利于国家对投资政策的调整。

第二，从属于制造商的租赁公司。20世纪20年代前后，美国的许多制造商为了扩大其产品销售，积极地开展了租赁业务。目前，这些制造商的租赁公司不仅经营本公司的产品而且经营其他公司生产的各类设备，已成为世界租赁市场上重要的设备出租者。拥有租赁公司的制造商由于其许多方面所具有的独特优势，在租赁经营中经常取得巨额利润。

第三，独立的租赁公司。独立的租赁公司既不隶属于银行，也不是制造商的分支机构。它主要的收入来源是租赁经营业务。金融租赁公司是信贷机构，属于非银行金融机构组织。它们先购入有关的设备，然后再租给用户，但并不经营设备本身，而是通过办理各种业务手续完成租赁过程，并从中获取相应的利润。此类机构的优势在于其精通融资租赁的人力资源。

第四，其他类型的租赁公司。除了上述三种租赁公司以外，在一些国家，还有投资银行、养老金信托组织、保险公司、私人公司、个体出租者，以及其他金融机构也不受任何限制地开展融资租赁业务。此外，这些租赁公司还充当承租人的顾问。

按地域范围的分类容易理解，在此不予详述。

（3）出租人的权利。

出租人享有的权利在于：

① 在租赁期间内，拥有租赁物件的附条件的处分权。在融资租赁中，出租人向供货人支付价款，取得设备的所有权，将设备租给承租人使用。

② 按合同约定向承租人收取租金的权利。收取租金是出租人收回融资成本和获取利润的唯一途径。承租人未支付租金，经催告后在合理期限内仍不支付租金的，出租人可以请求支付到期以及未到期的全部租金；出租人也可以解除合同，收回租赁物。

③租赁期届满，若合同规定采取退租方式处理租赁物件，出租人有收回租赁物件的权利。

④对供货人的索赔权。出租人享有对供货人索赔的权利。针对租赁物买卖合同而言，由于出租人出资购买租赁物，出租人实际上担当起买卖合同中的买受人的角色，所以，当供货人违约时，出租人当然有权向供货人提出赔偿要求，这种索赔权为出租人所享有和行使。在此种情况下，承租人由于了解供货人违约情况，因而应当提供有关证据，积极协助出租人索赔。不过，出租人享有的这种索赔权可以转让给承租人，由承租人行使。

（4）出租人的义务。

出租人的义务在于：

①购买租赁物。在融资租赁中，出租人以自己的名义、与供货人签订购买租赁物的买卖合同，购买租赁物，以实现融资租赁。出租方只是根据承租方的要求出资购进设备，然后租给承租方使用。而出租方为了保障自己的利益，也可拒绝承购一些不合适的设备。

出租人不履行委托协议，不与供货人订立购买租赁物买卖合同的，应当向承租人负赔偿责任。承租人对设备和供货商具有选择的权利和责任。

②向供货人支付货款。按照买卖合同的要求及时向供货人支付货款，也是出租人的一项基本义务。由于买卖合同是融资租赁交易的组成部分，出租人向供货人履行付款义务后，供货人才可能履行交付义务，因此出租人的支付义务与承租人能否取得对租赁物的使用收益相联系。出租人对承租人的合同义务是转让标的物的占有、使用和收益权。出租人不按照合同约定向供货人支付货款，致使承租人不能依照约定使用租赁物时，应对承租人承担违约责任，承租人可解除合同，或者请求减少租金，或者相应地延长租期。

③保证承租人的设备使用权。出租人应担保租赁物件权益的合法性，排除他人对承租人设备使用权的侵犯，无论出租人转让其合同中的权利和义务，还是将设备出售、抵押，都必须以保证承租人的设备使用权为前提，否则，凡因出租人的过错而导致承租人的设备使用权受到侵犯的，出租人应当承担损害赔偿责任。

④协助承租人向供货人索赔。在融资租赁中，由于供货人直接向承租人履行买卖合同中的卖方义务，而出租人却为买卖合同的买方当事人，所以，在一般情况下，如果供货人未按时向承租人交付标的物，出租人应当向供货人主张权利，请求供货人交付标的物。当然，融资租赁中出租人对标的物的瑕疵一般不负担保责任，在供货人交付的标的物不符合合同约定条件而存有瑕疵时，承租人有权直接向供货人索赔。此时，出租人有义务协助承租人向供货人索赔。如果买卖合同中规定出租人负责就标的物不合约定条件向供货人索赔，则出租人在供货人交付的标的物不合约定条件时，有向供货人索赔的权利和义务。

在我国，只有中国人民银行（后来为银监会、银保监会、现在为国家金融监管总局）批准设立的金融租赁公司和原外经贸部（现在的商务部）批准设立的外商投资融资租赁公司和内资融资租赁公司，才可以主营融资租赁业务。经金融监管部门批准，其他非银行金融机构也可以兼营融资租赁业务。

就上述机构而言，如果所订立的融资租赁合同的计价货币不是人民币（本币），而是外币，那么，在我国当前，除了商务部批准设立的外商投资融资租赁公司外，其他机构还必须首先从中国人民银行取得经营外汇业务的许可，否则，它们将不具备订立这类融资租赁合同的主体资格。

2.承租人

（1）承租人的定义。承租人是出租物品的使用者，租用出租人的物品，并向出租人支付一定的租金。一般来讲，世界各国对承租人几乎没有任何限制，任何单位或个人只要在法律许可的范围内交纳租金，均可成为承租人。但融资租赁的承租人则主要是各类法人组织。承租人之所以选择租赁，是因为其自身没有能力购买设备或者购买设备不经济。一个原因是，必需设备的价款太大，承租人无力支付这么大的一笔款项，只能选择租赁，通过分期支付租金延长付款期，减少每次的付款额。另一个原因是，承租人可能只是短期地使用该设备，如果购买设备，设备可能大部分时间闲置，发挥不出它的生产能力，承租人使用设备的成本不如租赁经济。

（2）承租人的类型。承租人可以有如图11-2所示的几类：

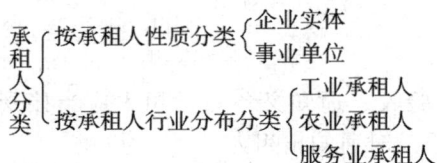

```
        ┌ 按承租人性质分类 ┌ 企业实体
承                        └ 事业单位
租
人                        ┌ 工业承租人
分      └ 按承租人行业分布分类 ┤ 农业承租人
类                        └ 服务业承租人
```

图11-2　承租人类型

① 根据承租人性质，分为以营利为经营目标的企业实体（通常称为工商企业）和不以营利为目的的事业单位（通常称为政府部门和相关机构）。一般来说以营利为目的工商企业是承租人最主要的组成部分，但政府部门和相关机构也是承租人的一部分。政府部门及其相关机构一般指那些为社会提供服务，可以通过收费而弥补经营开支的承租人，由于其有稳定的现金流，从而可以弥补其投资支出的开支，所以，也具有了成为承租人的可能。医疗设备租赁中的医院，就属于这类承租人。

② 按照承租人的行业分布分类。在融资租赁交易中，从行业分布看，承租人既可以是来自于制造业、交通运输业、通信业、纺织业、农业及各种类型的金融机构等制造、服务行业的企业，也可以是来自于政府的公共部门或事业单位，如医院、政府机构等。简而言之，承租企业可以是分布于国民经济的所有行业的企业。

（3）承租人的权利。

承租人享有的权利如下：

① 租赁物及供货商的选择权。承租人有权根据自己的需要，选择最适合的设备和条件最优的供货商。

② 在租赁期内，承租人享有对租赁物的占有、使用和收益权。承租人的目的是通过使用设备而取得一定的收益。承租人在租赁期间内对租赁物件享有收益权，但承租人行使此项权利时，要以不危害出租人对设备的处分权为限。

③ 对供货商的请求权。承租人有权选择所需设备及其生产厂家和供货商。这种请求权是出租人让与承租人的。对于设备的质量、规格、技术性能的鉴定验收等，都由承租方负责。租赁物如遇瑕疵或因供货商原因迟延交货，承租人享有购货合同所授予买方的一切权利，如对货物瑕疵担保的请求权、损害赔偿请求权等，但是承租人不得以此为由解除支付租金的义务。

④ 向供货人或者出租人要求租赁物瑕疵担保责任。承租人不仅有义务接受标的物，而且有权利就标的物的瑕疵请求供货人或者出租人承担瑕疵担保责任。如前所述，根据《民法典》有关规定，在融资租赁中，出租人有下列情形之一，致使承租人对出卖人行使索赔权利失败的，承租人有权请求出租人承担相应的责任：明知租赁物有质量瑕疵而不告知承租人；承租人行使索赔权利时，未及时提供必要协助。

⑤ 合同期末，在承租人完全履行了其合同义务之后，承租人有权依据合同约定，无偿地或支付象征性价格，而获得标的物的所有权。

（4）承租人的义务。

承租人的义务如下：

① 租赁物的接受、验收、通知义务。承租人应当接受供货人交付的标的物，并进行验收、将验收结果及时通知出租人。

② 租赁物的使用、保管、维修、保险义务。在融资租赁合同履行完毕之前，承租人未经出租人同意，将租赁物抵押、转让、转租或投资入股的行为无效。因承租人的无效行为给第三人造成损失的，承租人应承担赔偿责任。

③ 交付租金的义务。

在租赁期间，承租人应按照约定向出租人支付租金，这是承租人的基本义务。但融资租赁的承租人应交付的租金，其性质不同于经营租赁合同中承租人应交付的租金。它根本不是承租人使用租赁物的对价，而是出租人向承租人提供资金的对价。出租人通过收取租金而收回其向供货人购买租赁物所支付的价款。

由于租金并非融物的对价而是融资的对价，所以，承租人支付租金的义务有以下主要特点：第一，在租赁标的物存有瑕疵时，承租人不得拒付租金。如前所述，融资租赁的出租人不负标的物的瑕疵担保责任。在标的物存有瑕疵时，承租人应自己或由出租人向供货人要求其承担瑕疵担保责任而弥补损失。但即使因标的物有瑕疵致使承租人不能使用，也不能影响承租人支付租金的义务，承租人仍应按照约定支付租金。第二，在租赁期间，承租人承担标的物灭失的风险责任。因此，在租赁期间，若标的物因不可归责于出租人和承租人双方的事由而发生毁损、灭失时，承租人仍应支付租金，而不能免除或减少其支付租金的义务。

3.其他参与人

（1）供货人。供货人只是在融资租赁中才存在的当事人。融资租赁交易中的买卖合同是由出租人而不是承租人同出卖人订立的。供货人的主要权利是向出租人收取货款，主要义务是代替出租人向承租人直接交货，并向承租人承担设备的品质担保责任。

（2）租赁经纪人。租赁经纪人（或称经销商）是租赁市场的代理人。经纪人可以自营租赁业务，这时他们往往凭借灵活的经营推销能力，广泛的销售网点，承办大出口商或制造商的租赁业务。租赁经纪人也可以是租赁市场的中介人促成或安排租赁交易，或者提供租赁咨询，从中收取佣金或咨询费。租赁经纪人是租赁市场不可缺少的组成部分。

（3）租赁行业协会。租赁行业协会是各种不同类型的出租人为了互通情报，协调行动，减少竞争，控制并发展租赁市场所成立的具有地区性的、全国性的或国际性的租赁组织。

11.2.3 租金

1.租金的定义

租赁是一种出租人为取得租金、承租人为取得某种资产的使用权而进行的有价交易。**租金是租赁交易关系中的价格，租金的计算及支付方式是租赁业务中的核心问题，对租赁双方都有重要的意义。**

2.租金的意义

（1）对出租人而言，出租方通过收取租金收回租赁标的物的购买支出、贷款利息和为租赁标的物所耗费的所有开支，并在此基础上获取必要的利润。大部分租赁公司购买进口设备所需外资均以市场利率从国际市场上筹措，购买国产设备所需人民币，除少量自有资金外，均需从国内银行借款。如果租金过低，将会导致出租人的筹资成本大于收益，增加出租人的筹资风险，不利于业务的开展，就会出现出租人出租无利可图因而放弃出租业务，而承租人想承租又无设备可承租，只好购买设备。因而，制定合理的租金才能保证租赁交易的实现。

（2）对承租人来说，运用租赁方式，只要先付一小部分资金，就能提前获得关键设备的使用权，企业可以边生产、边创利、边付租金，使企业资金运动有效循环，能很好地解决资金不足的问题。同时，由于融资租赁以设备为媒介，不仅增加了企业筹措资金的来源，而且降低了筹资成本，使生产资金能迅速到位，加快了整个社会总资本的周转速度。如果租金过高，将会导致承租人租不起设备，不利于外资和先进设备的引进。若承租人在这种情况下承租，将会使企业的固定债务增加，与其他种类举债相比，固定负债增加意味着增大了企业破产的风险，而且不动产的租赁时间又相当长，招来的损失是比较大的。租金合理，潜在承租人才能选择租赁方式引进设备。

此外，租金的大小不是通过使用次数来衡量的，而是通过租期长短来确定的。也就是说，在租期内，不论承租人是否行使了使用权，是否由于行使了使用权而获得了收益，出租人都要收取租金。因此，承租人也要对租赁费用的开支和租赁标的物使用后可获得的收入进行分析和研究，从而制订相应的现金收支计划，保证按期支付租金。

3.租金的构成

（1）租赁设备的购置成本。这是计算租金的基础，也是构成租金的主要部分，包括出租人购置设备所支付的资金、支付的运输费、支付的保险费等。对此，第8章第2节有详细的介绍。

（2）利息。承租人需要向出租人支付使用融资的报酬。出租人用于购买租赁设备的资金，无论是自有资金还是利用银行贷款，都要计算利息。在融资租赁交易成交并计算利息时，一般要参考同档次银行贷款利率，并按复利计算。

4.影响租金确定的其他因素

（1）市场利率。在本金（租赁物的成本）固定时，利率将是影响租金总额的首要因素，是计算租金的基础，利率通过利息额的变动来影响租金总额。一般来说，利率越高租金总额越大。就人民币业务而言，主要依据是中国人民银行的各类贷款利率。在资金市场上，利率种类繁多，因条件和来源不同形成了很大差别，按时间可划分为长期利率和短期利率。划分标准以一年期为准，一年内的利率为短期利率。国际上融资使用的短期利率一般为伦敦银行同业拆借利率（LIBOR）加上一个利差，短期利率有时还用在宽期限内的利率计算上。

（2）付租方式。付租方式仅仅是等额租金支付。只是，其中各期租金中所含的本金绝对是不等额的，而是递增的，而各期租金中所含的收益，则是递减的。期初付租是指承租人在各个付租间隔期间的期初支付租金，期末付租是指承租人在各个付租间隔期间的期末支付租金。在期初付租情况下，承租人占用出租人资金的时间相对较短，因此，租金较少。反之期末付租的租金则要相对增大。等额支付方式是指每期支付租金金额相等，等额本金支付方式是指各期租金中所包含的本金额是相等的，而等额租金支付方式下各期所含本金额是递增的。当然还有其他一些付租方式，付租方式的不同，实质上是承租人占用资金时间长短不同，占用资金时间长，租金自然高，反之则低。

（3）手续费。手续费本身不是租金的组成部分，它是租赁交易中由承租人向出租人支付的一部分劳动报酬。一般情况下，承租人应在租赁合同签订生效时将手续费支付给出租人，也可以将手续费转化为租金分期交纳，如果是这样将加大租金总额。

（4）租赁保证金。租赁保证金是某种形式的承租人预付款，是其自行承担该融资租赁项目风险的基金。租赁保证金可用于冲抵应付租金或延迟利息或损失赔偿金，损失赔偿额的确定仍需依合同的约定或法院或仲裁机构的裁定。

此外，还应该注意的是：①租赁保证金并不是为融资租赁合同的正式订立而支付，也不是融资租赁合同成立的证据，因此，它不是立约定金。②租赁保证金的支付，并不是融资租赁合同生效的唯一条件，因此，它不是成约定金。③租赁保证金通常在融资租赁合同完全履行时返还，因此，它不是解约定金。④在融资租赁合同中，在某方违约时，并不是以租赁保证金收受方没收该保证金，更不是以向支付方双倍返还该保证金的方式解决，而是由违约方按合同的约定赔偿损失。

但在我国实际操作中，确实存在一些融资租赁机构把收取保证金作为自己占用客户无息或低息贷款的一种手段。

（5）支付币种。在跨国租赁中，如果国内承租人承租国外租赁设备，应考虑租金的支付币种。因为国际金融市场上各种货币的利率和汇率是瞬息万变的。汇率的波动将影响本国货币与支付货币的兑换比率，进而直接影响租金总额。在能比较准确判断汇率变化趋势的基础上，正确选择合适的支付币种不仅能够避免汇率风险，而且可能从中受益。

5. 租赁利率的约定

无论在融资租赁合同中采用何种用语，利率也罢、费率也罢，承租人占用出租人的资金必须付出代价这一点，是无可争议的。占用资金的代价，就是利率，用某个百分率来计算。融资租赁合同中可以约定十分不同的租赁利率取值方式，包括约定某个固定不变的绝对值（例如，6.1875%）、约定以金融市场上的某类利率在计算租金的时点的数值为租赁利率（例如，伦敦市场银行间欧元 6 个月期同业拆借利率），以上述数值加上某个固定不变的系数为租赁利率（例如，中国人民银行中长期贷款三至五年（含五年）人民币贷款利率加 2.5%），等等。

11.2.4　租赁期限

1. 租赁期限的定义

租赁期限是指出租人出让物品给承租人使用的期限。租期的长短直接影响租金总额的大小。租期越长，租金总额越大，因为承租人占用出租人资金的时间长，出租人承受的利息负担也就越重，因此出租人必将通过租金的方式收回这些利息负担。

承租人可根据使用物品的时期确定租期。租赁期限的时间长度通常以月数或年数表示。在客观上，租期受租赁物件的使用寿命、法定折旧年限，以及项目可行性报告财务分析中投资回收期的限制。

2. 租赁期限的意义

可以看出租赁期限与租金两者是正比关系。对于承租人来说，如不考虑汇率对租金的影响，总希望租期长、每年支付期数多，使每期租金相对少一些，以降低每期还债的压力，但实际利率和表面利率的差距会因此加大，租金总额随之增大。出租人则希望租期不要过长，从而降低资金回收风险，但每期租赁的金额增大反而使租金回收难度增大。

3. 约定租期时的影响因素

在约定租赁期限的长度时，通常考虑的因素是：

（1）起租日和计息日。起租日是双方正式约定的某个日期，一般为签订租赁合同的日期。它是核算租赁对象的实际成本之日，是计算租金的起算日期，而在起租日之前出租人为租赁物件所发生的各项支出，以及这些支出的利息费用，则必须在起租日计入设备的总成本。计息日是指在核算租赁对象实际成本中的租前利息时，租赁项目的各类开支计息之日。一般计息日在起租日之前，由于起租日与计息日的不同确定方法，起租日与计息日之间的时间间隔就不同，利息也不同，最后核算出来的实际成本也会不同，进而对租金总额产生一定的影响。

（2）付租间隔期。付租间隔期是指上期租金支付日与当期租金支付日之间的间隔。一般分为年付、半年付、季付、月付等。付租间隔期越长，承租人占用出租人资金的时间将越长，这时租金总额越大。承租人不仅要避免因租赁期限过长而加大租金中所含的财务费用（例如，资金占用期超过五年时其计息利率会显著提高），也应该避免因租赁期限过短而丧失税务当局关于融资租赁项下固定资产可以加速折旧的优惠待遇。

§11.3　融资租赁的分类

11.3.1　按经营方式划分

1.直接租赁

（1）直接租赁的含义。

直接租赁（direct lease）是融资租赁业务的传统形式，即由银行或融资租赁公司根据对市场的判断，筹措资金后从供货厂商处直接购进租赁设备，然后租给承租人使用。出租人直接向承租人提供了相当于购置设备资金的全额贷款。由于出租人以自己的信誉筹措资金并承担风险，所以，直接租赁往往是出租人具有较强的资金实力。在直接租赁中，一般包括两个合同：一个是租赁合同，由出租人和承租人签订；一个是购货合同，由出租人与供货商签订。早期的直接租赁多以出租人选购租赁为主，承租人选购租赁是目前各国普遍采用的方法。

（2）出租人选购租赁与承租人选购租赁的区别。

① 租赁交易过程统一性。在出租人选购租赁交易中，租赁公司根据对市场的判断，购入一定类别或型号的租赁设备，承租人从其库存中挑选自己所需的设备。因为是先买后租，第一环节购买和第二环节出租是一个分离的过程。如此，租赁公司购买的设备不一定能完全符合承租人的需求，从而阻碍融资租赁交易的顺利发展。而在承租人选购租赁交易中，第一环节购买与第二环节出租是同步的行为过程，即出租人向融资租赁公司提出融资租赁申请，租赁公司经过审查决定立项；承租人向其所选中的供货商提出购买申请，并提出详细的要求，诸如设备型号、规格等；达成协议后由融资租赁公司与供货商签订购买合同，融资租赁公司与承租企业签订融资租赁合同。如此，租赁公司购买的设备必然是承租企业真正所需之物，三方的关系是割裂的。

② 当事人关系。出租人选购租赁交易中，由于第一个环节购买和第二个环节租赁是分离的过程，因而在两个分别进行的交易过程中，只签订一个属于本交易过程的合同。而在承租人选购租赁交易中，由于第一环节购买与第二环节是同步的行为过程，因此，在这个统一的交易过程中，需要同时签订购货合同和融资租赁合同，三方构成了一个统一的关系。

③ 库存。在出租人选购租赁交易中，由于第一个环节购买和第二个环节租赁是分离的过程，因而在第一个环节出租人会出现库存。库存形成资金占用，影响出租人的资金周转，最终也会成为阻碍融资租赁发展的因素。而在承租人选购租赁交易中，由于第一环节购买与第二环节是同步的行为过程，当租赁设备最终下线后，会直接运往承租企业。因此，在这个统一的交易过程中，不会形成出租人的库存。

④ 承租人对租赁物的选择权。在出租人选购租赁交易中，承租人对设备和供货商选择的权利比较小。而在承租人选购租赁交易中，承租人有权选择所需设备及其生产厂家和供货商。出租方只是根据承租方的要求出资购进设备，然后租给承租方使用。因此，对于设备的质量、规格、技术性能的鉴定验收等，都由承租方负责，而出租方为了保障自己的利益，也可拒绝承购一些不合适的设备。

2.转租赁

（1）转租赁的含义。

转租赁（sub-lease）是融资租赁合同的承租人先以第一承租人的身份向租赁公司或厂商（第一出租人）租进其用户所需要的设备，然后再以第二出租人的身份把设备租给第二承租人使用的租赁方式。采用这种方式，能够获得其他融资租赁公司优惠的融资便利。

在转租赁中，转租人同第一出租人的区别在于，转租人并非是该项融资租赁交易中的出资人及标的物买入人，即并非是该标的物的所有权人。它之所以可以以出租人的身份向第三人转让对该标的物的占有、使用及通过使用获得收益的权利，是因为它在上一层次的融资租赁合同中作为承租人受让了这些权利。而且，上一层次的融资租赁合同约定，它有权将这些权利向第三人转让。转租人同融资租赁交易中的最终承租人的区别在于，它并非是为了占有、使用及通过使用获得收益而承租租赁物。它承租租赁物的目的是能向第三人转让对该租赁物的占有、使用及通过使用获得收益的权利。

转租人的上述特点决定了转租赁交易须符合：①各层次的融资租赁合同的标的物必须是同一的；②在一般情况下，各层次的融资租赁合同的租赁期限应该也是同一的，但是，无论如何，下一层次的融资租赁合同的租赁期限届满日不得迟于上一层次的融资租赁合同的租赁期限届满日；③各层次的融资租赁合同对租赁期届满时租赁物的归属（留购、续租或收回）的约定必须一致。尽管如此，各层次的融资租赁合同在法律关系上又是相互独立的，不同层次的融资租赁合同的当事人之间不存在债权债务关系。也就是说，下面层次的融资租赁合同承租人，并非是上面层次的融资租赁合同的出租人的租赁债务人。

（2）转租赁的适用范围。

转租赁之所以受到市场欢迎，并大量存在，就境内业务而言，其适用范围如下：①当某个企业想利用融资租赁的有利条件时，例如，企业希望租赁物件加速折旧或资产变现等，以达到自己的形形色色的经营目的，而它自己的资信状况不能让融资租赁公司满意；②融资租赁公司不太熟悉承租企业所处的行业状况；③一家租赁公司自身的借贷能力较弱，或融资技术不发达，资金来源有限。对于①，如果有一个资信状况能令该融资租赁公司满意的第三人介入充当信用中介，即转租人，则该项交易将易于达成；对于②，如果某个潜在的承租人企业距离遥远或因其他原因，使得融资租赁公司不便于在融资租赁合同的履行期间对它监控，一个被该融资租赁公司认为易于监控的第三人介入，来充当转租人，则该项交易将易于达成；对于③，如果借助其他融资公司的融资便利，则也将有利于融资租赁交易的顺利实现。可见，转租赁之所以受到出租人的欢迎，是由于有了转租人这样一个信用状况更好的中介，因而利于降低资金不能回收的风险。

（3）转租赁在我国的应用。

就跨境业务而言，转租赁在我国融资租赁行业内早期的主要功能，是由我国的融资租赁公司充当转租人来利用国外第一出租人的资金。后来，这一功能有所淡化。但是，另一功能仍不可忽视，即规避国际贸易中某些国家对出口我国的技术设备的限制。如果某项设备及其附带技术是其所在国家限制或禁止对我国出口的，那么，我国的融资租赁公司将它租入，再转租给企业，只要合同约定最终不转让所有权，就可以绕过该国政府的贸易限制。这一点，对于我国企业取得国外某些体现敏感技术的设备而言，仍是很有价值的。

我国境内转租赁交易受到市场欢迎，并大量存在。在我国，转租赁第三方之所以愿意以转租人的身份介入，承担资金回收的风险，主要原因是：①为取得租金差；②为其关联企业（即最终承租人）利用融资租赁达到特定经营目的而提供条件。由于第三方一般是某种非银行金融机构，拥有对最终承租人的多方面控制手段，因而其所面临的信用风险，会小于一般融资租赁公司所面临的风险。

3.售后回租

（1）售后回租的含义。

售后回租（sale-lease-back）是指承租人将自有物件出卖给出租人，同时与出租人签订融资租赁合同，再将该物件从出租人处租回的融资租赁形式。售后回租业务是承租人和供货人为同一人的融资租赁方式。

为使售后回租交易得以合法，确定回租中标的物时需要考虑：①被出售的货物必须是该企业自己既有的，而且未曾向任何人抵押的财产，当然，不能是正在作为诉讼标的财产或已列入企业破产财产的财产。为了确认这一点，通常需要通过某种确认产权的程序，例如，该财产所有权的公证等。②作为企业的固定资产，其出售还需要有一定的批准程序。例如，对于国有企业而言，需有国资委的批准；对于并非国有企业的有限责任公司或股份有限公司而言，须有其董事会批准该项出售的相应决议；对于上市公司而言，则还需有其股东大会的相应决议和相应的披露程序。上述买卖交易的价格由买卖双方商定，但通常都必须有一个合理的、不违反会计准则的定值依据作为参考，例如该财产的账面净值或经合格的资产评估机构评估的公允价值等。

（2）售后回租的目的。

售后回租具有较强的融资功能。在实践中企业急需资金时，这是一种改善企业财务状况的快捷方式。回租这种交易方式的目的，是在基本上不改变企业资产规模和不影响对其既有实体资产使用和借以受益的前提下，变其某些实体资产为金融资产，以改变其资产结构，提高其资产的流动性，满足其特定的经营需要。

例如，有些企业，通过售后回租取得现金价款，用于偿还此前为购置该固定资产所借入的银行长期贷款，从而既使其可以将银行核准给予的十分宝贵和有限的授信额度更有效地用作流动资金之需，也使银行的信贷结构更加合理（即提高其流动性），商业化的步伐得以加快。

又如，某些大型证券公司，在以往的经营中，其对下属机构的实物投资过多，严重影响了其总资产的流动性，因而也限制了其利用银行证券质押业务的机会。通过售后回租，可以大幅度地改变其资产结构，大大提高其货币资金及证券资产的比重，从而为其扩展自营证券业务的主业创造有利的条件。

还有，在优势企业对其他企业的合并、兼并中，迫切需要一定的资金用于安置职工和供进行适当技术改造及扩大适销产品生产规模的流动资金之需。这时，它们将自有的或被合并、兼并企业的有效实体资产向融资租赁公司出售并同时租入使用，就可以在一定程度上减轻银行在这方面的信贷压力，缓解上述资金瓶颈，促进国有企业资产重组的成功。

回租作为企业资产经营的一种有效的手段，不仅在国际上广为流行，而且正在我国企业资产重组中发挥着日益显著的作用。也正因为如此，回租深受企业界欢迎。如果说，我国早期的融资租赁业务的主要功能是向企业提供资金，以满足企业技术改造的需要，即发挥融资租赁的融资功能，那么，在我国宏观经济形势发生了重大变化的今天，融资租赁的其他功能正在显现，其中就包括通过回租方式所发挥的资产管理及资本经营功能。

（3）售后回租与抵押贷款的不同。

从形式上看，售后回租与抵押贷款有十分相似之处，都是债务人在不放弃对出售或抵押的实物财产的使用权的条件下，获得资金融通的方式。但在交易中存在一些本质差异：首先，在抵押贷款中，借款人或第三人是抵押物的所有权人，而在回租中，承租人不是租赁物的所有权人，仅仅是租赁物的占有、使用人。此外，在实务中，还会有转租赁和回租两种方式的结合使用，即某融资租赁公司向某企业收购其固定资产，然后再将该资产出租给另一公司，由后者转租给那个企业，通常这种方式被称为转回租。售后回租业务的出现，不仅满足了承租企业短期的资金需求，也令融资租赁企业由于承租人的增多而扩大了业务范围。

（4）售后回租的基本特征。

① 售后回租交易中的出售与回租是一个交易的两个环节，出售是形式，融资是实质。回租同直接融资租赁交易一样，是由买卖交易和租赁交易这两项互为条件、不可分割的交易构成的。也就是说，先是由融资租赁公司以买入人的身份同作为出卖人的企业订立买卖合同（或称"所有权转让协议"），购买企业自有的某实物财产在《金融租赁公司管理办法》中规定为是"固定资产"，在《国际融资租赁公约》中规定为是"不动产、厂场和设备"。在该买卖合同中，融资租赁公司的责任是支付买卖合同项下货物的价款，其权利是取得该货物的所有权。与此同时，该融资租赁公司又以出租人的身份同作为承租人的企业订立融资租赁合同，将上述买卖合同项下的货物，作为租赁物，出租给该企业。在该融资租赁合同中，出租人的责任是在规定的租赁期间内，向承租人转让该租赁物的占有、使用和通过使用获取收益的权利，出租人的权利是收取租金。

② 售后回租是一种租金与实物反向运动的融资活动。各种融资活动的一般运动规律是从货币到实物再到货币的运动过程。除了售后回租这种租赁形式外，所有融资租赁的其他形式也都遵循着这样的运动规律。交易的起点是先取得货币资金，再把货币资金转化为实物，然后才有对物的所有权的处置问题。而售后回租交易的起点却是实物，是以物的所有权的处置为起点的由实物到货币偿还的运动过程，实际上是一种实物与资金反向运动后有机结合在一起的租赁安排，是对融资租赁中融资与融物相结合这一基本特征的进一步灵活运用，它仍属于融资租赁的范畴。

③ 售后回租中的买卖与一般买卖的不同是，由于售后回租中的出售和租入是同时发生的，因此交易的过程中不存在出卖人向买入人的实物交付和承租人对标的物的验收，也就是说，不存在通常货物买卖中的物的流动。同时，企业将该实体财产出卖后又租入，因此不改变对该实体财产实际的占有和使用状况。换句话说，该企业在进行了该售后回租之后，其对该项交易的标的物的占有、使用条件毫无变化，仍同未进行此项交易之前的情况一样。

11.3.2 按融资风险程度划分

在通常情况下，融资租赁交易中的融资风险由出租人承担。出租人所提供的租赁融资，来源于自有资金（股东权益）、借入资金（企业债务）。只要租金不能按时足额回收，就必将减损该出租人的偿债能力或其股东权益。也就是说，出租人的融资风险，是由其独自承担的。但是，在融资租赁交易的发展演变过程中，出现了上述融资风险不由或不完全由出租人承担的情况。

1.联合租赁

联合租赁是具有经营融资租赁业务资质的融资租赁公司之间的一种合作方式，是由一家融资租赁公司出面同用户企业订立融资租赁合同，而所需资金（租赁融资）则是由各家融资租赁公司分别提供的。这些公司将按各自提供的资金的比例承担风险和得到报酬。

2.杠杆租赁

（1）杠杆租赁的含义。

杠杆租赁是出租人承担租赁融资额中的一小部分（20%～40%）的风险，其余资金由其他租赁公司、银行提供。杠杆租赁是融资租赁的一种特殊方式。它是目前较为广泛采用的一种国际租赁方式，是一种利用财务杠杆原理组成的租赁形式。

杠杆租赁至少有三方面的人员参与：贷款人、出租人和承租人。金融租赁公司受到自身资本充足率的限制和为了贯彻风险分散原则，往往不愿或无力独自购买承租人欲使用的资产。因此，出租人要利用自己的有限资金来启动租赁融资规模较大的项目，即发挥资金的杠杆作用。就其他出资人（委托人）而言，是要借助于金融租赁公司的专业能力及服务，以实现自己资金的增值。而各种参与者之所以愿意共同承担融资风险，则是由于确信在出现问题时通过对租赁物的有效处分能降低风险。

当使用这种租赁方式时，出租人自筹租赁设备购置成本的20%～40%的资金，其余60%～80%的资金由银行或财团等以贷款提供，但出租人拥有设备的法定所有权。这样，在很多工业发达国家，出租人按其国家税法规定就可享有按设备的购置成本金额为基础计算的减税优惠。但是，出租人需将设备的所有权、租赁合同和收取租金的权利抵押给银行或财团，以此作为其取得贷款的担保，每期租金由承租人交给提供贷款的银行或财团，由其按商定比例扣除偿付贷款及利息的部分，其余部分交出租人处理。

（2）杠杆租赁的适用范围。

杠杆租赁是20世纪70年代在美国首先发展起来的租赁方式，由于金融机构的广泛参与，现在大部分所需资金量很大的项目，经济寿命在10年以上的资本密集型设备，如飞机、船舶、邮电通信系统、输油管道等的成套设备均采用这种方式。

在正常情况下，杠杆租赁的出租人一般愿意将一部分利益以低租金方式转让给承租人，从而使杠杆租赁成为一种低租金租赁；在杠杆租赁中，贷款参与人的资金也能在租赁物上得到可靠保证，比一般信贷安全。由于杠杆租赁的直接目的是税收节约，因此税务部门一般有严格规定，如美国规定：①出租人投资必须占租赁资产初始总成本的20%以上，且在租赁期内一直保留这笔投资；②租赁期限不能超过经济寿命的80%；③租赁期结束后，残值不低于20%，且由出租人承担风险和收益；④承租人及其关联人在租期期末不能以低于市场公允价值的价格留购；⑤租金和残值总额必须超过还本付息和投资的总额。

（3）杠杆租赁的作用。

①财务杠杆与交易结构改变了出租人资金来源的单一性。在杠杆租赁以外的多数融资租赁形式中，就一项租赁交易中的资金来源而言，所需资金的100%都是由出租人（联合租赁中为整体出租人）提供的。出租人所提供的全部资金来源有两种：一是其自有的股本，二是出租人以债务人身份通过对外负债取得。出租人通过对外举债形成的资金来源与续租的每一项租赁交易没有直接关系，换言

之，如果租赁交易中的承租人违约，出租人不能以此为由而拒绝偿还其对其他债权人的负债，即出租人为提供租赁交易而进行的筹资与租赁交易是两个独立的交易行为。

② 投资现金回收速度加快。杠杆租赁的财务杠杆作用主要体现在出租人用设备价款20%～40%的投资可获得设备全部所有权的利益并获得全部价款投资在税法上的优惠，降低实际纳税率，加快投资现金的回收速度。

③ 投资报酬得以提高。由于购买设备的60%～80%的资金来自于借款，每年有大量利息作为费用无须纳税，提高了投资报酬。

④ 就其他债权人而言，多数情况下是银行提供的无追索权的贷款，如承租人违约，为抵还借款，被清偿的资产仅限于设有担保物权的出租资产。但也可以是通过发行债券而募集投资人的投资，根据募集方式的不同，还可分为面向机构投资人的私募方式和面向债券市场募集的公募方式。由于出租人由多个产权参加者构成，也分散了投资风险。

⑤ 为其他当事人构建了参与融资租赁的交易平台。杠杆租赁交易中的多样性组合，给其他投资人、其他债权人构建了一种参与融资租赁交易的平台，为其参与融资租赁交易提供了可能性。特别值得分析的是杠杆租赁交易中的债权人。绝大多数杠杆租赁交易的债权人都是以无追索权的方式来为出租人提供资金融通的，与有追索权贷款相比较，其风险程度加大了。但是单纯的贷款融资，因其不具备与物的内在联系，所以就不满足用户关于融物特征的需求。杠杆租赁的出现，就为以简单融资方式无法满足其用户需求的债权人提供了一条向其用户提供资金融通的渠道。简言之，当债权人希望进入出租人所在领域，但其没有出租人所在领域的客户资源，或仅凭单一的资金融通而缺乏竞争优势时，就只有通过参与杠杆租赁间接进入出租人所在领域了。世界航空市场的飞机租赁，可以说是这类情况最典型的案例，参见本章附录。

（4）杠杆租赁的条件。

杠杆租赁交易必须满足以下条件：具备真实租赁的各项条件；出租人必须在租期开始和租赁有效期间持有至少20%的有风险的最低投资额；租赁期满租赁物的残值必须相当于原设备有效寿命的20%，或至少尚能使用一年；当承租人行使合同规定的购买选择权时，价格不得低于这项资产当时的公平市场价格。目前，我国租赁市场还不发达，在实践中，租赁的形式多为典型的融资租赁和售后回租，杠杆租赁的作用还没有发挥出来。

3.委托租赁

（1）委托租赁的含义。

委托租赁是委托人基于对受托人的信任，将其合法所有的、不被禁止或限制流通的、适合于租赁的财产权委托给受托人，由受托人按委托人的意愿以自己的名义，为受托人的利益或特定目的，以租赁的方式运用和处分的行为。

在委托租赁交易中，融资租赁公司完全不承担风险，只是作为受托人替出资人

（委托人）以租赁方式运用和处分信托资金的租赁。在委托租赁中，增加了委托人和一份委托代理合同，可以是资金委托，也可以是委托人闲置的设备。

（2）委托租赁的本质。

委托租赁不是融资租赁的某种交易方式，其本质是一种信托关系或信托行为，即委托人基于对受托人的信任，将其货币资金财产的使用权委托给受托人，由受托人按委托人的意愿以自己的名义，为受托人的利益或特定目的，以租赁的方式运用和处分的行为。这里说的是"以租赁的方式运用和处分"，既包括以融资租赁的方式运用和处分，也包括以经营租赁的方式运用和处分。所以，实际上委托租赁并非是可以同直接租赁、转租赁、回租等并列的某种交易方式。

（3）当事人。

委托租赁中的委托人根本就不是融资租赁交易的任何当事人。作为资金提供者，可以同委托人并列对比的，仅仅是其他类别的资金提供者，即出租人的股权人和债权人。他们无一例外地也都不是融资租赁交易的当事人。之所以出现委托租赁这一用语，仅仅是为了说明，在此类业务中出租人所运用的资金的来源的特殊性，以及出租人既不承担此类资金运用的风险，也不享有此类资金运用的利益。

（4）适用范围。

①委托人不具备出租人资格，对租赁业务不熟悉；②委托人与受托出租人、承租人不在同一地区和国家，没有条件亲自管理，只好交给受托人。委托租赁实际上具有资产管理功能，可以帮助企业利用闲置设备，提高设备利用率。集约化的资金委托租赁实际上就是租赁信托计划。

在我国委托租赁交易中，委托人多基于两个目的：一是使自己的剩余资金通过融资租赁方式增值；二是使自己的关联方取得以融资租赁或其他租赁方式交易可能带来的特殊效果。这涉及各类租赁对于承租人而言的有别于借贷、自行购买的独特功能。

（5）对委托人关联企业的作用。

委托租赁对于委托人参股或控股的公司来说，有以下作用：

①当委托人参股或控股的公司需要取得某项固定资产时。此时，该公司想节约授信额度，难以获得发行债券融资资格，或者不愿意增发普通股分散股权，或者不愿意过多地泄露自己的商业秘密。委托人可以通过委托租赁，利用融资租赁交易使其参股或控股的公司取得该项固定资产。

②当委托人参股或控股的公司认为加速折旧对自己的经营效果关系重大时。此时，委托人可以通过委托租赁，采取融资租赁方式，使其参股或控股的公司取得该项固定资产。因为，对于国有、集体工业企业融资租赁项下的固定资产，国家规定可以按法定折旧年限同融资租赁期限两者孰短的期限折旧（但是不得短于三年）。而用其他方式取得固定资产时，则没有这种加速折旧的优惠。

③当委托人参股或控股的公司需要加大自己的资产的流动性，又不能以减损自己的固定资产为手段时。此时，企业可以利用委托租赁，采取出售回租这种融资租

赁交易方式。一方面，是它把自有固定资产的所有权转让给某融资租赁公司，从而取得自己所需的价款（货币资金）。另一方面，它又从该公司租入该固定资产，因而丝毫也不妨碍对该固定资产的继续使用。当然，它未尝不可以通过向银行抵押该固定资产的方式来从银行取得贷款，从而达到上述相同的效果。这就要看是否存在授信额度。

委托人参股或控股的公司之所以要加大自己的资产的流动性，往往出自信息披露的需要；或者是为了优化其财务状况中的流动比率和速动比率之类的指标，从而提高其在资金和资本市场的信用等级；或者是为了获得现金直接用于偿债，以减少其长期借款和增加其银行授信额度中的可灵活利用的部分。这种手段也可以在委托人参股或控股的公司短期头寸不足时运用。具体方法是，先订立出售回租式融资租赁合同，从融资租赁公司把钱拿走，一旦自己有了钱，即使合同未到期，也完全可以提前结束，把钱再还给该融资租赁公司。

④当委托人参股或控股的公司出于避免设备陈旧的风险时。某些企业处在技术更新速度较快的行业，尤其是高科技领域，这类企业为避免设备陈旧风险和控制初始投入资金，可以通过委托租赁，利用经营租赁，来取得这类设备。这种方式的要点是：租金不以摊提该设备购置成本的全额为其计算基础，该固定资产不在该承租企业账上资本化，其在租赁期满时的剩余价值的贬值风险，由与该融资租赁公司关联的出卖人承担。

11.3.3 按融资租赁公司组织形式划分

1.自营租赁

自营租赁是指租赁公司自行筹资并购入设备，由此产生的收益和风险自己承担。

2.合办租赁

合办租赁是指租赁公司与制造商或其他租赁机构联合，按各自的垫资比例占有租期内物件的所有权、租金收益权，并分担风险。

3.代理租赁

代理租赁是指接受企业（有闲置设备）委托，代其做宣传、寻找承租人，不垫资。代理租赁属于广义的信托业务。对此业务与前述委托租赁的区别理解，可参见本书第1章中信托与代理的区别。

11.3.4 按融资租赁交易涉及的区域划分

1.国内租赁

国内租赁是指租赁交易只处于国内区域，交易中所涉及的当事人同属一国居民，因而是一种融通国内资金的形式。

2.跨境租赁

跨境租赁是指租赁交易的地域扩展到国外，交易中涉及的当事人分别属于不同的国家。跨境租赁又分为进口租赁和出口租赁。

思政课堂

《关于加快融资租赁业发展的指导意见》

为全面贯彻落实中央巡视整改要求，加强金融监管，规范金融活动，针对前期部分金融租赁公司开展融资租赁业务过程中，存在以融物为名变相开展"类信贷"业务、虚构或低值高买租赁物、变相新增地方政府隐性债务等问题，2022年2月，银保监会印发了《中国银保监会办公厅关于加强金融租赁公司融资租赁业务合规监管有关问题的通知》，进一步引导金融租赁公司找准市场定位、实现差异化发展。

通知主要包括以下内容：一是推动金融租赁公司业务转型发展。通知引导金融租赁公司立足主责主业，突出"融物"功能，加大对先进制造、绿色产业、战略新兴领域等方面的支持力度，不断提升服务实体经济质效；进一步强化租赁物管理，做精做细租赁物细分市场，实现专业化、特色化、差异化发展。二是强化构筑物作为租赁物的适格性监管。通知参考了《民法典》关于融资租赁合同的相关规定，进一步明确了构筑物作为租赁物的适格性标准，要求金融租赁公司以构筑物作为租赁物开展业务的，构筑物需具备所有权完整且可转移、可处置、非公益性和具备经济价值等前期条件，严禁以明显不符合上述标准、可能增加地方政府隐性债务的构筑物作为租赁物。三是稳妥控制相关业务规模。银保监会在深入调研评估的基础上，要求金融租赁公司在三年过渡期内，分阶段压降构筑物租赁业务，并优先考虑压降不符合适格性标准的构筑物租赁业务。四是部署开展融资租赁业务合规性专项现场检查。通知就融资租赁业务合规性问题组织各银保监局开展专项现场检查，着力整治金融租赁公司以融物为名违规开展业务，防止租赁业务异化为"类信贷"工具。五是强化属地监管职责。通知要求各银保监局高度重视融资租赁业务合规监管的重要意义，认真履行监管职责，持续跟进相关工作进展，深入开展专项现场检查，确保相关工作取得实效。

通知的发布实施，有利于规范金融租赁公司构筑物租赁业务，提升业务合规性和稳健性，促进规范发展。下一步，银保监会将继续督促引导金融租赁公司回归本源、专注主业，提升合规意识和合规理念，强化风险管理和内部控制，进一步发挥"融物+融资"特色功能，更好服务实体经济，实现高质量发展。

资料来源：中国银保监会. 中国银保监会发布《关于加强金融租赁公司融资租赁业务合规监管有关问题的通知》［EB/OL］.［2022-11-28］. http: //www.cbirc.gov.cn/cn/view/pages/ItemDetail.html？docId=1083326&itemId=917&generaltype=0.

本章小结

租赁是以收取租金为对价而让渡对有体物的占有、使用和收益权的一种交易，从物的使用者角度说，本质是"出代价用别人的东西"。从物的所有者的角度说，则是"出租"。融资租赁（financial lease）是为了使企业实现融通资金的目的而发生的设备租赁。融资租赁的实质是一种通过"融物"达到"融资"的交易。融资租贷既不同于一般的经营性租赁，也不同于其他的信用形式，因而具有特殊性。在融资租赁交易中，租赁标的、租赁关系的当事人、租金、租期等是主要构成要素。融资租赁按照其经营方式可分为直接租赁、转租赁和售后回租；按照其融资风险可分为联合租赁、杠杆租赁和委托租赁；按融资租赁公司组织形式可分为自营租赁、合办租赁和代理租赁；按融资租赁交易涉及的区域可分为国内租赁和跨境租赁。

综合训练

11.1　单项选择题

1.融资租赁的实质是（　　）。

A.自有物件的出租

B.一种通过"融物"达到"融资"的交易

C.租赁物不纳入承租人的资产负债表

D.租金税前列支

2.下列选项中可列为租赁标的物的资产是（　　）。

A.自然资源　　　　B.专利权　　　　　C.著作权　　　　　D.机器设备

3.下列关于售后回租的说法不正确的是（　　）。

A.售后回租交易中的出售与回租是一个交易的两个环节，出售是形式，融资是实质

B.售后回租是一种租金与实物反向运动的融资活动

C.存在于通常货物买卖中的物的流动

D.企业不改变对该实体财产的实际占有和使用状况

4.下列关于租金的说法不正确的是（　　）。

A.付租方式的不同，实质上是承租人占用资金时间的长短不同

B.手续费本身不是租金的组成部分

C.租赁保证金是立约定金

D.在本金（租赁物的成本）固定时，利率将是影响租金总额的首要因素

5.直接租赁的特点是（　　）。

A.购进租出　　　　B.租进租出　　　　C.售后租出　　　　D.租进售出

11.2　多项选择题

1.租赁是以收取租金为对价而让渡对有体物的（　　）的一种交易。

A.占有权　　　　B.使用权　　　　　C.所有权　　　　　D.收益权

2.在融资租赁交易中，必定要有（　　）当事人存在。

A.供货人　　　　B.出租人　　　　　C.承租人　　　　　D.租赁经纪人

3.融资租赁与商业信用的区别包括（　　）。

A.标的物不同　　　　　　　　　　B.所有权转移状况不同

C.业务范围不同　　　　　　　　　D.当事人不同

4.在融资租赁交易中，（   ）是其主要构成要素。

A.租赁标的　　　　　　　　　　　　B.租赁关系的当事人

C.租金　　　　　　　　　　　　　　D.租期

5.融资租赁按照其经营方式可分为（   ）。

A.直接租赁　　　B.转租赁　　　C.售后回租　　　D.联合租赁

11.3 简答题

1.试比较古代传统租赁和近代设备租赁的特点。

2.与一般租赁相比，融资租赁有何不同之处？

3.试比较融资租赁与其他信用形式的区别。

4.试比较融资租赁和经营租赁的异同。

5.融资租赁的三大要素是什么？融资租赁租金包含的主要内容有哪些？

6.现代租赁在国外的发展有何特点？

7.什么是转租赁与售后回租？

8.什么是杠杆租赁与委托租赁？

第12章

融资租赁在经济中的作用

导读

　　本章的重点是掌握融资租赁在经济中的作用和重要性。本章在前一章对融资租赁的基本概念进行介绍的基础上，分三个方面阐述了融资租赁在经济中的作用，即融资租赁对于宏观经济的影响、融资租赁对于中小企业融资的作用以及融资租赁对于企业经营的作用。

关键概念

　　内源性融资　外源性融资　企业融资结构　股权融资　债权融资

§12.1　融资租赁的宏观经济作用

12.1.1　促进产业结构调整

传统产业构成了国民经济的主要部分，传统产业的技术升级是实现国民经济产业结构调整的根本所在。传统企业技术改造主要是采取局部装备更新，适于融资租赁运作。租赁机构集融资、贸易于一体，能通过它们熟悉的商业渠道为企业及时购进价格合理的先进设备，而且，当传统产业的地区分布不均衡时，融资租赁还可以将较发达地区的闲置或淘汰的设备移入较不发达的地区，实现较不发达地区产业结构的合理调整，节约全社会的投资成本，实现资源的最佳利用。

具体调整过程是：在一定发展时期某一行业或企业设备的多少、优劣能反映出投入到该行业或企业的资金和技术状况，对其投入多，发展的后劲就大。融资租赁的介入恰能使企业花很少钱就能用上先进的设备，对市场效率、生产效率都会产生影响。这种设备投入方式既支持了某行业的发展，又强化了其在经济发展中的地位，进而推动了产业结构的调整及合理构建。而且随着融资租赁规模的扩大，其对产业结构的影响愈加明显。但是，要有明确的产业政策引导，否则对产业结构的调整会表现出一定的盲目性，会加重重复生产、重复建设，进一步加重产业结构的不合理性。

12.1.2　有利于提高国家经济发展的整体效益

从资金的融通看，融资租赁可以使资金被有效利用，不会被挪用。从银行来看，出租前要对承租人的资信、经营方向、经营状况做深入调查，而且只选择较佳企业的项目，因此投出去的资金有相当的安全性；而从承租人来看，由于只有使用权，没有所有权，所以企业对设备一定要做到最佳配置，以充分发挥其作用。

12.1.3　有利于引进更多的外资

利用外资有多种形式，借款、发债都可以，但将受债务规模、配套资金、国内投资环境等制约，而融资租赁是一种很好的利用外资的方式。以转租赁的方式可以在不增加债务总量的前提下，引进国外的技术。

§12.2　融资租赁与中小企业融资

12.2.1　企业的内源性融资和外源性融资

个人、企业、政府都有融资问题，但通常情况下，企业被视为当前的赤字部门，是社会融资中的最终借款人，因此，研究融资问题主要指向企业融资。

在一般的研究中，经常把企业融资分为内源性融资和外源性融资。当金融部门作为资金借贷的中间人提供的融资不能完全满足企业的融资需求时，**企业也会从自身资源中提供投资所需资金，这就是内源性融资**。内源性融资包括企业在创业过程中的原始资本积累、发展过程中的资本扩充（企业从股东那里筹集股本）和经营过程中的剩余价值或利润的资本化（纯收益中未分配给股东的部分），即财务报表上的自有资本及权益。另外，企业在收入中提取的折旧基金也被视为内源性融资。普遍的看法是，内源性融资的成本低于外源性融资，因为内源性融资不存在代理成本问题，不存在困扰外源性融资中的有关投资项目信息不对称和激励问题，也不存在企业与其他经济行为主体之间产生的交易成本问题。

尽管内源性融资成本可能低于外源性融资，但对于企业来说，仍然期望通过外部融资获得更多的资金支持。有时企业更多地采取内源性融资也是出于无奈，因为它们难以从银行获得贷款。比如一些中小型贸易公司，公开上市发债、发股票实属不易，而向银行借款也是难上加难，因为没有银行敢向其发放贷款。银行向企业发放的贷款一般都是抵押贷款，商贸企业与制造企业相比较，缺少令银行满意的、用于抵押的固定资产。再比如，一家新建企业和一家正在发展中的企业，或者是一家商贸企业和一家科技创新企业，获得银行贷款支持的机会也是有所差异的。

除了内源性融资外，外源性融资在企业融资中同样具有非常重要的意义。**外源性融资是指企业举借的各类对外债务，其获得渠道主要有两种：一种是通过银行举借各种短期或中长期贷款；另一种是通过证券市场发行企业债券或发行股票筹集资金。这两类融资的比例组合称为企业融资结构。**企业融资结构更多反映的是企业财务问题，反映企业在某种特定资金需求下采取怎样的融资途径来解决资金问题。

12.2.2　企业的直接融资与间接融资

一般情况下，企业通过外源性融资获取资金的具体渠道被称为融资形式。传统上，划分融资形式的依据是融资活动是否需要通过金融机构。通过金融机构进行的融资被称为间接融资，没有通过金融机构的融资被称为直接融资。这种划分在金融中介机构主要是银行机构时，是可以采纳的。但是当金融中介机构不仅包含银行，还包含保险公司、投资管理机构，以及其他提供金融便利服务的机构时，就显得不合适了。因为银行、保险公司、投资管理机构等金融中介组织都是以发行间接融资证券的形式从事融资活动的，而且即便是资本市场上的直接融资也需要各种资本市场的服务机构提供辅助服务。因此，从银行获得贷款属于间接融资，通过资本市场发行融资证券筹集资金属于直接融资，这样的界定更符合通常对企业外源性融资考察的习惯。对借款企业来说，直接融资是一种获取资金的快捷方式；对贷款者来说，融资证券则是债权资产（或股权资产）。

在金融中介理论研究中，还存在另一种对直接融资和间接融资的划分，即依据资金盈余部门（最终贷款人）与借款企业（最终借款人）之间借贷关系建立的特征作出的划分。储蓄者直接购买借款企业发行的融资证券，是直接融资；储蓄者先行购买金融机构发行的间接融资证券，间接对借款企业发放贷款，就是间接融资。具体使用哪种划分，要看从哪个角度分析问题。

12.2.3　企业外源融资的具体类型

在企业实际经营过程中，常见的外源融资方式有：

1.股权融资

股权融资是指企业通过公开发行股票筹集资金。股票具有永久性，无到期日，不需要归还本金，没有还本付息的压力，因而筹资风险较小。股票市场可促进企业转换经营机制，真正成为自主经营、自负盈亏、自我发展、自我约束的法人实体和市场竞争主体。同时，股票市场为资产重组提供了广阔的舞台，优化了企业组织结构，提高了企业的整合能力。

2.债权融资

债权融资是指企业对外公开发行企业债券来筹集资金。即一般所称企业债券，也称公司债券，是企业依照法定程序发行、约定在一定期限内还本付息的有价证券，表示发债企业和投资人之间是一种债权债务关系。债券持有人不参与企业的经营管理，但有权按期收回约定的本息。在企业破产清算时，债权人优先于股东享有对企业剩余财产的索取权。企业债券与股票一样，同属有价证券，可以自由转让。

但在我国，企业债券与公司债券是有区别的。我国《中华人民共和国公司法》和《中华人民共和国证券法》（以下简称《证券法》）对此作出了明确规定。企业债券是由中央政府部门所属机构、国有独资企业或国有控股企业发行的债券。公司债券的发行属于公司的法定权力范畴，无须经政府部门审批，只须登记注册即可，发行成功与否基本由市场决定。

3.银行信贷

银行贷款是企业最主要的融资渠道，也是非常传统的外部融资方式。按资金性质，可分为流动资金贷款、固定资产贷款和专项贷款三类。专项贷款通常有特定的用途，其贷款利率一般比较优惠，贷款分为信用贷款、担保贷款和票据贴现。商业银行对企业提供贷款时，无论该企业多么优秀，总是要遵循稳健性原则而不得超过某个限额。因此，企业只能有限地利用银行贷款的资金支持。同时，银行贷款审批时，所提供的放款额度也只是银行所需资金的一部分，而不是全额信贷。

4.融资租赁

融资租赁方式是二战后国际金融市场上的金融创新，20世纪50年代首先在美国出现，随后在世界许多国家得到迅速传播与发展。融资租赁业务为企业技术改造开辟了一条新的融资渠道，它采取融资融物相结合的新形式，提高了生产设备和技术的引进速度，而且还节约了资金使用，提高了资金利用率。

除上述境内融资外，可供企业利用的海外融资方式还包括国际商业银行贷款、国际金融机构贷款和企业在海外各主要资本市场上的债券、股票融资业务。

12.2.4 融资租赁在中小企业融资中的优势

中小企业一般具有三个特点：（1）自有资金少，资产规模小；（2）信息不对称严重，道德风险极易发生，且贷款人或投资者对中小企业风险防控成本较高；（3）信用风险评级一般较低。因而，对中小企业而言，无论股权融资还是债权融资在操作中都有一定难度或限制。而融资租赁则利用其特定优势可以为中小企业融资提供更适宜的服务。融资租赁作为一种具有"融物"特征的融资方式，融资与融物相结合，与其他融资方式相比较，具有更有利于中小企业融资的特点。

1.同股权融资相比

融资租赁同股权融资相比，不仅程序上要简单得多，而且可以避免分散自己的股权利益或过多地披露自己的商业秘密。

2.同发行债券相比

我国当前债券市场还很不发达，取得进入此类资本市场的资格并非易事。与之相比，融资租赁在程序上要简单一些。

3.同银行信贷相比

同银行信贷相比较，融资租赁的优势如在本章第一节中所述，为承租企业提供了近似于银行贷款的全额信贷，同时节约了银行对本企业的授信额度。除了上述重要的对比，融资租赁还有以下优势：

（1）程序上会简单得多。同利用银行贷款购置固定资产相比，利用融资租赁取得固定资产在企业的内部决策程序上，可能会简单一些。原因在于，购置固定资产是预算性支出，融资租赁项下的租金支出是营业性支出。前者多半需要由董事会批准，后者则可以由公司管理层决定。

（2）租赁不是企业的负债，不计入资产负债表的负债项目，不改变企业的负债比率，也不影响贷款限额。因此租赁不失为一种对企业十分有利的融资形式，它既使企业获得了资金，又不增加企业的负债，还不受金融机构的贷款限制；而银行贷款是企业对银行的负债，贷款增加，企业的负债比率也随之提高。此外，企业能否顺利获得银行贷款，还要受限于授信额度。

§12.3 融资租赁与企业经营

12.3.1 融资租赁提高了企业经营资金的灵活性

融资租赁对承租企业来说，融资租赁公司通过融资租赁项目的实施为承租企业提供了近似于银行贷款的全额信贷。因为借款人在向银行贷款时，银行通常要求借款人提供担保和抵押，抵押品的价值一般是被低估的；同时银行只能提供相当于设备价款的一定比率的资金贷款，仅是部分融资。而融资租赁公司则提供了相当于设备购置价款的全额信贷。

12.3.2 节约了银行对承租企业的授信额度

对企业来说，虽然获得了如同银行信贷一样的资金支持，但与一般的银行信贷存在不同之处。这个不同之处在于节约了银行对本企业的授信额度。在需要新的资金以取得设备时，存在这样的情况：（1）借款余额或许已经接近授信额度，新增借款已经不再可能。（2）即使额度尚余不少，但是，为应对市场的变化，必须把该余额留作用于随时可能发生的流动资金之急需。因此，明智的企业会将它为取得固定资产所需资金的来源作合理的搭配。除了基本建设、原材料购置等无法直接利用融资租赁的需求外，在出现需要长期资金以取得设备的情况时，就可以考虑利用融资租赁的方式。

12.3.3 有利于满足承租企业增强资产流动性的需求

1.加大自有资产的流动性

融资租赁可以使企业在不减损对自己的固定资产的使用的前提下，加大自有资产的流动性。融资租赁公司通过回租业务，不改变对原有固定资产的使用，但同时却获得了资金的融通，从而满足了承租企业增加的资产流动性需求。而银行贷款购置则不同，首先企业在一开始就要支付一大笔设备付款及运费、保险费、安装费等；其次也增加了自身的债务负担。融资租赁作为一种全新的资金提供方式，帮助企业解决了这些问题。

2.缓解承租企业资金紧张

融资租赁灵活的租金偿付方式便于缓解承租企业资金的紧张状况。承租企业只需筹措一小部分资金甚至不用筹措资金就可及时用上所需的设备，从而边生产、边创造利润、边付租金。企业还可依生产收益情况灵活安排租金偿还进度，或者根据自己现金流的需求，协商十分灵活的租金支付方式。

3.满足关联交易的需求

如果某企业有上述需求，而其控股母公司或关联方有剩余资金，则可以依托某融资租赁公司，以委托租赁的方式，将该资金用于该企业。

12.3.4 加速企业折旧

1.企业加速折旧的意义

同常规折旧相比较，在同一会计期间，加速折旧会使得折旧费用加大，导致企业在其他条件相同的情况下，该期间所得税的税基减小，因而应缴纳的所得税的金额也会减少。

2.融资租赁项下固定资产加速折旧的法规依据

（1）融资租赁项下固定资产可以加速折旧的政策法规依据是国家税务总局《关于促进企业技术进步有关财务税收问题的通知》第四条第三款的规定和财政部《企业会计准则第21号——租赁》第十六条的规定。

（2）《关于促进企业技术进步有关财务税收问题的通知》中的具体规定是"企业技术改造采取融资租赁方式租入的机器设备，折旧年限可按租赁期限和国家规定的折旧年限孰短的原则来确定，但最短折旧年限不短于三年"。但是在第六条又规定"本通知适用于国有、集体工业企业"。可见，这条优惠政策的适用范围仍有着对承租人企业的所有制类别和行业类别的限制。

（3）《企业会计准则第21号——租赁》中具体规定："承租人应当采用与自有固定资产相一致的折旧政策计提租赁资产折旧。能够合理确定租赁期届满时取得租赁资产所有权的，应当在租赁资产使用寿命内计提折旧。无法合理确定租赁期届满时能够取得租赁资产所有权的，应当在租赁期与租赁资产使用寿命两者中较短的期间内计提折旧。"可见，如果承租人想运用这一法规对融资租赁项下的固定资产加速折旧，相关的融资租赁合同中就一定不能有承租人在租赁期届满时能够取得租赁资产所有权的明确约定。

知识链接

2010年以来我国开展融资租赁业务的新举措

利用保税区设立项目公司开展融资租赁业务是2010年以来我国的一个新举措，这为跨境融资租赁的开展提供了一个激励环境。因为我国税收体制规定金融租赁公司购买境外飞机制造商的飞机入关，需要缴纳4%的关税和17%[①]的增值税。但在银行体系的租赁公司在保税区设立特殊目的企业（special purpose vehicle，SPV），则可以享受保税区1%的关税和4%的增值税待遇。同时，境内航空公司向注册在保税区内的金融租赁项目公司租赁飞机时，可以视同跨境租赁，因此，可以享受航空公司直接跨境租赁所享有的优惠税率。此外，国外一些船舶公司通常在国内生产，如果在保税区进行购买，那么船舶公司的销售就相当于出口，可以享受出口退税，同时也可以间接降低租赁公司的成本。

思政课堂

融资租赁业持续发力支持重点行业领域

融资租赁因物而生、因物而兴，能够有效拓宽企业融资渠道，缓解企业资金紧张状况。经过多年的发展，融资租赁业有力支持了企业技术改造和设备更新，成为推动实体经济质效双升的重要力量。

党的二十大报告提出，坚持把发展经济的着力点放在实体经济上。2023年是全面贯彻落实党的二十大精神的开局之年，站在新起点上，与实体经济紧密相连的融资租赁业应锚定哪些重点领域和行业持续发力，答好新时代答卷？

人民银行2023年初召开的2023年金融市场工作会议指出，完善支持普惠小微、绿色发展、科技创新等政策工具机制，精准加强重点领域和薄弱环节金融支持。《金融时报》记者在采访中了解到，融资租赁业（含金融租赁公司和融资租赁公

---

① 2018年5月1日后，增值税率由17%降为16%，2019年4月后进一步下调为13%。

司）聚焦主责主业，将服务小微企业、绿色金融、科技创新等作为自身业务转型重要方向，发挥租赁特色功能，系统布局，精耕细作，以崭新姿态续写服务实体经济新篇章。

※扩大普惠小微服务覆盖面

坚持金融服务实体经济的宗旨，提升金融供给与实体经济发展需求的适配性，需要引导金融资源更好地投入实体经济发展的重点领域和薄弱环节。小微企业是实体经济的毛细血管，融资难问题长期困扰着小微企业成长。对此，融资租赁业积极切入小微租赁市场，加大布局力度，推进业务创新，满足小微企业差异化融资需求。

※推动绿色租赁纵深发展

党的二十大报告对推动绿色发展作出重要部署，明确提出完善支持绿色发展的财税、金融、投资、价格政策和标准体系。经过多年实践，整个租赁行业经过深耕细作，已经在绿色低碳领域打下了基础，业务规模稳步增长，支持"双碳"目标取得积极成效。一位租赁公司从业人士告诉《金融时报》记者，公司在持续精耕绿色业务的同时，认识到优质资产十分抢手，承租人议价能力在各类金融机构以及央企产业投资的价格比拼下持续走高，竞争越发激烈。因此，面对发展新形势，租赁公司还要抓好绿色业务新布局，寻找绿色业务新的增长点。

※积极服务产业转型升级

建设现代化产业体系是推动高质量发展的必然要求。党的二十大报告提出建设现代化产业体系。租赁业务的本源是针对产业设备提供融资，背后的驱动因素离不开经济发展与产业升级。在服务国家产业结构发展转型上，租赁公司依托融资融物优势，可更有效地介入产业融资全流程，通过准确把握高端制造业、新基建、新能源等重点产业的结构特点以及业务契合点，为产业结构转型发展"输血"。

资料来源：陈彦蓉. 融资租赁业持续发力支持重点行业领［N］. 金融时报，2023-02-02. 此处有删减.

本章小结

从宏观经济角度而言，融资租赁有利于促进产业结构调整，有利于提高国家经济发展的整体效益以及有利于引进更多的外资。从中小企业融资的角度而言，融资租赁与股权融资、债权融资和银行信贷相比，都具有其独特的优势。从企业经营的角度来看，融资租赁增加了企业经营资金的灵活性，节约了银行对承租企业的授信额度，有利于满足承租企业增强资产流动性的需求，同时加速了企业折旧，有利于减少企业应缴纳的所得税。

综合训练

12.1　单项选择题

1.下列关于内源性融资和外源性融资表述错误的是（　　）。

A.内源性融资成本低于外源性融资

B.企业在收入中提取的折旧基金不属于内源性融资

C.内源性融资是指企业从自身资源中提供投资所需资金

D.外源性融资是指企业举借的各类对外债务

2.下列关于直接融资和间接融资的说法，错误的是（　　）。

A.通过金融机构进行的融资被称为间接融资

B.没有通过金融机构的融资被称为直接融资

C.从银行获得贷款属于间接融资

D.通过资本市场发行融资证券筹集资金属于间接融资

3.企业最主要的融资渠道是（　　）。

A.银行贷款　　　　B.股权融资　　　　C.债权融资　　　　D.融资租赁

4.作为一种融资方式，融资租赁的优势不包括（　　）。

A.程序较为简单

B.节约了银行对本企业的授信额度

C.为承租企业提供了近似于银行贷款的全额信贷

D.是企业的负债

5.下列关于折旧的表述，错误的是（　　）。

A.加速折旧会使得折旧费用加大，导致企业在其他条件相同的情况下，应缴纳的所得税金额增加

B.承租人应当采用与自有固定资产一致的折旧政策计提租赁资产折旧

C.企业技术改造采取融资租赁方式租入的机器设备的，最短折旧年限不短于三年

D.能够合理确定租赁期届满时取得租赁资产所有权的，应当在租赁资产使用寿命内计提折旧

12.2　多项选择题

1.融资租赁在宏观经济中的作用包括（　　）。

A.有利于促进产业结构调整

B.有利于提高国家经济发展的整体效益

C.有利于引进更多的外资

D.加速折旧

2.融资租赁对企业经营的意义包括（　　）。

A.融资租赁提高了企业经营资金的灵活性

B.节约了银行对承租企业的授信额度

C.有利于满足承租企业增强资产流动性的需求

D.加速企业折旧，有利于减少企业应缴纳所得税金额

3.内源性融资包括（　　）。

A.企业在创业过程中的原始资本积累

B.发展过程中的资本扩充

C.经营过程中的剩余价值或利润的资本化

D.企业在收入中提取的折旧基金

4.企业常见的融资方式有（　　）。

A.银行贷款　　　　　B.股权融资　　　　　C.债权融资　　　　　D.融资租赁

5.下列关于融资租赁的说法，正确的是（　　）。

A.有利于满足承租企业增强资产流动性的需求

B.融资租赁公司通过回租业务，不改变对原有固定资产的使用，但同时却可获得资金的融通

C.融资租赁灵活的租金偿付方式便于缓解承租企业资金紧张状况

D.满足关联交易需求

12.3　简答题

1.简述融资租赁在宏观经济中的作用。

2.分析融资租赁在中小企业融资中的优势。

3.分析融资租赁对于企业经营的意义。

第13章

融资租赁合同

导读

　　本章的重点内容是掌握融资租赁交易中所涉及的四个基本问题。首先介绍了融资租赁交易合同及其法律问题；其次分析了融资租赁合同中的租赁确定问题；再次提出了融资租赁合同中的担保问题；最后概括了融资租赁合同中的会计处理问题。

关键概念

　　融资租赁合同　费用　担保　抵押担保　质押担保　留置担保

§13.1　融资租赁合同概述

13.1.1　融资租赁合同的一般要求

融资租赁合同是租赁当事人的法律保障，是融资租赁业务主要环节之一。**我国《民法典》"合同编"对融资租赁合同有明确定义："融资租赁合同是出租人根据承租人对出卖人、租赁物的选择，向出卖人购买租赁物，提供给承租人使用，承租人支付租金的合同。"**

1.融资租赁合同的属性

（1）融资租赁合同的实质。

融资租赁合同是以融资为目的、融物为手段的合同，具有融资、融物的双重属性。融资租赁合同作为在市场经济条件下出现的一种新型、独立的合同，它巧妙地将融资与融物结合在一起。所谓融资，体现在承租人不需要一次性支付所需设备的货款，而是先由出租人利用自己的资金以及在此基础上形成的借贷资金支付货款，承租人再以租金的方式向出租人分期给付；所谓融物，体现在承租人能以固定的租金获得指定设备的使用权，期满之后，可以选择留购、续租或退租。

（2）融资租赁合同的表现形式。

形式上，出租人出资购买承租人指定的标的物，提供给承租人使用权、收益权，而不是直接提供贷款，但实质上是以融物代替融资，出租人通过融物解决承租人购置生产设备的资金需求，并在此基础上追求利润。而出租人则通过收取高于贷款本息的租金获得投资回报。融资租赁合同把借钱与借物两者有机结合起来，并以借物还钱（租金）的形式实现全过程。

（3）融资租赁合同与传统租赁合同的区别。

融资租赁合同和传统租赁合同一样都是以租金换取租赁物的使用权，但与传统租赁合同的一个显著不同就是它通过租赁物的使用达到融资的目的，承租人在获得租赁物使用权的同时，也解决了自己一次性购买租赁物所需资金不足的问题。因此，融资租赁合同不同于只注重物的使用的传统租赁合同，融资租赁是在所有权和使用权分离的基础上，融资与融物相结合的一种新型的信用方式。

2.融资租赁合同解约限制

（1）融资租赁合同的限制。

在融资租赁合同的租期内，除非出现特殊情况，出租人和承租人双方不得中途解约。融资租赁合同中一般都有类似"除合同约定条款外（或除特殊情况外），未经对方书面同意，任何一方不得中途变更合同内容或解除合同"的规定。

（2）融资租赁合同对解约严格限制的原因。

① 出租人签订融资租赁合同的意图在于融资，租赁物是出租人按照承租人的指定购买的，一般不具有通用性。如果允许承租人中途解约，即使将租赁物返还给

出租人，在一定期间内租赁公司也很难将退回的租赁物再次租给新的承租人，更难期待通过出卖租赁物使出租人收回残存租金的相当金额。在这种情况下，租赁公司不仅要失去数量可观的租费收入，而且要遭受租赁设备无形损耗的损失。

② 购买设备需要大量资金，这些资金除了出租人的自有资金以外，绝大部分来自于第三方的融资，包括国外金融机构的融资，出租人除了要支付这些融资的本息外，还承担着汇率变动的风险。如果允许承租人中途解约，则出租人很难收回投入的资金，更不要说偿付融资本息。

③ 租赁物的购入价款、利息、保险费、手续费等，在固定的租赁期间内以租金的方式分期偿还，租赁期届满时将全额收回。如果允许承租人中途解约，将使出租人所投入的各项资金成本难以收回。

3.租金对融资的补偿性

（1）融资租赁合同中的租金与传统租赁租金的区别。

在融资租赁合同中，承租人要向出租人支付租金，但租金并不是对租赁物使用收益的代价，而是"融资"的代价，这不同于传统租赁合同承租人支付的租金。出租人通过收取租金而收回其向供应商购买租赁物所支付的价款。因此，融资租赁合同的租金标准和传统租赁合同的租金标准是不同的，并且高于传统租赁合同的租金。

（2）融资租赁合同中租金的确定。

通常情况下，融资租赁合同的租金应根据购买租赁物的大部分或者全部成本以及出租人的合理利润来确定。在租赁期内，融资租赁合同约定的租金总额不仅足以抵补出租人购置租赁标的物所垫支的全部资金，而且还可以从中获得一定的利润（详见本章下一节内容）。

13.1.2　融资租赁交易合同的构成及条款

1.融资租赁交易合同中的购买

就融资租赁交易而言，必定要有购买和融资租赁这两种交易存在，必定要有融资租赁合同和与之相关的买卖合同存在，并且两者互为条件，然而，这两种交易却又是相互独立的两个不同的民事法律关系。

（1）关于融资租赁合同中购买的规定。

《国际融资租赁公约》第一条第一款规定：一方（出租人），按照另一方（承租人）的规格要求同某第三方（供货人）订立一项协议。根据该协议，出租人按承租人就涉及其利益的部分所认可的条件取得成套设备、资本货物或其他设备（设备）。

《民法典》规定：融资租赁合同是出租人根据承租人对出卖人、租赁物的选择，向出卖人购买租赁物，提供给承租人使用，承租人支付租金的合同。

（2）融资租赁合同中购买的特点。

融资租赁合同中的购买不同于一般购买。①买受人是出租人，要支付货款。②向谁买、买什么，以什么条件买，由融资租赁合同承租人决定。③在融资租赁合同中，承租人同出租人之间，分担着买受人的义务也分享着买受人的权利，即就买受人的义务而言，支付价款的义务归融资租赁合同出租人，受领货物的义务归融资租赁合同承租人；就买受人的权利而言，取得货物所有权的权利归融资租赁合同出租人，对出卖人的选择和对货物进行规定并从出卖人那里取得对该规定的保证的权利归融资租赁合同承租人。在实务中，上述对买受人的权利义务的分享和分担，通常是难以通过买卖合同的条款来体现的。因此，必须在融资租赁合同的条款中具体约定。④由于融资租赁合同承租人有上述权利，因此，随附于租赁物所有权的风险就必定归于融资租赁合同承租人，而不是通常情况下的买受人，或融资租赁合同出租人。在这里，融资租赁合同出租人尽管是标的物的法定所有权人，但却并非其经济所有权人，不承担因购买该货物所产生的经济后果。这一点，在《企业会计准则第21号——租赁》中有十分明确的规定，其第五条称，"融资租赁，是指实质上转移了与资产所有权有关的全部风险和报酬的租赁"。在实务中，则体现在融资租赁合同项下租金计算的依据上。

（3）融资租赁交易中购买合同与一般买卖合同的联系。

尽管融资租赁交易中的购买与一般购买有上述区别，但作为购买合同的内容仍然具有相关买卖合同的一般特征。从出卖人的角度看，向兼为融资租赁合同出租人的买受人出卖，同向别人出卖相比，并无实质性的不同。因此，即使买卖合同中参照《国际融资租赁公约》（第1章 适用范围和总则）的表述，列入了"出租人之取得设备是同某一租赁协议相关联，并且供货人知悉该协议已经或必将在出租人和承租人之间订立"的条款，也没有改变该买卖合同的性质。因此，融资租赁交易中的买卖合同，同其他交易中的买卖合同一样，应受《民法典》"合同编"或《联合国国际货物销售合同公约》的约束。

总之，各个当事人在融资租赁合同中各自的权利义务是不可混淆的。不能把相关的买卖合同视为融资租赁合同的从属合同。

2.融资租赁购买合同及其内容

由上可知，融资租赁交易的合同应该包括两个合同，一个是融资租赁购买合同，另一个是融资租赁合同。融资租赁购买合同在融资租赁业务中不作为一个独立的主体合同，但是租赁合同不可分割的部分，因此，在签订购买合同时，要考虑购买合同条款与租赁条款的一致性，分清楚当事人之间的权利和义务。具体包括的内容是：

（1）租赁物的名称、数量。在购买合同中，必须写明合同的标的物即租赁物的名称。租赁物可以是一件，也可以是多件，在租赁合同中应明确约定租赁物的数量。

（2）租赁物的价格。在购买合同中应明确约定租赁物的价格，价格是租赁合同中最为重要的条款。价格约定不明的话会对租赁合同产生很大影响，引发不必要的纠纷。

（3）支付条款。订立合同时要确定用哪种货币进行计价和选择哪种支付方式。

选择计价币种应该对货币的汇率走势、利率走势进行分析比较，将租金的计价币种因素考虑进来，选择有利于己方的货币。支付方式通常采用信用证结算方式和凭公司出具的银行保函方式，有时也可采用托收方式。

（4）交货和运输条款。在合同中，应当明确交货日期，对于承租方来说，应尽量早日收到设备以投入生产。对于运输条款，应该明确运输途中的风险分担，并且约定清楚由谁投保。

（5）设备的安装调试、验收和质量保证条款。对于大型的需要安装调试的设备，合同中应该明确规定由卖方派出具有专业能力的工作人员，在规定天数内安装调试完该设备。对设备的质量验收标准也应当规定清楚，对不能达标的产品，应规定供货方承担直接损失并支付罚款。

（6）争议性条款。在合同中还应当规定，在双方出现合同争议时，该争议事项应由何地的仲裁机构仲裁解决。

（7）其他条款。这类条款包括：有关合同的货物质量保证及其他服务由供货人向承租人负责；供货人承认该买卖合同是买方购入用以出租给承租人使用。

3.融资租赁合同

实务中，融资租赁合同的主要条款一般包括租赁物说明条款、租赁物所有权条款、租期条款、租金支付条款、租赁物交付及检验条款、租赁保证条款和担保条款、租赁物的日常维护条款、租期结束后租赁物的处理条款、租赁物的保险、争议解决条款等。

（1）租金条款。租金是租赁合同的必备条款，租金条款包括租金的构成、租金的支付方式、租金的计价货币以及延付租金的惩罚性条款。其中，租金一般由出租人为承租人购买设备支付的货款、融资利息、融资费用以及出租人的利润构成。

（2）租金的支付方式和期限。各国立法一般均规定租赁合同为有期限的合同，承租人只能有期限地使用他人的财产，而不能永久性地使用，因为租赁只是通过订立合同有偿地转移了财产的使用权而非所有权。租赁期限不得超过二十年。超过二十年的，超过部分无效。租赁期间届满，当事人可以续订租赁合同，但约定的租赁期限自续订之日起不得超过二十年。当事人对租赁期限没有约定或约定不明的，为不定期租赁，当事人有权随时解除合同。不定期租赁的最长期限仍不得超过法定的最高期限。

（3）所有权及所有权保护条款。出租人在供应合同中作为买方，依据供应合同支付了价款，取得了租赁物的所有权，但在融资租赁交易中，供应商将租赁物直接交付给承租人的，承租人直接占有租赁物，享有对租赁物控制、占有和使用的权利。在这种情况下，如何保障出租人的所有权便成为融资租赁合同中对出租人至关重要且必须加以规定的内容，通常在合同中会加入如下条款："租赁物的所有权在本合同租期内始终归出租人所有。出租人有权在租赁设立中标明其所有权。未经出租人书面同意，承租人不得将租赁物处置、转租、转让、出售或抵押给任何第三方或采取其他任何侵犯或足以侵犯出租人租赁标的物所有权的行为。若承租人破产，租赁设备不得列入破产财产范围，破产债权人无权处分租赁物。"

（4）租赁物的日常维护条款。在出租人与承租人签订的融资租赁合同中，一般都订有关于对租赁物进行日常的使用、保管、维修和保养的条款，这种责任条款是维护出租人利益、免除了其相应责任的重要条款。租赁物是出租人按照承租人的要求购买并出租给其使用的，租赁物的状况对承租人有着更直接的影响。因此承租人也应妥善保管、合理使用租赁物，租赁物由其维修并自行承担维修费用。即使租赁物不能正常使用，也不能免除其支付租金的义务。

（5）保险条款。在租赁业务中，对租赁物进行保险，是必经程序。保险一般分为两部分，即财产保险和责任保险。合同中应明确规定保险范围、谁负责投保、保险费用的负担、保险人的选择、投保的时间和期间、保险受益人等事项。

（6）租赁期满后对租赁设备的处理条款。租赁期限届满后，承租人一般有以下选择：留购、续租或退租。由于租赁物多为专业设备，因此我国目前多数选择留购方式，即由出租人和承租人商定租赁物的残值，承租人交纳一定的名义价款后即获得设备的所有权。对租赁期满后租赁物的处置，合同中应有明确规定。

（7）承租人不得任意中途解约条款。在合同中规定发生租赁设备灭失和毁损，不得中途解约并需继续交纳租金的条款是融资租赁的特殊性质决定的。因为出租人为承租人购进设备，其资金来源除自有资金外绝大部分来自第三者的贷款。出租人面临着双重风险，即购货合同和租赁合同中对方违约的风险和贷款的信用风险。因此，在租赁合同中有必要规定承租人有绝对义务遵守租赁合同，不能以任何理由终止租赁合同。当然，如果由于出租人的过失迟付货款或造成租赁设备的迟延交付并致使不能实现合同目的的，承租人可以依据《民法典》"合同编"的规定解除合同并要求损害赔偿。

（8）转租赁条款。由于承租人在融资租赁期间内承担绝对的和无条件支付租金的义务，承租人有权要求将租赁设备转租赁给其他人使用，但是必须取得出租人的书面同意。因为租赁设备如果转租给不可靠、无信用的第三人使用，将会使出租人蒙受损失。

（9）租赁保证条款和担保条款。融资租赁合同中出租人通常要求承租人在签订合同后立即支付一定比例的保证金，作为承租人支付租金的保障。如果承租人拒付或延付租金，那么出租人可以从这笔保证金中进行扣除。在承租人按期支付租金的情况下，期满后出租人将全部保证金返还给承租人，或者抵作最后一期或几期租金的全部或部分。在租赁期内，如果承租人违约给出租人造成损失的话，那么出租人也有权从保证金中扣留相应的赔偿金额。

租赁保证金的比例一般为全部租金的10%左右，不能担保出租人的全部债权，所以在融资租赁合同中通常另外规定有担保条款。该担保条款可以表现为第三方的连带责任担保条款，也可以表现为承租人的抵押或质押担保条款，其他担保方式出租人和承租人可以在《民法典》中涉及担保的规定的范围内协商确定。担保的范围应是向出租人支付全部租金、其他应付而未付款项及迟付的利息等。

4.融资租赁购买合同与融资租赁合同的联系

正是融资租赁合同的联立性,使得买卖合同和租赁合同这两个看似不同的合同,紧密联系在一起。任何一个合同的生效,都牵扯到另一合同的效力。因此,在实务操作中,对于买卖合同和融资租赁合同的效力问题,往往通过合同附生效条件来解决这个问题,即在买卖合同中规定,买卖合同经承租人同意并在融资租赁合同生效后才生效;同样,也可以在融资租赁合同中规定,只有在买卖合同订立并经承租人同意的情况下,融资租赁合同才生效。这样融资租赁合同就是以其中的买卖合同和租赁合同共同生效为条件。

13.1.3 融资租赁合同的签订、履行与解除

1.融资租赁合同的签订

签订融资租赁合同的原则是当事人之间应当是平等、自愿、公平、有偿和诚实的,同时,合同当事人必须是有民事权利能力和民事行为能力的法人、自然人和其他经济组织。任何以欺诈、胁迫手段签订合同或当事人恶意串通损害国家利益、社会公众利益和第三方合法权益的合同无效。

一般来说,融资租赁交易合同订立的程序包括如下几个阶段:

(1)选择租赁物和供应商。①承租人应该根据自己的业务需要,选定合适的租赁设备。在选择租赁物时,出租人应重点考察设备的属性,确定是否符合自己的投资计划。承租人也可以委托出租人代为选择供货方和租赁设备,由承租人确认。②在确定了合适的设备后,承租人根据供应商的信誉、产品质量、售后服务等条件选择适宜的供货商。

(2)选择出租人。在选择好了租赁物和供应商之后,承租人应该选择出租人。由承租人对众多的出租人进行反复调查比较,综合考虑其资金实力、筹资能力、租金高低、支付方式、信誉、提供的服务等,择优选择,然后向选中的租赁公司发出要约邀请。具体来说,对出租人的考察包括:①有足够的实力完成租赁项目,尤其在租赁项目规模很大的情况下,应当找一家筹资能力强,筹资渠道多,融资成本低的租赁公司;②对于租金成本,该租赁公司的报价应该低、支付方式灵活、还款期限较长;③在同行业中,该租赁公司有丰富的融资租赁交易经验,有较高的知名度和较好的业绩,并且租赁公司拥有专门的技术人员,能承担技术咨询、提供经济信息,还能帮助解决税务、保险、法律、会计、谈判等问题。

(3)项目受理。在融资租赁交易中,出租人购入租赁物提供给承租人使用,相当于向承租人提供了一笔长期贷款。为了确保其投入的本金、利息的回收,并获取相应的利润,出租人必须对租赁项目本身和承租人的资信情况进行全面的审查和评估。内容包括:①对租赁项目的审查。租赁项目是租金的还款基础,项目本身必须有良好的经济前景才能够为租金及时偿付提供保障。项目的审查内容涉及该项目是

否符合国家产业发展及技术进步的大方向，该项目是否有市场潜力，承租方的技术是否能够支持项目的运行等。②对承租人的资信进行审查。承租人的信誉对于租金的偿还也非常重要。考察承租人的信用状况主要从偿债能力和盈利能力分析这两方面来进行，常用的有营运资本、流动比率、速动比率、资产负债率、资产净利率等指标。

（4）租赁谈判。这是当事人各方就合同具体条款不断谈判，反复磋商的具体过程，最后各方达到满意，在合同文本上签字，谈判即告结束。

（5）订立相关的供货合同。供货合同由出租人和供应商签订，其订立的过程与一般买卖合同并无大的差异。但由于相关供货合同和融资租赁合同之间的联立性，因此，在签订相关的供货合同时，必须考虑到与融资租赁合同条款的一致。

（6）订立融资租赁合同。租赁谈判在出租人和承租人之间进行，谈判的主要内容包括确定租金数额和支付方式、租期、担保、租赁物期满后的归属等问题。租赁合同一经生效即对租赁双方产生法律的约束力，双方不得随意变更合同，也不得随意拖延履行合同。

2.融资租赁合同的履行

合同签订后，当事人应当按照约定全面履行自己的义务，即双方当事人应按合同约定的标的、数量、质量、价款和报酬、履行地点和方式等全面履行合同，否则，要承担违约责任。具体来说，租赁合同的履行涉及两方面的内容，一方面是购买合同的履行，另一方面是租赁合同的履行。

（1）购买合同的履行。

国内设备购买合同的履行较为简单，其基本步骤是：第一步，由出租方按照购买合同向供货方支付订金；第二步，供货商收到订金后，安排交通运输，将货物运输至承租人处；第三步，由出租人对租赁物件的运输、装卸、储存等进行投保；第四步，付款接货，在设备运抵指定地点后，出租人向供货商支付货款，供货商向承租人交付货物。

国际设备购买的步骤相对于国内来说要复杂一些，它还涉及信用证的开立、安排国际运输（一般是海洋运输）、报关等步骤。

（2）租赁合同的履行。

在设备运抵承租人处时，租赁项目正式投产，在此期间出租人应做好对承租人经营管理的监督工作，出租人应该要求承租人定期提供财务报表，定期检查承租人的财务状况，对发现的问题应及时协助承租方解决，不定期地检查租赁物件是否完好。承租人应当按照租赁合同的要求按时支付租金。

（3）约定不明条款的解决方法。

合同生效后，当事人就质量条款或者报酬、履行地点等内容没有约定或者约定不明确的，可以通过协议补充；不能达成补充协议的，按照合同有关条款或者交易习惯确定。对于仍不能确定的，适用于下列规定：

①融资租赁合同的标的质量要求不明确的，按照国家标准、行业标准履行；

没有国家标准、行业标准的，按照通常标准或者符合合同目的的特定标准履行。

②价款或者租金不明确的，按照订立合同时履行地的市场价格履行；依法应当执行政府定价或者政府指导价的，按照规定履行。

③履行地点不明确，给付货款或租金的，在接受一方所在地履行；其他标的，在履行义务一方所在地履行。

④履行期限不明确的，债务人可以随时履行，债权人也可以随时要求履行，但应当给对方必要的准备时间。

⑤履行方式不明确的，按照有利于实现合同目的的方式履行。

⑥履行费用的负担不明确的，由履行义务一方负担。

因不可抗力不能履行合同的，根据不可抗力的影响，除法律另有规定，可以部分或全部免除责任。不可抗力，"是指不能预见、不能避免并不能克服的客观情况"。供货人、出租人或承租人一方因不可抗力不能履行合同的，应及时通知对方，以减少可能给对方造成的损失，并应当在合理期限内提供证明。

3.融资租赁合同的解除

我国《民法典》规定，融资租赁合同的解除包括三种方式：协议解除、约定解除和法定解除。

（1）协议解除。

所谓协议解除，是指合同成立之后，在未履行或未完全履行之前，当事人双方通过协商解除合同，使合同效力消失的行为。值得注意的是，协议解除在性质上是须经双方一致同意而共同解除合同的双方法律行为，并不是一方行使法定或约定的解除权的单方法律行为。

（2）约定解除。

约定解除指在合同依法成立后而尚未履行完毕前，当事人基于双方约定的事由行使解除权而解除合同的行为。其基本特征在于，当事人在合同中约定解除条件，当条件成立时，解除权人即行使解除权解除合同。协议解除属事后协商解除合同，而约定解除则是事先确定解除合同的条件，在条件成立时，解除权人可以用单方面行使解除权的方式解除合同，而不需要和另一方商议。因此约定解除属于单方法律行为。

（3）法定解除。

法定解除，是指合同成立后，没有履行或者没有完全履行之前，当事人一方行使法定的解除权而使合同效力消失的行为。其特点在于，法律规定了在何种情况下当事人享有法定的解除权，通过行使该解除权，可以导致合同的解除。法定解除是当事人在法定解除条件成立时，单方直接行使法定解除权，无须征得对方同意，属单方法律行为。

§13.2 融资租赁合同中的租金和费用

13.2.1 融资租赁合同中的租金及费用的用途

在融资租赁合同中，包含对租金、费用的确定，还包含有对违约金、损失赔偿的确定。本节只重点介绍租金和费用的确定问题。

融资租赁合同中的租金用于计息摊付租赁物件的购置成本，费用用于偿付出租人的经营成本，两者又同时含有出租人在该合同项下的利润。哪类项目构成购置成本，哪类项目单列费用，由融资租赁合同约定。

在实务中，以从境内购置的货物为租赁物件时，把货价列为购置成本，以从境外购置的货物为租赁物件时，把货价、境外运输保险费及境外运输费之和，即CIF①总价，列为购置成本，则是通行的惯例。

在以从境外购置的货物为租赁物件的融资租赁合同订立之日，已知其绝对值的成本项目是货价、境外运输保险费及境外运输费，或者是货价及境外运输保险费，或者仅仅是货价。如果合同约定，某项成本按实际发生额计，则整个成本的结算，甚至整个租金及费用的确定，都要等出租人的各项支付发生完毕后才能进行，何况某些经营成本是难以以合同为单位而单独核算的。这样，在合同订立之日，租金将无从确定。所以，可供选择的一种做法是，在合同中约定费率，即约定某项成本是某项已知成本的百分之几，以此来确定该项成本的数额。

13.2.2 租金计算的概念基础

1.货币时间价值

与租金计算直接相关的一个重要因素就是货币的时间价值，为此，有必要在介绍租金计算方法之前，首先介绍货币时间价值的概念。货币时间价值（the time value of money）从经济学的角度来观察，是指在不考虑通货膨胀因素的条件下，随时间流逝，投资在生产经营中的货币价值的增加。例如今天的100元钱，与一年后的100元钱的价值是不等的，这是由于货币随着时间推移的"自动增值"。这一"自动增值"是由于放弃现在使用货币消费的机会，从而换取将来更大消费机会的利得，这种利得就叫作货币的时间价值。

例如，现有1 000元闲置无用，存入银行，定期1年，由银行加以运用。1年期满后，银行会给你1 100元，其中的100元就是银行使用1 000元钱所给的利得，这个利得通常称为利息（interest）。把这种利得占原来货币金额的百分比率，即10%，叫作利率（interest rate）。这里的利息与利率都是货币的时间价值，其中利

---

① 成本保险费加运费（cost insurance and freight named port of destination，缩写为CIF）是一种传统的常用的国际贸易术语。在采用这一贸易术语时，卖方除承担与"成本加运费"（CFR）相同的义务外，还应负责货物运输保险并支付保险费，但卖方的义务仅限于投保最低的保险险别，即平安险，至于货物的风险则与"成本加运费"（CFR）和船上交货（FOB）条件是一样的，都是在装运港船越过船舷时由卖方转移至买方。

息是表现货币时间价值的绝对数，利率是表现货币时间价值的相对数。

2.终值与现值

（1）终值（future value），即"本和利"，是现在的货币经过一段时间后将来的价值，即上例中的1 100元；（2）现值（present value），即"本金"，是货币现在的价值，即例子中的1 000元。

13.2.3 租金的计算

1.租金的定义

租金是起租日或宽限期末日合同成本的分期计息摊付。各期租金是该期租金中应摊付的成本与该期期初日合同成本余额（未收回合同成本）在该期内应计利息之和。当合同约定某期租金中不摊付成本时，该期租金中只含上述利息，称"只付息不还本"。这里说的"期"，其所包含月份数应由合同约定。一般假设每期为6个月。当租金币种是人民币时，每期为3个月。

2.租金的具体计算

租金从起租日开始计算，即从起租日开始对起租日合同成本余额计息。计息时，每6个月复利一次。

通常情况下，第一次租金应付日是起租日后6个月的这一日；末次租金日是起租日后相隔等于合同约定的租赁期限的月数的这一日。因此，租金支付次数是租赁期限月数除以6。

有些融资租赁合同约定有宽限期。（1）在宽限期末日不摊付成本，即在宽限期末日（第一次租金应付日），应付的租金中不含成本；（2）若合同约定宽限期末日不付息，则租金从宽限期末日开始计算，即从宽限期末日对宽限期末日合同成本计息。

3.租金的内容

对构成起租日合同成本或宽限期末日合同成本的诸项金额的计息，与对起租日合同成本余额或宽限期末日合同成本余额的计息有所不同。前者是成本结算的内容，后者是租金计算的内容。因此，应该把按起租日合同成本或宽限期末日合同成本计算出来的应付额均视为租金，而不是只把其中含成本的应付额视为租金。反之，凡是并非按上述合同成本计算出来的应付额（例如，各年分别应付的财产保险费），即使合同约定在某几期租金应付日支付，也不应视为租金。

13.2.4 费用的确定

1.费用的含义

费用可以理解为对经营成本的偿付。凡是在合同中列为费用的项目，均应是其金额已确定因而无须另行结算的和应在规定日期按确定金额不计息支付的项目。

费用的确定包括名目、金额、币种及应付日期四项。

2.费用金额的确定方式

（1）直接记载双方商定的绝对值，如"留购价款是100美元"。

（2）以合同中已知其绝对值的项目为基数并按双方商定的费率算出数额，如"租赁手续费是 CIF 总价 2 360 581.20 美元的 1.5%，即 2 360 581.20 美元 × 1.5% =35 408.72美元"。

（3）凭将要发生的支付凭证计算金额，如"各年应付的财产保险费是甲方该年投保时保险单所记保险费金额"。

3.费用的内容

（1）在买卖合同履行中，往往会发生不可预见或其金额不可预知的由出租人替承租人垫付的项目，如出国考察费。如果双方约定这些项目金额列入购置成本，由承租人在租金中偿付，则只有当合同采取成本结算的方式时才可行，否则必须单独结算。这类项目的不确定性，使之不能按费用处理。在需要垫款时，双方应另行订立协议，记明垫款用途、金额、币种、计息利率及偿付期限。这类协议是独立于融资租赁合同之外的借款合同，需单独履行。

（2）租赁保证金不是融资租赁合同的费用，但是可以用第1、2种方式结合确定。如上例，"租赁保证金是 500 000 元人民币"，是先约定了费率约为3%，算出 70 817.44 美元，折合后为 587 784.72元，再取整数。

（3）留购价款也不是本融资租赁合同的费用，而是承租人实现预期权利（取得租赁物件的所有权这一后合同权利）的对价，但确定方法可用第1种方式。

4.应付日期的确定

确定应付日期时，要有可操作性，要便于承租人支付。例如，如果按上述第3种方式的规定收取保险费，则其应付日期必须在甲方各年可能支付保险费并取得保险单的日期之后的若干天。

§13.3　融资租赁合同中的担保

13.3.1　融资租赁合同中的担保概述

1.担保的概念和方式

担保，又称为债权的担保，是指根据法律或者合同的约定，为确保债权的实现而由合同的债务人向债权人提供的，保障其债务得以履行的一种法律制度。担保关系一旦成立，就在相关当事人之间产生一定的权利义务关系，债权人凭着担保关系的保护，可以在债务人不能履行债务时，确保其债权得以实现。

根据《民法典》的规定，在我国，担保的方式有五种，即保证、抵押、质押、定金和留置，其中，保证是信用担保，其余四种是财产担保。

2.融资租赁合同的担保

融资租赁合同的标的物通常是大型成套设备等价值巨大的财产，此外，由于融资租赁合同租期较长，承租人使用租赁设备的收益情况容易受市场因素的影响，因而出租人收回投资获得利润的风险系数相当大。在融资租赁交易中，出租人能否及时、足额收回租金直接关系到出租人订立的融资租赁合同目的能否实现，这也是融资租赁合同出租人的最大风险所在。因而，在融资租赁实践中，为了确保承租人能履行合同，按合同规定支付租金，降低出租人的风险，出租人往往通过要求承租人为其支付租金提供财产担保，以降低其收回租金的风险系数，这就是融资租赁合同的担保，是债权担保的一种形式。设定担保是融资租赁实务中常见的交易条件之一。但是，融资租赁合同不一定都要担保，是否需要担保由双方约定。

作为债权担保的一种，融资租赁合同的担保也适用《民法典》的规定，因此，融资租赁合同的担保方式就是《民法典》规定的五种担保方式，即保证、抵押、质押、定金和留置。在融资租赁实务中，当事人应当根据融资租赁合同的特殊性设定合同的担保方式。融资租赁合同虽可适用留置和定金这两种担保方式，但是在实践中极少使用，主要采用的是保证、抵押和质押三种方式。

13.3.2　担保的方式

融资租赁合同的担保是债权担保的一种，因此，融资租赁合同的担保方式与《民法典》规定的担保方式一样，即保证、抵押、质押、定金和留置。融资租赁合同当事人应当根据合同的特殊性约定合同的担保方式，担保方式有以下五种。

1.保证担保

（1）保证担保的概念。

根据《民法典》的规定，保证是指保证人和债权人约定，当债务人不履行债务时，保证人按照约定履行债务或者承担责任的行为。由此可见，保证有以下几个特点：首先，保证是一种双方的法律行为；其次，保证是担保他人履行债务的行为；最后，保证是对主债务履行负有保证责任的行为。此外应注意到，保证担保的保证与通常意义上所说的保证是有区别的，这是一种债权担保制度，是具有法律意义的。

融资租赁合同的保证，是指承租人自身以外的第三人（即保证人）和出租人（即债权人）约定，当承租人（即债务人）不履行合同约定的义务时，由保证人按照保证合同的约定履行支付租金的义务或承担相应责任的行为。保证担保中债权人与保证人的权利义务关系是通过订立保证合同约定的。

（2）保证担保的方式。

按照保证人责任的不同，保证可以分为一般保证和连带责任保证两种方式。

① 一般保证。就融资租赁合同而言，一般保证是保证人与出租人在保证合同中约定，当承租人不能履行支付租金的义务时，由保证人承担偿付租金的保证责任。一般保证中，只有当融资租赁主合同纠纷经审判或仲裁，并将承租人财产依法强制执行，承租人仍不能履行合同约定的义务时，保证人才承担承租人应履行的偿债责任。

② 连带责任保证。就融资租赁合同而言，连带责任保证是指保证人与出租人在保证合同中约定，保证人与承租人对租金支付义务承担连带责任。也就是说，在承租人未按融资租赁合同的约定履行支付租金的义务时，保证人与承租人履行义务没有先后顺序，出租人既可以要求承租人支付租金，也可以要求保证人在其保证责任范围内承担保证责任。

根据《民法典》的规定，当事人对保证方式没有约定或者约定不明时，按照连带责任保证承担保证责任。同时，一般保证和连带责任保证的保证人均享有债务人的抗辩权，即当债权人行使债权时，债务人根据法定事由，对抗债权人行使请求权的权利。债务人放弃对债务的抗辩权的，保证人仍享有抗辩权。

2.抵押担保

（1）抵押担保的概念。

抵押担保是财产担保的一种方式，是指债务人或者第三人不转移对某一特定财产的占有，而将该财产作为债权的担保，当债务人不履行债务时，债权人有权依照《民法典》的规定以该财产折价或者以拍卖、变卖该财产的价款优先受偿。

在融资租赁中，承租人或第三人以特定的财产作为抵押，担保承租人履行支付租金的义务，出租人实现收取租金的债权。抵押担保需要订立抵押合同，在抵押担保法律关系中，抵押人是提供抵押物的债务人或者第三人，抵押权人是接受担保的债权人，抵押物是用于抵押担保的财产。

抵押担保有以下特点：第一，抵押人可以是第三人，也可以是债务人自身，这与保证不同，在保证担保中，债务人自己不能作为保证人；第二，抵押物可以是动产，也可以是不动产。这与质押不同，质押物只能是动产；第三，抵押人不转移抵押物的占有权，抵押人可以继续占有、使用抵押物。这也与质押不同，质押物必须转移，由质权人占有；第四，抵押权人有优先受偿的权利。

（2）抵押担保的效力。

抵押担保的效力是指生效的抵押合同对担保的债权及当事人产生的约束力。

① 对债权的效力。就抵押合同对债权的效力而言，根据《民法典》的规定，除非抵押合同另有约定，当债务人不履行债务时，抵押权人有权以抵押物折价或以拍卖、变卖抵押物所得价款优先受偿主债权及利息、违约金、损害赔偿金和实现抵押权的费用。

② 对抵押物的效力。就抵押合同对抵押物的效力而言，根据《民法典》的规定，债务履行期届满时，债务人不履行债务致使抵押物被人民法院依法扣押的，自扣押之日起抵押权人有权收取由抵押物分离的天然孳息以及抵押人就抵押物可以收取的法定孳息。也就是说，抵押权不但及于抵押物，还及于抵押物的孳息。

③ 对抵押物转让合同的效力。抵押期间，抵押人转让抵押合同约定的抵押物的，应当通知抵押权人并告知受让人转让物已经抵押的情况；抵押人未通知抵押权人或者未告知受让人的，转让行为无效。

④ 对抵押人其他行为的效力。根据《民法典》的规定，抵押人的行为足以使

抵押物价值减少的，抵押权人有权要求抵押人停止其行为。当抵押物价值减少时，抵押权人有权要求抵押人恢复抵押物的价值，或者提供与减少的价值相当的担保。

⑤ 抵押权与主债权的效力关系。抵押权是依附于主债权而存在的，因此，抵押权应与其担保的债权同时存在，债权消灭的，抵押权也随之消灭，而且，抵押权不得与债权分离而单独转让或作为其他债权的担保。

3.质押担保

（1）质押担保的概念。

质押担保是贷款的一种担保方式，即借款人可以用银行存款单、债券等权利凭证作为质押物交贷款银行保管，当借款人不能还款时，贷款银行依法处分质押物并偿还贷款本息、罚息及相关费用。

在融资租赁中，质押担保是指承租人将银行存单等权利凭证作为质押物交出租人保管，当承租人不能履行租赁合同约定的义务时，出租人依法处置质押物以保障自身权利的实现。对于质押物，有较严格的要求，仅限于银行存款单、国家债券、国有银行发行的金融债券及银行汇票、银行本票等。

质押与抵押最大的区别在于，质押要求将作为担保的财产转移给债权人占有，而抵押并不要求转移作为担保的财产，担保物仍然由债务人或者第三人占有。

（2）质押担保的分类。

根据《民法典》的规定，质押分为动产质押和权利质押。同样，在融资租赁合同中，质押也可分为动产质押担保和权利质押担保两种，这是依据质押物的不同性质对质押担保进行的分类。

① 动产质押担保。融资租赁合同的动产质押担保，是指承租人或者第三人将其动产移交出租人占有，将该动产作为出租人收取租金的担保，当承租人没有履行支付租金义务时，出租人有权依法以该动产折价或以拍卖、变卖该动产的价款优先受偿。

② 权利质押担保。融资租赁合同的权利质押担保，是指承租人或者第三人将其享有并可转让的权利作为其支付租金的担保，当承租人没有履行支付租金义务时，出租人有权依法对该权利折价或转让该权利以得到优先受偿。

4.定金担保

定金是指当事人一方依照约定向对方支付一定数额的金钱作为债权的担保，债务人履行债务后，定金应当抵作价款或者收回。给付定金的一方不履行约定的债务的，无权要求返还定金；收受定金的一方不履行约定的债务的，应当双倍返还定金。定金可以分为成约定金、证约定金、违约定金和解约定金。

在融资租赁交易中，一方面，定金不同于保证金；另一方面，在实务中，以定金作为融资租赁合同担保的比较少见。

定金担保应注意以下事项：首先，定金应当以书面形式约定；其次，定金合同从实际交付定金之日起生效，即使当事人已签订了定金合同，如果未实际交付定金，定金合同也不能生效；最后，当事人约定的定金数额不得超过主合同标的额的

20%，超过该标准的部分无效。

5.留置担保

留置担保是指债权人按照合同约定占有债务人的动产，债务人不按照合同约定的期限履行债务的，债权人有权依照法律规定留置该财产，以留置财产折价或者以拍卖、变卖该留置物的方式，从所得价款中优先得到清偿。

留置担保具有以下特点：（1）依照法律规定直接产生留置权，不需要当事人之间有约定；（2）被留置的财产必须是动产；（3）留置的动产与主合同有牵连关系，即必须是因主合同合法占有的动产；（4）留置权的实现，不得少于留置财产后两个月的期限；（5）留置权人就留置物有优先受偿的权利。

留置担保是我国经济生活中较普遍存在的一种合同担保形式，但其主要适用于保管合同、运输合同、仓储合同和加工承揽合同，而在融资租赁实践中并不多见。

13.3.3　影响租赁合同效力的因素

《民法典》规定，担保合同是主合同的从属合同，主合同无效，担保合同无效。担保合同另有约定的，按照约定执行。因此，租赁合同无效将导致租赁担保合同无效。根据《民法典》中"合同编"的有关规定，影响租赁合同效力的因素可以分为以下几类。

1.租赁合同当事人缺乏主体资格和相应的行为能力

当事人缺乏主体资格主要是发生在企事业单位借款人没有取得相应主体资格的情形，如企业被吊销营业执照或营业执照超过有效期。此外，根据以前最高人民法院《关于适用〈中华人民共和国合同法〉若干问题的解释（一）》第十条的规定，企业违反国家限制经营、特许经营以及法律法规禁止经营规定签订的合同也将被法院认定无效。

当事人缺乏相应行为能力的情形包括无行为能力人自己签订合同、限制行为能力人自己签订与其年龄、智力不相适应的合同。不过，限制行为能力人签订的合同经其法定代理人追认的，合同有效。

行为人缺乏相应权限主要指无权代理和法人或其他组织的法定代表人或者负责人超越权限。行为人没有代理权、超越代理权或者代理权终止后以被代理人名义订立的合同，未经被代理人追认的，对被代理人不发生效力。如果相对人知道或者应当知道法人或者其他组织的法定代表人、负责人超越权限订立合同，则该代表行为无效。

2.租赁合同当事人的意思表达有瑕疵

"当事人的意思表达有瑕疵"指当事人的意思表达不是其真实意思表达，包括受欺诈、受胁迫签订合同。当事人受欺诈或者受胁迫所签订的合同的效力因是否损害国家利益而有所不同，损害国家利益的，合同无效；没有直接损害国家利益的合同属于可撤销合同。

3.租赁合同违反法律或行政法规中的强制性规定

当事人恶意串通，损害国家、集体或者第三人利益的合同、以合法形式掩盖非法目的的合同、损害社会公共利益的合同和违反法律行政法规的强制性规定的合同均是无效合同。

当租赁主合同出现上述导致租赁合同无效的情形时，该租赁合同附带的担保合同亦失效。

13.3.4 主合同解除后的担保责任

《民法典》规定：主合同解除后，担保人对债务人应当承担的民事责任仍应承担担保责任。但是，担保合同另有约定的除外。这包含两个含义：第一，主合同解除后，抵押、保证和质押等担保合同并不必然消灭；第二，原担保合同约定或依照法律推定的责任范围变更为主债务人应当承担的民事责任，如果主债务人不应当承担责任，则担保人无责任。

1.主合同解除后，担保人担保责任的要件

当主合同解除后，根据《民法典》的规定，担保人承担担保责任的要素包括：（1）债务人应当承担民事责任；（2）债务人承担的民事责任在担保人的担保范围之内。

主合同解除后，有下列情形之一的，担保人可以不承担担保责任：一是当担保人的担保范围仅是主合同履行后产生的债权和利息，或在主合同未履行之时，因为主合同未履行，担保债权没有发生，所以担保人可以免除承担担保责任；二是主合同解除后，债务人自愿对债权人承担补偿责任，而该补偿责任不属于担保人的担保范围之内，担保人不承担担保责任。

2.主合同解除后，担保人的责任范围

主合同解除后，担保人承担的担保责任，其范围以债务人责任范围和担保人原担保合同约定的担保范围为限，担保人的责任相对于主合同未解除而言要小。也就是说，担保人承担的担保责任不能超过债务人应当承担的责任范围，也不能超过担保人应当承担的责任范围。主合同尚未开始履行就解除的，担保债权没有发生，担保人免除担保责任。主合同是因债权人的责任而解除的，债务人不承担民事责任，担保人也不承担担保责任。

此外，还应注意到，合同无效后的法律责任与合同被解除后的法律责任不同。《民法典》规定，合同解除后，尚未履行的部分，不再履行，已经履行的部分可以根据履行情况和合同的性质采取恢复原状等补救措施，并可以要求损害赔偿。因此，合同解除不影响合同当事人承担应当承担的民事责任，担保人对债务人应当承担的民事责任仍应承担担保责任。

§13.4　融资租赁的会计处理

13.4.1　国际租赁会计准则的修订

《国际会计准则第17号——租赁》的初始本批准于1982年，自1984年1月1日开始实施，1994年有所修正，1997年批准了修订。2019年1月《国际会计准则第16号——租赁》正式生效。这个修订本的批准和实施，对我国租赁会计准则的制定产生重大影响。

13.4.2　我国租赁会计准则的内容

1.融资租赁合同出租人会计处理的法规依据

（1）财政部2001年11月27日印发的、自2002年1月1日起施行的《金融企业会计制度》（财会〔2001〕49号）第一条规定称，"本制度适用于中华人民共和国境内依法成立的各类金融企业（简称金融企业，下同），包括银行（含信用社，下同）、保险公司、证券公司、信托投资公司、期货公司、基金管理公司、租赁公司、财务公司等。"也就是说，本规章只适用于由银保监会（现为国家金融监管总局）监管的金融租赁公司，而不适用于由商务部批准设立的并非金融企业的外商投资融资租赁公司和内资融资租赁公司。

（2）财政部2018年12月发布的修订后的《企业会计准则第21号——租赁》。"为规范企业会计确认、计量和报告行为，保证会计信息质量，根据《中华人民共和国会计法》和《企业会计准则——基本准则》等国家有关法律、行政法规，我部制定了《企业会计准则第1号——存货》等38项具体准则，现予以印发，自2007年1月1日起在上市公司范围内施行，鼓励其他企业执行。执行该38项具体准则的企业不再执行现行准则、《企业会计制度》和《金融企业会计制度》。"也就是说，只要是上市公司，都必须执行本规章。不是上市公司，也鼓励执行本规章。但是，在现行法规中，没有对融资租赁会计科目设置统一规定。

2.租赁会计准则对租赁标的规定

准则把租赁标的统称为资产，但是排除了以自然资源、土地及知识产权等资产为标的的租赁协议或许可证协议。这一点借鉴了国际会计准则的规定。事实上，并非任何资产都是可以租赁的。例如，货币资金就只能借贷，而不能租赁；消耗性资产不能租赁；无形资产本身也不能租赁；人、人力或人才更不能租赁。可以租赁的，只能是在使用中其形态不会改变、并能相对独立地发挥其功能的实物财产，无论出租人是否还提供服务，也无论在租赁期满时租赁物的所有权是否向承租人转移。正因此，《金融租赁公司管理办法》把融资租赁的标的物概括为固定资产，《国际融资租赁公约》把融资租赁的标的物概括为不动产、设备等。

3.对租赁的分类

准则将租赁分为融资租赁和经营租赁两类。这一分类方法同国际租赁会计准则是一致的，同《民法典》"合同编"的"融资租赁合同"和"租赁合同"章节，也形成了相互对应的关系。

知识链接

准则对融资租赁的界定

融资租赁有多种界定，但是准则的界定则是着眼于交易的经济实质，即转移了与资产所有权有关的全部风险和报酬，同时，也不以租赁物所有权最后是否转移为依据。融资租赁到现在只有半个世纪的历史。

一般地，《民法典》"合同编"所着眼的是交易形式，即以租赁物所有权是否转移为依据。因而租赁包含了从古老到现代的种种租赁交易形式。

4.关于担保余值和未担保余值

准则提到了余值，并有担保余值和未担保余值之分。这显然是为了适应我国融资租赁正在发展的交易方式，即租金的计算并不一定以摊提租赁物的全部购置成本为基础。本准则规定，资产余值是指在租赁开始日估计的租赁期届满时租赁资产的公允价值。对于租金的计算是以摊提租赁物的全部购置成本为基础的，对于租赁期届满时租赁资产是由承租人以名义价格留购的融资租赁交易来说，租赁物的余值不必考虑。在融资租赁交易中，需要考虑余值的，是在租金的计算仅以摊提租赁物的购置成本的大部分为基础的情况。这里又分两种情况，一是该余值有担保（指由承租人或与其有关的第三方向出租人担保）；二是没有这样的担保。在有担保的情况下，该余值同约定的应付租金一样，是该融资租赁合同项下确定的金钱债务。因此，应纳入下面所说的最低租赁付款额内。在没有担保的情况下，就承租人来说，该余值同它无关。它在租赁开始日所应借记的融资租赁项下固定资产的金额和所应贷记的应付租赁款的金额中，都将不含该余值；就出租人来说，该余值是它在该融资租赁合同项下的租赁资产科目借方余额同待转租赁资产科目贷方余额之间的差值，是该租赁资产中它未向承租人转移与所有权有关的全部风险和报酬的部分。正因此，为了贯彻谨慎性原则，本准则规定，出租人应当定期对未担保余值进行检查，至少于每年年末检查一次。如有证据表明未担保余值已经减少，应当确认为当期损失。

5.关于信息披露

本准则规定了承租人和出租人应予披露的会计信息内容。对承租人而言，包括：（1）每类租入资产在资产负债表日的账面原值、累计折旧及账面净值；（2）资产负债表日后连续三个会计年度每年将支付的融资租赁和经营租赁最低租赁付款额，以及在以后年度将支付的融资租赁或经营租赁最低租赁付款额总额；（3）未确认融资费用的余额；（4）分摊未确认融资费用所采用的方法。对出租人而言，包括：（1）资产负债表日后连续三个会计年度每年将收到的最低租赁收款额，以及以后年度将收到的最低租赁收款额总额；（2）未实现融资收益的余额；（3）分摊未实现融资收益所采用的方法；（4）经营租赁项下每类租出资产在资产负债表日的账面价值。这些规定，都是合理的，有利于反映各方涉及租赁交易的主要的资产负债状况及风险程度。

思政课堂

关于融资租赁的法律规定

《中华人民共和国民法典》中，关于融资租赁合同的规定有：

【第七百三十五条　融资租赁合同定义】融资租赁合同是出租人根据承租人对出卖人、租赁物的选择，向出卖人购买租赁物，提供给承租人使用，承租人支付租金的合同。

【第七百三十六条　融资租赁合同内容和形式】融资租赁合同的内容一般包括租赁物的名称、数量、规格、技术性能、检验方法，租赁期限，租金构成及其支付期限和方式、币种，租赁期限届满租赁物的归属等条款。

融资租赁合同应当采用书面形式。

【第七百三十七条　融资租赁合同无效】当事人以虚构租赁物方式订立的融资租赁合同无效。

【第七百三十八条　租赁物经营许可对合同效力影响】依照法律、行政法规的规定，对于租赁物的经营使用应当取得行政许可的，出租人未取得行政许可不影响融资租赁合同的效力。

【第七百三十九条　融资租赁标的物交付】出租人根据承租人对出卖人、租赁物的选择订立的买卖合同，出卖人应当按照约定向承租人交付标的物，承租人享有与受领标的物有关的买受人的权利。

本章小结

融资租赁合同是租赁当事人的法律保障，是融资租赁业务的主要环节之一。它是以融资为目的、融物为手段的合同，具有融资、融物的双重属性，包括购买合同和租赁合同。在融资租赁实践中，为了确保承租人能履行合同，降低出租人的风险，往往要求承租人提供财产担保，这就是融资租赁合同中的担保，是债权担保的一种形式。融资租赁合同的会计处理方法，国际租赁会计准则修订本对我国租赁会计准则的制定产生了重大影响。

综合训练

13.1　单项选择题

1.融资租赁合同的实质是（　　）。

A.以融物代替融资

B.借物还钱

C.注重物的使用

D.承租人能以固定的租金获得指定设备的使用权

2.随附于租赁物所有权的风险归于（　　）。

A.融资租赁合同承租人　　　　　　　　B.法定所有权人

C.融资租赁合同出租人　　　　　　　　D.买受人

3.（　　）是指债权人按照合同约定占有债务人的动产，债务人不按照合同约定的期限履行债务的，债权人有权依照法律规定留置该财产，从留置财产折价或者拍卖、变卖该留置物所得价款中优先得到清偿。

A.保证担保　　　　B.留置担保　　　　C.抵押担保　　　　D.质押担保

4.下列关于抵押权说法错误的是（　　）。

A.抵押权不但及于抵押物，还及于抵押物的孳息

B.抵押物价值减少时，抵押权人有权要求抵押人恢复抵押物的价值

C.抵押权是依附于主债权而存在的

D.抵押权可以与债权分离而单独转让或作为其他债权的担保

5.下列关于我国租赁会计准则的说法错误的是（　　）。

A.将租赁分为融资租赁和经营租赁两类

B.出租人应当定期对未担保余值进行检查，至少每年检查两次

C.资产余值是指在租赁开始日估计的租赁期届满时租赁资产的公允价值

D.把租赁标的统称为资产，但是排除了以自然资源、土地及知识产权等资产为标的的租赁协议或许可证协议

13.2　多项选择题

1.融资租赁交易的合同应该包括（　　）。

A.融资租赁购买合同　　　　　　　　　B.融资租赁合同

C.借款合同　　　　　　　　　　　　　D.承揽合同

2.我国《民法典》规定，融资租赁合同的解除包括（　　）。

A.协议解除　　　B.法定解除　　　C.约定解除　　　D.强制解除

3.担保的方式包括（　　）。

A.保证担保　　　　B.抵押担保　　　　C.质押担保　　　　D.留置担保

4.留置担保具有（　　）特点。

A.依照法律规定直接产生留置权，不需要当事人之间有约定

B.被留置的财产必须是动产

C.留置的动产与主合同有牵连关系，即必须是因主合同合法占有的动产

D.留置权人就留置物有优先受偿的权利

5.下列关于租金计算的说法正确的是（　　）。

A.各期租金是该期租金中应摊付的成本与该期期初日合同成本余额（未收回合同成本）在该期内应计的利息之和

B.租金从起租日开始计算，即从起租日开始对起租日合同成本余额计息

C.在宽限期末日不摊付成本

D.应该把按起租日合同成本或宽限期末日合同成本计算出来的应付额均视为租金，而不是只把其中含成本的应付额视为租金

13.3　简答题

1.融资租赁合同的实质是什么？它与传统的租赁合同有何区别？

2.融资租赁合同中的租金如何确定，其对融资的补偿性有何特点？

3.融资租赁合同包括哪两部分？二者有何联系？

4.融资租赁合同的担保有哪几种方式？各自的特点是什么？

5.我国融资租赁会计准则的主要法规依据有哪些？

第14章

融资租赁在各国的发展

导读

本章的重点在于理清租赁在国外和我国的发展脉络。本章首先从整体角度介绍了全球租赁市场的发展情况；其次分别简要介绍了美国、英国和日本租赁业务的发展状况；然后详细介绍了我国融资租赁的发展状况，指出了我国融资租赁由于在初期发展迅速，遗留下很多问题制约着融资租赁的发展，并介绍了当前阶段的发展状况；最后介绍了我国融资租赁在法律法规、会计准则、税收和监管方面的建设。

关键概念

市场渗透率　专业租赁　附属单位租赁　工业附属租赁机构　综合性租赁公司

§14.1 国外融资租赁发展概述

从国外的发展历程来看，现代租赁业发端于美国，随后传入英国和日本，我国现代租赁业是在20世纪80年代初引入的。从全球租赁市场的份额来看，北美洲、欧洲和亚太地区占据了90%左右的市场份额，大洋洲、非洲和南美洲的租赁市场所占份额非常小，但增长迅速。

14.1.1 融资租赁的发展势头与宏观经济的走势同步

经过自2007年全球金融危机几年后的强劲复苏，租赁行业保持了积极向上的发展态势。在2013年，世界前50个国家业务规模增加1.7%，达到8 839.6亿美元。欧洲和南美洲保持了正增长。而到了2016年，世界前50个国家业务规模增加9.4%，达到10 998亿美元。欧洲、北美洲和亚洲保持了正增长。市场渗透率仍然保持一个相对较高的比率。**市场渗透率是指以租赁方式取得的设备的价值占同期整个设备投资的百分比。**近年来，国际上又增加了一个指标，即租赁交易额占国内生产总值的百分比。

2016年，南美洲、大洋洲及非洲租赁规模的下降幅度分别为6.52%、8.97%及19.40%。全球前50个国家9.4%的增幅大幅低于2011年的增幅（2011年超过20%），部分原因是危机后必要的资本再投入，另外部分原因是一些国家内部的财政变革。

14.1.2 业务以银行兼营为主

20世纪80年代是各国金融制度变革最集中的年代，此后以商业银行为核心的金融机构体系变革也逐渐展开。其间，西方国家商业银行为改善经营状况开始加大对其他金融行业的介入，尤其集中于更大范围地开展信托和更大规模地经营融资租赁业务。近些年，更多的融资租赁交易额是由银行兼营的融资租赁部门来完成。除银行兼营融资业务，银行对融资租赁的介入还包括对租赁机构的实业投资，成为租赁机构的投资主体。受上述影响，原来意义上专门成立和发展的融资租赁业独立发展空间逐渐缩小。①

14.1.3 相关法规的约束和保护

法规是融资租赁业健康有序运作的前提。融资租赁业务至少涉及三方当事人（出租人、承租人、供货人），至少涉及两个或三个合同，还涉及金融与贸易双边关系，关系复杂，各方行为的约束和合法权益的保障，都离不开健全的法律和制度的规范。

在发达国家，无论是英美法系国家还是大陆法系国家，都没有专门的融资租赁

---

① 美国租赁行业整体存在小型化、分散化特征。就年营业额而言，在美国1998年租赁交易总额为1 798亿美元的规模下，其年交易额在1 000万美元以下的租赁机构竟占33%，在5 000万美元以下的则占58%。就美国的单个融资租赁公司的资产规模而言，小于1亿美元的占39.6%，小于2.5亿美元的占54.3%。

法，但有完善的民法、商法、税法体系。对融资租赁所涉及的各种法律纠纷，或以现存的各种法规，或以判例来解决，均属有法可依。在发展中国家，由于融资租赁起步于跨境融资租赁业务，且以进口租赁为主。为了保护国家利益，或由于其他法规不健全，为保证融资租赁业的健康发展，都注意制定专门的法规。例如，韩国、中国台湾、新加坡、巴西、委内瑞拉等国家和地区，都制定有专门法规，对租赁公司的注册资本、资金来源、租赁期限、有关当事人的权利和义务、租赁对象的范围、折旧和违约责任等事项均作出了详细的规定。

14.1.4 国际协调配合，国内监管不同

在经济发展全球化趋势下，各国间的经济交往增多。各国在税收等单项法规上存在差别，可供利用，这导致跨境租赁的规模提高；国际统一私法协会在1988年通过了《国际融资租赁统一公约》，说明各国的立法注重在国际范围上的统一和协调。

在美国等发达市场经济国家，只对吸收居民存款的银行实施监管，而不对其他金融机构监管。原因是其信用体制完善，各种金融机构识别和控制风险的能力强，社会监督得力。

此外，一些国家在一定时期有对租赁业的优惠政策。例如，美国和日本都有租赁信用保险措施；日本政府支持银行对符合日本产业政策和环保政策的融资租赁公司提供低息贷款；韩国则允许融资租赁公司发行10倍于自有资金的债券，等等。

14.1.5 租赁交易数额情况

1.规模增长与变化

根据英国White Clarke公司发布的2016年全球租赁报告①，自2000年以来各大洲变化情况见表14-1。

表14-1　　　　　　　2000—2016年各大洲租赁规模的变化情况　　　　单位：10亿美元

年份	欧洲	北美洲	亚洲	南美洲	大洋洲	非洲	总计
2000	131.0	272.4	78.3	8.1	5.3	3.9	499.0
2001	140.0	254.1	67.7	5.6	5.5	3.8	476.7
2002	164.1	216.0	68.7	3.3	5.8	3.7	461.6
2003	196.1	223.9	74.1	4.0	7.6	5.6	511.3
2004	236.5	240.7	78.2	7.5	8.1	8.1	579.1
2005	239.6	236.7	74.0	13.9	8.2	9.6	582.0
2006	272.0	241.1	81.7	19.2	8.6	11.1	633.7

① http://www. whiteclarkegroup. com/knowledge-centre/view/global-leasing-report-2015 （https://www. whiteclarkegroup.com/reports/global-leasing-report-2018）。表14-1、表14-2、表14-3的数据均来自此网站的年度全球租赁报告。

续表

年份	欧洲	北美洲	亚洲	南美洲	大洋洲	非洲	总计
2007	401.2	237.9	84.6	41.4	4.1	11.2	780.4
2008	336.7	226.1	99.2	54.2	6.9	9.6	732.8
2009	220.4	190.8	103.8	30.2	5.7	6.5	557.3
2010	233.0	213.3	105.6	25.4	10.8	6.4	594.5
2011	302.7	292.5	153.4	27.5	12.0	8.6	796.7
2012	314.0	336.4	180.2	13.2	16.1	8.2	868.0
2013	333.6	335.1	177.3	18.0	12.5	7.5	884.0
2014	327.8	368.4	195.0	10.7	35.6	6.8	944.3
2015	322.8	407.8	223.0	13.8	31.2	6.7	1 005.3
2016	346.3	416.8	289.9	12.9	28.4	5.4	1 099.8

资料来源：White Clarke Global Leasing Report（2018）.

2.市场份额

从全球金融租赁市场的地区分布来看，欧美发达国家占据主导地位。根据英国 White Clarke 公司发布的2018年租赁报告，在2015—2016年，世界各地区租赁规模和增长状况与上一年相比发生了一些不同的变化，见表14-2。

表14-2　　　**2015—2016 年全球租赁市场各大洲或地区总量和增长情况**

规模排序	地区	年度总量（10亿美元）	增长率（%）	2015年世界市场占比（%）	2016年世界市场占比（%）	年度市场份额变化（%）
1	北美洲	416.8	2.2	40.6	37.9	-2.7
2	欧洲	346.3	7.3	32.1	31.5	-0.6
3	亚洲	289.9	30	22.2	26.4	4.2
4	澳大利亚、新西兰	28.4	-8.9	3.1	2.6	-0.5
5	南美洲	12.9	-6.8	1.4	1.2	-0.2
6	非洲	5.4	-19.5	0.7	0.5	-0.2
	合计	1 099.77				

资料来源：White Clarke Global Leasing Report（2018）.

3.全球租赁市场变化不同

2016年全球租赁业排名前二十的国家或地区情况见表14-3。

表14-3   2016年全球租赁业排名前二十的国家或地区

排名	国家或地区	年度总量 （10亿美元）	年度增长率 （%）	市场渗透率 （%）
1	美国	383.87	2.54	21.5
2	中国大陆	206.7	61.96	6.0
3	英国	81.77	8.98	33.7
4	德国	64.26	3.42	17.0
5	日本	59.42	−1.3	8.4
6	法国	38.94	11.23	15.3
7	澳大利亚	28.44	0.80	40.0
8	加拿大	25.86	−8.47	32.0
9	意大利	25.28	17.02	14.1
10	瑞典	20.09	15.23	26.0
11	波兰	14.00	16.61	21.6
12	瑞士	12.12	2.27	11.9
13	韩国	10.77	−9.29	8.7
14	俄罗斯	10.52	34.42	N/A
15	丹麦	10.43	16.8	30.5
16	中国台湾	10.03	0.90	9.1
17	西班牙	8.63	5.88	6.1
18	土耳其	7.27	4.12	N/A
19	奥地利	7.16	6.96	13.2
20	墨西哥	7.10	−2.6	N/A

资料来源：White Clarke Global Leasing Report（2018）.

§14.2 融资租赁在西方国家的发展

14.2.1 美国租赁业发展现状

1.市场状况

美国是世界上租赁业最发达的国家。1952年美国租赁公司的成立标志着现代租赁业的开端。之后，各类租赁公司相继成立，租赁交易额逐年大幅增长。20世纪80年代初实行"安全港租赁"和允许储蓄银行办理租赁业务；据《2018年度世界租赁年报》，2016年，美国租赁交易市场渗透率为21.5%。

在美国租赁市场上，融资租赁占统治地位，比例为85%，其中直接租赁占45%，杠杆租赁占40%，传统的经营性租赁只占15%。一般计算机设备、办公设备、医疗器械、产业机械采用直接租赁，而价值高昂的飞机、船舶、铁路车辆和大型生产设备则采用杠杆租赁。经营性租赁主要用于二手货市场发达的计算机、汽车及石油钻井平台等。

从租赁物的行业分布看，运输设备占32%，电脑及办公设备占25.7%，两者合计占57.7%，而制造设备只占5.8%。由此也可以看出，在美国，租赁设备的多数具有通用化、易于进入二手市场和易变现的特点。

2.融资租赁机构的类型

从美国租赁业的类型看，主要有两种：（1）专业租赁。**专业租赁是典型的金融租赁，即租赁公司不库存租赁设备，而是随时按用户需要，从制造厂商那里购进设备。**专业租赁租期平均为3~5年，但不能中途解约。专业租赁之所以被称为专业是因为这些公司既不隶属于银行，也不隶属于制造厂商，从资金筹措到设备购买都是租赁公司独自办理。其筹措资金的方式是多种多样的，如发行股票、债券，或与金融机构合作进行联合筹资等。美国从事专业租赁的代表公司是"美国租赁公司"。（2）**附属单位租赁。附属单位租赁是指附属于某一单位的租赁公司。**在美国，附属于某一单位的租赁公司主要有两类：一类是从属于银行的租赁公司，另一类是从属于制造商的租赁公司。这两种类型的租赁公司在美国租赁业中占有主要地位。

3.监管

美国对租赁业没有专门的监管机构，对租赁限制的法律很少，租赁公司被视为普通企业，市场进入比较容易。作为现代租赁业的发源地，美国的租赁法律很健全，1954年的税务法律规定了租赁和有条件销售的区别，以确定谁（出租人和承租人）是税收申报人；美国会计准则委员会1976年颁布的《财务会计准则第13号——租赁会计》对租赁的会计处理和信息披露进行了规定，以真实反映出租人和承租人的资产负债状况。

14.2.2　英国租赁业发展现状

英国的现代租赁是20世纪60年代从美国引进的。当时，英国的金融机构业务重点正从消费信贷转向工业信贷市场，租赁作为设备融资的有效手段被金融界和工商界所重视。1960年，英国第一家租赁公司——英美合资商业租赁公司成立，标志着租赁业进入一个新阶段。1971年8月，成立了英国设备租赁协会。由于发展初期就有金融机构的大量参与，租赁业发展很快。据《2018年度世界租赁年报》，2016年，英国租赁交易市场渗透率为33.7%。

1.英国租赁业的类型

英国的租赁市场以有银行和其他各类金融机构背景的租赁公司为主，主要从事融资租赁业务，工业附属租赁机构以租购业务为主。**工业附属租赁机构是指租赁对象不包括不动产和土地，专指设备租赁，以租购业务为主的机构。**目前，租赁对象中工业机械约占27.3%，交通工具（主要是客车、飞机、船舶等）约占42%，计算机约占5.5%，商业服务设备约占9.2%，办公设备约占6%。

2.英国租赁业的相关法律

英国将租赁合同视为委托契约的一种形式，受普通法条文的限制；税务部门对租赁和租购有严格定义。1987年，英国颁布了《租赁和租购交易会计》（SSAP21），用以规范出租人和承租人的会计信息披露行为。

14.2.3　日本租赁业发展现状

日本现代租赁业是从1963年成立的日本国际租赁公司开始的，1964年又成立了东方租赁公司和东京租赁公司。由于金融机构不能直接从事（包括兼营）租赁业务，各大全国性金融机构纷纷投资参股综合性租赁公司。1973年以后，以地方银行为背景的租赁公司相继成立，租赁公司数量大增，1986年已有租赁经营机构298家。日本现代租赁业随着日本经济的发展而壮大，90年代初达到高潮，1991年租赁交易额曾达到8.8万亿日元，之后稍有回落，1998年受亚洲金融危机的影响下降较快，1998年度租赁交易额为7.14万亿日元，比上年度下降9.9%。据《2018年度世界租赁年报》，2016年，日本租赁交易市场渗透率为8.4%。

1.市场状况

在日本租赁市场上，租赁对象以知识密集型和技术密集型的高新技术设备为主，信息处理设备占44%（其中计算机和通信设备分别占38%和6%），商业服务设备占14.5%，办公设备占8.1%，工业及加工设备占14.5%，运输工具占6.6%，建筑机械占6.6%，医疗设备占3.8%。从承租人分布来看，大型企业占49.2%，中小型企业占46.4%，私人占4.5%。可见，日本租赁业主要为法人服务，以融资租赁为主，对一些通用物品采用经营租赁。

2.日本租赁业的类型

日本的租赁公司基本以综合性租赁公司为主。**综合性租赁公司即指由金融机构和综合商社等机构投资而成立的租赁公司。**例如，最早成立的日本租赁公司有金融机构股东25家、综合商社4家、生产厂家36家，东方租赁公司股东中有银行5家、综合商社2家，各大金融机构均与租赁公司保持密切关系。另外，还有部分以销售本企业产品为目的的厂商租赁公司，如日立租赁公司、日本电气租赁公司和松下电器国际租赁公司等。

3.日本租赁业的政策与相关法律

日本没有租赁的专门法律，租赁公司由通产省审批和管理，租赁遵照《国内交易法》进行交易；税务法令则对有节税功能的租赁进行了严格定义，以与分期付款销售、贷款相区别；会计方面，租赁公司须遵循日本租赁协会颁布的《租赁公司财务报告及主要会计原则》及证券交易委员会颁布的《租赁公司的财务披露》。1993年6月，日本会计审议委员会颁布了《租赁会计准则》，内容与《国际会计准则第17号——租赁》基本一致。

日本是给予租赁业优惠政策最多的国家，政府充分利用租赁手段引导投资方向，实施产业政策，解决中小企业设备现代化的困难。日本对租赁业的扶植政策有：

（1）日本对租赁公司给予政策性低息资金融资。政府为促进特定设备的普及和某些特殊行业（如工业机器人、卫星通信接收设备、环保设备、医疗设备、液化石油气系统等）的发展，对这些行业的租赁项目通过日本开发银行提供政策性融资。

（2）实施租赁保险制度。为帮助中小企业利用租赁方式实现设备现代化，日本通产省会同中小企业信用保险公司对37种机械设备的租赁实施保险，以保证中小承租企业破产时，租赁公司能获得未收回租金50%的保险补偿，1995年实施的中小企业促进法案和1996年实施的风险投资信用保险法案又将保险比例提高到70%。

（3）产业部门对特定行业的设备租赁给予租金补贴，如1987年实施的木材加工设备租赁项目、1990年实施的加油站服务项目、1995年实施的畜牧业项目、1996年实施的文化项目、1999年实施的农业现代化项目等。

（4）实行租赁税收减免，特别是针对中小企业的设备租赁给予租金总额4.2%的税收抵免，分别体现在1984年的鼓励中小企业设备现代化税收减免政策、1995年的风险投资税收减免政策、1998年的促进中小企业投资税收减免政策等。可见，日本政府充分利用租赁方式支持中小企业的设备现代化，这是日本租赁业快速发展、长期稳居世界第二的重要因素。

§14.3　融资租赁在我国的发展

14.3.1　改革开放后融资租赁业务的初期尝试与机构的快速发展

我国的现代租赁业是在20世纪80年代初引入的，短短十多年便获得迅速的发展，尤其是80年代中后期发展速度相当惊人，其中有融资租赁这种金融工具本身的优势，也有我国经济和金融发展环境的特殊原因。

1.快速发展的背景

（1）融资租赁的快速发展，是与我国改革开放、以经济建设为中心的大氛围分不开的。党的十一届三中全会后，我国的工作重心转入到经济建设上来，但经济建设又面临极大的困境，资金和技术短缺是困扰我国经济建设的瓶颈。我国的国情是经济基础薄弱、设备陈旧老化、资金短缺，然而要在相对薄弱的经济基础上实现较快的增长，这一实际问题催发了融资租赁的产生和发展。租赁这种新的融资手段既能满足我国工业发展所必需的长期资金需求，又能发挥引进外资和技术设备的作用，当时不需要支付太多现金，在一定程度上缓解了资金短缺的压力，租赁增加了我国利用外资的渠道，弥补了国内资金不足的局面，加大了企业技改力度，为企业的发展奠定了基础。

（2）社会主义市场经济体制的建立，经济机制由粗放型向集约型的转变，加速了我国现代租赁业的发展。过去经济建设主要依靠铺摊子和增加生产要素的数量的方法来换取经济的增长。社会主义市场经济体制建立后，则要求企业努力适应市场变化的要求，通过产品创新、工艺改革、设备更新来实现高效益，生产出高质量的产品，只有这样才能保证企业在越来越激烈的市场竞争中取胜。市场经济建立后，经济主体逐渐多元化，一部分民营企业发展起来，但这些企业自筹资金的能力是有限的，由于金融改革的滞后，为民营企业服务的金融机构很少，国有银行主要为规模较大的国有企业服务，民营经济从银行贷款受到各种限制。在这种资金需求与供给矛盾十分突出的情况下，借设备生产、盈利还款的租赁方式得以迅速发展起来，不仅解决了企业技术进步的问题，也大大促进了民营企业的发展。

2.融资租赁机构的快速发展

（1）融资租赁业务的初期尝试。20世纪80年代初，融资租赁这种交易方式引入我国以来，在较长的时期里，主要是以其引进外资，适应了我国当时国有企业技术改造服务的投资需求。在80年代中后期进入最为火热发展时期。

1979年我国颁布了《中外合资经营企业法》，同日，中国国际信托投资公司成立。中信公司成立后不久，设立了租赁部，并开始了现代租赁的业务实践：首先，派小组到国外考察租赁，并以跨国租赁方式为北京市出租公司引入第一批日产小汽车；其次在同年，又帮助中国民航以杠杆租赁从美国引入我国第一架波音747型飞机。

（2）融资租赁机构的组建。1980年10月组织召开了中国首届租赁研讨会，并邀请了日本租赁公司、美华银行等机构参加。1981年4月，由中国国际信托投资公司发起，与北京机电设备公司、日本东方租赁株式会社、日本奥力可思公司等合资创建了我国第一家专业融资租赁公司——中国东方租赁有限公司，也是我国第一家中外合资租赁公司；同年7月，中国国际信托投资公司又与国家物资局等单位组建了中国租赁有限公司，它是我国第一家国有租赁公司，后中国工商银行、中国建设银行、中国农业银行、中国人民保险公司、中国电子技术进出口公司、中国化工建设总公司等八家股东相继加入，这两家租赁公司的成立标志着我国融资租赁业的诞生。

以后，融资租赁机构纷纷成立，并在我国形成了中外合资租赁公司及内资租赁公司，内资融资租赁公司又包含由人民银行批准的融资租赁公司和由当时的外经贸部批准的内资租赁公司的格局。曾经著名的还有中国环球租赁公司、中国对外贸易租赁公司、华阳租赁公司。到80年代后期，已建立专业融资租赁公司达46家。这个时期金融租赁迅猛发展，业务急剧扩张；事实上，此阶段我国的金融租赁尚处于探索阶段，金融租赁的功能和实质还未被认识清楚，注册资本金很低，并且脱离主业，租赁资产比例偏低，为日后的经营埋下了极大的隐患。

3.发展初期的特点与问题

（1）特点。

我国融资租赁起步时期正处于体制改革阶段，受体制、社会制度制约，受经济总体发展水平及技术环境制约，我国租赁发展与西方国家流行的现代租赁在性质和做法上有很大不同，主要表现在固定的进口租赁发展模式上。

改革初期要淘汰旧设备、引进国外先进技术，但那时资金严重不足，外汇资金更是短缺，于是我国融资租赁从开始就走了一条与西方国家融资租赁不同的道路。西方国家以国内设备为主、为先，是一种由内向外发展的模式。而我国是以引进国外设备的进口租赁为主、为先，国内设备融资租赁开展极为不畅的发展模式。这一较为固定的发展模式是早期政策方针的产物，也与自身发展实力有关。在市场出现积压、销售不畅的情况下，融资租赁没能为缓解市场压力、为国内剩余产品寻找出路发挥出应有作用。

（2）问题。

在租赁业务快速发展中存在的主要问题是：

①租赁公司内部控制制度不健全，管理混乱。对项目的管理基本停留在看项目有没有批文、有没有政府担保，风险控制的能力几乎为零；项目管理有漏洞，不注意及时催交。初期只顾上项目，不重租金问题，结果企业旺盛期未催，四五年后催款时企业已过旺盛期，处于低潮或破产。不仅电话催，还到现场催，可以说软硬兼施手段皆用；业务程序不规范。项目有关手续、档案管理上存在不规范之处，因而随着具体经办人员离职，业务处理出现难度。

②租赁公司的资产负债安排失衡，资金来源短缺。融资租赁公司传统的获利项目是以融物提供融资，但租赁公司除传统业务外，租赁公司还办理外汇交易、有价证券买卖、房地产交易等风险大、期限长的资产业务，而其资金来源除很少比例的自有资金外，大部分来源于向银行借款以及金融机构间的融资。期限又都以短期为主，因而在租赁公司的资产负债安排上隐藏着极大的流动性危机和经营风险，不利于融资租赁业稳定发展。

③缺乏法律和制度规范。在较长时间里，处理融资租赁纠纷时的依据是《中华人民共和国经济合同法》（1981年12月颁布，1993年修订）和《中华人民共和国民法通则》中租赁的部分，这样必然有不配套的地方，一旦发生合同纠纷，全靠审判员裁量，另外还会因地方保护使融资租赁公司白白输掉官司，同一类案子常常会有两个结果。

1999年10月，新《中华人民共和国合同法》（以下简称《合同法》）出台并实施，以专章对融资租赁作规定，为避免和解决因融资租赁当事人权利义务关系模糊而导致的诉讼事件，以及由于没有相关的法律，而导致法院裁决融资租赁合同诉讼事项的困难的问题，提供了有效的依据。

④缺乏对本行业的统一领导。在租赁公司发展方向、规模速度上缺乏统一的安

排和部署，各租赁公司各打各的天下。在其他行业如证券业、保险业已进行的或正在进行的行业调整和自律建设的同时，融资租赁业的步伐尚未跟上。

上述问题的存在，严重制约该行业发展，矛盾正在悄然积累。

14.3.2 20世纪90年代末期以来的缓慢发展与整顿

1.20世纪90年代中后期融资租赁业发展进入停滞

20世纪90年代中期，我国融资租赁发展进入到15个年头。经过多年的历练，本应进入成熟发展阶段的中国融资租赁业，却在此时期遭遇了极为艰难的困境。进入90年代，迎来还租金高峰，但实际演变为欠租金高峰。金融租赁公司陷入经营困境，出现资产质量严重恶化、支付困难、正常的业务经营难以为继的状况。其中，最为突出的两方面原因是：

（1）从融资租赁公司看，决策失误，项目选择不当。初期只顾上项目，考核业务数量，对项目的可行性分析不够，使得有些融资租赁项目因筛选不充分，最终成了扶贫项目；有些项目选在老少边穷地区，交通不便，上项目企业产品销路不畅，直接导致还款能力不足；另有一些项目不能适应市场变化，只能被动淘汰。比如，在1986—1987年江苏省上了10多条乳胶手套生产线，后由于乳胶行情变化，企业转产，造成设备报废，直接影响到租赁公司回收租金。

（2）从承租企业看，大量拖欠租金。20世纪90年代前大量开展的融资租赁业务，在1995年前后进入还租金高峰。但许多承租企业拖欠租金不还。在我国从计划经济向市场经济过渡阶段，市场经济优胜劣汰的功能初步显现，一些承租企业不能适应市场变化、及时调整经营战术，导致技术改造项目失败率较高。除外，还有值得注意的三种原因：

第一种是企业经不起汇价的变化，在偿还能力上受到影响，特别是无力偿还以硬通货签约合同的租金，加上利息和罚息，某些企业负担很重。改革开放后10多年间，中国的外汇管制政策上发生了许多变化，并逐步开放。带给承租企业的一个突出的问题是汇率从美元兑人民币为1∶3左右；待进入偿付租金高峰时汇率已升到1∶8。虽然承租企业出口创汇能力已定，但用人民币结算的融资成本涨了近2倍，租金越拖越沉重，越还不了。

第二种是恶意欠租。即这个时期的个别承租企业通过假破产、逃废债等方式，逃脱应偿付租金的义务。

第三种是欠债无主。1988年6月20日最高人民法院发布《公报》公布"国家机关不能担任保证人"，使得在此之前所做的以地方政府和行业主管部门为担保的融资租赁项目合同无法履行，大量租赁租金和资产收不回来，部分租赁公司甚至资不抵债。此外，部分合同中提供担保的地方政府因转换职能也失去担保作用，这样大量租金欠债无主。对一个公司来讲，数千万的欠租必会造成资金占用，使资金周转困难，资金流动性降低，影响资金使用效益；即使融资租赁公司勉强维持经营也难以开展新的租赁业务。

1997年后，海南国际租赁有限公司、广东国际租赁有限公司、武汉国际租赁公司和中国华阳金融租赁有限公司先后退出市场。我国融资租赁公司及其业务在20世纪90年代初期陷入停滞，与全球融资租赁在90年代的迅速增长形成鲜明对照。

2.2000年前后全行业开始治理整顿

1999年，中国人民银行没有批设新的租赁公司，同时为加强融资租赁公司的行业自律，成立了中国金融学会租赁分会。2000年6月中国人民银行《金融租赁公司管理办法》出台，对金融租赁公司的功能定位和业务范围作出明确规定，对市场准入等提出了更具体要求，并提供了经营和监管的保障，结束了长期以来该行业发展与监管没有完整的专门的法规的历史。

从2000年下半年开始，进行行业规范，要求按照《金融租赁公司管理办法》，通过增资扩股，使注册资本金达到5亿元的要求。其间有部分公司的业绩很好，在全力强化内部风险控制体系的背景下，新项目的安全回收比例都很高。其中，浙江租赁的回收率达到99.36%。

2002年，中国人民银行开始加强对金融租赁公司的整顿规范和日常监管工作。一是按照《金融租赁公司管理办法》的要求，督促不符合办法规定的金融租赁公司清理违规业务、调整业务范围及增资扩股，到目前为止，该类机构共有15家完成了整顿规范工作。二是根据对全国金融租赁公司的风险程度分类，进一步强化了金融租赁公司的非现场监管和现场检查工作，对各金融租赁公司遵照2001年度监管意见所进行的整改落实情况进行了全面检查，并完成公司法人治理结构的检查。2002年末，全国金融租赁公司的年末总资产达到4 197.9亿元，比上年末增加27.3亿元；信贷资产质量进一步提高，不良贷款率分比上年下降5.41个百分点；资本充足率继续在各类金融机构中位居前列，达到28.85%。金融租赁公司实现利润1.02亿元。2003年银监会成立，对原来由中国人民银行监管的融资租赁机构进行监管。

根据官网数据，截至2016年底，由银监会监管的金融租赁公司为56家。2018年3月，整合银监会、保监会职责，组建中国银行保险监督管理委员会（银保监会）的改革方案落地。同时明确将银监会和保监会拟定银行业、保险业重要法律法规草案和审慎监管基本制度的职责划入中国人民银行。至此，针对银行与保险业，中国人民银行负责宏观审慎监管、银保监会负责功能监管、行为监管、机构监管的监管模式形成。银保监会成立后，融资租赁机构划归银保监会监管。

3.新的发展

2021年1月1日，《民法典》施行，"第三编合同"的"第十五章融资租赁合同"专门对融资租赁的合同加以规范。

2023年3月，中共中央、国务院印发了《党和国家机构改革方案》，决定在中国银行保险监督管理委员会基础上组建国家金融监督管理总局，不再保留中国银行保险监督管理委员会。5月18日，国家金融监督管理总局揭牌成立。融资租赁被纳入新的监管框架。

14.3.3 当前阶段融资租赁的发展概况

1.交易额情况

从交易情况看，市场份额从占比小到逐渐增加。据统计，2005 年底，中国的租赁业务规模在 42.5 亿美元左右，排名全球第 23 位，租赁渗透率（通过租赁实现的设备投资占设备总投资的比例）为 1.3%，租赁业务规模与 GDP 之比约为 0.16%，全球排名第 50 位。而同期，全球设备租赁交易额已达 6 000 亿美元，工业发达国家的市场渗透率（主要是指市场份额）基本在 10% 以上，美国一直保持在 30% 左右。2014 年，从同期租赁渗透率看，中国为 3.1%，美国为 22%。从同期交易规模看，中国的年交易额 889 亿美元，而美国是 3 178 亿美元。无论从租赁渗透率、市场渗透率还是从租赁交易额占 GDP 的比重来看，中国的租赁市场与发达市场都存在着差距，融资租赁这种特殊的融资方式对促进企业设备销售与技术更新的巨大拉动作用没有充分发挥出来。

而到 2016 年底，中国的租赁交易开始发生重要变化。中国的租赁业务规模在 2 067 亿美元左右，排名全球第 2 位，租赁渗透率为 6%，租赁业务规模与 GDP 之比约为 1.84%，全球排名第 17 位，[①]同期，全球设备租赁交易额已达 1 0997.7 亿美元，发达工业国家的市场渗透率基本在 20% 以上。

中国经济多年来以 10% 左右的速度快速发展，固定资产投资巨大。中国 2006 年 GDP 总量达到 20.94 万亿元，固定资产投资达 10.99 万亿元，2017 年 GDP 总量为 82.71 万亿元，城镇固定资产投资达 63.17 万亿元，其中蕴藏着大量融资租赁业务发展机遇[②]。

目前，我国在融资租赁交易的统计口径上存在不统一的问题。以投放规模为例，A 公司的 100 亿元是指在某年，它所订立并生效的融资租赁合同的租赁物购置价格是 100 亿元；B 公司的 100 亿元是指在某年，它所订立并生效的融资租赁合同的租金合计是 100 亿元；C 公司的 100 亿元是指在某年，它在同不论何时生效的融资租赁合同相关的买卖合同项下的实际付款的金额合计是 100 亿元。

2.融资租赁机构类型

长期以来，从事融资租赁业务的机构既有金融监管部门监管下的金融租赁公司，也有由商务部批准的中外合资及外商独资租赁公司，商务部近来还批准少数一般性租赁公司做融资租赁业务试点。因此，目前从事融资租赁业务的机构及其状态是：

一是由银监会（原来是中国人民银行，2018 年至 2023 年 5 月是银保监会）批准专营融资租赁业务的金融租赁公司和兼营融资租赁业务的机构，即指 2000 年 6 月

---

① 资料来源于 White Clarke Global Leasing Report（2018）。
② 在此处提供的数字主要用来说明我国融资租赁与国外存在的相对差距，在当前和未来的现代化建设中有非常大的发展空间。但就其绝对差距而言，此数字则不能够充分反映出所存在的问题。因为我国融资租赁渗透率的计算中，其分子是融资租赁合同项下的投放额，其分母是全国同期更新改造投资额；国际上，例如美国的 30%，其分子是期限在一年以上的任何租赁合同（包括融资租赁合同和经营租赁合同）项下的设备购置金额，其分母是全国同期设备购置总额。

中国人民银行《金融租赁公司管理办法》颁布以后核准成立的非银行金融机构性质的金融租赁公司[①]。2003年，银监会接管的12家金融租赁公司[②]，有6家持续经营，两家多年来一直处于停业状态，两家在2004年以来相继进入破产；还有两家公司被停业整顿。据中国银监会年报，2011年3月末，金融租赁公司有17家。2013年末，金融租赁公司的机构数量为23家。2016年末，金融租赁公司的机构数量为56家。此外还有大量兼营租赁业务的公司，如信托投资公司、财务公司、资产管理公司，这些公司都不同程度地开展了融资租赁业务，同时从事中国人民银行批准的信托、债券、投资等其他金融业务。

二是经商务部（包括原对外经济贸易部）批准设立的专门从事融资租赁业务的中外合资租赁公司和外商独资租赁公司。这类公司作为一个引进外资的窗口，其营运资金来源主要是国外股东和外资金融机构，它们不从事任何其他金融业务。

三是由商务部和各地市场监督管理部门批准的内资专业租赁公司，目的是促进生产和流通部门产品的销售。这类公司直接依托制造商开展租赁业务，多为传统出租业务，其中一些公司开始试点从事融资租赁业务。

3.我国金融租赁行业的发展现状

经过近几年的发展，国内金融租赁公司的资产规模和业务领域逐步扩大，专业化程度在不断提高，部分公司在飞机、船舶、工程机械等金融租赁的传统目标行业发展较快，逐步形成了一定的业务基础和核心竞争力。这主要表现在以下四个方面：

一是银行系金融租赁公司的设立和发展，使我国融资租赁行业的市场格局和业务模式发生了较大变化。银行系租赁公司充分利用母行的客户资源、营销网络和管理机制，在不断优化自身发展模式的同时，融入母行整体发展战略，加强与母行之间的协同效应，为提高商业银行的整体金融服务水平和综合化经营作出了独特的贡献。

二是资产规模快速增长。整体来看，金融租赁公司在资产规模快速增长的基础上保持了资产质量和盈利能力的稳步提升，并且随着经营实力的不断增强，金融租赁行业的社会认知度和关注度也得到了较大提高。截至2011年3月末，17家金融租赁公司的资产总额达到3 640亿元。至2017年年底，57家金融租赁公司的总资产规模约为2.10万亿元。

三是租赁资产行业分布广泛，租赁服务领域不断增加。截至2011年3月末，金融租赁公司在飞机、船舶、专用设备领域的投资余额分别达到381亿元、337亿元和1 924亿元，并在航空、航运、电力、机械、医疗、印刷等领域形成了特色鲜明的产品线，有效地扩大了相关行业的投资、生产和消费，在促进我国经济结构调整的同时，带动了租赁行业的快速发展。从目前已纳入统计的金融租赁公司业务领域

---

①　2014年3月由中国银监会颁布施行的《金融租赁公司管理办法》对金融租赁公司的定义为"是指经银监会批准，以经营融资租赁业务为主的非银行金融机构"。金融租赁公司名称中应当标明"金融租赁"字样。未经银监会批准，任何单位不得在其名称中使用"金融租赁"字样。

②　这部分机构是本书所研究的对象。

来看，涉及服务领域、航空航运领域、大型装备、工程机械、医疗行业、教育文化、三农领域、能源行业、绿色环保、车辆与轨道交通、城镇公用事业等。其中涉及大型设备的金融租赁公司最多，有31家；车辆和轨道交通行业和医疗领域，共24家金融租赁公司涉足，涉及的第三大领域为三农和教育文化领域。

四是业务创新取得进展，发展方式有所转变。部分金融租赁公司设计开发了专业化的中小企业融资租赁产品，增强了对中小企业的扶持力度。同时通过开办厂商租赁、保税租赁、联合租赁等业务品种，将企业生产、销售和用户需求有机结合起来。比如在实践中通过在保税区设立项目公司开展融资租赁业务，按照国际上通行的运作模式，成功开展了飞机、船舶等融资租赁业务。

4.业务发展的问题和原因

与西方国家渗透率多在两位数以上的情况相比，我国金融租赁市场份额低，在2013年末，渗透率只有3.1%（见表14-1），在2016年末，渗透率只有6.0%（见表14-2）。造成我国融资租赁市场份额低、渗透率低的原因是多方面的，除金融发展市场化程度低外，还有以下几方面制约了融资租赁在我国的发展：

（1）租赁的社会认知度较低。在租赁业20世纪80年代初引入我国的经济条件下，租赁的初始动机是解决投资资金特别是外汇资金的不足。尽管一部分企业对租赁方式的使用很有热情，租赁对引进国外先进技术也确实产生了很重要的作用，但由于市场经济改革的不够深入，尤其是企业对租赁的价值并没有真正地认识，在随后经济发展环境发生的巨大变化中，企业看不到租赁与银行贷款等筹资方式相比的比较优势，通常认为资产就是要购买所得并获得其所有权，于是，每个企业的设备都非常齐全，但是利用率却不高。传统的观念束缚了利用金融租赁来引进资产。

（2）社会信用制度不健全。尽管金融租赁相比银行贷款为出租人提供了更强的财产及权益保护，但是信用制度的不健全使承租企业拖欠租金情况时有发生，影响了租赁公司的流动性。信用的缺失加大了交易成本，妨碍了金融租赁公司的健康发展。

（3）外部环境和条件不完备。从金融租赁行业的外部环境看，首先，与金融租赁公司运营配套的法律法规和实施细则不完善，没有统一的融资租赁立法；其次，在原《合同法》《物权法》等法律框架下，很多动产租赁物的登记和公示制度尚不能满足租赁业务的需要，租赁权属关系无法得到有效的保障，民法典实施后，有关规范效果还在观察中；最后，租赁物的二级市场不成熟，租赁物的取回和处置难度较大，使得融资租赁的独特优势在很大程度上难以发挥。

（4）一些股东恶意控制，把金融租赁公司当作融资平台（参见11.3转租赁）。

（5）大部分国有企业没有动力利用融资租赁这种新方式进行财务管理。

（6）与租赁有关的制度不够完善，影响了租赁行业的发展。

5.我国融资租赁的未来发展重点

在过去十年间，我国航空租赁业务规模已增加一倍，但长期以来，由于融资技术多元化程度不够，自主创新技术不多，国内金融机构参与融资租赁程度并不高。我国航空公司普遍通过国外租赁公司租入飞机，国内专业服务明显不足。因而，在未来20年间，中国融资租赁在航空租赁项目中将会有较大的市场空间。

（1）大力发展航空租赁的重要意义。发展航空租赁可以有利于促进中国与欧美的贸易平衡，发展壮大国内航空租赁企业。从国外跨境租赁，由于飞机的购买方和出租方均不是境内机构，这将使今后20年高达几百亿美元的飞机租金支付额不能计入中国进口额。如果发展国内的航空租赁，就将改变这一状况，从而有效缓解外贸顺差过大的态势。另外，发展航空租赁也有利于促销国产飞机。目前，我国国产支线飞机发展很快，已具有自主研制支线飞机的能力，且已实现部分出口。随着国民经济的持续快速增长，中国支线飞机市场也具有巨大的增长空间。

（2）发展航空租赁的可能性。中国经济的快速发展和日益增长的市场需求是租赁业发展的重要动力。有专家预测，到2025年，我国将要新增飞机2 880架，其中单通道飞机占64%，双通道飞机占23%，747型及更大机型占3%，支线飞机占10%，涉及金额2 760亿美元。如果按照30%的租赁融资比例计算，我国未来20年飞机租赁所涉及的资金将至少有830亿美元，合人民币6 000亿元左右。如果把发动机及机场设备的租赁包括进来，航空租赁的空间显然更加可观。

14.3.4 银行的混业经营与融资租赁

1.我国金融机构的分业-混业的演进发展

就狭义的混业经营看，我国金融机构的发展曾经采取过这种模式，由于所处的历史时期不同，经济发展水平不同而有所不同。1978年以前"大一统"体制下实行的是一种极为简单的混业经营。在20世纪80年代专业银行体系下经过短暂的、严格的分业经营，又进入到不同程度、不同方式的混业经营当中，而且直接导致了90年代初的房地产泡沫和证券投资热，最后又进入到一个新的分业经营的阶段。从混业到分业，再从分业到混业，直到今天分业，这并不是对原有模式的简单重复，每一次都较上一次在内涵上有更深入和更宽泛的变化。

由于在分业经营实施过程中，经济、金融发展发生了巨大变化，所以这种分业经营给我国金融机构的发展特别是银行的发展又带来新的问题。而从实践来看，这种分业经营也并不是绝对意义上的严格的分业经营。因而金融机构的经营模式上需要重新加以完善。美国在实行了70多年后重新选择混业经营，对我国金融机构的经营实践和理论上都产生了影响，混业经营的呼声日益高涨。

在当今发达的信息技术条件下，金融中介机构通过共享资源，能够提供多种产品和服务，具备了相当的实力，以实现降低单位成本、增进收益的最终发展目标。因而从混业经营的业务发展趋势来看，在短期内应在能力提高上给予重视，尤其是需要积极开发多元化产品，加强风险监督和控制，促进银行业盈利能力的提高；而从发展的条件看，金融控股公司是从分业向混业发展的良好机构设置形式。

2.商业银行经营融资租赁业务

（1）20世纪90年代银行经营融资租赁的主要形式。

在20世纪90年代末期，我国40多家中外合资公司中，有20多家的中方股东是四家国有银行。1997年实行分业经营，政府要求银行退出金融租赁业。其间，境内商业银行只能通过保理业务的方式，开办融资租赁业务，即经银监会批准，金融租赁公司可向商业银行转让企业应收的租赁款，也就是转让应收债权。

（2）21世纪以来银行经营融资租赁的形式。

①组建银行系金融租赁公司的背景。

在我国融资租赁市场中，虽然专业化融资租赁公司的建立有利于突出竞争优势，但市场狭小，使专业的金融租赁公司发展后劲不足。通过与银行合作，可以借助综合化的经营平台，促进不同业务的创新发展，为以后的发展开辟新空间；同时，银行的进入将极大提升租赁行业的整体发展水平，银行运用其客户网络优势、资金优势、人才优势和品牌优势，不仅可以帮助中小企业解决融资困难，还可以充分发挥租赁在交易结构设计等方面的灵活优势，提供传统银行信贷方式无法满足的服务，并可拓展面临金融脱媒的商业银行的中间业务范围。此外，随着银行改制上市的完成，改革的重心也逐渐转移，银行开始向租赁等更多业务领域扩展。

②银行系金融租赁公司的成立。

2007年1月23日，银监会发布了修订后的《金融租赁公司管理办法》，商业银行可以作为主要出资人发起设立金融租赁公司。根据该《金融租赁公司管理办法》，只要满足资本充足率不低于8%、最近1年年末资产不低于800亿元以及最近两年连续盈利等条件，所有的商业银行都可以通过控股或独资开设金融租赁公司。这是我国自1997年要求商业银行退出金融租赁公司以后，首次明确商业银行可以进入金融租赁业。目前，经国务院批准试办金融租赁公司的银行有工商银行、建设银行、交通银行、招商银行和民生银行，并从2007年年末开始陆续开业。银行系金融租赁公司的成立，标志着商业银行综合经营的程度进一步加深。在取得经验后，监管部门将视实际需求批准更多符合资质的商业银行设立租赁公司。

2007年9月，经银监会批复，中国建设银行和美国银行获准筹建一家从事金融租赁业务的合营公司。这是目前国内商业银行中首家获批筹建的金融租赁公司。合营公司注册资本为人民币45亿元，其中建行出资33.795亿元，占75.1%；美国银行出资11.205亿元，占24.9%。合营公司董事会将由五名董事组成，其中四名董事由建设银行提名，一名董事由美国银行提名，董事长将从建设银行提名的四名董事中选举产生。商业银行重归金融租赁业，专业人才匮乏、风险控制乏力，这些都将令银行系金融租赁公司未来面临挑战。

③银行系设立的金融租赁公司引发的问题。

从监管看，银行系设立的金融租赁公司给监管当局带来的更大挑战是，在目前流动性过剩的宏观背景下，银行系金融租赁公司作为商业银行信贷业务的补充，监管当局如何规范其投资导向？如何防止其成为国家所抑制投资行业的转贷工具？

从信贷风险看，银行信贷由过去直接向企业发放（设备）贷款改为支持租赁业，由租赁公司购入设备租赁给最终用户（企业）的信贷业务流程。因此，租赁公司的经营管理水平至关重要。早期融资租赁行业起步阶段，许多租赁公司操作不规范，催收租金不及时，结果承租企业大量拖欠租金、企业赖账和破产，导致与租赁公司有业务联系的银行也受此拖累，造成大量坏账。

从专业人才的培养看，目前组建的多家银行系融资租赁公司，其员工大量来自于银行信贷部门。虽然融资租赁类似一种特殊的银行信贷，但毕竟不是银行信贷，而是一种兼有融资融物特征的极为特殊的金融交易活动，因而，银行若要最终分享租赁的好处，就要在培养合格的融资租赁人才上多做些工作，尽可能地让从业人员更多地了解融资租赁本质、钻研租赁机制、理解租赁功能，然后才能充分给予租赁更大的信贷支持力度。

§14.4　我国融资租赁的框架建设

融资租赁事业在一个国家要想得到发展地发展起来，需要一定的社会基础。影响租赁发展的社会因素有法律环境、会计准则、监管水平、税收政策、生产力发展水平、一个国家工业化程度与阶段等。其中法律、会计准则、监管和税收，又称租赁发展的"四大支柱"。由于租赁属于一种信用，只有法律的健全，租赁资产的所有权才能得到有效保护；合理清晰的会计准则不仅可以提高租赁管理水平，还可以节约租赁成本；监管水平的提高是租赁交易有序进行的保障；必要的税收优惠是长期租赁存在的必要条件。目前我国融资租赁发展的上述四个方面的建设框架基本健全，但很多地方还需要进一步完善。

14.4.1　法律和制度规范

我国涉及融资租赁方面的法律从无到有，法律形式与内容多样。从直接涉及和影响我国融资租赁交易的法规来看，按发展历史，主要有以下几个：

1.《民法典》"第三编合同"

1986年，我国发布《融资租赁管理暂行条例》，适用于中国境内专营或兼营租赁的机构与中国境内外企业或其他经济组织之间的融资租赁业务。1996年鉴于各地法院审理租赁案件判决大相径庭的现象，最高人民法院发布《关于审理融资租赁合同纠纷案件若干问题的规定》，这是没有立法就先有司法解释的特例。1998年，我国宏观经济出现了从短缺到结构性过剩的历史性转折。1999年3月15日，全国人大通过《中华人民共和国合同法》，其中第十四章为"融资租赁合同"专章，以正式法律的形式规定了融资租赁合同的内容及融资租赁当事人的各自权利和义务。但是，融资租赁本质上是一种金融活动，融资租赁交易的很多问题已经超出了合同法所能解决的范畴。例如，《合同法》是一部债权法，而融资租赁同时具有债权和物权的双重属性，对于租赁物登记和租赁物附合等重大问题，《合同法》是无法解决的。《民法典》实施后，有关融资租赁的法律规范主要见于"第三编合同"的"第十五章融资租赁合同"，即第七百三十五条至第七百六十条。

2. "融资租赁法"

"融资租赁法"目前正在拟定中。在经济环境发生巨大变化的过程中，迫切需要一部能够对租赁当事人的权利义务关系进行全面细致规范的法律规定，以此才能够对融资租赁当事人的合法权益起到更好的保护作用。同时，国际化进程中，也迫切需要出台一部能够与国际统一司法协会的《国际融资租赁公约》相一致的法律规定。2004年全国人民代表大会开始制定"融资租赁法"。2007年底融资租赁法草案已按全国人大财经委确定文件的形式交付全国人大审议，但人大未列入审议内容，一直搁置至今。

3. 《金融租赁公司管理办法》

《金融租赁公司管理办法》于2006年12月28日经银监会通过，自2007年3月1日起施行。2014年3月重新颁布《金融租赁公司管理办法》，明确规定以下几个方面：

一是在股东资格方面，新办法提出了主要发起人的概念，规定只有商业银行、租赁公司、主营业务为制造适合融资租赁交易产品的大型企业及其他银监会认可的发起人才可以成为主要发起人。

二是在最低注册资本金要求方面，原办法规定金融租赁公司最低注册资本金为5亿元人民币或等值的自由兑换货币，新办法降为1亿元人民币或等值的自由兑换货币，并提出必须满足8%的资本充足率要求。

三是在业务范围方面，为了适应金融租赁公司专业化经营的要求，适当拓宽金融租赁公司融资渠道，新办法调整增加了"吸收股东3个月（含）以上定期存款"业务，并对其他业务进行了整合。

四是在监管规则方面，新办法对一些监管指标进行了调整。新办法重点就关联交易提出了明确的监管要求。

4. 《民法典》"第二编物权"

我国融资租赁行业发展缓慢，与国民经济快速发展极不协调，一个重要原因就是我国融资租赁相关当事人利益不能得到合法保护。

物权作为一切财产权利的基础，是指自然人、法人直接支配不动产或者动产的权利，包括所有权、用益物权和担保物权。物权是一种重要的财产权，与债权、知识产权等其他财产权不同，物权的客体主要是动产和不动产。不动产指土地以及建筑物等土地附着物；动产指不动产以外的物，具有直接支配性和排他性，体现了"排除他人的干涉"这一最重要的物权观念。

物权法是民商事法律的重要组成部分，是确认财产、利用财产、保护财产以及调整各种财产法律关系的基本民事法律，涉及财产所有权、用益物权、担保物权等一系列制度规范，是关系到各种市场主体财产权益的重要法律。物权法的调整对象是物的归属关系以及对物的占有、利用而发生的财产关系。而所有权则是物权中最主要的权利，是指权利人对自己的不动产或者动产，依照法律规定享有占有、使用、收益和处分的权利。此外，担保物权是指在借贷、买卖等活动中，债务人或者第三人将自己所有的不动产或者动产作为履行债务的担保。债务人未履行债务的，债权人有权拍卖或者变卖债务人或者第三人提供的不动产或者动产，就卖得的价款优先受偿。担保物权包括抵押权、质权和留置权。

同融资租赁业务直接有关的抵押权，是指债务人或者第三人不转移财产的占有，将该财产作为债权的担保，债务人未履行债务时，债权人有权就该财产优先受偿。债务人或者第三人为抵押人，债权人为抵押权人，提供担保的财产为抵押财产。例如，某企业向融资租赁公司申请租赁融资，并以自己的设备作抵押，在这一担保关系中，该融资租赁公司即为抵押权人。

《中华人民共和国物权法》（以下简称《物权法》）是民法的重要组成部分，没有物权法，就没有完整的民法，民法的其他内容如民法总则、合同法律、侵权责任法律等规定，对物权法的实施起着相辅相成的作用。《物权法》解决了"融资租赁法"里的基础法律条款。由于融资租赁既涉及物权又涉及债权，因此，物权法与融资租赁业务密切相关。在各项法规完善中，《物权法》自1993年启动立法进程，历经立法机关八次审议，于2007年3月16日通过，10月1日正式实施。

2021年1月1日，《民法典》正式施行后，《物权法》废止，有关融资租赁涉及物权的规定，主要见于《民法典》"第二编物权"中。

5.《民法典》

2021 年 1 月 1 日起，《民法典》正式施行。民法通则、物权、合同、担保、婚姻、收养、继承、侵权责任和人格权方面法律废止，散见于各有关法律中的融资租赁相关规定调整、归并入《民法典》中。需指出的是，各相关法律绝对不是简单地合并，各有不同程度的调整。

14.4.2 会计准则

会计处理的主旨是向企业外部进行信息披露，在某些情况下也构成对交易类别的认定，从而成为应该按何种税种和何种税率纳税的依据。我国租赁会计制度长期以来是财政部门零星制定的有关暂行规定，例如，1985年，财政部发布《关于国营工业企业租赁费用财务处理的规定》。直到2001年才有专门的包含金融租赁内容的具体会计准则出现，即财政部2001年发布施行的《企业会计准则——租赁》，该准则借鉴了国外经验，符合国际租赁会计的发展趋势。

《企业会计准则——租赁》较全面地借鉴了《国际会计准则——租赁》（《IAS 17 Leasing》）。《企业会计准则——租赁》首次从经济实质而不是法律形式上对融资租赁进行了科学界定。融资租赁是随附于所有权的风险和报酬实质性地向承租人转移的租赁，而且列出了五条认定标准：①在租赁期届满时，租赁资产的所有权转移给承租人；②承租人有购买租赁资产的选择权，所订立的购买价款预计将远低于行使选择权时租赁资产的公允价值，因而在租赁开始日就可以合理确定承租人将会行使这种选择权；③资产的所有权不转移，但租赁期占租赁资产使用寿命的大部分；④承租人在租赁开始日的最低租赁付款额现值，几乎相当于租赁开始日租赁资产公允价值；出租人在租赁开始日的最低租赁收款额现值，几乎相当于租赁开始日租赁资产公允价值；⑤租赁资产性质特殊，如果不作较大改造，就只有承租人才能使用。经营租赁是指融资租赁以外的其他租赁。《企业会计准则——租赁》包含如下核心内容：租赁的分类、融资租赁中承租人的会计处理、融资租赁中出租人的会计处理、经营租赁中承租人的会计处理、经营租赁中出租人的会计处理、售后租回交易和列报。《企业会计准则——租赁》的出台，将严格规范融资租赁行业业务的会计处理，从而利于其健康发展。这个准则对上市公司要求强制施行，对其他企业鼓励施行。

为进一步推动融资租赁的健康发展，2006年12月修订版《企业会计准则第21号——租赁》面世，2007年1月1日开始实施。此后，财政部分别于2008年和2012年先后出版了《企业会计准则讲解》。2018年12月，财政部发布了修订的《企业会计准则第21号——租赁》，以与《国际财务报告准则第16号——租赁》趋同。本次租赁会计准则修订涉及内容较多，主要包括以下方面：①完善租赁的识别、分拆及合并等相关原则；②承租人会计处理；③改进出租人的租赁分类原则及相关会计处理；④调整售后租回交易会计处理并与收入准则衔接；⑤完善与租赁有关的列示和信息披露。随着国内国外新会计准则的发布，融资租赁的会计处理亦有新的遵循。

14.4.3　税收

1.税收政策

近年，随着国家税收体制的改革，租赁的税收环境日益改善。我国税收法律形式多样，既有税法，又有相关条例、规定或通知。在金融租赁这个较新的领域，虽没有专门的税法，但不同时期的税收政策均有所涉及。改革开放之初，我国融资租赁最先遭遇海外关税问题，便出台了《海关总署关税处关于租赁进口设备申请免税问题的复核》。1993年，国家税务总局发布《关于印发〈营业税税目注释（试行稿）〉的通知》，明确融资租赁属于"金融保险业"的营业税税目，普通租赁业属于"服务业"的营业税税目。1999年，财政部、国家税务总局发布《关于融资租赁业营业税计税营业额问题的通知》，规定营业税计税依据为：向承租者收取的全部价款和价外费用减去出租方承担的出租货物的实际成本后的余额。2000年7月，《国家税务总局关于融资租赁业务征收流转税问题的通知》，对融资租赁业务征收营业税和增值税的情形作出了区分。同年，国家税务总局发布《企业所得税前扣除办法》，规定纳税人以融资租赁方式从出租方取得固定资产，其租金支出不得扣除，但可按规定提取折旧费用。2018年5月后，"营改增"全面实施，租赁涉及的营业税改为增值税。

2.涉及的基本税种

融资租赁机构可能涉及的最主要税种是增值税（"营改增"以前涉及的是营业税）、企业所得税、印花税、契税和关税，增值税是目前融资租赁机构所承担的最主要的一种流转税，按月征收。自2012年1月1日起，融资租赁业纳入我国"营改增"试点，并率先在上海开展，此后又在北京等其他10个地区融资租赁业务中开展，现已在全国施行。融资租赁机构的企业所得税按季征收。税率同任何法人一样，都是25%。

14.4.4 对融资租赁的监管

1.我国对融资租赁业监管的必要性

从以上各章分析可以看出，融资租赁是与经营租赁截然不同的两种交易，虽然形式上有相似之处，但实质上却完全不同。融资租赁是近似于银行信贷的金融业务，融资租赁业是金融行业，而不是一般的商业服务行业。因此，如果将二者混为一谈，不利于政府监管，必须强调融资租赁业务的金融性质，加强监管。

在美国等发达市场经济国家，只对吸收居民存款的银行实施监管，而不对其他金融机构监管。原因是其信用体制完善，各种金融机构识别和控制风险的能力强，社会监督得力。就我国当前的国情而言，其他防线固然要努力加强，但对各类金融机构加强金融监管也必不可少。具体到融资租赁公司，其风险资产往往达到自有资本的数十倍以上，比一般工商企业高出很多。因此，不能把融资租赁企业完全等同于一般工商企业，对其须实施严格监管。

2.监管机构

中国人民银行2000年6月30日正式颁布了《金融租赁公司管理办法》，规范了非银行金融机构的金融租赁公司的管理。2001年8月14日，外经贸部颁布了《外商投资租赁公司审批管理暂行办法》，规范了外商投资融资租赁公司的管理。2004年商务部颁布了《关于从事融资租赁有关业务的通知》，开放了内资企业的融资租赁业务。2005年商务部颁布了《外商投资租赁业管理办法》，将暂行办法正规化。2007年银监会颁布《金融租赁公司管理办法》，2013年9月，商务部制定《融资租赁企业监督管理办法》，2014年3月银监会又颁布了最新的《金融租赁公司管理办法》，2007年的《金融租赁公司管理办法》同时废止。

在我国当前，只有金融监管部门批准设立的金融租赁公司和贸易商务部门批准设立的外商投资融资租赁公司和内资融资租赁公司，才可以主营融资租赁业务。经金融监管部门批准，其他非银行金融机构也可以兼营融资租赁业务①。

2014年，银监会颁布的《金融租赁公司管理办法》中规定：经银监会批准的金融租赁公司是指"以经营融资租赁业务为主的非银行"金融机构，银监会对金融

---

① 就上述机构而言，如果所订立的融资租赁合同的计价货币不是人民币（本币），而是外币，那么，在我国当前，除了商务部批准设立的外商投资融资租赁公司外，其他机构还必须首先从中国人民银行取得经营外汇业务的许可，否则，它们将不具备订立这类融资租赁合同的主体资格。

租赁公司实施监管职责。

3.监管要求与监管手段

监管的目的要体现审慎性原则，因而在2014年3月颁布的《金融租赁公司管理办法》中，监管要求和监管手段上的内容主要为：

（1）资本充足率。金融租赁公司资本净额与风险加权资产的比例不得低于管理当局的最低监管要求。

（2）单一客户融资集中度。金融租赁公司对单一承租人的全部融资租赁业务余额不得超过资本净额的30%。对单一集团的全部融资租赁业务余额不得超过资本净额的50%。

（3）单一客户关联度。金融租赁公司对一个关联方的融资余额不得超过金融租赁公司资本净额的30%。

（4）全部客户关联度。金融租赁公司对全部关联方的融资余额不得超过金融租赁公司资本净额的50%。

（5）同业拆借比例。金融租赁公司同业拆入资金余额不得超过金融租赁公司资本净额的100%。

（6）金融租赁公司应按照监管规定建立资产质量分类制度以及准备金制度。金融租赁公司应当在准确分类的基础上及时足额计提资产减值损失准备。未提足准备的，不得进行利润分配。

4.市场准入

（1）2014年3月颁布《金融租赁公司管理办法》。发达国家租赁市场上超过80%的份额由银行及制造商背景的租赁公司所占据，这是由银行及制造商自身特有的优势决定的。银行的优势在于广泛的客户网络、共享银行的无形资产以及较低的资金成本，制造商的优势在于产品知识的熟悉及残值的处理能力。借鉴发达国家的经验，《金融租赁公司管理办法》明确规定新设金融租赁公司的主要发起人必须是符合资质的商业银行、租赁公司、制造商及监管部门认可的合格金融机构，这样就把真正有实力、有需求的机构引入租赁行业，为租赁业的健康快速发展打下良好的制度基础。

金融监管部门批准的金融租赁公司属于非银行金融机构，其资本金的准入门槛不高，但对控股股东的要求很高。金融监管部门鼓励资产规模800亿元以上的银行、最近1年的营业收入不低于50亿元人民币或等值的可自由兑换货币的大型设备制造商、最近1年的营业收入不低于100亿元人民币或等值的可自由兑换货币的境外大型的租赁公司投资兴办金融租赁公司。

（2）监管上的差异不利于对融资租赁公司风险防范。从目前看，两类融资租赁公司监管上的差异十分不利于风险控制。商务部批准的租赁公司分为外商投资租赁公司和国内试点租赁公司两种，准入门槛比较低。外商投资租赁公司的注册资金仅为1 000万美元；而申请国内试点租赁公司，只要企业经营三年以上没有亏损就可以申请，其在注册资金上也没有原则性的要求。同时，关于融资租赁的本质，各方认识不一，从金融监管部门角度而言，明确了经其审批的融资租赁公司的非银行金融机构性质,对所从事的融资租赁这种特殊的金融业务要进行严格监管。而从商务部角度而言,则认为融资租赁就是一种与其他租赁交易区别的交易行为,回避了将其作为金融业务进行严格监管的要求。即便是正在进行中的融资租赁法立法过程中,对融资租赁行业及其业务的认识也仍然没有提高到作为金融业务需要加以严格监管的高度。此外,金融监管部门和贸易商务监管部门(当时为银监会和商务部)的双重监管标准,会导致一些监管漏洞。金融监管部门监管指标之一是资本充足率,要求金融租赁公司资本净额不得低于风险加权资产的8%,对关联交易、单一客户集中度、售后回租业务等也有相应要求,其监管手段主要是非现场监管及现场检查;而商务部规定,外资设立的租赁公司应遵守"风险资产一般不得超过净资产总额的10倍"这一指标要求,其监管主要依靠年检及年度报告等手段。

一些外商投资租赁公司同金融租赁公司所从事的融资租赁业务性质相同,都是非银行金融业务,但其金融业务,甚至一些违规操作得不到监督,这会在一定程度上增加金融风险。此外,银监会和商务部对融资租赁公司的多头审批、不同监管认识及市场准入标准,也会在我国的金融安全中埋下隐患。

思政课堂

中国融资租赁政策的发展

"十一五"时期,融资租赁的政策主要强调行业规范发展,"十二五"时期,开始关注融资租赁对于支持实体经济的服务能力。经历了前期的发展,中国已经逐渐建立起行业快速发展的环境,于是,"十三五"明确提出大力发展融资租赁业务,到了"十四五"期间,行业的监管体系进一步完善,为行业健康发展奠定了基础。有关融资租赁政策的发展,如图14-1所示。

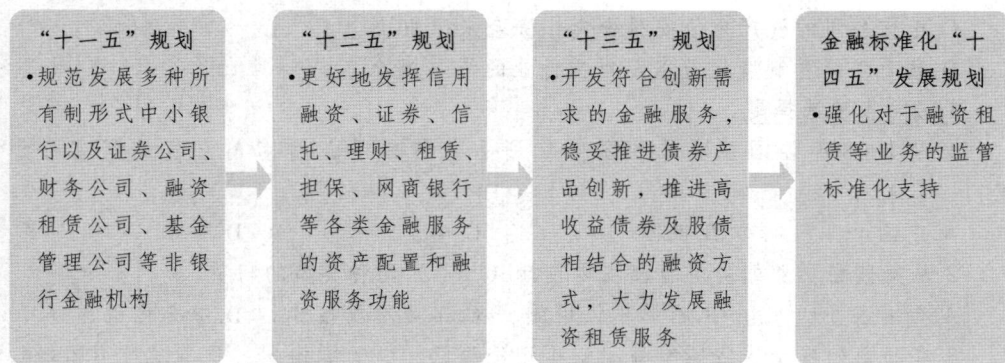

"十一五"规划	"十二五"规划	"十三五"规划	金融标准化"十四五"发展规划
• 规范发展多种所有制形式中小银行以及证券公司、财务公司、融资租赁公司、基金管理公司等非银行金融机构	• 更好地发挥信用融资、证券、信托、理财、租赁、担保、网商银行等各类金融服务的资产配置和融资服务功能	• 开发符合创新需求的金融服务,稳妥推进债券产品创新,推进高收益债券及股债相结合的融资方式,大力发展融资租赁服务	• 强化对于融资租赁等业务的监管标准化支持

图14-1 融资租赁政策的发展

资料来源:作者整理。

本章小结

我国现代租赁业是在20世纪80年代初引入的,进入90年代后,本应进入成熟发展阶段的中国融资租赁业却在此时遭遇了极为艰难的困境。2000年后,全行业才开始进入正常发展时期。目前我国融资租赁发展法律、会计准则、监管和税收的建设框架基本健全，但很多地方还需进一步完善。混业经营是商业银行的发展方向，市场狭小使金融租赁公司发展后劲不足，于是商业银行介入融资租赁成为不可阻挡的趋势。

综合训练

14.1　单项选择题

1.世界上租赁业最发达的国家是（　　　）。

A.中国　　　　　　B.英国　　　　　　C.美国　　　　　　D.日本

2.日本现代租赁业是从1963年成立的日本国际租赁公司开始的，租赁公司基本以（　　　）为主，大多数公司由金融机构和综合商社投资而成。

A.综合性租赁公司　　　　　　B.专业性租赁公司

C.附属单位租赁　　　　　　　D.工业附属租赁机构

3.从各国在全球租赁市场所占份额来看，当前排名第一的国家是（　　　）。

A.日本　　　　　　B.德国　　　　　　C.中国　　　　　　D.印度

4.我国的现代租赁业是在20世纪（　　　）引入的，并在之后的短短十多年发展迅速。

A.60年代初　　　　B.70年代初　　　　C.80年代初　　　　D.90年代初

5.现代租赁业引入我国后，我国租赁业获得迅速的发展，同时也存在很多问题。关于这些问题，下列表述中不正确的是（　　　）。

A.大力发展航空租赁

B.租赁公司内部控制制度不健全，管理混乱

C.租赁公司的资产负债安排失衡，资金来源短缺

D.缺乏法律和制度规范以及对本行业的统一领导

14.2　多项选择题

1.从2008年各国在全球租赁市场所占份额来看，排名前三位的国家分别是（　　　）。

A.中国　　　　　　B.德国　　　　　　C.美国　　　　　　D.日本

2.从美国租赁业的类型看，主要包括（　　　）两种类型的租赁。

A.专业租赁　　　B.附属单位租赁　　　C.工业附属租赁　　　D.综合性租赁

3.在当前阶段造成我国融资租赁市场份额低、经营机构少、业务发展不顺畅的主要原因有（　　　）。

A.金融发展市场化程度低

B.租赁的社会认知度较低

C.社会信用制度不健全

D.金融租赁公司缺乏真正掌握融资租赁特点的专业人才

4.我国涉及融资租赁方面的法律从无到有，法律形式与内容多样。从直接涉及

和影响我国融资租赁交易的法规来看，主要有（　　　）。

A.《中华人民共和国民法典》"合同编"

B.《融资租赁法》

C.《金融租赁公司管理办法》

D.《中华人民共和国民法典》"物权编"

5.融资租赁事业在一个国家得到发展，需要一定的社会基础。影响租赁发展的社会因素有法律环境、会计准则、监管水平、税收政策、生产力发展水平、一个国家工业化程度与阶段等。其中，被称为租赁发展支柱的是（　　　）。

A.法律　　　　　　B.会计准则　　　　　C.监管　　　　　　D.税收

14.3　简答题

1.试简述20世纪80年代我国融资租赁业发展的原因和特点。

2.试分析目前制约融资租赁业在我国发展的因素。

3.什么是租赁发展的"四大支柱"？

4.简述商业银行经营租赁业务的意义。

5.分析我国组建银行系金融租赁公司的优缺点。

第 15 章

融资租赁的经营与风险管理

导读

　　本章的重点内容是掌握专业的融资租赁公司的经营。本章首先介绍了融资租赁公司用于开展业务的主要资金来源；其次分析了融资租赁公司在从事融资租赁项目融资时遭遇的主要风险，并针对融资租赁的信用风险的防范进行了深刻阐述；最后介绍融资租赁的保险问题。

关键概念

　　自有资金　信用贷款　债券融资　信托资金　租赁资产证券化　融资租赁风险　融资租赁信用风险　融资租赁保险

§15.1　融资租赁公司的资金来源

融资租赁中，租赁设备的价值非常高，要求初始投入的资金数额非常大，融资租赁公司的自有资金对于租赁项目来说远远不够。如何安排债务资金、筹资能力的大小等直接关系着租赁公司的发展。租赁公司要持续开展业务，必须不断开拓资金来源的渠道，进行融资方式的创新。总的来说，融资租赁公司90%的营运资金来自外部。租赁资金的来源可如图15-1所示。

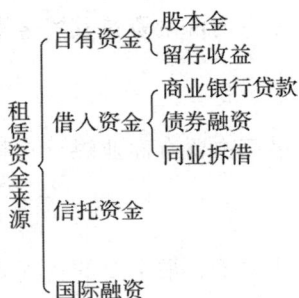

图 15-1　租赁资金的来源

15.1.1　自有资金

1.股本金

（1）股本金的规定。**自有资金是企业投资者投入的风险资金，它是融资租赁的基础。**从自有资金的来源出发，可以将自有资金分为股本金和留存收益。股本金是租赁公司成立之时投资者投入的资本。股份有限公司通过在证券交易所上市公开募集股本金，是公司筹措股本金最常用的一种手段。

根据《公司法》和《证券法》，股份有限公司申请其股票在主板上市募集资金必须具备以下条件：第一，股票经国务院证券管理机构批准已向社会公开发行；第二，公司股本总额不得低于3000万元人民币；第三，公司最近三年连续盈利；第四，向公众发行的股份达到股份总数的25%以上，股本总额超过人民币4亿元的，公司公开发行股份比例为10%以上；第五，公司最近三年无重大违法行为，财务会计报告无虚假记载等。在目前的市场体系下，境内上市的方式有A股和B股，A种股票以人民币支付，B种股票以外币认购并进行交易。

（2）股本金在经营中的意义。自有资金对整个融资租赁项目起着很大作用，首先，自有资金可以提高项目的抗风险能力，自有资金投入越多，项目的抗风险能力就越强，银行贷款的风险就越低；其次，资金决定了租赁公司对项目的关心程度，能够有效降低"道德风险"；最后，自有资金体现了租赁公司对租赁项目的承诺和对未来项目发展前景的信心。

我国2014年3月颁布的《金融租赁公司管理办法》规定：申请设立金融租赁公

司应具备"注册资本金为一次性实缴货币资本";金融租赁公司最低限额注册资本金为人民币1亿元或等值的可自由兑换的货币。

2.留存收益

留存收益是指租赁公司在经营过程中创造的保留在公司内部的利润。租赁公司的自有资金还有很大一部分需要靠公司的留存收益转化为内源融资,以留存收益作为资金来源,不需要对外支付利息和股利,不会减少企业的现金流量;同时,由于公司的资金来源是内部,不需要发生融资费用。留存收益对于一些规模较小的租赁公司更加重要,小型公司缺乏融资来源,其股票不具备上市资格,债券信用等级较低,融资成本较高,在这种情况下内源融资是其资金来源的最佳选择。

15.1.2 借入资金

融资租赁公司借入资金的渠道主要有商业银行贷款、债券市场、出口信贷、政府贷款和商业信用。

1.商业银行贷款

商业银行贷款是租赁公司最重要、最主要的融资来源,由于商业银行具备雄厚的资金实力,能够为租赁提供巨额的资金,并且商业银行具备评估租赁项目信贷风险的能力,能够最大限度地降低信用风险。按照贷款方式的不同,商业银行贷款可以分为信用贷款、质押贷款、抵押贷款和保证贷款。

(1)信用贷款。**信用贷款是指没有以任何租赁资产作为抵押和担保的贷款。**信用贷款的取得需要靠借款人的信用,无担保贷款只发放给历史长、财务状况良好且与贷款人业务关系良好的公司。

(2)质押贷款和抵押贷款。质押贷款和抵押贷款以租赁设备作为抵押担保品,以此来获得数额较大的贷款。银行对设置了抵押和质押的设备有优先受偿权。质押和抵押的本质区别在于前者一般需要转移设备的占有权,而后者不需要转移占有权。

(3)保证贷款。保证贷款凭借保证人的信用即可获得银行贷款,保证人既可以是公司企业,也可以是银行,一旦借款人无法偿还贷款,保证人则负有清偿义务。

融资租赁公司在选择贷款银行时,一般要考虑以下因素:①银行的规模,当租赁项目是一个非常大的项目时,贷款银行的规模应该和项目相对应,也就是说银行要在租赁项目启动之后为项目提供足够的贷款;②银行的经验,即贷款银行从事租赁贷款的经历以及在以往的租赁贷款业务中发挥的作用情况;③借款人与贷款银行之间的联系,借款人应该与贷款银行有良好的业务往来关系,这样在借款人出现资金周转困难时能够得到贷款人的支持和理解。

2.债券融资

债券融资是融资性租赁公司通过发行金融债券获得资金来源的直接融资手段。

(1)债券融资的意义。①债券在公开的资本市场发行,便于为租赁项目筹措大量的资金。因为资本市场上存在着大量的机构投资者和个人投资者。②在资本市场上发行的债券平均期限一般比银行贷款要长，即通过债券融资可以获得较长期限的资金。③债券融资要比银行贷款受到更少的限制，在商业银行贷款中，租赁项目往往会受到诸多限制，以防止出现对银行不利的情况，而债券融资市场投资者一般很少参与租赁项目的管理，只有当租赁公司不能及时兑付债券时投资者才进行干预。

（2）债券融资的种类。在债券市场筹集资金，可以通过发行不同的债券来达到借款人不同的目的。传统上债券可以分为固定利率债券、浮动利率债券、零息债券、可赎回债券和附有认股权证债券。①固定利率债券。该种债券是指实现确定利率，每半年或者一年付息一次，或者一次还本付息的公司债券。②浮动利率债券。浮动利率债券是在某一基础利率（如同期的政府债券收益率或者LIBOR）上增加一个固定的溢价，以防止未来市场利率变动可能造成的价值损失。③零息债券。这是一种以低于面值的贴现方式发行，到期按面值支付而不另付利息的债券，该种债券的价格对利率变动极为敏感。④可赎回债券。这是指公司债券附加提前赎回的条款，允许发行公司选择于到期日之前赎回全部或者部分债券。⑤附有认股权证债券。附有认股权证债券是公司债券附加可转换条款，赋予债券持有人按预先确定的转换比率将债券转换为公司普通股的选择权。

（3）债券融资中的问题。最显著的问题是债券到期时租赁公司的现金流压力非常大，而租赁公司收取租金是阶段性的，一般一年一次，这样就会出现债券兑现要求与现金流不匹配的问题，且有可能引发破产危机。

债券融资是我国《金融租赁公司管理办法》中所规定的金融租赁公司的经营范围之一。但是，迄今还没有非常成功的案例。根本原因在于我国融资租赁机构发行债券的客观条件尚不具备，与融资租赁公司进行债务融资相关的信用评估体系、资产评估体系、破产隔离体系、二手市场等条件都难以满足市场的需求。

3.同业拆借

这是各类金融机构之间调头寸的业务。例如，某融资租赁公司有一笔银行贷款要在3月12日偿还，但是，相应数额的租金应收日是3月15日，于是该公司就可以利用同业拆借。

同业拆借也是我国《金融租赁公司管理办法》中所规定的金融租赁公司的经营范围之一。但是，这种"以短接长"的做法不应该是融资性租赁公司提供租赁融资的主要来源。

15.1.3 信托资金

信托资金是金融租赁公司既不承担资金风险也不享有资金收益的资金来源。它对于金融租赁公司的意义在于，尽管只能取得服务报酬，但可以不受资本充足率的限制而扩大自己的市场占有份额，从而提高自己的知名度。而且，单就无风险的服务报酬而言，对于没有银行或制造商背景的租赁公司而言，这也是金融租赁公司发挥其人力资源或专业技能优势以取得收益的不可忽视的重要途径。

对于接受委托贷款的融资性租赁公司而言，其效果是同接受银行贷款并无差别的，即同样是融资性租赁公司的硬债务。我国《金融租赁公司管理办法》中规定金融租赁公司可以接受法人机构委托租赁的资金。

15.1.4　国际融资

面对租赁公司在租赁项目启动时的巨大资金需求，仅仅依靠国内融资是远远不够的。因此，通过国际融资渠道融通资金，对租赁公司的生存与发展也具有重要意义。

商业银行贷款是租赁公司国际融资的最大来源，对于融资租赁公司来说，最为主要的要属国际辛迪加贷款（Syndicated loan）。融资租赁中，由于大多数的租赁设备都是价格昂贵的大型专业设备，其购买价格少则数百万美元，多则数亿美元甚至数十亿美元。这样巨额的贷款，仅靠一家银行的力量是承担不了的，即使能够承担，风险也过于集中。为了分散贷款的风险，从事国际融资贷款业务的银行往往组成一个集团，由集团内的每一个成员分别承担贷款总金额的一部分，按照该集团与租赁公司订立的单一借贷协议所规定的条件，由集团的代表统一借给租赁公司，这种做法即国际银团贷款，也称为辛迪加贷款。在国际金融市场上，银团贷款常由美国、英国、德国、瑞士、日本和中国香港的银行联合组成。在我国20世纪90年代形成的国内承租企业大量欠租的背景之下，我国的融资租赁公司遭受了来自国内承租企业不偿付租金、外国债券银行催还债务的两方面压力。在当时的特殊时期，国内融资租赁公司一方面要催讨租金和利息，另一方面还要与国外债权银行谈判商讨债务问题，公司几乎难以生存。

租赁公司在国际金融市场上筹措资金，通过各种渠道获得的资金不同，导致资金的使用成本高低不同，另外占用资金的期限长短也不尽相同。如何选择筹资的渠道，合理安排不同筹资成本、不同期限的融资，并将筹集到的资金灵活运用，不发生资金浪费或短缺，这也是国际融资中需要解决的问题。一般长期贷款利息比短期贷款利息高，在筹资时要降低成本选择短期，人们又要考虑在资金市场紧张时，短期贷款难以借到，而长期贷款较稳定，可以不急于还款，租赁公司可以用租金抵偿贷款。因此，应该短期和长期兼顾为好。如果是从银行贷款、发行企业债券取得资金，要在借款到期时支付全部利息。一旦到期日无法全部支付，租赁就必须承担违约风险，若采用发行股票筹集到的资金可以长期使用，风险分散到每一个股东身上，租赁公司承担的风险降低很多。因此，要全面衡量筹资渠道，加强管理，使租赁公司的国际筹资运作更科学合理。

15.1.5　借入资金的创新

1.创新方式

银行贷款的期限与设备租赁的长期性相比较短，且容易产生时间缺口。为了扩大业务规模，金融租赁公司可以将缺乏流动性的出租设备委托给信托公司，由信托公司将设备作为还款的基础资产，发行融资证券，进行再融资，即租赁资产证券化。**概括而言，租赁资产证券化是指将一种流动性较差但是现金流稳定的资产，通过结构性重组，转化为可以在金融市场上出售和流通的证券。**

2.租赁资产证券化的流程

租赁资产组合证券化流程如图15-2所示。

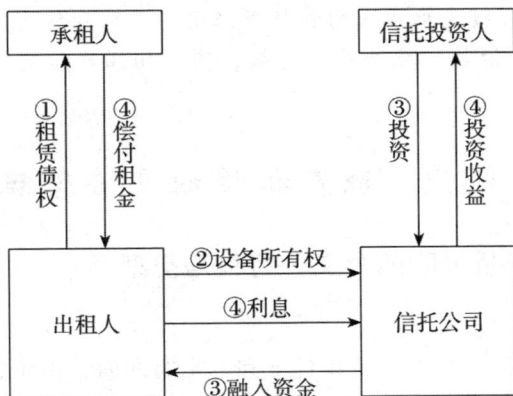

图15-2　租赁资产组合证券化流程

租赁资产组合证券化流程为：①出租人和承租人之间按照租赁合同，由出租人为承租人购入租赁设备，并转移该设备的使用权；②金融租赁公司将该设备估价确认，并将其所有权转移给信托公司，信托公司以该设备作为担保，将受托的金融租赁财产分割成若干份信托单位并发行；③投资者认购该信托单位，随后信托公司将融得的资金支付给出租人；④承租人定期给付租金，再由出租人向信托公司支付信托产品的利息，信托公司再将利息返还给信托投资人，而信托公司收取一定的佣金。

为了提高信托单位的安全性，保护投资者的资金安全，一般要求承租人的信誉等级高，租金交付记录良好，业务经营正常，租金现金流稳定。同时，信托财产的资金账户要由专业化的商业银行托管。

3.租赁资产组合证券化的意义

（1）提高了租赁公司租赁资产的流动性，拓展了金融租赁公司直接筹资的渠道。租赁公司将其租赁设备以信托工具，通过与信托投资公司合作，发行租赁设备信托产品的方式，将租赁设备的所有权转让给信托投资人，这样租赁公司变现了租赁设备，提前收回了租赁投资，有效解决了银行贷款不足以及银行贷款期限与租赁公司资金运用期限不匹配的问题。这既提高了金融租赁公司自身的安全性，也减轻了商业银行的信贷压力。

（2）能够分流社会资金，使之通过融资租赁方式直接进入投资领域。对于投资者来说，租赁公司通过信托计划剥离了租赁公司的租赁资产，其实质是租赁资产所有权的转移。在这种融资方式下，即使出现出租人破产，根据我国破产法和信托法，破产企业的债权人对已经通过信托途径剥离的资产也不能行使任何权利。这样有利于保障信托投资人的投资安全，增加信托投资吸引力。

对资金来源的规定

2014年3月，银监会颁布的《金融租赁公司管理办法》中对资金来源规定，在业务范围方面，金融租赁公司可以经营融资租赁业务、吸收非银行股东3个月（含）以上定期存款、接受承租人的租赁保证金、向商业银行转让应收租赁款、同业拆借、向金融机构借款、境外外汇借款、租赁物品残值变卖及处理业务、经济咨询。

§15.2 融资租赁的风险管理

15.2.1 融资租赁风险的含义、特征与类型

1.融资租赁风险的含义

一般情况下，风险是指在一定条件下和一定时期内，由于各种结果发生的不确定性而导致行为主体遭受损失发生的可能性的大小。

融资租赁风险是指租赁未来结果的不确定性（如未来收益变化的不确定性、未来资产成本的不确定性等）给租赁项目带来的损失的可能性。融资租赁交易较为复杂，持续时间长，而且涉及金融、法律、外贸、交通运输等多个环节。

2.融资租赁风险的特征

（1）分离性。融资租赁作为创新的融资方式，提供的是类似于银行信贷的经营活动。然而融资租赁又与银行信贷在形式上不同。融资跟任何租赁都是一样，但经济实质不同，经济实质是融通资金。因此，如何处理好这样一种特殊的金融业务就关系到能否有效地抑制和防范金融风险。另外，融资租赁过程中也存在某种分离性。出租人为设备的购买垫付资金，然后将该设备交给承租人使用，在租赁期间内，出租人无法对租赁设备实施干预和管理，导致设备的所有权和处置权相分离。在承租人使用设备时，只要设备的安全、保养等方面一旦出现问题，则极有可能加大出租人的风险。

（2）复杂性。融资租赁涉及至少三个当事人：出租人、承租人和供货商。同时，融资租赁需要签订两个或两个以上合同。其中，承租人委托出租人代为融资，并直接与供货商洽谈选定设备，然后由出租人购买设备，最后由供货商直接将设备发运给承租人。所以，对融资租赁公司来说，除了掌握金融技术之外，还需要熟悉设备技术及价格行情等，加大了风险。在合同方面，至少有出租人与承租人之间的租赁合同、出租人与供货商之间的购买合同，有时还伴随着出租人与银行之间的贷款合同等。所以就出租人而言，它涉及的合同越多，合同产生的风险就越大。

（3）长期性。融资租赁的特性决定了其租期较长，可达10年以上。这样融资租赁公司具有了长期风险投资性质，在租赁期内，任何宏观经济的变化（如利率、汇率的变化、产品的需求变化），都可能给租赁公司带来巨大风险。而且融资租赁

产品一次性投入大且不可转让，租金须在一个较长的时间段内收回，这又加大了租赁公司所面临的流动性风险。

正是上述融资租赁的长期性、复杂性和使用权与所有权的分离性，导致了融资租赁面临诸多风险。

3.融资租赁风险的类型

从类型上来说，租赁风险主要分为信用风险、市场风险和其他风险。租赁风险的分类可如图15-3所示。

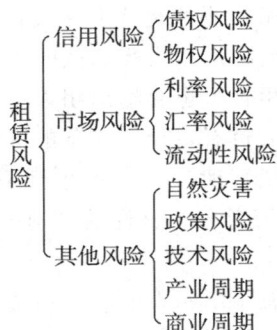

图15-3　租赁风险的分类

在上述风险类型中，如同银行信贷，承租人的信用风险和市场利率风险对融资租赁公司的经营会产生较大影响。

对于融资租赁公司的利率风险而言，如果租赁公司的负债和资产在期限上不匹配，还会进一步加大利率风险的影响程度。对融资租赁机构而言，其可以通过发行金融债券或向其他金融机构贷款或通过同业拆借来筹措资金，但是未来应收租金并不一定和负债的期限一致，甚至绝大多数情况下都不一致，因而当利率水平处于不断的变化之中时，其资产的价值变化和负债的价值变化不同，使利率风险不可避免地伴随于融资租赁机构的整个经营之中。

此外，融资租赁机构一般都要持有一定数量的流动性很强的资产，例如现金、短期证券、商业票据、国库券等，以满足随时出现的支付要求。当所持有的流动资产为国库券、短期公司债时，由于其票面利率一般是固定的，当实际利率水平有上升变化时，短期证券的现值必然会减少，资产的价值下跌，同时如果利率水平的变化波动过于剧烈，证券的价格也必然会随之急剧地上下波动，从而不可避免地存在巨大损失的可能性。

融资租赁的信用风险是融资租赁公司所遭遇的最主要的风险，而且对公司的发展产生最直接的影响。详见本节后续分析。

15.2.2　融资租赁的信用风险

1.融资租赁信用风险的危害

（1）融资租赁的信用风险。**融资租赁信用风险是指承租人的责任不能全部、按时履**

行而产生损失的可能性。与其他金融活动中的信用风险成因有极为相似之处，如果还租能力下降、还租意愿不强，甚至存在承租人有恶意骗取资金、转移资产的可能性。

（2）融资租赁信用风险的危害。由于当前融资租赁公司的营运资金都来自银行，以及其资本充足率只要不低于10%即可，因此融资租赁公司的信用风险，是形成系统性金融风险的原因之一。融资租赁公司的任何坏账损失，必定影响到其债权银行。

2.融资租赁信用风险的成因

（1）在租赁期内，由于承租人业务经营不善或者产品市场情况发生恶化，都有可能造成企业现金流量短缺，使得承租人无法按时支付租金，从而给出租人造成信用风险。此外承租人恶意拖欠租金，也会给出租人带来信用风险。

（2）根据租赁合同，承租人负有对租赁设备的维修、保养等义务。但是由于出租人无法对租赁设备实施干预和管理，一旦承租人不合理使用、维修、保养所租设备，而出现掠夺式使用或其他短期行为这样的"道德风险"，就会给出租人造成财产损失。

（3）承租人非法处置本应属于出租人所有的租赁资产，也可能给出租人带来损失。融资租赁交易中租赁资产的所有权归出租人所有，这在我国的租赁合同中也有明确规定，但在实践中，由于作为租赁资产的机器设备登记制度不严密，常会发生承租人将不属于自己所有的租赁资产用于抵押担保等情况。在每个融资租赁项目中，风险暴露期往往较长，融资租赁的长期性特点，使得出租人承担的信用风险更为突出。

（4）就融资租赁业务本身来说，集中发生的租金偿付拖延和租赁设备回收困难可能会引起租赁公司流动性风险。这种情况的产生更有可能是由商业性周期引起的。还有一种情况是单个或几个租赁项目的投资额过大，如果出现租金偿付和租赁设备回收困难时包括中途解约，也会发生足以影响整个公司的流动性风险。总的来说，由于租赁产品缺乏流动性，所以融资租赁公司的流动性风险相对来说也较大。对这类风险的防范，在如果采用浮动利率，以及如果租赁物需要用外汇购买时，尤其重要。而这主要取决于公司人员的专业能力和尽职程度。

（5）在我国融资租赁实践中，合同风险也是一个重要的因素。从我国融资租赁实践中所反映的问题来看，相关的买卖合同、融资租赁合同，或者担保合同缺乏严密性，缺乏一丝不苟地履行合同责任。因而造成由于合同文本本身的瑕疵，以及合同履行过程中自己在程序上的疏漏，而在因承租人违约所提起的诉讼中自己的实现融资租赁债权的合理请求不被法庭支持。

15.2.3 融资租赁信用风险的管理

对融资租赁信用风险的防范，首先要认真进行项目评估与选择，严格把关。然后再从融资租赁公司的内控、金融监管、行业自律、社会监督等方面进行防范。

1.审查承租人的情况

在作出租赁决策之前，出租人应当详细分析承租人相关经营、财务信息，对承租人资质进行审核。这些信息包含了承租人所处行业的发展状况、竞争能力、市场份额及信用情况的以往记录，并对承租人过去的、现在的、未来的财务状况进行综合判断。

（1）审查承租人的资信情况。要调查其真实信用状况，重点调查其还租能力和还款意愿。还租能力主要是从承租人的产品技术、经营管理、财务、后续融资能力等方面考察，还租意愿主要从承租人的应收应付款、贷款记录、资信等级、社会声誉、修养品德等方面调查。

与负责人交谈很重要。要事先拟定交谈内容和提纲，设置一些逻辑关系和印证关系，用已有知识与其交谈了解掌握该企业真实状况和判断经营者诚信状况，可以摘录生产数据或从销售发货单统计状况，从而全面掌握企业的真实信息。

（2）审查承租人的经营管理能力。经营管理能力是企业实现利润的关键，是企业实现利润的"软件"，它直接关系到租赁设备、生产线能力的发挥程度，影响租赁项目的盈利能力。一个善于经营管理的企业，会使设备或生产线最大限度地发挥效用；如果承租人经营管理能力差，即使设备和生产线是一流的也难以创造佳绩，甚至会损毁这些先进的设备及生产线。

出租人对承租人的经营管理能力的审查和评估，首先是要对承租企业的领导进行评估，因为领导者的素质关系到整个企业的前途和命运。评估领导者及主要管理人员的年龄、才干、胆识、眼光、成就如何，精力是否充沛，有没有强烈的责任心、开放的头脑、活跃的思维、创新的精神、公共关系的意识，对国内外市场的了解程度、把握程度如何，管理方法是否先进、科学，等等。其次，要对承租企业的员工进行评估。员工的整体素质如何，技术水平高低，技改经验、生产经验如何，创新意识如何，对本行业高精尖技术了解把握的程度如何，有无敬业精神、全员参与观念等，均应考察。

（3）审查承租人的盈利能力。承租企业的盈利能力是企业财力的源头，是企业生存、发展、壮大的财力保证，也是出租人租赁获利的依据。盈利能力强的企业，可以确保财源不会枯竭，而且可能财源滚滚，如此，出租人的风险就要相对较低。一般而言，企业的经营管理能力直接影响盈利能力。

审查企业的盈利能力时，要从企业的多方面予以考察，比如企业的资本结构、固定资产状况、企业的生产效率，等等。反映企业盈利能力的指标很多，主要有销售毛利率、资产净利率、资金周转速度、销售净利率、净资产报酬率等。

此外，要关注承租企业未分配利润，不宜过大。因为企业股东随时可以决定分配这些利润，其直接的结果将是提高企业资产负债比，降低流动比，债权人面临的风险增高。现在许多企业资产的账面价值与实际价值已存在许多出入。

（4）要重视对融资租赁行业的选择。由于租赁公司的规模、人才、经验等方面的限制，其不可能从事所有行业的项目，所以要确定重点行业、优势行业开展业务，与这些行业共同成长。首先，要考虑到国家的产业政策，限制甚至禁止性领域不要涉及；其次，在行业分析中要充分考虑到行业的周期性、行业内的竞争程度、行业壁垒、产品替代性、定价能力等，把业务重点放在具有成长性、基础性、有效益性、垄断性的行业上。

（5）要与其关联企业联合起来考察。有些企业相近相似的名称一大堆，要用图表列示它们之间的相互关系，表明控股或参股关系，它们之间是否存在关联交易，交易价格是否公允。考察这些的目的在于判断承租人是否有恶意骗取资金、转移资产的可能性。

（6）承租人的地域因素也要考虑。偏远地区经济水平较低、信用状况较差，承租人容易受当地环境影响，出现问题的概率较大。

（7）掌握承租企业全部债务状况。这方面包括承租企业未来的融资租赁债务，甚至在拟订立的融资租赁合同期间其全部的对外债务。此外，寻找实力强、信用好的企业作担保，也很重要。因为能对承租人还款可能性起强化、警示作用；但是，毕竟是还款的第二来源，所以不能仅仅依靠担保。此外，在担保方面还应考虑是否存在互保或连环担保的问题，应尽量避免这种情况。

总之，要从纵向横向两方面对承租企业的资信、经营管理能力、盈利能力进行审查。把承租企业的现在与过去比较，把承租企业与同行比较，力争一个较全面的考察结果。

2.评估和审查融资租赁项目

（1）评估和审查融资租赁项目的出发点。

租金偿还大多来源于租赁物投产后带来的效益，所以项目现金流分析是考察重点。任何租赁项目都希望新设备带来收入，现金流足以覆盖未来租金，这是所有租赁项目的核心所在。因此，出租人对租赁项目进行审查评估，就是以盈利能力为核心审查内容，根据承租人提交的项目可行性研究报告，对该项目在技术、财务、效益等方面作出的可行性结论加以评估。

（2）评估和审查融资租赁项目时应该注意的问题。

① 业务人员不能轻信承租人的一面之词，也不可轻信其提供的可行性分析报告，应该根据谨慎原则通过银行对账、业务订单、行业平均数据、实地测量等方法来核实测算租赁项目的现金流量。租赁项目本身牵涉到原料供应和产品销售问题，还有配套资金的落实问题，对这些因素都要考虑，以防止"钓鱼工程"或"半拉子工程"。融资租赁公司在评估和审查融资租赁项目的时候，重点应该加强对租赁项目的审查、项目的评估工作。

② 不能把租金的落实一味地寄托于合同、法律手段，否则有可能风险大，代价也大，事先做好评估工作对双方更有利。租赁项目的盈利能力，既是承租人关心的问题，也是出租人关心的问题，它是出租人收回租金的根本保证，也是开展租赁业务的目的所在。只有出租人和承租人都获利，租赁项目才是成功的。

（3）对租赁项目进行审查。

① 该租赁项目是否已获得有关部门批准，是否符合国家引进项目规定的审批

程序，是否具备了委托租赁所必需的全部文件。

② 租赁项目是否符合国家的产业政策，在宏观上是否符合国家经济发展的方向，是否有利于调整产业结构、促进技术发展进步，是否具有良好的社会经济效益。

③ 租赁项目属于技改项目、新建项目还是扩建项目，现有工艺、设备运转状况如何。

④ 项目所需的原材料供应是否已经落实，其他条件（水、电、气、油、煤、厂房、其他配套设施等）是否齐备。

⑤ 项目产品是否有市场需求，市场竞争力和应变力如何，能否外销、创汇、节汇。

⑥ 与租赁项目配套的其他资金是否落实。

⑦ 担保人的资信状况、经济实力、担保能力如何。

（4）对租赁项目进行评估。

① 技术评估。技术评估是要对项目的工艺设备诸方面进行经济技术论证，以判断技术上是否可行。评估的重点是企业的技术力量、生产力布局、项目规模、项目成本、技术设备性能以及对外采购等方面。技术评估应有周密的分析比较，最终用经济效益指标进行衡量，以判断项目的取舍。

② 财务评估。财务评估就是从企业角度分析租赁项目的财务效益，以判断项目的盈利能力和租金的偿还期限。首先要计算项目的投资利润率及租金偿还期，从而初步判断租赁项目在财务上是否可行，此处宜采用动态法来进行分析，即现值法分析，在考虑了租赁项目整个经济技术寿命期及货币的时间价值之后，将期内一切现金流入和现金支出均折算为现值，再按现值来加以计算评价。现值分析法主要是净现值，净现值越大，说明项目的效益越好，出租人的利益越有保证。只有符合上述要求的，财务上才是可行的。

③ 效益评估。对项目进行财务评估并不能完全看出项目的全部效益，还要进一步从整个项目的社会效益、经济效益的角度进行评价，因此要分析整个国民经济对项目付出的成本和代价以及项目对国民经济所作的贡献，从而计算出该项目的净经济效益。

此外，还要进一步分析那些不能以货币度量的因素，即分析项目对社会劳动就业、社会技术进步以及社会环境改善等方面的影响。只有效益评估显示效益良好的项目才是可行的。

（5）租赁项目评估的方法。

①评估租赁项目的盈利能力。要对承租企业提出的可行性研究报告中用以计算盈利能力的数据加以审核。审核的基础数据主要有销售收入、投资、生产成本、税金等。

销售收入的审核。审核销售收入，实质上是评估承租企业提交的项目可行性研究报告中的市场可行结论。由于销售收入由销售量和单价所决定，所以对销售收入的审核，实际上是对销售量和单价两个方面的审核。因此必须认真审查承租企业作出的产品市场需求预测，尤其是在竞争状态下，要对该项目产品的市场占有率、产品销售渠道、销售价格等进行认真的审查。有的承租企业夸大市场需求和项目产品的市场占有率，主观假设产品售价，并按百分比逐年递增，这是常用的夸大项目盈利能力的方法之一，出租人必须予以足够的警惕。

第一，投资和成本数据的审核。对投资和成本数据的审查，就要结合项目的生产规模、建设进度、技术及工艺流程来进行。一般而言，租赁公司缺乏专门的工程技术人员，所以必要时，应聘请有关专家和权威人士参加评估。要审查构成投资和生产成本的各分项数据是否有充分的工程技术及商业上的依据，有无漏项，各分项是否合理，有关的估算是否符合国家的有关财税规定，以及必要的假设是否合理等。承租企业可能压低投资和成本，以夸大项目的盈利能力，出租人对此亦应警惕。

第二，税金的审核。税金是指租赁项目根据国家税法的规定必须缴纳的各种税款和企业应提留的各项基金。税金的计算依据政策性很强，决不能为了夸大项目的盈利能力而随意压低税金的数额。审查这类数据时，必须熟悉和清楚国家的有关规定。对承租企业提交的可行性研究报告中所采用的所有优惠待遇（如税收减免、财政补贴等），一定要全部取得有关部门的认可和批准。

第三，审查用来测算项目盈利能力的方法是否科学合理。一般情况下，测算项目盈利能力要采用现金流量贴现法，对项目做动态分析。在评估租赁项目时，租赁公司不仅要关心项目的盈利能力，还要关心租赁项目偿还其他债务的能力。

此外，租赁公司还要考虑各种风险对项目的盈利能力会有哪些影响，计算在各种风险下，项目的盈利能力会降低到何种程度。如果经过风险分析表明，项目仍可以维持租赁公司可接受的最低盈利水平，那么，租赁公司开展租赁业务才会确保租赁项目收入万无一失。

②通过考察租赁项目的组成，评估租赁项目的构成及合理性。划出租赁项目内必不可少的子项目、配套工程，避免漏掉项目、工程项目，剔除与租赁项目无关的工程，明晰租赁项目的组成。多余的环节会产生内耗，干扰其他环节的功能的正常发挥，破坏整体运行；缺少必要的环节会使整体运行失去应有的基础，所以，租赁项目的构成必须合理。

③通过考察租赁项目各环节的关系，评估租赁项目结构和功能的协调性。租赁项目各环节之间的关系，有些是法定的，有些则要以经济、工艺及工程技术等客观规律的需要为基础。只有建立在相应的基础之上，各环节之间才能互相依存，彼此协调。所以，在评估租赁项目时，要仔细审查承租人提供的可行性研究报告中是否为项目各组成部分各环节之间确立了相关性，以及这些相关性的基础是否符合法定的要求和客观规律的要求。

④通过对租赁项目各环节的构成、功能及相互关系的考察，评估各环节对租赁项目的盈利能力的影响。租赁公司在评估项目时，要牢牢抓住项目盈利这个中心，

评估筹资、投资、建设、生产、销售、还贷、分红等一系列环节的构成、功能及相互关系对项目盈利能力的影响。对每一个环节，出租人都要结合其对整体目标的影响予以考虑。

⑤通过分析租赁项目所处环境的适应性。出租人在评估项目时，应认真分析项目所处的环境，以及项目对环境的适应能力。所谓项目所处的环境，是指政治、经济、社会、金融、财政、公用基础设施、自然生态等内容。项目对环境的适应能力，一般包括这样几层含义：一是环境能为项目生存发展提供有利条件，二是项目本身能够承受的环境带来的不利条件；三是项目进行中可能会对环境产生的不利影响，而这种影响力是能为环境所许可的。

3.信用风险的后期管理

信用风险的后期管理是通过设定一整套定期检查体系来对所有业务进行监控并根据租赁的质量来确定其检查的频率。在后期信用管理各环节中，最为关键的一个环节就是租金收取。只有这一环节控制好了，信用风险管理才算是成功。因此，风险管理者们应该对应收租赁款的收取进行监控，其目的是尽早发现存在财务困难或者习惯性延迟支付租金以提高其现金状况的承租人。如果承租人出现财务困难，租赁公司须尽快了解并采取措施，保护租赁担保品，敦促承租人及时支付租金，考虑其优先权的使用。还应对租赁业务进行审计考察，目的是审核租赁项目的信用状况及价值，这是一种事后的信用评估，承租人及租赁业务应该根据其风险程度分级，并评估信用风险损失的大小。

另外，为了防范和控制各种随时可能发生的潜在风险，项目的合同需要以书面形式记录，明确各方对租赁业务的责任。融资租赁合同中的各种条款，都应符合我国现有的法律、法规。例如在合同中应明确规定诉讼或仲裁的地点和机构，重大的和当事人认为有必要进行公证的文件应经公证部门公证。这些做法虽然不能直接给风险带来的损失予以补偿，但可以划清责任，减少纠纷，保证出现损失时补偿事宜的措施顺利进行，并可节约时间。见本章附录案例。

4.融资租赁业监管

有效的监管是融资租赁业健康发展的前提条件，监管机构必须通过规定融资租赁的经营和运行规则，规范并引导整个行业的有序竞争。对融资租赁公司的监管，主要涉及市场准入、经营监管以及退出。

（1）市场准入。

融资租赁企业的准金融性质，决定了只有具备一定规模、具备一定专业能力的公司才能进入该行业。具体来说，融资租赁公司的监管体系主要从以下几个方面设立：①融资租赁公司必须满足的最低资本额，公司的资本是其抵御风险的基础，资本多的公司抗风险的能力一般强于资本少的公司；②公司大股东也必须符合一定的净资产和公司盈利能力等条件，规模大信誉好的大型企业作为租赁公司的大股东，能够给租赁公司在资金、管理、市场开拓等方面带来好处；③融资租赁公司应该具有符合规定的公司章程，具有完善的公司治理和内部控制等制度；④有任职资格条件的高级管理人员和熟悉融资租赁业务的合格从业人员，专业化的人才是租赁公司业务开展的根本，缺少了这类人才的租赁公司不能生存发展；⑤有合格的营业场所及其他业务设施。同时，申请筹建金融租赁公司，必须履行公司信息披露义务，在申报时向管理机构提交一系列的规范性文件，包括租赁公司筹建申请书、可行性研究报告、拟设立金融租赁公司的章程（草案）、出资人基本情况、出资人经审计的年度审计报告等。

（2）经营监管。

在经营监督管理方面，监管当局首先限定融资租赁公司的业务经营范围，明确哪些业务能够开展，哪些不能开展。其次，监管当局设置一系列金融租赁公司必须遵守的财务指标，规定租赁公司对单个客户的风险暴露程度。同时，金融租赁公司必须接受监管机构的现场检查和非现场检查，并于每一会计年度终了后的一个规定时限内报送上一年度的财务报表和资料。监管机构对日常监督管理中发现的问题，可以向金融租赁公司的法定代表人和高级管理人员提出质询，并责令该公司限期改正或进行整顿。拒不改正或整顿的，监管可以取消该公司法定代表人或有关高级管理人员的任职资格。对违反具体监管措施的金融租赁公司，详细地规定惩罚性的措施，以避免监督检查流于形式。

（3）市场退出。

对于一般工商企业来说，通过企业破产程序即可从市场退出。但是，对于具有金融性质的企业，由于其与社会大众的利益紧密联系，所以不得不对其市场退出机制作特殊的安排。对融资租赁企业的市场退出机制的安排，在参考其他金融企业市场退出机制的利弊的前提下，着重围绕融资租赁企业的特殊性进行相关的制度设计，比如说可以采取托管等方式，严格追查融资租赁业机构终止的事由，责令融资租赁业机构内部整顿，保护投资者利益。

总之，监管当局须确保租赁公司是在安全和良好的方式下运行。与此同时，还要通过对租赁监管的背景、所涉及的风险、租赁协议等方面的分析，确立一套有效的制度来识别、度量、监视和控制风险。

§15.3 融资租赁保险

15.3.1 融资租赁保险及其种类

1.融资租赁保险的含义

融资租赁保险是指，在租赁物到达设置现场之日向财产保险公司投保。可以是一次足额（购置成本）按整个租赁期限的年数投保，也可以是逐年按租赁物购置成本余额投保。可以是由融资租赁合同承租人投保，也可以是由融资租赁合同出租人投保。在由融资租赁合同出租人投保时：（1）投保的险种须经融资租赁合同承租人认可；（2）融资租赁合同承租人需向融资租赁合同出租人另外缴纳财产保险费。财产保险费的计算公式及缴纳方式由双方在融资租赁合同中约定。

融资租赁合同还应约定一旦发生保险事故时由谁索赔、在由融资租赁合同出租人索赔时保险金如何使用，以及在租赁物毁损至无法继续使用的情况下融资租赁合同如何解除。

2.融资租赁保险的种类

正如上文所述，融资租赁活动中存在着诸多风险，而风险的客观存在，使得融资租赁保险意义重大。融资租赁保险可以帮助租赁企业将风险尽量降低，减少出租人或承租人的损失，维护出租人或承租人的利益，有利于租赁业务的成交。

融资租赁保险可以分为租赁物件运输保险和租赁期内租赁物件保险。租赁物件的运输保险可分为海洋运输保险和内陆运输保险及航空运输保险三大类。租赁期内租赁物件保险主要有财产保险、财产一切险、机器损失险、营运中断险、盗窃险等险种。本书主要介绍租赁期内险。

在租赁期内租赁物件同样有毁损风险，为了在该期间内降低风险，承租人应当为租赁物件投保，但保险受益者则属于出租人。承租人在具体办理投保时，有如下险种可供选择。

（1）财产保险。

租赁物件运达承租人所在地，并且安装结束投入生产之后，保险公司应该对以下保险事件负责：①水灾、雷击、爆炸或水管爆裂等造成的损失。②洪水、暴雨、飓风、台风、雹灾、雪灾、岩崩、泥石流、地面塌陷等造成的损失。③飞机坠毁或飞机部件坠落造成的损失。但保险公司对因战争行为、类似于战争行为和敌对行为、武装冲突、被保险人的故意行为或物件使用不当造成的损失不负赔偿责任。

（2）盗窃险。

盗窃险是财产保险的附加险。保险公司对参保盗窃险的财产，在保险期内因被抢劫、偷窃或盗贼暴力侵入保险财产存放处所造成的灭失或损坏负责赔偿。但盗窃险对被保险人故意行为或重大过失造成的财产损失、自然灾害造成的财产损失、因财产盘点发现的损失不负赔偿责任。

（3）机器损坏险。

该险种是指机器的意外保险，它承保各项租赁机器因不可预见的突然发生的保险事故所造成的损失（如设计、制造或安装错误、工作人员操作失误及管理维修不善），由保险公司负担需要修理或置换所花费的费用。

（4）营业中断险。

营业中断险是对财产保险的一种扩展，它承保租赁物件遭受自然灾害或意外事故造成企业生产停顿或营运中断而带来的直接或间接的财产损失，即赔偿预期毛利润的损失及营运中断仍需支付的必要费用。

（5）建筑工程一切险。

建筑工程一切险是租赁保险的主要险种之一，它承保在工程建设过程中因自然灾害、意外事故、盗窃、人员操作过失等造成的损失。该险种以工程建设期为保险期，并以完工时的总价值作为保险金额。在工程总价无法确定时，可按照工程概算投保，待完工后再进行调整。

（6）安装工程一切险。

安装工程一切险是对租赁物件安装技术不善而导致的事故负赔偿责任的险种。保险责任包括被安装的租赁物件、安装用的机械设备、工程临时设施以及工程期间的第三者责任。

（7）一揽子保险。

一揽子保险是保险人将两种或两种以上的险种纳入一张保单予以承保，即在融资租赁保险中，出租人可以将租赁物件的运输险和租赁期内租赁物件保险，同时向一家保险公司申请办理投保。

15.3.2　租赁保险合同的内容

租赁保险的投保程序一般是：投保人（出租人或承租人）向保险公司提出投保的要求，向保险公司索取投保单，如实填写保险单中的每项内容，同时加盖公章。保险公司接到出租人或承租人的投保单后，经核实同意保险后，即出具保险单，并通知投保人交付保险费。

租赁保险合同的主要内容包括：保险标的、保险金额、保险责任、除外责任、保险费和保险期限六项。

1.保险标的

在签订租赁保险合同时首先要明确保险标的，只有明确了保险标的，才能够判断投保人对保险标的是否存在可保利益，进而确定保险金额，使合同付诸实施。租赁保险中的保险标的即租赁物件。

2.保险金额

在明确了保险标的之后，就应该对保险标的进行估价，以该投保标的的价值决定保险金额。一般情况下，租赁保险的保险金额可以低于保险标的的价值，即为低额保险，也可以等于保险标的的价值，即为全额保险，但不能超过保险标的的实际价值，不能成为超额保险，即在投保责任内的损失发生时，保险人给付的最高保险金额不得超过保险标的的实际价值。

3.保险责任

保险责任是保险合同中规定的保险人对投保人所承担的损失赔偿责任。保险合同签订后，投保人就将保险责任内的风险转移给保险公司了。在上文中列举的不同险种，其保险责任各不相同，保险公司收取的投保人保险费也不相同。

4.除外责任

所谓除外责任，是指保险标的的损失不是由于保险责任范围的风险事故所引起，因而保险人不承担赔偿的责任。一般情况下，因投保人故意行为所致的损失，均属除外责任，其损失由投保人自己承担。不同的融资租赁保险险种，除外责任也不尽相同。

5.保险费

保险费是投保人向保险人缴付的费用,这是投保人的义务。保险费的决定因素有两个,即保险金额的大小与保险费率的高低,它等于保险金额与保险费率的乘积,其中,保险金额是由保险标的决定的,而保险费率则由保险责任决定。保险金额越大,保险费率越高,保险费也就越多。

6.保险期限

保险期限是指租赁保险合同的有效期限,是合同双方当事人履行权利和义务的起止时间。确定保险期限的方法有两种:一种是用日历计期,比如租赁物件的一切财产保险均以一年为期,即从起保日的零时开始,到终止日的 24 时为止;另一种是用事件的始末计算,比如,租赁物件的运输险从起运日开始,到抵达日止。只有在保险期限内发生的保险事故,保险公司才承担赔偿责任,超出这一时间范围,保险公司概不负责。

租赁保险的具体投保事项,要涉及众多的因素,在此过程中还应当注意以何种货币投保、在租赁物件启运前要办好保险手续、有的险种要考虑加保等问题。

15.3.3　融资租赁保险的索赔和理赔

1.融资租赁保险的索赔

(1)保险索赔。

在保险的有效期限和保险责任范围内,如果租赁物件发生损失,被保险人可按照保险合同的有关条款,向保险人提出赔偿损失的要求,这一行为称为保险索赔。保险的索赔必须及时提出,以免丧失时效。索赔时效是指投保人就保险事故造成其保险利益的损失向保险人提出赔偿请求的最长期限。如果超过了这一时效,保险人可以对赔偿请求不予受理。

(2)索赔程序。

索赔工作一般按照如下程序进行:①通知。当发生灾害损失时,被保险人应及时将灾害事件告知保险公司,要求保险公司派人处理。通知时要将被保险人的名称,发生损失的原因、部位、时间等情况通告清楚。②填具出险通知书。出租人或承租人必须按照保险人出具的出险通知书要求认真填写,主要内容有:被保险人名称、出险日期、出险原因、保险标的的名称、保险金额、保险单号、出险的经过、损失程序、请求赔付金额等。③提供有关索赔单证。为了证明被保险人所索赔的事实,便于保险公司审核和处理,被保险人必须在索赔时提供有关索赔单证。主要的单据和证明文件有:保险单正本(或保险凭证)、账册、收据、发票、装箱单、租赁物运输的货单、运输合同、海关税单、出险调查报告、出险证明书、损失鉴定证明、施救整理费用单证。④开具权益转让书。这一步不是必经程序,只有涉及第三者责任时,被保险人领取赔款后,才需要出具权益转让书,表明保险公司已经给予损失赔偿,从而享有被保险人转移过来的权益。

2.融资租赁保险的理赔

（1）基本含义。

融资租赁保险的理赔是指被保险人向保险人提出索赔后，保险人对该索赔请求进行处理的行为。在发生保险责任范围内的自然灾害或意外事故后，由保险公司根据出险情况进行现场勘查，确定保险责任和索赔金额，最后付清被保险人赔款。保险人和被保险人之间的权利与义务都是通过保险合同来实现的，而理赔工作是保险人履行保险合同中有关保险人赔偿义务的具体表现，因此保险应当认真履行应由保险公司承担的赔偿责任。在被保险人发生保险事故后，保险公司应主动深入现场开展理赔工作，按合同规定的时限及时赔付。

（2）租赁保险理赔程序。

租赁保险理赔一般按照如下程序进行：①损失勘查。在保险公司接到被保险人的损失通告后，即应派人到现场勘查，了解出险原因、受损情况及损失程序。为了有效确定出险原因及损失大小，被保险人应提供损失证明、损失清单以及有关索赔的其他单证。②核定损失。在上一步损失勘查的基础上，保险公司应全面分析出险原因，确定损失大小及赔偿范围，并根据保险条款的规定，确定赔款金额。③余损处理。受损的租赁物一般仍然具有一定的经济价值，该残值可折价给被保险人，以此冲减保险金，将折价从保险赔款中扣除。④给付赔款。在确定损失原因和责任范围后，则应具体计算赔偿金额，在被保险人和保险公司达成一致后，被保人应尽快到保险人处领取赔款。若出租人或承租人不按规定时间领取赔偿，保险公司将视其为"自动放弃索赔权益"。

案例

融资租赁交易纠纷案例

本案为X租赁有限公司与Y工业集团公司、Z投资管理公司融资租赁合同纠纷案。

案件基本事实为：1992年2月10日，为达成回租租赁交易，原告X租赁有限公司（以下简称X公司）与被告Y工业集团公司（以下简称Y公司）签订了购买合同，约定由X公司向Y公司购买日产吹塑瓶机四套，用以回租，合同总额250万美元。同日，X公司作为出租方，Y公司作为承租方，双方签订了回租租赁合同。合同中约定：Y公司向X公司回租上述设备，租赁期限为五年，租金总额为2 949 518美元，以出租方支付货款日为起租日，共分九期支付完毕。出租方应在合同生效后七日内支付货款，租赁物件在合同生效后即转为出租方所有。如承租方不按期支付租金或违反租赁合同的任何条款时，出租方可要求即时付清租金和其他全部费用、终止合同、收回租赁物件，并要求赔偿损失。如承租方未按时支付租金及其他款项，则应按中国银行同期美元贷款利率乘以120%向出租方加付迟延利息。在租赁合同中还就租赁保证金、手续费、租赁期满后租赁物件的处理等作出了约定。Z投资管理公司（以下简称Z公司）在合同上盖章，并向X公司出具了不可撤销担保书，确认租赁合同的全部内容，保证在承租人Y公司未按合同约定履行义务时，负责代其支付所欠全部租金及其他费用，如利率波动须增加租金和逾期利息，亦予担保，负责照付。

合同签订后，X公司于1992年2月27日向Y公司支付了设备款。自1993年2月1日起，X公司相继向Y公司发出四期租金变更通知书，要求其支付租金。但Y公司仅支付了第一期租金1 565 937美元和第二期部分租金166 568美元，其余租金没有支付。经X公司多次催要，Z公司亦未履行其担保义务。在案件审理期间，经A市第一中级人民法院委托B审计公司对被告Y公司所租赁的生产线进行评估，至1995年5月29日，上述租赁物件价值人民币655万元，折合788 558美元。

起诉与答辩及法院的认定与判决：原告X公司起诉至A市第一中级人民法院，请求法院判令二被告：(1) 立即偿还已到期的应付租金1 144 337.24美元；(2) 立即偿还已到期的未付租金所产生的迟延利息52 227.54美元（暂计至1995年2月28日）；(3) 终止本合同，由原告收回租赁物；(4) 赔偿因终止本合同给原告造成的经济损失。

被告Y公司与Z投资管理公司均未答辩。

A市第一中级人民法院经审理认为：原告X公司与被告Y公司所签外汇回租租赁合同及被告Z公司所做的担保均合法有效。被告Y公司未按租赁合同规定履行义务，未支付到期租金，对造成纠纷应负全部责任，除应向原告X公司支付已到期租金外，还应支付上述未支付租金的迟延利息。被告Z公司未履行担保义务，对造成纠纷亦应承担相应责任。鉴于被告Y公司在合同约定的期限内没有履行合同、已构成严重违约，且其已无履行合同的能力，故原、被告所签租赁合同已无履行的必要，原告X公司要求解除合同的理由正当，应予支持，被告Y公司应赔偿由此给原告X公司造成的经济损失。依照当时的《中华人民共和国经济合同法》第一十二条第一款第三项、第二款、第二十九条，《最高人民法院关于人民法院民事调解工作若干问题的规定》第二条第四项、第五项及《中华人民共和国民事诉讼法》第一百二十条之规定，A市第一中级人民法院于1995年7月13日，判决如下：(1) 被告Y公司偿还原告X公司租金1 144 337.24美元及迟延利息（租金计算截止到1995年2月28日，迟延利息自应付租金日起至实际给付之日止，按中国银行同期贷款利率乘以120%计算）；(2) 自1995年2月28日起解除原告X公司与被告Y公司签订的外汇回租租赁合同；(3) 租赁物件全部返还X公司；(4) 被告Y公司赔偿原告X公司因解除合同而造成的直接经济损失，即租金总额减去已收租金及本判决书第一项之款项和设备折款后的剩余部分；(5) 被告Z投资管理公司对本判决第一、四项规定的义务承担保证责任。(6) 案件受理费105 377元、财产保全费25 520元、财产评估费34 700元，由被告Y公司、被告Z投资管理公司负担。

资料来源：张雅萍. 融资租赁案例选评 [M]. 北京：人民法院出版社，2001.

【评析】

本案判决租赁物件全部返还X公司，这一判决最大限度地保护了出租人的合法权利，体现了租赁物的回收权降低信用风险的作用。在本案中，承租人的主观恶性比较严重，出租人已给予承租人合理期限作出挽救。但经过合理补救期，承租人仍然没有对违约行为作出补救的，出租人有理由相信承租人继续履行合同的希望很渺茫，承租人不履行义务便违背了订立租赁合同的初始意图使其根本利益陷入危险。出租人应要求承租人加速支付未到期租金或自行行使解约权，收回租赁物，并就承租人违约造成的损失要求损害赔偿。

值得注意的是，在融资租赁中，出租人出租设备的目的在于获得租金，而且通常情况下租赁物件不具有通用性，出租人自行处理租赁物件具有一定难度，因此承租人一旦未按时支付租金，出租人所采取的违约救济措施通常是要求支付到期及未到期全部租金，以保障期限利益的获得。但是，一旦出现信用风险，承租人出现严重违约，且其已无履行合同的能力，基于对租赁物件所享有的所有权，出租人保护自身利益最有效的方法即收回租赁物件。本案中，在承租人Y公司已无力交付租金的情况下，出租人要求收回租赁物件，就不失为合理的选择。

思政课堂

《融资租赁公司监督管理暂行办法》

为进一步加强融资租赁公司监督管理，规范经营行为，防范化解风险，促进融资租赁行业规范有序发展，根据有关法律法规及规定，银监会2017年印发了《融资租赁公司监督管理暂行办法》。

该办法共六章五十五条，主要包括总则、经营规则、监管指标、监督管理、法律责任及附则等。主要内容：一是完善业务经营规则。明确融资租赁公司的业务范围、租赁物范围以及禁止从事的业务或活动。完善融资租赁公司的公司治理、内部控制、风险管理、关联交易等制度，同时明确融资租赁物购置、登记、取回、价值管理等其他业务规则。二是加强监管指标约束。新设了部分审慎监管指标内容。包括融资租赁资产比重、固定收益类证券投资业务比例、业务集中度和关联度等，推动融资租赁公司专注主业，提升风险防控能力。三是厘清监管职责分工。按照2017年全国金融工作会议精神，明确银保监会和地方政府的职责分工，并对地方金融监管部门的日常监管提出具体要求，建立分级监管和专职监管员制度，完善监管协作机制、非现场监管、现场检查、监管谈话等内容。此外，针对行业"空壳""失联"企业较多等问题，该办法提出了清理规范要求，指导地方稳妥实施分类处置。

发布该办法是银保监会贯彻落实全国金融工作会议精神、完善融资租赁行业监管制度的重要举措，有利于促进融资租赁公司合规稳健经营，引导行业规范有序发展。下一步，银保监会将抓实抓好该办法的贯彻执行，加强监管引领，突出行业特色功能，不断提升服务实体经济质效，引导行业实现高质量发展。

《融资租赁公司监督管理暂行办法的通知》见监管机构官网（http://www.cbirc.gov.cn/cn/view/pages/governmentDetail.html? docId=909028&itemId=4215&generaltype=1）。

资料来源：佚名.中国银保监会发布《融资租赁公司监督管理暂行办法》[EB/OL].[2020-06-09].http://www.cbirc.gov.cn/cn/view/pages/ItemDetail.html? docId=909013&itemId=915&generaltype=0.

本章小结

融资租赁公司的业务分为融资和租赁两部分：融资的资金来源分为自有资金和借入资金，随着业务规模的扩大，融资数量的增加，租赁企业开始尝试通过将租赁资产证券化的方式进行融资。融资租赁的风险具有长期性、复杂性和分离性的特征，产生原因和风险类型多种多样，但信用风险是最为主要的风险类型。

防范融资租赁信用风险，首先要从审查承租人信用状况、选好项目入手，然后加强信用风险的后期管理，同时加强对融资租赁业的监管。需要通过租赁公司内部的风险防范机制和融资租赁业的市场监管共同发挥作用，保证市场的稳定。

综合训练

15.1 单项选择题

1.一般说来，小公司筹集资金时，主要选择的方式是（ ）。

A.内源融资   B.外源融资   C.股权融资   D.债券融资

2.以下关于融资租赁公司的资金来源的各项说法中，正确的是（ ）。

A.融资租赁公司90%的营运资金来自外部

B.租赁资金的自有资金主要包括股本金和留存收益

C.信托资金是金融租赁公司既承担资金风险又享有资金收益的资金来源

D.融资租赁公司借入资金的渠道主要有商业银行贷款、债券市场、出口信贷、政府贷款和商业信用等

3.以下关于融资租赁风险的说法不正确的是（ ）。

A.融资租赁风险是指租赁未来结果的不确定性（如未来收益变化的不确定性、未来资产成本的不确定性等）给租赁项目带来的损失的可能性

B.融资租赁涉及的当事人很少，复杂性并不高

C.在承租人使用设备时，设备的安全、保养等方面一旦出现问题，则极有可能加大出租人的风险

D.融资租赁产品一次性投入大且不可转让，租金须在一个较长的时间段内收回，这又加大了租赁公司所面临的流动性风险

4.下列风险中不属于融资租赁的市场风险的是（ ）。

A.利率风险   B.汇率风险   C.流动性风险   D.债券风险

5.关于融资租赁保险的说法中错误的是（ ）。

A.融资租赁保险通常在租赁物到达设置现场之日向财产保险公司投保

B.融资租赁保险可以是一次足额（购置成本）按整个租赁期限的年数投保，也可以是逐年按租赁物购置成本余额投保

C.融资租赁保险可以分为租赁物件运输保险和租赁期内租赁物件保险

D.融资租赁保险中只能有融资租赁合同承租人投保，不能有出租人投保

15.2　多项选择题

1.融资租赁的资金来源主要包括（　　　）。

A.自有资金　　　　B.借入资金　　　　C.信托资金　　　　D.国际资金

2.下列关于租赁资产组合证券化的说法正确的是（　　　）。

A.租赁资产证券化将一种流动性较差但现金流稳定的资产，通过结构性重组，转化为可以在金融市场上出售和流通的债权

B.提高了租赁公司租赁资产的流动性，拓展了金融租赁公司直接筹资的渠道

C.能够分流社会资金，使之通过融资租赁方式直接进入投资领域

D.可以不受资本充足率的限制而扩大自己的市场占有份额，从而提高自己的知名度

3.融资租赁风险是指租赁未来结果的不确定性给租赁项目带来的损失的可能性，它的特征主要包括（　　　）。

A.分离性　　　　B.复杂性　　　　C.市场性　　　　D.长期性

4.从类型上来说，融资租赁的风险主要分为（　　　）。

A.信用风险　　　　B.市场风险　　　　C.战争风险　　　　D.其他风险

5.通常造成融资租赁信用风险的成因有（　　　）。

A.在租赁期内，由于承租人业务经营不善或者产品市场情况发生恶化，都有可能造成企业现金流量短缺，使得承租人无法按时支付租金，从而给出租人造成损失

B.承租人不合理使用、维修、保养所租设备，而出现掠夺式使用或其他短期行为这样的"道德风险"，就会给出租人造成财产损失

C.承租人非法处置本应属于出租人所有的租赁资产

D.集中发生的租金偿付拖延和租赁设备回收困难可能会引起租赁公司流动性风险

15.3　简答题

1.融资租赁公司的资金来源主要有哪些方面？

2.请简述租赁资产证券化的本质及意义。

3.试简述如何对融资租赁项目进行评估分析。

4.简述融资租赁的风险特征和风险类型。

5.简述融资租赁业监管的目标和内容。

主要参考文献

[1] 陈善昂. 金融市场学 [M]. 5版.大连：东北财经大学出版社，2022.

[2] 翟立宏，等.信托金融学 [M]. 北京：中国金融出版社，2021.

[3] 用益信托工作室. 信托市场蓝皮书：中国信托业市场报告 [M]. 北京：社会科学文献出版社，2015.

[4] 马丽娟，王汀汀. 大资管时代的中国信托理论与实践 [M]. 北京：首都经济贸易大学出版社，2014.

[5] 史树林，乐沸涛. 融资租赁制度概论 [M]. 北京：中信出版社，2013.

[6] 吴世亮，黄冬萍. 中国信托业与信托市场 [M]. 2版. 北京：首都经济贸易大学出版社，2013.

[7] 孙书元. 信托探究 [M]. 北京：中国经济出版社，2012.

[8] 王淑敏，齐佩金. 金融信托与租赁 [M]. 北京：中国金融出版社，2011.

[9] 叶伟春. 信托与租赁 [M]. 上海：上海财经大学出版社，2011.

[10] 闵绥艳. 信托与租赁 [M]. 北京：科学出版社，2010.

[11] 丁贵英. 金融信托与租赁实务 [M]. 北京：电子工业出版社，2009.

[12] 马丽娟. 信托与租赁 [M]. 北京：首都经济贸易大学出版社，2008.

[13] 叶望春. 信托与租赁 [M]. 上海：上海财经大学出版社，2008.

[14] 徐保满. 金融信托与租赁 [M]. 北京：科学出版社，2007.

[15] 高岚. 日本投资信托及投资法人法律制度研究 [M]. 昆明：云南大学出版社，2007.

[16] 蔡鸣龙. 金融信托与租赁 [M]. 北京：中国金融出版社，2006.

[17] 马丽娟. 经济发展中的金融中介 [M]. 北京：中国金融出版社，2005.

[18] 历年《中国金融年鉴》.

附　录

我国信托与租赁主要的相关法律法规有：

1. 《中华人民共和国信托法》（2001 年 10 月 1 日起施行）。

2. 《信托公司管理办法》（2007 年 3 月 1 日起施行）。

3. 《信托公司集合资金信托计划管理办法》（2007 年 3 月 1 日起施行）。

4. 《信托公司净资本管理办法》（2010 年 8 月 24 日起施行）。

5. 《融资租赁企业监督管理办法》（2013 年 9 月发布实施）。

6. 《金融租赁公司管理办法》（2014 年 3 月 13 日起施行）。

7. 《关于规范金融机构资产管理业务的指导意见》（又称"资管新规"，2018 年 4 月 27 日印发，同日起施行）。

8. 《商业银行理财业务监督管理办法》（又称"理财新规"，2018 年 10 月发布实施）。

9. 《银行理财子公司管理办法》（2018 年 12 月发布实施）。

10. 《企业会计准则第 21 号——租赁》（2019 年 1 月 1 日起施行）。

11. 《中华人民共和国民法典》（2021 年 1 月 1 日起施行）。